财政部规划教材

高级财务会计
Advanced Financial Accounting

苏 强 主编

中国财经出版传媒集团

经济科学出版社
Economic Science Press

图书在版编目（CIP）数据

高级财务会计/苏强主编．—北京：经济科学出版社，2021.7

财政部规划教材

ISBN 978-7-5218-2640-1

Ⅰ．①高⋯　Ⅱ．①苏⋯　Ⅲ．①财务会计－高等学校－教材　Ⅳ．①F234.4

中国版本图书馆 CIP 数据核字（2021）第 121270 号

责任编辑：杜　鹏　常家凤
责任校对：郑淑艳
责任印制：王世伟

高级财务会计

苏　强　主编

经济科学出版社出版、发行　新华书店经销
社址：北京市海淀区阜成路甲 28 号　邮编：100142
编辑部电话：010-88191441　发行部电话：010-88191522
网址：www.esp.com.cn
电子邮箱：esp_bj@163.com
天猫网店：经济科学出版社旗舰店
网址：http://jjkxcbs.tmall.com
固安华明印业有限公司印装
787×1092　16 开　23.25 印张　450000 字
2021 年 8 月第 1 版　2021 年 8 月第 1 次印刷
印数：0001—4000 册
ISBN 978-7-5218-2640-1　定价：49.00 元
（图书出现印装问题，本社负责调换。电话：010-88191510）
（版权所有　侵权必究　打击盗版　举报热线：010-88191661
QQ：2242791300　营销中心电话：010-88191537
电子邮箱：dbts@esp.com.cn）

前 言
INTRODUCTION

《高级财务会计》是高等院校财会类专业的一门主干（核心）课程，《高级财务会计》中"高级"两字的含义，既表明了这门课程的层次和难度，也说明了这门课程所涵盖的内容。就财务会计课程体系结构而言，可以划分为三个层次：初级财务会计（会计学基础）、中级财务会计和高级财务会计。初级财务会计主要介绍会计学的基本概念、原理和方法等基础理论知识和基本技能。中级财务会计主要介绍企业日常发生的交易和事项的会计处理。高级财务会计主要介绍企业特殊经济交易和事项以及特殊列报的会计处理，要求读者掌握企业特殊交易和事项的会计核算以及编制合并财务报表技能。从课程衔接的角度来看，高级财务会计应该是中级财务会计内容的进一步延伸；从课程内容侧重的角度来看，高级财务会计与中级财务会计应是特殊与一般的关系。因此，我们将本教材内容定位为："特殊交易、特殊事项、特殊列报"的财务会计理论与实务。

近年来，随着我国《企业会计准则》的持续修订完善和税收政策的不断变化，特别是2017年以来，财政部新修订出台了《企业会计准则第14号——收入》《企业会计准则第22号——金融工具确认和计量》《企业会计准则第21号——租赁》《企业会计准则第7号——非货币性资产交换》《企业会计准则第12号——债务重组》等一系列准则及应用指南，这些准则的修订使《高级财务会计》课程的教学内容也发生了深刻变化。为适应新形势下《高级财务会计》课程教学改革的需要，顺应新时代企业会计准则和税收法律法规的不断变化，为方便广大读者更好、更快地学习和掌握企业会计准则和相关税法知识，为读者今后参加各类会计专业技术资格考试打好坚实的基础，笔者编写了《高级财务会计》这本教材。

本书具有以下特色：

1. 内容新颖。依据最新修订的《企业会计准则》《企业会计准则——应用指南》《企业会计准则解释公告》《增值税会计处理规定》《财政部关于修订印发2019年度一般企业财务报表格式的通知》《企业所得税法》和深化增值税改革相关税收政策编写，注重准确领会企业会计准则以及应用指南和相关税收政策的最新精神。

2. 归纳总结。本教材侧重于对经济业务会计核算的归纳和总结，将高级财务会计中涉及的重要会计核算程序，有针对性地编写了统一、标准的"账务处理模板"，便于读者熟悉和掌握各种经济业务的账务处理方法，具有很强的实务操作性。

3. 强调应用。强调培养读者对企业特殊事项、特殊业务和特殊列报的会计处理能力和参加全国会计职业资格考试的应试能力，力求言简意赅、突出应用、强调重点，确保理论与实务相结合，体现应用型人才的培养目标。

4. 强化练习。为巩固高级财务会计理论知识，提高会计核算技能，本教材各章均附相关练习题，以方便广大读者熟悉和掌握高级财务会计理论与实务相关知识点。

本教材由兰州财经大学苏强教授主编。在编写过程中，主要参考了全国会计职称考试、注册会计师考试指定用书等教材和其他同类教材、教案以及相关文献资料，对此向上述资料的作者表示诚挚的感谢。感谢对书稿提出修改意见的由敏副教授和高洁讲师。感谢参与书稿资料收集整理和校对的李倩同志。

本教材既可以作为高等院校会计学、财务管理、审计学、资产评估以及相关经济管理类专业学生学习高级财务会计的教材，也可以作为会计职称考试、注册会计师考试、税务师考试、资产评估师考试和自学考试的参考读物，还可以作为广大会计实务工作者自学高级财务会计的参考书。

由于受编写时间和水平所限，加之会计准则和相关税法不断变化，教材中仍难免存在错漏和不妥之处，敬请读者批评指正，以便日后补正修订。

笔者电子邮箱：teachersq@163.com。

苏　强

2021 年 6 月

目 录
CONTENTS

第一章　非货币性资产交换 ·· 1
　　第一节　非货币性资产交换概述 ·· 1
　　第二节　非货币性资产交换的确认和计量 ································ 5
　　第三节　非货币性资产交换的会计处理 ··································· 9
　　练习题 ·· 24

第二章　债务重组 ·· 30
　　第一节　债务重组概述 ·· 30
　　第二节　债务重组的会计处理 ·· 33
　　第三节　债务重组的相关信息披露 ··· 46
　　练习题 ·· 46

第三章　资产减值 ·· 51
　　第一节　资产减值概述 ·· 51
　　第二节　资产可收回金额的计量 ··· 53
　　第三节　资产减值损失的确认与计量 ······································ 60
　　第四节　资产组的认定及减值处理 ··· 62
　　练习题 ·· 70

第四章　或有事项 ·· 76
　　第一节　或有事项概述 ·· 76
　　第二节　或有事项的确认和计量 ··· 79
　　第三节　或有事项会计的具体应用 ··· 84
　　第四节　或有事项的列报 ··· 90
　　练习题 ·· 91

第五章　外币折算 ... 96
第一节　外币折算概述 ... 96
第二节　外币交易的会计处理 ... 99
第三节　外币财务报表折算 ... 106
练习题 ... 111

第六章　所得税会计 ... 116
第一节　所得税会计概述 ... 116
第二节　资产和负债的计税基础及暂时性差异 ... 118
第三节　递延所得税负债及递延所得税资产的确认 ... 130
第四节　所得税费用的确认和计量 ... 137
练习题 ... 142

第七章　借款费用 ... 148
第一节　借款费用概述 ... 148
第二节　借款费用的确认 ... 151
第三节　借款费用的计量 ... 155
练习题 ... 163

第八章　资产负债表日后事项 ... 168
第一节　资产负债表日后事项概述 ... 168
第二节　资产负债表日后调整事项的会计处理 ... 172
第三节　资产负债表日后非调整事项的会计处理 ... 179
练习题 ... 181

第九章　会计政策、会计估计变更和差错更正 ... 187
第一节　会计政策及其变更 ... 187
第二节　会计估计及其变更 ... 197
第三节　前期差错及其更正 ... 201
练习题 ... 205

第十章　租赁 ... 211
第一节　租赁概述 ... 211
第二节　承租人的会计处理 ... 217
第三节　出租人的会计处理 ... 227
第四节　售后租回交易的会计处理 ... 235
练习题 ... 238

第十一章 股份支付 ... 244
第一节 股份支付概述 ... 244
第二节 股份支付的确认和计量 ... 246
练习题 ... 256

第十二章 企业合并 ... 262
第一节 企业合并概述 ... 262
第二节 同一控制下企业合并的会计处理 ... 265
第三节 非同一控制下企业合并的会计处理 ... 272
练习题 ... 283

第十三章 合并财务报表 ... 290
第一节 合并财务报表概述 ... 290
第二节 合并资产负债表 ... 305
第三节 合并利润表 ... 335
第四节 合并现金流量表 ... 343
第五节 合并所有者权益变动表 ... 351
第六节 合并财务报表附注 ... 356
练习题 ... 359

主要参考文献 ... 363

第一章　非货币性资产交换

> **学习指南**
>
> 本章是关于非货币性资产交换的会计处理介绍。非货币性资产交换，是指企业主要以固定资产、无形资产、投资性房地产和长期股权投资等非货币性资产进行的交换。该交换不涉及或只涉及少量的货币性资产（即补价）。本章的主要内容包括：一是非货币性资产交换的确认；二是具有商业实质且换入资产或换出资产的公允价值能够可靠计量的非货币性资产交换的会计处理；三是不具有商业实质或者公允价值不能可靠计量的非货币性资产交换的会计处理。通过本章的学习，要求读者掌握非货币性资产交换的认定；掌握非货币性资产交换具有商业实质的条件；掌握不涉及补价情况下的非货币性资产交换的会计核算；熟悉非货币资产交换中相关税费的处理；掌握涉及补价情况下的非货币性资产交换的会计核算；熟悉涉及多项资产的非货币性资产交换的会计核算。

第一节　非货币性资产交换概述

一、非货币性资产的概念

资产按未来经济利益流入（表现形式是货币金额）是否固定或可确定，分为货币性资产和非货币性资产。非货币性资产是相对于货币性资产而言的。货币性资产，是指企业持有的货币资金和收取固定或可确定金额的货币资金的权利。包括库存现金、银行存款、其他货币资金、应收账款、应收票据等。非货币性资产，是指货币性资产以外的资产。例如存货（原材料、周转材料、库存商品等）、固定资产、在建工程、生产性生物资产、无形资产、投资性房地产和长期股权投资等。

非货币性资产有别于货币性资产的最基本特征是，其在将来企业收取的经济利益，即收取货币资金的权利是不固定的或不可确定的。如果资产在将来为企业带来的经济利益（即货币金额）是固定的或可确定的，则该资产是货币性资产；反之，如果资产在将来为企业带来的经济利益（即货币金额）是不固定的或不可确定的，则该资产是非货币性资产。例如，企业持有固定资产的主要目的是用于生产经营和管理，其价值通过折旧方式将其磨损价值转移到产品成本中，然后通过产品销售获利，固定资产在将来为企业带来的经济利益（货币金额）即收取货币资金的权利，是不固定的或不可确定的，因此，固定资产属于非货币性资产。

二、非货币性资产交换的概念

非货币性资产交换，是指企业主要以固定资产、无形资产、投资性房地产和长期股权投资等非货币性资产进行的交换。该交换不涉及或只涉及少量的货币性资产（即补价）。从非货币性资产交换的定义可以看出，非货币性资产交换具有以下特征。

第一，非货币性资产交换的交易对象主要是非货币性资产。企业用货币性资产来交换非货币性资产的交易最为普遍；但是在有些情况下，企业为了满足各自生产经营的需要，同时减少货币性资产的流入或流出，而进行非货币性资产交换交易，一方面，可以满足各自生产经营的需要；另一方面，可在一定程度上减少货币性资产的流出，减轻企业现金流出的压力，提高资产利用效率。例如，A 企业需要 B 企业闲置的生产设备，B 企业需要 A 企业闲置的办公楼，双方在货币性资产短缺的情况下，为各取所需可能会出现非货币性资产交换行为。

第二，非货币性资产交换是以非货币性资产进行交易的互惠交易行为。交换时交易各方之间的互惠行为，通过转让企业以让渡其他资产或劳务或者承担其他义务而取得资产或劳务或者偿还负债。非互惠的非货币性资产转让不属于本章所述的非货币性资产交换，例如企业捐赠非货币性资产等。

第三，非货币性资产交换一般不涉及货币性资产，但有时也可能涉及少量的货币性资产。通常情况下，交易双方对于某项交易是否为非货币性资产交换的判断是一致的。需要注意的是，对非货币性资产交换的判断，企业应从自身角度出发，根据交易的实质判断相关交易是否属于本章定义的非货币性资产交换，不应基于双方的情况判断。例如，对于投资方以一项固定资产出资换取被投资方的权益性投资，对于投资方而言，换出资产为固定资产，换入资产为长期股权投资，属于非货币性资产交换；对于被投资方而言，则是接受实物投资，属于接受权益性投资，不属于非货币性资产交换。

第四，通常情况下，交易双方对于某项交易是否为非货币性资产交换的判断是一致的。但需要注意的是，企业应从自身的角度，根据交易的实质判断相关交易是否属于非货币性资产交换。例如，投资方以一项固定资产出资取得对被投资方的权益性投资，对投资方来说，换出资产为固定资产，换入资产为长期股权投资，属于非货币性资产交换；对被投资方来说，则属于接受权益性投资，不属于非货币性资产交换。

三、非货币性资产交换的认定

非货币性资产交换一般不涉及货币性资产，或只涉及少量货币性资产即补价。如果交换中涉及货币性资产，先要判断认定该交易是否属于非货币资产交换。《企业会计准则第 7 号——非货币性资产交换》及其应用指南规定，认定涉及少量货币性资产的交换为非货币性资产交换，通常以补价占整个资产交换金额的比例是否低于 25% 作为参考比例。也就是说，支付的货币性资产占换入资产公允价值（或占换出资产公允价值与支付的货币性资产之和）的比例，或者收到的货币性资产占换出资产公允价值（或占换入资产公允价值和收到的货币性资产之和）的比例低于 25% 的，视为非货币性资产交换；高于 25%（含 25%）的，视为货币性资产交换，应按照《企业会计准则第 14 号——收入》等相关准则的规定处理。判断补价比例时，分子分母公允价值均不含增值税金额。

非货币性资产交换的认定条件可以用下列公式表示：

$$\frac{支付的货币性资产}{换入资产公允价值（或换出资产公允价值+支付的货币性资产）} < 25\%$$

或者：

$$\frac{收到的货币性资产}{换出资产公允价值（或换入资产公允价值+收到的货币性资产）} < 25\%$$

【例 1-1】下列项目中，属于货币性资产的是（   ）。
A. 以公允价值计量且其变动计入当期损益的金融资产
B. 以摊余成本计量的金融资产，如应收票据及应收账款等
C. 投资性房地产
D. 固定资产
【答案】B

【例 1-2】下列交易中，属于非货币性资产交换的有（   ）。
A. 以持有的摊余成本计量的金融资产（应收账款）换取生产用机器设备
B. 以持有的一项土地使用权换取一栋生产用厂房
C. 以一项摊余成本计量的金融资产（债权投资）换取一项长期股权投资
D. 以一批存货换取一台公允价值为 100 万元的设备并支付 50 万元补价
E. 以公允价值为 200 万元的投资性房地产换取一台运输设备并收取 24 万元补价
【答案】BE

[解析] 应收账款和以摊余成本计量的金融资产（即债权投资）属于货币性资产，所以 A、C 选项不对；50/100 = 50% > 25%，所以 D 选项不对。24/200 = 12% < 25%，所以 E 选项正确。

四、非货币性资产交换不涉及的交易和事项

本章所指的非货币性资产交换不涉及以下各项交易和事项。

（一）换出资产为存货的非货币性资产交换

企业以存货换取客户的非货币性资产的，换出存货的企业相关的会计处理适

用《企业会计准则第 14 号——收入》。《企业会计准则第 14 号——收入》对企业因转让存货取得非现金对价情形的会计处理做出了规范。

（二）在企业合并中取得的非货币性资产

非货币性资产交换中涉及企业合并的，适用《企业会计准则第 20 号——企业合并》《企业会计准则第 2 号——长期股权投资》《企业会计准则第 33 号——合并财务报表》。

（三）交换的资产包括属于非货币性资产的金融资产

非货币性资产交换中涉及由《企业会计准则第 22 号——金融工具确认和计量》规范的金融资产的，金融资产的确认、终止确认和计量适用《企业会计准则第 22 号——金融工具确认和计量》《企业会计准则第 23 号——金融资产转移》。

（四）非货币性资产交换中涉及使用权资产或应收融资租赁款

非货币性资产交换中涉及由《企业会计准则第 21 号——租赁》规范的使用权资产或应收融资租赁款等的，相关资产的确认、终止确认和计量适用《企业会计准则第 21 号——租赁》。

（五）非货币性资产交换构成权益性交易

非货币性资产交换的一方直接或间接对另一方持股且以股东身份进行交易的，或者非货币性资产交换的双方均受同一方或相同的多方最终控制，且该非货币性资产交换的交易实质是交换一方向另一方进行了权益性分配或交换的一方接受了另一方权益性投入的，适用权益性交易的有关会计处理规定。例如，集团重组中发生的非货币性资产划拨、划转行为，在股东或最终控制方的安排下，企业无代价或以明显不公平的代价将非货币性资产转让给其他企业或接受其他企业的非货币性资产，该类转让的实质是企业进行了权益性分配或接受了权益性投入，应当适用权益性交易会计处理的有关规定。

（六）其他不适用非货币性资产交换准则的交易或事项

1. 企业从政府无偿取得非货币性资产（如政府无偿提供非货币性资产给企业）的，适用《企业会计准则第 16 号——政府补助》。
2. 企业将非流动资产或处置组分配给所有者的，适用《企业会计准则第 42 号——持有待售的非流动资产、处置组和终止经营》。
3. 企业以非货币性资产向职工发放非货币性福利的，适用《企业会计准则第 9 号——职工薪酬》。
4. 企业以发行股票形式取得的非货币性资产，相当于以权益工具换入非货币性资产，其成本确定适用于《企业会计准则第 37 号——金融工具列报》。

5. 企业用于非货币性资产交换的非货币性资产应当符合资产的定义和确认条件，且作为资产列报于企业的资产负债表上。因此，企业用于交换的资产目前尚未列报于资产负债表上的或不存在或尚不属于本企业的，适用其他相关会计准则。例如，甲企业从乙企业取得一项土地使用权，承诺未来 3 年内在该地块上建造写字楼，并待写字楼建造完成后向乙企业交付一幢写字楼，在这种情形下，由于甲企业用于交换的建筑物尚不存在，因此，无论对甲企业还是乙企业而言，该交易不属于非货币性资产交换准则规范的非货币性资产交换。

第二节 非货币性资产交换的确认和计量

一、非货币性资产交换的确认原则

（一）非货币性资产交换的确认原则

企业应当分别按照下列原则对非货币性资产交换中的换入资产进行确认，对换出资产终止确认：对于换入资产，企业应当在换入资产符合资产定义并满足资产确认条件时予以确认；对于换出资产，企业应当在换出资产满足资产终止确认条件时终止确认。根据上述原则，对于非货币性资产交换，企业将换入的资产视为购买取得资产，并按照相关会计准则的规定进行初始确认；将换出的资产视为销售或处置资产，并按照相关会计准则的规定进行终止确认。例如，某企业在非货币性资产交换中，换入资产为固定资产，换出资产为存货，按照《企业会计准则第 4 号——固定资产》和《企业会计准则第 14 号——收入》的规定，换入的固定资产应当在与该固定资产有关的经济利益很可能流入企业且成本能够可靠地计量时确认，换出的存货应当以交换对方（即换入企业）取得该存货控制权时点作为处置时点终止确认。

（二）换入资产的确认时点与换出资产的终止确认时点存在不一致的情形

非货币性资产交换中的资产应当符合资产的定义并满足资产的确认条件，且作为资产列报于企业的资产负债表上。通常情况下，换入资产的确认时点与换出资产的终止确认时点应当相同或相近，也就是说，作为非货币性资产交换的一方，企业取得换入资产的时点与其销售或处置换出资产的时点应当相同或相近。

实务中，由于资产控制权转移所必需的运输或转移程序等方面的原因（如资产运输至对方地点所需的合理运输时间、办理股权或房产过户手续等），可能导致换入资产满足确认条件的时点与换出资产满足终止确认条件的时点存在短暂不一致，企业可以按照重要性原则，在换入资产满足确认条件和换出资产满足终止确认条件孰晚的时点进行会计处理。在换入资产的确认时点与换出资产的终止确认时点存在不一致的情形下，在资产负债表日，企业应当按照准则规定的下列原则进行会计处理：

换入资产满足资产确认条件，换出资产尚未满足终止确认条件的，在确认换入资产的同时将交付换出资产的义务确认为一项负债，例如其他应付款；换入资产尚未满足资产确认条件，换出资产满足终止确认条件的，在终止确认换出资产的同时将取得换入资产的权利确认为一项资产，例如其他应收款。

二、非货币性资产交换的计量原则

在非货币性资产交换的情况下，不论是一项资产换入一项资产、一项资产换入多项资产、多项资产换入一项资产，还是多项资产换入多项资产，非货币性资产交换准则规定了换入资产成本的计量基础和交换所产生损益的确认原则。

（一）以公允价值为基础计量

非货币性资产交换同时满足下列两个条件的，应当以公允价值和应支付的相关税费作为换入资产的成本，公允价值与换出资产账面价值的差额计入当期损益。

1. 该项交换具有商业实质。
2. 换入资产或换出资产的公允价值能够可靠地计量。

换入资产和换出资产的公允价值均能够可靠计量的，应当以换出资产的公允价值为基础计量，但有确凿证据表明换入资产的公允价值更加可靠的除外。一般来说，取得资产的成本应当按照放弃资产的对价来确定，在非货币性资产交换中，换出资产就是放弃的对价，如果其公允价值能够可靠确定，应当优先考虑按照换出资产的公允价值作为确定换入资产成本的基础。实务中，企业在进行非货币性资产交换时，相关换入资产或换出资产的公允价值通常会在合同中约定；对于合同中没有约定的，按照合同开始日（合同生效日）的公允价值确定。如果有确凿证据表明换入资产的公允价值更加可靠的，应当以换入资产公允价值为基础确定换入资产的成本，即换出资产的公允价值不能够可靠地计量，或换入资产和换出资产的公允价值均能够可靠计量但有确凿证据表明换入资产的公允价值更可靠的，应当以换入资产公允价值为基础确定换入资产的成本。

对于非货币性资产交换中，换入资产和换出资产的公允价值均能够可靠计量的情形，企业在判断是否有确凿证据表明换入资产的公允价值更加可靠时，应当考虑确定公允价值所使用的输入值层次。企业可以参考以下情况：第一层次输入值为公允价值提供了最可靠的证据，第二层次直接或间接可观察的输入值比第三层次不可观察输入值为公允价值提供了更确凿的证据。实务中，在考虑了补价因素的调整后，正常交易中换入资产的公允价值与换出资产的公允价值通常是一致的。

（二）以账面价值为基础计量

不具有商业实质或交换涉及资产的公允价值均不能与可靠计量的非货币性资产交换，应当按照换出资产的账面价值和应支付的相关税费作为换入资产的成本，无论是否支付补价，均不确认损益；收到或支付的补价作为确定换入资产成本的调整因素，其中，收到补价方应当以换出资产的账面价值减去补价作为换入资产的成本；支付补价方应当以换出资产的账面价值加上补价作为换入资产的成本。

三、商业实质的判断

非货币性资产交换具有商业实质，是换入资产能够采用公允价值计量模式的重要条件之一。在确定资产交换是否具有商业实质时，企业应当重点考虑由于发生了该项资产交换预期使企业未来现金流量发生变动的程度，通过比较换出资产和换入资产预计产生的未来现金流量或其现值，确定非货币性资产交换是否具有商业实质。只有当换出资产和换入资产预计未来现金流量或其现值两者之间的差额较大时，才能表明交易的发生使企业经济状况发生了明显改变时，非货币性资产交换因而具有商业实质。

（一）判定条件

满足下列条件之一的非货币性资产交换具有商业实质。

1. 换入资产的未来现金流量在风险、时间分布或金额方面与换出资产显著不同。

换入资产的未来现金流量在风险、时间和金额方面与换出资产显著不同，通常包括但不仅限于以下三种情况。

（1）未来现金流量的风险、金额相同，时间不同。例如，某企业以一批存货换入一项设备，因存货流动性强，能够在较短时间内产生现金流量，设备作为固定资产在较长的时间内为企业带来现金流量，两者产生现金流量的时间相差较大，则可以判断上述存货与固定资产的未来现金流量显著不同，因而该两项资产的交换具有商业实质。

（2）未来现金流量的时间、金额相同，风险不同。例如，某企业以其持有的国债投资（其他债权投资）换入一幢房屋以备出租（投资性房地产），该企业预计未来每年收到的国债利息与房屋租金在金额和流入时间上相同，但是国债利息通常风险很小，租金的取得需要依赖于承租人的财务及信用情况等，两者现金流量的风险或不确定性程度存在明显差异，上述持有的国债投资（其他债权投资）与房屋（投资性房地产）的未来现金流量风险显著不同，进而可判断该两项资产的交换具有商业实质。

（3）未来现金流量的风险、时间相同，金额不同。例如，某企业以一项商标权换入另一企业的一项专利技术,预计两项无形资产的使用寿命相同,在使用寿命内预计为企业带来的现金流量总额相同,但是换入的专利技术是新开发的,预计开始阶段产生的未来现金流量明显少于后期,而该企业拥有的商标每年产生的现金流量比较均衡,两者产生的现金流量金额差异明显,则上述商标权与专利技术的未来现金流量显著不同,因而该两项资产的交换具有商业实质。

2. 使用换入资产所产生的预计未来现金流量现值与继续使用换出资产不同,且其差额与换入资产和换出资产的公允价值相比是重大的。

企业如按照上述第一个条件难以判断某项非货币性资产交换是否具有商业实质,即可根据第二个条件,通过计算换入资产和换出资产的预计未来现金流量现值进行比较后判断。资产预计未来现金流量现值,应当按照资产在持续使用过程和最终处置时预计产生的税后未来现金流量现值,选择恰当的折现率对预计未来现金流量折现后的金额加以确定,即国际财务报告准则所称的"主体特定价值"。

从市场参与者的角度分析,换入资产和换出资产预计未来现金流量在风险、时间和金额方面可能相同或相似,但是,鉴于换入资产的性质和换入企业经营活动的特征等因素,换入资产与换入企业其他现有资产相结合,能够比换出资产产生更大的作用,使换入企业受该换入资产影响的经营活动部分产生的现金流量,与换出资产明显不同,即换入资产对换入企业的使用价值与换出资产对该企业的使用价值明显不同,使换入资产预计未来现金流量现值与换出资产发生明显差异,因而表明该两项资产的交换具有商业实质。

某企业以一项专利权换入另一企业拥有的长期股权投资,假定从市场参与者来看,该项专利权与该项长期股权投资的公允价值相同,两项资产未来现金流量的风险、时间和金额也相同,但是,对换入企业来讲,换入该项长期股权投资使该企业对被投资方由重大影响变为控制关系,从而对换入企业产生的预计未来现金流量现值与换出的专利权有较大差异;另一企业换入的专利权能够解决生产中的技术难题,从而对换入企业产生的预计未来现金流量现值与换出的长期股权投资有明显差异,因而该两项资产的交换具有商业实质。

(二)交换涉及的资产类别与商业实质的关系

企业在判断非货币性资产交换是否具有商业实质时,还可以从资产是否属于同一类别进行分析,因为不同类非货币性资产因其产生经济利益的方式不同,一般来说其产生的未来现金流量风险、时间分布或金额也不相同,因而不同类非货币性资产之间的交换是否具有商业实质,通常较易判断。

不同类非货币性资产是指在资产负债表中列示的不同大类的非货币性资产,例如固定资产、投资性房地产、生物资产、长期股权投资、无形资产等都是不同类别的资产。例如,企业以一项用于出租的投资性房地产交换一项固定资产自用,属于不同类非货币性资产交换,在这种情况下,企业就将未来现金流量由每期产生的租金流,转化为该项资产独立产生,或包括该项资产的资产组协同产生的现金流。通常情况下,由定期租金带来的现金流量与用于生产经营的固定资产产生的现金流量在风险、时间分布或金额方面有所差异，因此，该两项资产的交换应当视为具有商业实质。

同类非货币性资产交换是否具有商业实质，通常较难判断，需要根据上述两项判断条件综合判断。企业应当重点关注的是换入资产和换出资产为同类资产的情况，同类资产产生的未来现金流量既可能相同，也可能显著不同，其之间的交换因而可能具有商业实质，也可能不具有商业实质。例如，A 企业将自己拥有的一幢建筑物，与 B 企业拥有的在同一地点的另一幢建筑物相交换，两幢建筑物的建造时间、建造成本等均相同，但两者未来现金流量的风险、时间分布或金额可能不同。

第三节 非货币性资产交换的会计处理

一、公允价值计量的会计处理

（一）以公允价值为基础计量的会计处理原则

以公允价值为基础计量的非货币性资产交换，对于换入资产，应当以换出资产的公允价值和应支付的相关税费作为换入资产的成本进行初始计量；对于换出资产，应当在终止确认时，将换出资产的公允价值与其账面价值之间的差额计入当期损益。

有确凿证据表明换入资产的公允价值更加可靠的，对于换入资产，应当以换入资产的公允价值和应支付的相关税费作为换入资产的初始计量金额；对于换出资产，应当在终止确认时，将换入资产的公允价值与换出资产账面价值之间的差额计入当期损益。

企业以存货换取客户的固定资产、无形资产、长期股权投资等，按照《企业会计准则第 14 号——收入》的规定进行会计处理；其他非货币性资产交换，按照《企业会计准则第 7 号——非货币性资产交换》的规定进行会计处理。

非货币性资产交换的会计处理，视换出资产的类别不同而有所区别。

1. 换出资产为存货的，应当视同销售存货处理，根据《企业会计准则第 14 号——收入》按照公允价值确认营业收入，同时结转营业成本，相当于按照公允价值确认销售收入与按照账面价值结转成本之间的差额，在利润表中作为营业利润的构成部分予以列示。

2. 换出资产为固定资产或无形资产的，换出资产公允价值和换出资产账面价值的差额，计入当期损益的部分通过"资产处置损益"科目核算，在利润表"资产处置收益"项目中列示。

3. 换出资产为长期股权投资的，换出资产公允价值和换出资产账面价值的差额，计入当期损益的部分通过"投资收益"科目核算，在利润表"投资收益"项目中列示。

4. 换出资产为金融资产的，符合终止确认金融资产条件时，按照《企业会计准则第22号——金融工具确认和计量》相关规定处理。

5. 换出资产为投资性房地产的，按照《企业会计准则第3号——投资性房地产》相关规定处理，换出资产公允价值或换入资产公允价值确认其他业务收入，按换出资产账面价值结转其他业务成本，两者之间的差额计入当期损益，两者分别在利润表"营业收入"和"营业成本"项目中列示。

（二）不涉及补价的会计处理

具有商业实质且其换入或换出资产的公允价值能够可靠计量的非货币性资产交换，不涉及补价的，应当按照换出资产的公允价值作为确定换入资产成本的基础，但有确凿证据表明换入资产的公允价值更加可靠的，则以换入资产的公允价值作为确定换入资产成本的基础。换出资产账面价值与其公允价值之间的差额，计入当期损益。

具体会计处理程序如下：

$$\text{换入资产成本} = \text{换出资产公允价值} + \text{换出资产增值税销项税额} - \text{换入资产可抵扣的增值税进项税额} + \text{支付的应计入换入资产成本的相关税费}$$

1. 换出资产为存货的，应当作为销售处理，根据《企业会计准则第14号——收入》按其公允价值确认营业收入，同时结转相应的营业成本，两者分别在利润表"营业收入"和"营业成本"项目中列示。

借：原材料等　　　　　　　　　　（换入资产的入账价值）
　　应交税费——应交增值税（进项税额）
　　　　　　　　　　　　　　（换入资产可以抵扣的进项税额）
　贷：主营业务收入　　　　　　　（换出存货的公允价值）
　　　应交税费——应交增值税（销项税额）
　　　　　　　　　　　　　（换出存货的公允价值×适用税率）
借：主营业务成本　　　　　　（换出存货相应的账面价值）
　　存货跌价准备　　　　　　（换出存货相应的跌价准备）
　贷：库存商品　　　　　　　　（换出存货相应的成本）

2. 换出资产为固定资产、无形资产的，换出资产公允价值和换出资产账面价值的差额，计入当期损益的部分通过"资产处置损益"科目核算，在利润表"资产处置收益"项目列示。

借：固定资产清理　　　　　　（换出固定资产的账面价值）
　　累计折旧　　　　　（换出固定资产已计提的累计折旧）
　　固定资产减值准备　（换出固定资产已计提的减值准备）
　贷：固定资产　　　　　　　　　（换出固定资产的原值）
借：固定资产清理　　　　（换出固定资产时支付的清理费用）

贷：银行存款　　　　　　　　　（换出固定资产时支付的清理费用）
　借：固定资产清理　　　　（换出固定资产时应交的增值税等税费）
　　贷：应交税费　　　　　　　（换出固定资产时应交的增值税等税费）
　借：库存商品等　　　　　　　　　　　（换入资产的入账价值）
　　　应交税费——应交增值税（进项税额）
　　　　　　　　　　　　　　　（换入资产可以抵扣的进项税额）
　　贷：固定资产清理　　　　　　　（换出的固定资产清理余额）
　　　　资产处置损益　　　　　　　　　（借贷方差额，或借记）
　　　　银行存款　　　　　　　　　（换入资产相关采购成本等）

3. 换出资产为长期股权投资的，换出资产公允价值和换出资产账面价值的差额，计入当期损益的部分通过"投资收益"科目核算，并将长期股权投资持有期间按照权益法核算形成的其他综合收益转入投资收益，在利润表"投资收益"项目中列示。

　借：库存商品等　　　　　　　　　　　（换入资产的入账价值）
　　　应交税费——应交增值税（进项税额）
　　　　　　　　　　　　　　　（换入资产可以抵扣的进项税额）
　　　长期股权投资减值准备　　（已计提长期股权投资减值准备）
　　贷：长期股权投资　　　　　　　　（长期股权投资的账面余额）
　　　　投资收益　　　　　　　　　　　（借贷方差额，或借记）
　借：其他综合收益　　　　　　　（持有期间形成的其他综合收益）
　　贷：投资收益　　　　　　　　　（持有期间形成的其他综合收益）

（三）相关税费的处理

1. 换出资产方企业涉及增值税处理。与换出资产相关的税费同出售资产相关税费的会计处理相同。应按照增值税相关政策的规定，计算和申报缴纳税款，并依据《财政部关于印发〈增值税会计处理规定〉的通知》相关规定进行会计处理。一般纳税人如果换出存货、固定资产、无形资产应作为销售货物、固定资产、无形资产处理，按照适用税率（适用于一般计税方法）或征收率（适用于简易计税方法），计算缴纳增值税，记入"应交税费——应交增值税（销项税额）"科目或"应交税费——简易计税"科目。一般纳税人换出不动产（是指不能移动或者移动后会引起性质、形状改变的财产，包括建筑物、构筑物等）应作为销售不动产处理，依据适用税率（适用于一般计税方法）或征收率（适用于简易计税方法），计算缴纳增值税，记入"应交税费——应交增值税（销项税额）"科目或"应交税费——简易计税"科目。

2. 换入资产方企业涉及增值税处理。与换入资产相关的税费同购入资产相关税费的会计处理相同。应按照增值税相关政策规定，一般纳税人换入资产作为存货、固定资产（是指使用期限超过 12 个月的机器、机械、运输工具以及其他与生产经营有关的设备、工具、器具等）、无形资产的，取得增值税扣税凭证并符合税法规定允许抵扣的增值税进项税额，应当在增值税扣税凭证抵扣用途确认当期，申报确认为可抵扣增值税进项税额，记入"应交税费——应交增值税（进项税额）"科目。未取得增值税扣税凭证或取得增值税扣税凭证不符合税法规定，以及发生不得抵扣不允许抵扣的增值税进项税额情形的，应当将其进项税额计入换入资产的初始取得成本。

【例1-3】2×21年10月10日，甲公司以2×17年1月购入的生产经营用A设备交换乙公司生产的一批钢材，甲公司换入的钢材作为原材料用于生产，乙公司换入的设备继续用于生产钢材。甲公司设备的账面原价为1 500 000元，在交换日的累计折旧为525 000元，公允价值为1 404 000元，甲公司此前没有为该设备计提资产减值准备。此外，甲公司以银行存款支付清理费1 500元。乙公司钢材的账面价值为1 200 000元，在交换日的市场价格为1 404 000元，计税价格等于市场价格，乙公司此前也没有为该批钢材计提存货跌价准备。

甲公司、乙公司均为增值税一般纳税人，适用的增值税税率为13%。假设甲公司和乙公司在整个交易过程中没有发生除增值税以外的其他税费，甲公司和乙公司均开具了增值税专用发票。

[分析]本例中，整个资产交换过程没有涉及收付货币性资产，因此，该项交换属于非货币性资产交换。甲公司以固定资产换入存货，换入的钢材是生产过程中使用的原材料，乙公司换入的设备是生产用固定资产，两项资产交换后对换入企业的特定价值显著不同，两项资产的交换具有商业实质；同时，两项资产的公允价值均能够可靠地计量，符合公允价值计量基础的两个条件。因此，甲公司和乙公司均应当以换出资产的公允价值为基础确定换入资产的成本，并确认产生的相关损益。

①甲公司的账务处理如下：

根据《财政部、国家税务总局关于全国实施增值税转型改革若干问题的通知》的要求，自2009年1月1日起，纳税人销售自己使用过的2009年1月1日以后购进或者自制的固定资产，按照适用税率征收增值税。因此，企业以设备换入其他资产，应当缴纳增值税。

换出设备的增值税销项税额 = 1 404 000 × 13% = 182 520（元）

借：固定资产清理　　　　　　　　　　　　　　　　975 000
　　累计折旧　　　　　　　　　　　　　　　　　　525 000
　　　贷：固定资产——A设备　　　　　　　　　　　　　　1 500 000
借：固定资产清理　　　　　　　　　　　　　　　　1 500
　　　贷：银行存款　　　　　　　　　　　　　　　　　　　1 500
借：固定资产清理　　　　　　　　　　　　　　　　182 520
　　　贷：应交税费——应交增值税（销项税额）　　　　　　182 520
借：原材料——钢材　　　　　　　　　　　　　　　1 404 000
　　应交税费——应交增值税（进项税额）　　　　　182 520
　　　贷：固定资产清理　　　　　　　　　　　　　　　　　1 159 020

资产处置损益——非货币性资产交换利得　　　　　　　　427 500

其中，资产处置损益的金额为换出机器设备的不含税公允价值 1 404 000 元与其账面价值 975 000 元（1 500 000 - 525 000）并扣除清理费用 1 500 元后的余额，即 427 500 元。

②乙公司的账务处理如下：

第一，企业以库存商品换入其他资产，应计算增值税销项税额。

换出钢材的增值税销项税额 = 1 404 000 × 13% = 182 520（元）

第二，根据《财政部、国家税务总局关于全国实施增值税转型改革若干问题的通知》的要求，自 2009 年 1 月 1 日起，增值税一般纳税人购进或自制固定资产发生的进项税额，可根据《中华人民共和国增值税暂行条例》和《中华人民共和国增值税暂行条例实施细则》的有关规定，凭增值税专用发票、海关进口增值税专用缴款书等增值税扣税凭证从销项税额中抵扣。

换入设备的增值税进项税额 = 1 404 000 × 13% = 182 520（元）

借：固定资产——A 设备　　　　　　　　　　　　1 404 000
　　应交税费——应交增值税（进项税额）　　　　　182 520
　　　贷：主营业务收入——钢材　　　　　　　　　　　　1 404 000
　　　　　应交税费——应交增值税（销项税额）　　　　　182 520
借：主营业务成本——钢材　　　　　　　　　　　1 200 000
　　　贷：库存商品——钢材　　　　　　　　　　　　　　1 200 000

【例 1-4】为了提高产品质量，甲家电公司以其持有的对乙公司的长期股权投资交换丙家电公司拥有的一项液晶电视屏幕专利技术。在交换日，甲公司持有的长期股权投资账面余额为 800 万元，已计提长期股权投资减值准备为 60 万元，在交换日的公允价值为 600 万元；丙公司专利技术的账面原价为 800 万元，累计已摊销金额为 160 万元，已计提无形资产减值准备为 30 万元，在交换日的公允价值为 600 万元。丙公司原已持有对乙公司的长期股权投资，从甲公司换入对乙公司的长期股权投资后，使乙公司成为丙公司的联营企业。假定销售无形资产（专利技术）免征增值税，转让长期股权投资不属于增值税征税范围，不缴纳增值税，甲公司和乙公司均为增值税一般纳税人。

[分析]该项资产交换没有涉及收付货币性资产，因此，属于非货币性资产交换。本例属于以长期股权投资换入无形资产。对甲公司来讲，换入液晶电视屏幕专利技术能够大幅度改善产品质量，相对于对乙公司的长期股权投资来讲，预计未来现金流量的时间、金额和风险均不相同；对丙公司来讲，换入对乙公司的长期股权投资，使其对乙公司的关系由无控制、共同控制或重大影响改变为具有重大影响，因而可通过参与乙公司的财务和经营政策等方式对其施加重大影响，增加了借此从乙公司经营活动中获取经济利益的权力，与专利技术预计产生的未来现金流量在时间、风险和金额方面都有所不同。因此，该两项资产的交换具有商业实质，同时，两项资产的公允价值都能够可靠地计量，符合以公允价值计量的条件。甲公司和丙公司均应当以公允价值为基础确定换入资产的成本，并确认

产生的损益。

①甲公司的账务处理如下：

借：无形资产——专利权　　　　　　　　　　　6 000 000
　　长期股权投资减值准备　　　　　　　　　　　 600 000
　　投资收益　　　　　　　　　　　　　　　　 1 400 000
　　贷：长期股权投资　　　　　　　　　　　　　　　　　8 000 000

②丙公司的账务处理如下：

借：长期股权投资　　　　　　　　　　　　　　6 000 000
　　累计摊销　　　　　　　　　　　　　　　　 1 600 000
　　无形资产减值准备　　　　　　　　　　　　　 300 000
　　资产处置损益——非货币性资产交换损失　　　 100 000
　　贷：无形资产——专利权　　　　　　　　　　　　　　8 000 000

（四）涉及补价的会计处理

以公允价值为基础计量的非货币性资产交换，涉及补价的，应当按照下列规定进行处理。

1. 支付补价方：（1）以换出资产的公允价值，加上支付补价的公允价值和应支付的相关税费，作为换入资产的成本，换出资产的公允价值与其账面价值之间的差额计入当期损益。（2）有确凿证据表明换入资产的公允价值更加可靠的，以换入资产的公允价值和应支付的相关税费作为换入资产的初始计量金额，换入资产的公允价值减去支付补价的公允价值，与换出资产账面价值之间的差额计入当期损益。

2. 收到补价方：（1）以换出资产的公允价值，减去收到补价的公允价值，加上应支付的相关税费，作为换入资产的成本，换出资产的公允价值与其账面价值之间的差额计入当期损益。（2）有确凿证据表明换入资产的公允价值更加可靠的，以换入资产的公允价值和应支付的相关税费作为换入资产的初始计量金额，换入资产的公允价值加上收到补价的公允价值，与换出资产账面价值之间的差额计入当期损益。

在涉及补价的情况下，对于支付补价方而言，作为补价的货币性资产构成换入资产所放弃对价的一部分，对于收到补价方而言，作为补价的货币性资产构成换入资产的一部分。需要注意的是，在涉及补价的情况下，需要先判断交易是否为非货币性资产交换。

【例1-5】甲公司与乙公司协商，甲公司以其持有的一项专利权与乙公司拥有的一台机器设备交换。交换后两家公司对于换入资产仍供日常经营使用。在交换日，甲公司的专利权的账面原价为900万元，已累计摊销150万元，未计提减值准备，在交换日的公允价值为800万元；乙公司拥有的机器设备的账面原价为1 000万元，已计提折旧300万元，未计提减值准备，在交换日的公允价值为755万元，乙公司另支付了45万元给甲公司。假定两公司均为增值税一般纳税人，销售固定资产和无形资产适用的增值税税率分别为13%和6%,上述交易过程中涉及的增值税进项税额按照税法规定可抵扣且已得到抵扣用途确认;不考虑其他相关税费。

[分析] ①分析是否认定为非货币性资产交换,补价 45/800×100% = 5.625%小于25%,属于非货币性资产交换。由于该交换具有商业实质,同时专利权和机器设备的公允价值都能够可靠计量,因此,甲、乙公司均应当以换出资产公允价值为基础确认换入资产的成本,并确认产生的损益。

②因交换时甲公司资产的公允价值为800万元,乙公司资产的公允价值为755万元,所以乙公司应该向甲公司支付补价45万元;但乙公司开给甲公司增值税专用发票上注明的销项税额为98.15万元,甲公司开给乙公司增值税专用发票上注明的销项税额为48万元,所以甲公司应该向乙公司支付增值税进销价差50.15万元。

③乙公司应支付补价45万元,收增值税价差50.15万元,相抵后应收取价款5.15万元。

④对于甲公司来说,按公允价值800万元卖掉专利权,实现转让收益50万元(账面价值为750万元),然后用卖掉收取的现金848万元(价款800万元+销项税额48万元)去购入机器设备,该机器设备公允价值755万元,进项税额98.15万元,需要支付现金853.15万元。因卖掉收到的现金只有848万元,所以甲公司还需补付差价5.15万元。

⑤甲公司会计分录如下:

借:固定资产——机器设备	7 550 000
应交税费——应交增值税(进项税额)	981 500
累计摊销	1 500 000
贷:无形资产	9 000 000
应交税费——应交增值税(销项税额)	480 000
资产处置损益	500 000
银行存款	51 500

⑥乙公司会计分录如下:

借:固定资产清理	7 000 000
累计折旧	3 000 000
贷:固定资产清理	10 000 000
借:无形资产	8 000 000
应交税费——应交增值税(进项税额)	480 000
银行存款	51 500
贷:固定资产清理	7 550 000
应交税费——应交增值税(销项税额)	981 500
借:固定资产清理	550 000
贷:资产处置损益	550 000

二、以账面价值为基础计量的会计处理

(一) 以账面价值为基础计量的会计处理原则

非货币性资产交换不具有商业实质,或者虽然具有商业实质但换入资产和换出资产的公允价值均不能可靠计量的,应当以账面价值为基础计量。对于换入资产,企业应当以换出资产的账面价值和应支付的相关税费作为换入资产的初始计量金额;对于换出资产,终止确认时不确认损益。

(二) 不涉及补价情况下的会计处理

在不具有商业实质的非货币性资产交换中,不涉及补价的,企业换入的资产应当按换出资产的账面价值加上应支付的相关税费,作为换入资产的成本。其计算公式为:

$$\text{换入资产成本} = \text{换出资产账面价值} + \text{换出资产增值税销项税额} - \text{换入资产可抵扣的增值税进项税额} + \text{支付的应计入换入资产成本的相关税费}$$

【例1-6】甲公司以其运输产品的货运汽车与乙公司作为运输产品的货运汽车进行交换。甲公司换出货运汽车的账面原价为120 000元,已提折旧为20 000元,预计未来现金流量现值为110 000元,计税价格为100 000元。为此项交换,甲公司以银行存款支付货运汽车清理费用1 000元;乙公司换出货运汽车的账面原价为140 000元,已提折旧为30 000元,其未来现金流量现值为110 000元,计税价格为100 000元。假定甲公司换入的货运汽车仍然作为运输公司产品所用,并作为固定资产管理。甲公司和乙公司均未对换出货运汽车计提固定资产减值准备。假定销售固定资产的增值税税率为13%,双方均为增值税一般纳税人并已开具增值税专用发票。

[分析] 甲公司以其运输产品的货运汽车换入乙公司同样作为运输产品的货运汽车,在这项交易中,由于交换的非货币性资产均为货运汽车,其性质、用途均相同,换入资产与换出资产的预计未来现金流量现值也相同。因此,该项交易不具有商业实质。同时,该项交易不涉及补价,因此,属于不涉及补价的非货币性资产交换。

甲公司的账务处理如下。

① 将固定资产净值转入固定资产清理:

借:固定资产清理　　　　　　　　　　　　　　　100 000
　　累计折旧　　　　　　　　　　　　　　　　　 20 000
　　　贷:固定资产　　　　　　　　　　　　　　　　　　120 000

② 支付清理费用:

借:固定资产清理　　　　　　　　　　　　　　　 1 000
　　　贷:银行存款　　　　　　　　　　　　　　　　　　 1 000

③销售固定资产应纳增值税税额 = 100 000 × 13% = 13 000（元）。
借：固定资产清理 13 000
　　贷：应交税费——应交增值税（销项税额） 13 000
④换入货运汽车的入账价值 = 100 000 + 1 000 = 101 000（元）。
借：固定资产 101 000
　　应交税费——应交增值税（进项税额） 13 000
　　贷：固定资产清理 114 000

从上述例子可见，甲公司换入的货运汽车按换出货运汽车的账面价值加上支付的相关税费，作为换入的货运汽车的入账价值。

乙公司的账务处理如下。
①将固定资产净值转入固定资产清理：
借：固定资产清理 110 000
　　累计折旧 30 000
　　贷：固定资产 140 000
②销售固定资产应纳增值税税额 = 100 000 × 13% = 13 000（元）。
借：固定资产清理 13 000
　　贷：应交税费——应交增值税（销项税额） 13 000
③换入货运汽车的入账价值 110 000 元：
借：固定资产 110 000
　　应交税费——应交增值税（进项税额） 13 000
　　贷：固定资产清理 123 000

（三）涉及补价情况下的会计处理

以账面价值为基础计量的非货币性资产交换，涉及补价的，应当按照下列规定进行处理。

1. 支付补价方：应当以换出资产的账面价值，加上支付的补价和应支付的相关税费，作为换入资产的初始计量金额，不确认损益。

2. 收到补价方：应当以换出资产的账面价值，减去收到的补价，加上应支付的相关税费，作为换入资产的初始计量金额，不确认损益。

（四）相关税费的处理

1. 与换出资产相关的税费，与转让资产相关税费的会计处理相同。具体会计处理同公允价值计量模式相关税费的处理。

2. 与换入资产相关的税费，与取得资产相关税费的会计处理相同。具体会计处理同公允价值计量模式相关税费的处理。

【例1-7】甲公司以其离主要生产基地较远的仓库与离甲公司主要生产基地较近的乙公司的办公楼交换。甲公司换出仓库的账面原价为 3 800 000 元，已提折旧为 500 000 元；乙公司换出办公楼的账面原价为 4 500 000 元，已计提折旧为

800 000 元。甲公司另付补价银行存款 100 000 元给乙公司。假定甲公司换入的办公楼作为办公用房,其换入资产和换出资产的公允价值不能可靠计量,甲公司未对换出资产计提减值准备,甲公司换出资产按照纳税人转让不动产增值税有关政策规定,属于转让"营改增"前取得的不动产老项目,其可以选择适用简易计税方法,按照 5% 的征收率计算缴纳增值税为 500 000 元并开具了增值税专用发票。乙公司换出资产按照纳税人转让不动产增值税有关政策规定,属于转让"营改增"后取得的不动产项目,其适用一般计税方法,按照 9% 的税率计算缴纳的增值税为 900 000 元并开具了增值税专用发票。

[分析] 甲公司以其仓库与乙公司的办公楼交换,换入、换出资产的公允价值不能够可靠地计量,因此,只能按照账面价值计量;同时,在这项交易中涉及少量的货币性资产,即涉及补价 100 000 元。甲公司换入办公楼的入账价值应为换出仓库的账面价值加上支付的补价和相关税费的金额。

据此,甲公司的账务处理如下。

① 将固定资产净值转入清理:
借:固定资产清理 3 300 000
　　累计折旧 500 000
　　贷:固定资产——仓库 3 800 000

② 支付补价:
借:固定资产清理 100 000
　　贷:银行存款 100 000

③ 计算应缴纳的增值税:
借:固定资产清理 500 000
　　贷:应交税费——简易计税 500 000

④ 换入办公楼的入账价值 = 3 300 000 + 100 000 + 500 000 - 900 000
　　　　　　　　　　　 = 3 000 000(元)
借:固定资产——办公楼 3 000 000
　　应交税费——应交增值税(进项税额) 900 000
　　贷:固定资产清理 39 000 000

【例 1-8】丙公司拥有一台专有设备,该设备账面原价 450 万元,已计提折旧 330 万元,增值税计税价格为 120 万元,增值税税率为 13%,丁公司拥有一项长期股权投资,账面价值 90 万元,两项资产均未计提减值准备。丙公司决定以其专有设备交换丁公司的长期股权投资,该专有设备是生产某种产品必需的设备。由于专有设备系当时专门制造、性质特殊,其公允价值不能可靠计量;丁公司拥有的长期股权投资的公允价值也不能可靠计量。经双方商定,丁公司支付了 20 万元补价和相应的增值税。

[分析] 该项资产交换涉及收付货币性资产,即补价 20 万元。对丙公司而言,收到的补价 20 万元 ÷ 换出资产账面价值 120 万元 = 16.7% < 25%。因此,该项交换属于非货币性资产交换,丁公司的情况也类似。由于两项资产的公允价

值不能可靠计量，因此，丙、丁公司换入资产的成本均应当按照换出资产的账面价值确定。

①丙公司的账务处理如下：

借：固定资产清理　　　　　　　　　　　　1 200 000
　　累计折旧　　　　　　　　　　　　　　　3 300 000
　　　贷：固定资产——专有设备　　　　　　　　　　4 500 000
借：长期股权投资　　　　　　　　　　　　1 000 000
　　银行存款　　　　　　　　　　　　　　　356 000
　　　贷：固定资产清理　　　　　　　　　　　　　　1 200 000
　　　　　应交税费——应交增值税（销项税额）　　　156 000

②丁公司的账务处理如下：

借：固定资产——专有设备　　　　　　　　1 100 000
　　应交税费——应交增值税（进项税额）　　156 000
　　　贷：长期股权投资　　　　　　　　　　　　　　900 000
　　　　　银行存款　　　　　　　　　　　　　　　　356 000

从上例可以看出，尽管丁公司支付了20万元补价，但由于整个非货币性资产交换是以账面价值为基础计量的，支付补价方和收到补价方均不确认损益。对丙公司而言，换入资产是长期股权投资和银行存款20万元，换出资产专有设备的账面价值为120万元（450－330），因此，长期股权投资的成本就是换出设备的账面价值减去货币性资产补价的差额，即100万元（120－20）；对丁公司而言，换出资产是长期股权投资和银行存款20万元，换入资产专有设备的成本等于换出资产的账面价值，即110万元（90＋20）。由此可见，在以账面价值计量的情况下，发生的补价是用来调整换入资产的成本，不涉及确认损益问题。

三、涉及多项非货币性资产交换的会计处理

（一）公允价值计量模式的会计处理

以公允价值为基础计量的非货币性资产交换，同时换入或换出多项资产的，应当按照下列规定进行处理。

1. 对于同时换入的多项资产，按照换入的金融资产以外的各项换入资产公允价值相对比例，将换出资产公允价值总额（涉及补价的，加上支付补价的公允价值或减去收到补价的公允价值）扣除换入金融资产公允价值后的净额进行分摊，以分摊至各项换入资产的金额，加上应支付的相关税费，作为各项换入资产的成本进行初始计量。

有确凿证据表明换入资产的公允价值更加可靠的，以各项换入资产的公允价值和应支付的相关税费作为各项换入资产的初始计量金额。

2. 对于同时换出的多项资产,将各项换出资产的公允价值与其账面价值之间的差额,在各项换出资产终止确认时计入当期损益。

有确凿证据表明换入资产的公允价值更加可靠的,按照各项换出资产的公允价值的相对比例,将换入资产的公允价值总额(涉及补价的,减去支付补价的公允价值或加上收到补价的公允价值)分摊至各项换出资产,分摊至各项换出资产的金额与各项换出资产账面价值之间的差额,在各项换出资产终止确认时计入当期损益。

【例1-9】甲公司和乙公司均为增值税一般纳税人,适用的增值税税率为13%。2×21年8月,为适应业务发展需要,经协商,甲公司决定以生产经营过程中使用的机器设备和专用货车换入乙公司生产经营过程中使用的小汽车和客用汽车。甲公司设备的账面原值为1 800万元,在交换日的累计折旧为300万元,公允价值为1 350万元;货车的账面原值为600万元,在交换日的累计折旧为480万元,公允价值为100万元。乙公司小汽车的账面原值为1 300万元,在交换日的累计折旧为690万元,公允价值为709.5万元;客运汽车的账面原值为1 300万元,在交换日的累计折旧为680万元,公允价值为700万元。乙公司另向甲公司支付银行存款45.765万元,其中包括由于换入和换出资产公允价值不相等而支付的补价40.5万元,以及换出资产销项税额与换入资产进项税额的差额5.265万元。

假定甲公司和乙公司都没有为换出资产计提资产减值准备;甲公司换入乙公司的小汽车、客运汽车作为固定资产使用和管理;乙公司换入甲公司的设备、货运汽车作为固定资产使用和管理;假定甲公司和乙公司上述交易涉及的增值税进项税额均取得增值税专用发票,按照税法规定可以抵扣且已经抵扣用途确认申报抵扣;不考虑其他相关税费。

[分析] 本例中,交换涉及收付货币性资产,应当计算甲公司收到的货币性资产占甲公司换出资产公允价值总额的比例(等于乙公司支付的货币性资产占乙公司换入资产公允价值的比例),即:$40.5 \div (1\ 350 + 100) = 2.79\% < 25\%$。可以认定这一涉及多项资产的交换行为属于非货币性资产交换。对于甲公司而言,为了拓展运输业务,需要客运汽车和小汽车,乙公司为了满足生产,需要机器设备和货车,换入资产对换入企业均能发挥更大的作用。因此,该项涉及多项资产的非货币性资产交换具有商业实质;同时,各单项换入资产和换出资产的公允价值均能可靠计量,因此,甲、乙公司均应当以公允价值为基础确定换入资产的总成本,确认产生的相关损益。同时,按照各单项换入资产的公允价值占换入资产公允价值总额的比例,确定各单项换入资产的成本。

甲公司的账务处理如下:

①根据税法的有关规定:
换出设备的增值税销项税额 = $1\ 350 \times 13\% = 175.5$(万元)
换出货车的增值税销项税额 = $100 \times 13\% = 13$(万元)
换入小汽车和客运汽车的增值税进项税额 = $(709.5 + 700) \times 13\%$
$\qquad\qquad\qquad\qquad\qquad\qquad\qquad = 183.235$(万元)

②计算换入资产、换出资产公允价值总额：
换出资产公允价值总额 = 1 350 + 100 = 1 450（万元）
换入资产公允价值总额 = 709.5 + 700 = 1 409.5（万元）
③计算换入资产总成本：
换入资产总成本 = 换出资产公允价值 – 收到的补价 + 应支付的相关税费
　　　　　　　 = 1 450 – 40.5 + 0 = 1 409.5（万元）
④计算确定换入各项资产的成本：
小汽车的成本 = 1 409.5 ×（709.5 ÷ 1 409.5 × 100%）= 709.5（万元）
客运汽车的成本 = 1 409.5 ×（700 ÷ 1 409.5 × 100%）= 700（万元）
⑤会计分录如下：
借：固定资产清理　　　　　　　　　　　　　　　　15 200 000
　　累计折旧　　　　　　　　　　　　　　　　　　 7 800 000
　　　贷：固定资产——设备　　　　　　　　　　　　18 000 000
　　　　　　　　　——货车　　　　　　　　　　　　 6 000 000
借：固定资产——小汽车　　　　　　　　　　　　　 7 095 000
　　　　　　——客运汽车　　　　　　　　　　　　 7 000 000
　　应交税费——应交增值税（进项税额）　　　　　 1 832 350
　　银行存款　　　　　　　　　　　　　　　　　　　 457 650
　　资产处置损益——非货币性资产交换损失　　　　 1 700 000
　　　贷：固定资产清理　　　　　　　　　　　　　 16 200 000
　　　　　应交税费——应交增值税（销项税额）　　　 1 885 000

乙公司的账务处理如下。
①根据税法的有关规定：
换入货车的增值税进项税额 = 100 × 13% = 13（万元）
换入设备的增值税进项税额 = 1 350 × 13% = 175.5（万元）
换出小汽车、客运汽车的增值税销项税额 =（709.5 + 700）× 13%
　　　　　　　　　　　　　　　　　　　 = 183.235（万元）
②计算换入资产、换出资产公允价值总额：
换入资产公允价值总额 = 1 350 + 100 = 1 450（万元）
换出资产公允价值总额 = 709.5 + 700 = 1 409.5（万元）
③确定换入资产总成本：
换入资产总成本 = 换出资产公允价值 + 支付的补价
　　　　　　　 = 1 409.5 + 40.5 = 1 450（万元）
④计算确定换入各项资产的成本：
设备的成本 = 1 450 ×（1 350 ÷ 1 450 × 100%）= 1 350（万元）
货车的成本 = 1 450 ×（100 ÷ 1 450 × 100%）= 100（万元）
⑤会计分录：
借：固定资产清理　　　　　　　　　　　　　　　　12 300 000

　　　　累计折旧　　　　　　　　　　　　　　　　　　　13 700 000
　　　　贷：固定资产——小汽车　　　　　　　　　　　　　13 000 000
　　　　　　　　　　——客运汽车　　　　　　　　　　　　13 000 000
　　借：固定资产——设备　　　　　　　　　　　　　　　13 500 000
　　　　　　　　——货车　　　　　　　　　　　　　　　　1 000 000
　　　　应交税费——应交增值税（进项税额）　　　　　　　1 885 000
　　　　贷：固定资产清理　　　　　　　　　　　　　　　12 300 000
　　　　　　应交税费——应交增值税（销项税额）　　　　　1 832 350
　　　　　　银行存款　　　　　　　　　　　　　　　　　　　457 650
　　　　　　资产处置损益——非货币性资产交换利得　　　　1 795 000

（二）账面价值计量模式的会计处理

　　以账面价值为基础计量的非货币性资产交换，同时换入或换出多项资产的，应当按照下列规定进行处理。

　　1. 对于同时换入的多项资产，按照各项换入资产的公允价值的相对比例，将换出资产的账面价值总额（涉及补价的，加上支付补价的账面价值或减去收到补价的公允价值）分摊至各项换入资产，加上应支付的相关税费，作为各项换入资产的初始计量金额。换入资产的公允价值不能够可靠计量的，可以按照各项换入资产的原账面价值的相对比例或其他合理的比例对换出资产的账面价值进行分摊。

　　2. 对于同时换出的多项资产，各项换出资产终止确认时均不确认损益。

　　【例1-10】甲公司因经营战略发生较大转变，产品结构发生较大调整，原生产厂房、专利技术等已不符合生产新产品的需要，经与乙公司协商，2×21年1月1日甲公司将其生产厂房连同专利技术与乙公司正在建造过程中的一幢建筑物、乙公司对丙公司的长期股权投资（采用成本法核算）进行交换。甲公司换出生产厂房的账面原价为2 000 000元，已提折旧1 250 000元；专利技术账面原价为750 000元，已摊销金额为375 000元。乙公司在建工程截至交换日的成本为875 000元，对丙公司的长期股权投资成本为250 000元。甲公司的厂房公允价值难以取得，专利技术市场上并不多见，公允价值也不能可靠计量。乙公司的在建工程因完工程度难以合理确定，其公允价值不能可靠计量，由于丙公司不是上市公司，乙公司对丙公司长期股权投资的公允价值也不能可靠计量。假定甲、乙公司均未对上述资产计提减值准备，不考虑相关税费。

　　[分析] 本例中，交换不涉及收付货币性资产，属于非货币性资产交换。由于换入资产、换出资产的公允价值均不能可靠计量，甲、乙公司均应当以换出资产账面价值总额作为换入资产的总成本，各项换入资产的成本应当按各项换入资产的账面价值占换入资产账面价值总额的比例分配后确定。

　　甲公司的账务处理如下。

　　①计算换入资产、换出资产账面价值总额：

　　换入资产账面价值总额 = 875 000 + 250 000 = 1 125 000（元）

换出资产账面价值总额 = (2 000 000 - 1 250 000) + (750 000 - 375 000)
　　　　　　　　　 = 1 125 000（元）
②确定换入资产总成本：
换入资产总成本 = 换出资产账面价值 = 1 125 000（元）
③确定各项换入资产成本：
在建工程初始计量金额 = 1 125 000 × (875 000 ÷ 1 125 000 × 100%)
　　　　　　　　　 = 875 000（元）
长期股权投资初始计量金额 = 1 125 000 × (250 000 ÷ 1 125 000 × 100%)
　　　　　　　　　　　 = 250 000（元）
④会计分录如下：

借：固定资产清理　　　　　　　　　　　　　750 000
　　累计折旧　　　　　　　　　　　　　　1 250 000
　　贷：固定资产　　　　　　　　　　　　　　　2 000 000
借：在建工程　　　　　　　　　　　　　　　875 000
　　长期股权投资　　　　　　　　　　　　　250 000
　　累计摊销　　　　　　　　　　　　　　　375 000
　　贷：固定资产清理　　　　　　　　　　　　　750 000
　　　　无形资产——专利技术　　　　　　　　　750 000

乙公司的账务处理如下。
①计算换入资产、换出资产账面价值总额：
换入资产账面价值总额 = (2 000 000 - 1 250 000) + (750 000 - 375 000)
　　　　　　　　　 = 1 125 000（元）
换出资产账面价值总额 = 875 000 - 250 000 = 1 125 000（元）
②确定换入资产总成本：
换入资产总成本 = 换出资产账面价值 = 1 125 000（元）
③确定各项换入资产成本：
厂房初始计量金额 = 1 125 000 × (750 000 ÷ 1 125 000 × 100%)
　　　　　　　 = 750 000（元）
专利技术初始计量金额 = 1 125 000 × (375 000 ÷ 1 125 000 × 100%)
　　　　　　　　　 = 375 000（元）
④会计分录如下：

借：固定资产清理　　　　　　　　　　　　　875 000
　　贷：在建工程　　　　　　　　　　　　　　　875 000
借：固定资产　　　　　　　　　　　　　　　750 000
　　无形资产　　　　　　　　　　　　　　　375 000
　　贷：固定资产清理　　　　　　　　　　　　　875 000
　　　　长期股权投资　　　　　　　　　　　　　250 000

四、非货币性资产交换信息披露

企业应当在财务报表附注中披露与非货币性资产交换有关的下列信息。

第一，非货币性资产交换是否具有商业实质及其原因；第二，换入资产、换出资产的类别；第三，换入资产初始计量金额的确定方式；第四，换入资产、换出资产的公允价值以及换出资产的账面价值；第五，非货币性资产交换确认的损益。

练 习 题

一、单项选择题

1. 下列资产中，不属于货币性资产的是（ ）。
    A. 银行存款
    B. 应收账款及应收票据
    C. 其他货币资金
    D. 以公允价值计量且其变动计入当期损益的金融资产

2. 甲公司为增值税一般纳税人与乙公司进行资产置换，以一项专利权换取乙公司一项动产设备。甲公司专利权的账面价值为320万元（其中原值为450万元，已计提摊销130万元），公允价值不能可靠计量，假定符合增值税免税条件；乙公司动产设备的公允价值为360万元，税务机关核定的增值税为46.8万元。甲公司为取得动产设备发生装卸费用5万元；甲公司另向乙公司支付银行存款56.8万元（包括不含税补价10万元和设备增值税46.8万元）。假定当日办妥相关资产转移和接收手续。该交换具有商业实质。不考虑其他因素，下列关于甲公司的会计处理，表述正确的是（ ）。
    A. 甲公司应以换出资产账面价值为基础确认换入资产成本
    B. 甲公司换入动产设备入账成本为365万元
    C. 甲公司换出专利权应确认处置损益40万元
    D. 甲公司因该项交换影响损益的金额为35万元

3. A公司以一台甲设备换入B公司的一台乙设备。甲设备的账面原价为600万元，已提折旧30万元，已提减值准备30万元，其公允价值为600万元。B公司另向A公司支付补价50万元。A公司支付清理费用2万元。假定A公司和B公司的商品交换不具有商业实质。A公司换入的乙设备的入账价值为（ ）万元。
    A. 497   B. 490   C. 492   D. 552

4. A公司用一台已使用2年的甲设备从B公司换入一台乙设备，支付置换相关税费10 000元，并支付补价款30 000元。甲设备的账面原价为500 000元，预计使用年限为5年，预计净残值率为5%，并采用双倍余额递减法计提折旧，未计提减值准备；乙设备的账面原价为300 000元，已提折旧30 000元。两公司资产置换不具有商业实质。A公司换入的乙设备的入账价值为（ ）元。
    A. 220 000   B. 236 000   C. 290 000   D. 320 000

5. 在不具有商业实质、不涉及补价的非货币性资产交换中，确定换入资产入账价值不应考虑的因素是（ ）。

A. 换出资产的账面余额　　　　　　B. 换出资产计提的减值准备
C. 换入资产应支付的相关税费　　　D. 换出资产账面价值与其公允价值的差额

6. 在确定涉及补价的交易是否为非货币性资产交换时，支付补价的企业，应当按照支付的补价占（　　）的比例低于25%确定。

A. 换出资产公允价值　　　　　　B. 换出资产公允价值加上支付的补价
C. 换入资产公允价值加补价　　　D. 换出资产公允价值减补价

7. A公司以一台甲设备换入D公司的一台乙设备。甲设备的账面原价为22万元，已提折旧3万元，已提减值准备3万元，甲设备的公允价值无法合理确定，换入的乙设备的公允价值为24万元。D公司另向A公司收取补价2万元。两公司资产交换具有商业实质，A公司换入乙设备应计入当期收益的金额为（　　）万元。

A. 4　　　　B. 0　　　　C. 2　　　　D. 6

8. 甲公司将两辆大型运输车辆与A公司的一台生产设备相交换，另支付补价10万元。在交换日，甲公司用于交换的两辆运输车辆账面原价为140万元，累计折旧为25万元，公允价值为130万元；A公司用于交换的生产设备账面原价为300万元，累计折旧为175万元，公允价值为140万元。该非货币性资产交换具有商业实质。假定不考虑相关税费，甲公司对该非货币性资产交换应确认的收益为（　　）万元。

A. 0　　　　B. 5　　　　C. 10　　　　D. 15

9. 甲公司以一台固定资产换入乙公司的一项长期股权投资。换出固定资产的账面原价为2 400万元，已计提折旧100万元，未计提减值准备，公允价值为2 500万元；长期股权投资的账面价值为2 640万元，未计提减值准备，公允价值为2 400万元；乙公司另外向甲公司支付现金100万元。假定该交换不具有商业实质且不考虑相关税费，甲公司应就此项非货币性资产交换确认的非货币性资产交换收益（损失以负数表示）为（　　）万元。

A. 240　　　　B. −5.6　　　　C. 200　　　　D. 0

10. 甲公司将其持有的一项长期股权投资换入乙公司一项商标权，该项交易不涉及补价。假设其具有商业实质。甲公司该项长期股权投资的账面价值为200万元，公允价值为300万元。乙公司该项商标权的账面价值为210万元，公允价值为300万元。甲公司在此交易中发生了30万元的税费。甲公司换入该项资产的入账价值为（　　）万元。

A. 330　　　　B. 230　　　　C. 300　　　　D. 240

11. A公司用一台设备换入B公司的一项专利权。设备的账面原值为100万元，已提折旧为20万元，已提减值准备10万元。A公司另向B公司支付补价30万元。两公司资产交换不具有商业实质，A公司换入专利权的入账价值为（　　）万元。

A. 100　　　　B. 120　　　　C. 80　　　　D. 140

12. 下列项目中，不属于非货币性资产交换的是（　　）。

A. 以公允价值10万元的无形资产换取一项专利权
B. 以公允价值50万元的长期股权投资换取一台设备
C. 以公允价值20万元的A车床换取B车床，同时收到4万元的补价
D. 以公允价值74万元的电子设备换取一辆小汽车，同时支付26万元的补价

13. 关于非货币性资产交换下列说法中，不正确的是（　　）。

A. 当交换具有商业实质并且公允价值能够可靠计量时，应当以公允价值和应支付的相关税费作为换入资产的成本
B. 非货币性资产交换可以涉及少量补价，通常以补价占整个资产交换金额的比例低于25%作为标准

C. 非货币性资产交换收到补价时应确认收益，支付补价时不能确认收益

D. 不具有商业实质的交换，应当以换出资产的账面价值和应支付的相关税费作为换入资产的成本

14. A 公司以一台甲设备换入 D 公司的一台乙设备。甲设备的账面原价为 220 万元，已提折旧 30 万元，已提减值准备 30 万元，其公允价值为 200 万元。D 公司另向 A 公司支付补价 20 万元。资产交换具有商业实质，A 公司换入乙设备应计入当期损益的金额为（　　）万元。

  A. 40   B. 0   C. 144   D. −40

15. 下列交易或事项中，甲公司应按非货币性资产交换进行会计处理的是（　　）。

  A. 以持有的应收账款换取乙公司的产品

  B. 以持有的应收票据换取乙公司的电子设备

  C. 以持有的土地使用权换取乙公司的产品作为固定资产使用

  D. 以债权投资换取乙公司 25% 股权投资

二、多项选择题

1. 下列关于不具有商业实质的非货币性资产交换中，说法正确的有（　　）。

  A. 不确认相关资产的处置损益

  B. 为换出资产发生的相关税费计入换入资产的成本中

  C. 换入资产的入账价值以换出资产的公允价值为基础确定

  D. 换出资产的公允价值与账面价值之间的差额确认为处置损益

2. 下列项目中，属于非货币性资产交换的有（　　）。

  A. 以公允价值 10 万元的原材料换取一项专利权

  B. 以公允价值 200 万元的长期股权投资换取一批原材料

  C. 以公允价值 100 万元的 A 车床换取 B 车床，同时收到 12 万元的补价

  D. 以公允价值 30 万元的电子设备换取一辆小汽车，同时支付 15 万元的补价

3. A 公司与 B 公司均为增值税一般纳税人，无形资产（自用的土地使用权）和投资性房地产适用的增值税税率均 9%。双方协商，A 公司以一项无形资产（自用土地使用权）与 B 公司一项投资性房地产进行资产置换，资料如下：（1）A 公司换出的无形资产（土地使用权）账面成本为 450 万元，已计提摊销额 90 万元，不含税公允价值为 450 万元，并开出增值税专用发票，增值税销项税额为 40.5 万元；（2）B 公司换出投资性房地产的账面价值为 400 万元（其中成本为 310 万元，公允价值变动为 90 万元），不含税公允价值为 450 万元，并开出增值税专用发票，增值税销项税额为 40.5 万元。A 公司为换入投资性房地产发生相关税费 10 万元。该交易发生日，双方均已办妥资产所有权的划转手续，假定该项交换具有商业实质且公允价值均能够可靠计量，不考虑相关税费。下列有关 A 公司和 B 公司的会计处理中，不正确的有（　　）。

  A. A 公司换入投资性房地产的入账价值为 450 万元

  B. A 公司换出无形资产确认的处置损益为 90 万元

  C. B 公司换入无形资产的入账价值为 490.5 万元

  D. B 公司换出投资性房地产确认的处置损益为 140 万元

4. 在不考虑相关税费的情况下，下列交易中属于非货币性资产交换的有（　　）。

  A. 以 600 万元应收账款换取生产用设备

  B. 以债权投资 800 万元换取一项长期股权投资

  C. 以公允价值为 600 万元的厂房换取投资性房地产，另收取银行存款 30 万元

  D. 以公允价值为 500 万元的专利技术换取其他权益工具投资，另支付银行存款 100 万元

5. 非货币性资产交换符合下列（　　）条件的，视为具有商业实质。
   A. 换入资产的未来现金流量在风险、时间和金额方面与换出资产显著不同
   B. 换入资产与换出资产的预计未来现金流量现值相同
   C. 换入资产与换出资产的预计未来现金流量现值不同，且其差额与换入资产和换出资产的公允价值相比是重大的
   D. 换入资产的未来现金流量在风险、时间和金额方面与换出资产相同

6. 甲公司将自产的一批存货换入乙公司的一项固定资产和一项无形资产，交换当日双方办妥了资产所有权转让手续。甲公司换出的存货的账面价值为 1 000 万元，公允价值为 1 200 万元（等于按收入准则计量的交易价格）。乙公司换出固定资产的账面原值为 800 万元，已计提折旧 200 万元，未计提减值准备；换出的无形资产的账面原值为 1 000 万元，已计提减值准备 100 万元，由于使用寿命不确定，未计提过摊销。乙公司换出的两项资产的公允价值均不能可靠计量，假设该项交换具有商业实质，增值税已通过银行存款支付。甲公司另向乙公司支付补价 200 万元，甲公司为换入固定资产支付运杂费 10 万元。下列说法正确的有（　　）。
   A. 甲公司换入固定资产的入账价值为 564 万元
   B. 甲公司换入无形资产的入账价值为 840 万元
   C. 甲公司换入固定资产的入账价值为 570 万元
   D. 甲公司换入无形资产的入账价值为 846 万元

7. 甲公司为一家互联网视频播放经营企业，其为减少现金支出而进行的取得有关影视作品播放权的下列交易中，属于非货币性资产交换的有（　　）。
   A. 以应收商业承兑汇票换取其他方持有的乙版权
   B. 以本公司持有的丙版权换取其他方持有的丁版权
   C. 以将于 3 个月内到期的国债投资（债权投资）换取其他方持有的戊版权
   D. 以一项其他权益工具投资换取其他方持有的版权

8. 下列各项目中，属于货币性资产的有（　　）。
   A. 银行存款　　　　　　　　　B. 交易性金融资产（股票投资）
   C. 债权投资　　　　　　　　　D. 应收账款

9. 对于具有商业实质并且公允价值能够可靠计量的非货币性资产交换，在收到补价的情况下，如果换入单项固定资产，影响固定资产入账价值的因素有（　　）。
   A. 收到的补价　　　　　　　　B. 换入资产账面价值
   C. 换出资产公允价值　　　　　D. 换出资产账面价值

10. 甲公司与丙公司签订一项资产置换合同。甲公司以其持有的联营企业 30% 的股权作为对价，另以银行存款支付补价 100 万元，换取丙公司自用的一大型设备。该联营企业 30% 股权的取得成本为 2 200 万元；取得时该联营企业可辨认净资产公允价值为 7 500 万元（可辨认资产、负债的公允价值与账面价值相等）。甲公司取得该股权后至置换大型设备时，该联营企业累计实现净利润 3 500 万元，分配现金股利 400 万元，因持有的其他债权投资公允价值变动导致其他综合收益增加 650 万元。交换日，甲公司持有该联营企业 30% 股权的公允价值为 3 800 万元；丙公司大型设备的账面价值为 3 700 万元，公允价值为 3 900 万元，该联营企业可辨认净资产公允价值为 12 000 万元。不考虑税费及其他因素，下列各项对上述交易的会计处理中，正确的有（　　）。
    A. 甲公司处置该联营企业股权确认投资收益 620 万元
    B. 丙公司确认换入该联营企业股权投资的初始投资成本为 3 800 万元
    C. 丙公司确认换出大型专用设备的营业收入为 3 900 万元

D. 甲公司确认换入大型专用设备的入账价值为 3 900 万元

三、判断题

1. 因为应收账款可能发生坏账，将来收取的货币是不确定的，因此，应收账款属于非货币性资产。（ ）

2. 非货币性资产交换中不会涉及货币性资产。（ ）

3. 如果同时换入的多项非货币性资产中包含由《企业会计准则第 22 号——金融工具确认和计量》规范的金融资产，应当按照《企业会计准则第 22 号——金融工具确认和计量》的规定进行会计处理，在确定换入的其他多项资产的初始计量金额时，应当将金融资产公允价值从换出资产公允价值总额中扣除。（ ）

4. 企业购入的债券投资作为以公允价值计量且其变动计入其他综合收益的金融资产核算，该债券投资属于货币性资产。（ ）

5. 支付补价方以换出资产的公允价值为基础计量的，应当以换出资产的公允价值，加上支付补价的公允价值和应支付的相关税费，作为换入资产的成本，换出资产的公允价值与其账面价值之间的差额计入当期损益。（ ）

6. 当换入资产和换出资产的公允价值不能够可靠地计量时，若不涉及补价，应当以换出资产的账面价值减去应支付的相关税费作为换入资产的成本。（ ）

7. 关联方关系的存在可能导致发生的非货币性资产交换不具有商业实质。（ ）

8. 具有商业实质且公允价值能够可靠计量的非货币性资产交换，支付补价的，换入资产成本＝换出资产公允价值＋应支付的相关税费－可抵扣的增值税进项税额＋支付的补价。（ ）

9. 非货币性资产交换不具有商业实质，或者虽具有商业实质但换入资产的公允价值不能可靠计量的，在同时换入多项资产的情况下，应当按照换入各项资产的公允价值占换入资产公允价值总额的比例，对换入资产的成本总额进行分配，确定各项换入资产的成本。（ ）

10. A 公司以一台甲设备换入 D 公司的一台乙设备，该交易具有商业实质。甲设备的账面原价为 44 万元，已提折旧 5 万元，已提减值准备 5 万元，公允价值为 30 万元。D 公司另向 A 公司支付补价 4 万元。A 公司换入的乙设备的入账价值为 26 万元。（ ）

四、计算及账务处理题

1. 甲公司和乙家具制造公司均为增值税一般纳税人，适用的增值税税率均为 13%。经协商，甲公司与乙公司于 2×21 年 1 月 30 日签订资产交换合同，当日生效。合同约定，甲公司以生产经营过程中使用的一台设备与乙公司生产的一批办公家具进行交换，用于交换的设备和办公家具当日的公允价值均为 7.5 万元。合同签订即为交换日，甲公司设备的账面价值为 7.4 万元（其中账面原价为 10 万元，已计提折旧 2.6 万元）；乙公司办公家具的账面价值为 7 万元。甲公司将换入的办公家具作为固定资产使用和管理；乙公司将换入的设备作为固定资产使用和管理。甲公司和乙公司开具的增值税专用发票注明的计税价格均为 7.5 万元，增值税税额 9 750 元。交易过程中，甲公司以银行存款支付设备清理费用 1 500 元。假设甲公司和乙公司此前均未对上述资产计提减值准备。假定不考虑增值税以外的其他税费。

要求：

（1）编制甲企业非货币性资产交换相关会计分录。

（2）编制乙企业非货币性资产交换相关会计分录。

2. 甲公司是一家制药公司，因经营战略发生重大转变，将专注于疫苗的生产和销售，其拥有的一项生产抗生素的专利权难以满足新的经营战略。乙公司也是一家制药公司，正在开展一系列抗生素方面的新业务。2×21 年 3 月 30 日，甲公司和乙公司协商后决定，甲公司将其抗生素的专利权转让给乙公司，作为交换，乙公司将其刚申请专利的一项传染病疫苗配方转让给甲公司，由其进行生产推广。当日，甲公司换出的抗生素专利权的账面价值为45万元（其中账面原价为60万元，累计摊销额为15万元）；乙公司刚申请专利的传染病疫苗已转为无形资产核算，账面价值为50万元，尚未进行摊销。假设两项专利权的公允价值不能可靠计量。交易过程中交换专利技术免征增值税。双方取得专利权后仍分别作为无形资产核算。

要求：

（1）编制甲企业非货币性资产交换相关会计分录。

（2）编制乙企业非货币性资产交换相关会计分录。

3. 甲公司和乙公司适用的增值税税率为9%（不动产），计税价格等于公允价值，假定该项交换具有商业实质且其换入换出资产的公允价值能够可靠地计量。2×21年3月甲公司以作为固定资产核算的一套商住两用房交换乙公司作为无形资产的土地使用权，甲公司将收到的土地使用权作为无形资产核算，乙公司将收到的商住两用房作为销售部门的办公用房，有关资料如下。

（1）甲公司换出的商住两用房的账面价值1 900万元（原值为2 000万元，已计提折旧100万元），甲公司开出增值税专用发票，不含税公允价值5 000万元，含税公允价值5 450万元。

（2）乙公司换出的无形资产的账面价值为3 000万元（成本3 500万元，已计提摊销额500万元），乙公司开出增值税专用发票，不含税公允价值5 500万元，含税公允价值5 995万元。

（3）乙公司收到不含税补价500万元（土地使用权不含税公允价值5 500万元－商住两用房不含税公允价值5 000万元）或乙公司收到银行存款545万元（土地使用权含税公允价值5 995万元－商住两用房含税公允价值5 450万元）。

要求：

（1）编制甲企业非货币性资产交换相关会计分录。

（2）编制乙企业非货币性资产交换相关会计分录。

第二章 债务重组

> **学习指南**
>
> 本章是关于债务重组的会计处理介绍。债务重组，是指在不改变交易对手方的情况下，经债权人和债务人协定或法院裁定，就清偿债务的时间、金额或方式等重新达成协议的交易。本章的主要内容包括：一是债务重组的概念和方式；二是债务人以资产清偿债务的会计处理；三是债务人将债务转为权益工具的会计处理；四是采用修改其他条款，例如调整债务本金、改变债务利息、变更还款期限等方式清偿债务的会计处理；五是组合方式清偿债务的会计处理。通过本章学习，要求熟悉债务重组的概念和方式；掌握以资产清偿债务和债务转为权益工具的会计处理；熟悉修改其他条款方式的会计处理和组合方式清偿债务的会计处理。

第一节 债务重组概述

一、债务重组的概念

债务重组涉及债权人和债务人，对债权人而言是"债权重组"，对债务人而言是"债务重组"，但为便于表述，本章统称为"债务重组"。债务重组，是指在不改变交易对手方的情况下，经债权人和债务人协定或法院裁定，就清偿债务的时间、金额或方式等重新达成协议的交易。债务重组涉及的债权和债务是指《企业会计准则第22号——金融工具确认和计量》规范的金融工具。债务重组的前提是不改变交易对手方，即原债权人和债务人不因债务重组而改变交易主体。债务重组的主要形式是债权人和债务人协定达成债务重组协议或者接受法院裁定。债务重组的实质是改变了原债务的清偿时间、金额或方式，即就清偿债务的时间、金额或方式等重新达成协议，终止确认原债务和原债权，形成新的重组债权和重组债务。债权人和债务人办理了有关重组债务解除手续的日期为债务重组日，双方应在债务重组完成日进行相关债权和债务的会计核算。掌握债务重组的概念需要重点关注以下两点。

（一）关于交易对手方

债务重组是在不改变交易对手方的情况下进行的交易。实务中经常出现第三方参与相关交易的情形，例如，某公司以不同于原合同条款的方式代债务人向债权人偿债；又如，组建新公司承接原债务人的债务，与债权人进行债务重组；再如资产管理公司从债权人处购得债权，再与债务人进行债务重组。在上述情形下，企业应当首先考虑债权和债务是否发生终止确认，适用于《企业会计准则第22号——金融工具确认和计量》和《企业会计准则第23号——金融资产转移》等准则，再就债务重组交易适用《企业会计准则第12号——债务重组》。

债务重组不强调在债务人发生财务困难的背景下进行，也不论债权人是否做出让步。也就是说，无论任何原因导致债务人未按原定条件、时间和方式偿还债务，也不论双方是否同意债务人低于债务的金额偿还债务，只要债务人与债权人重新达成协议，就符合债务重组的定义。例如，债权人在减免债务人部分债务本金的同时提高了剩余债务的利息，或者是债权人同意债务人以等值的存货抵偿到期的债务等，均属于债务重组。

（二）关于重组债权和债务的范围

债务重组涉及的债权和债务，是指《企业会计准则第22号——金融工具确认和计量》规范的债权和债务，不包括合同资产、合同负债和预计负债，但包括租赁应收款和租赁应付款。债务重组中涉及的债权、债务、重组债权和债务以及其他金融工具的确认、计量和列报，适用于《企业会计准则第22号——金融工具确认和计量》和《企业会计准则第23号——金融资产转移》。

二、债务重组的方式

债务重组一般包括债务人以资产清偿债务、债务人将债务转为权益工具、修改其他条款，以及上述两种以上方式的组合。这些债务重组方式都是通过债权人和债务人重新达成协议或接受法院裁定达成的，其特征是与原来约定的偿还方式不同。

（一）债务人以资产清偿债务

债务人以资产清偿债务，是债务人转让其资产给债权人以清偿债务的重组方式。债务人用于偿债的资产通常是指已经在资产负债表中确认的资产，例如货币资金、应收账款、长期股权投资、投资性房地产、固定资产、无形资产、生物资产等。债务人以日常活动产出的商品或服务清偿债务的，用于偿债的资产可能体现为存货等资产。

在受让上述资产后，按照相关会计准则要求及本企业会计核算要求，债权人核算相关受让资产的类别可能与债务人不同。例如，债务人以作为固定资产核算的房产清偿债务，债权人可能将受让的房产作为投资性房地产核算；债务人以部分长期股权投资清偿债务，债权人可能将受让的投资作为金融资产核算；债务人以存货清偿债务的，债权人可能将受让的存货作为固定资产核算。

除上述已经存在的资产负债表中确认的资产外，债务人也可能以不符合确认条件而未予确认的资产清偿债务。例如，债务人以未确认的内部产生的品牌清偿债务，债权人在获得的商标权符合无形资产确认条件的前提下作为无形资产核算。在少数情况下，债务人还可能以处置组（即一组资产和与这些资产直接相关的负债）清偿债务。

（二）债务人将债务转为权益工具

债务人将债务转为权益工具，这里的权益工具，是指《企业会计准则第37号——金融工具列报》分类为"权益工具"的金融工具，会计处理上体现为股本（实收资本）、资本公积等科目。

（三）修改其他条款

修改债权和债务的其他条款，是指债务人不以资产清偿债务，也不将债务转为权益工具，而是改变债权和债务的其他条款的债务重组方式。如采用调整债务本金、改变债务利息、变更还款期限等方式。经过修改债权和债务的其他条款，分别形成重组债权和重组债务。

（四）组合方式

组合方式，是采用债务人以资产清偿债务、债务人将债务转为权益工具、修改其他条款三种方式中一种以上方式的组合清偿债务的债务重组方式。例如，债权人和债务人约定，由债务人以机器设备清偿部分债务，将另一部分债务转为权益工具，调减剩余债务的本金，但利率和还款期限不变；再如，债务人以现金清偿部分债务，同时将剩余债务展期等。

三、债务重组准则的适用范围

经法院裁定进行债务重整并按照持续经营进行会计核算的，适用于债务重组准则。债务人在破产清算期间进行的债务重组不属于债务重组准则规范的范围，应当按照企业破产清算有关会计处理规定处理。

1. 债务重组中涉及的债权、重组债权、债务、重组债务和其他金融工具的确认、计量和列报，适用《企业会计准则第22号——金融工具确认和计量》和《企业会计准则第37号——金融工具列报》等金融工具相关准则。

2. 通过债务重组形成企业合并的，适用《企业会计准则第20号——企业合并》。债务人以股权投资清偿债务或债务转为权益工具，可能对应导致债权人取得被投资单位或债务人控制权，在合并财务报表层面，债权人取得的资产、负债的确认和计量适用于《企业会计准则第 20 号——企业合并》的有关规定。

3. 债务重组构成权益性交易的，应当适用权益性交易的有关会计处理规定，债权人和债务人不确认构成权益性交易的债务重组相关损益。债务重组构成权益性交易的情形包括以下两种。

（1）债权人直接或间接对债务人持股，或者债务人直接或间接对债权人持股，且持股方以股东身份进行债务重组；

（2）债权人与债务人在债务重组前后均受同一方或相同的多方最终控制且该债务重组的交易实质是债权人或债务人进行了权益性分配或接受了权益性投入。

【例 2-1】甲公司是乙公司股东，为了弥补乙公司临时性经营现金流短缺，甲公司向乙公司提供 1 000 万元无息借款，并约定于 6 个月后收回。借款期满时，尽管乙公司具有充足的现金流，甲公司仍然决定免除乙公司部分本金还款义务，仅收回 200 万元借款。在此项交易中，如果甲公司不以股东身份而是以市场交易者身份参与交易，在乙公司具有足够偿债能力的情况下不会免除其部分本金。因此，甲公司和乙公司应当将该交易作为权益性交易，不确认债务重组相关损益。

债务重组中不属于权益性交易的部分仍然应当确认债务重组相关损益。

【例 2-2】假设〖例 2-1〗中债务人乙公司确实出现偿债困难，其他债权人对其债务普遍进行了减半的债务豁免，那么甲公司作为股东比其他债权人多豁免 300 万元债务的交易应当作为权益性交易，正常豁免 500 万元债务的交易应当确认债务重组相关损益。

企业在判断债务重组是否构成权益性交易时，应当遵循实质重于形式原则。例如，假设债权人对债务人的权益性投资通过其他人代持，债权人不具有股东身份，但实质上以股东身份进行债务重组，债权人和债务人应当认为该债务重组构成权益性交易。

第二节 债务重组的会计处理

一、重组债权和债务的终止确认

债务重组中涉及的债权和债务的终止确认，应当遵循《企业会计准则第 22 号——金融工具确认和计量》和《企业会计准则第 23 号——金融资产转移》有关金融资产和金融负债终止确认的规定。债权人在收取债权现金流量的合同权利终止时终止确认债权，债务人在债务的现时义务解除时终止确认债务。

由于债权人与债务人之间进行的债务重组涉及债权和债务的认定，以及清偿方式和期限等的协商，通常需要经历较长时间，例如破产重整中进行的债务重组。只有在符合上述终止确认条件时才能终止确认相关债权和债务，并确认债务重组相关损益。对于在报告期间已经开始协商，但在报告期资产负债表日后的债务重组，不属于资产负债表日后调整事项。

对于终止确认的债权，债权人应当结转已计提的减值准备中对应该债权终止确认部分的金额。对于终止确认的分类为以公允价值计量且其变动计入其他综合收益的债权，之前计入其他综合收益的累计利得或损失应当从其他综合收益中转出，记入"投资收益"科目。债务重组日是终止确认债权和债务以及会计核算确认债务重组损益的关键时点。2021年3月2日，财政部会计司发布债务重组准则实施问答。问：债务人能否在债务重组合同签署时确认债务重组损益？答：债务的终止确认，应当遵循《企业会计准则第22号——金融工具确认和计量》有关金融负债终止确认的规定。债务人在债务的现时义务解除时终止确认债务。由于债权人与债务人之间进行的债务重组涉及债权和债务的认定，以及清偿方式和期限等的协商，通常需要经历较长时间，例如破产重整中进行的债务重组，因此，债务人只有在符合上述终止确认条件时才能终止确认相关债务，并确认债务重组相关损益。在签署债务重组合同的时点，如果债务的现时义务尚未解除，债务人不能确认债务重组相关损益。

（一）以资产清偿债务或将债务转为权益工具

对于以资产清偿债务或者将债务转为权益工具方式进行的债务重组，由于债权人在拥有或控制相关资产时，通常其收取债权现金流量的合同权利也同时终止，债权人一般可以终止确认该债权。同样地，由于债务人通过交付资产或权益工具解除了其清偿债务的现时义务，债务人一般可以终止确认该债务。

（二）修改其他条款

对于债权人，债务重组通过调整债务本金、改变债务利息、变更还款期限等修改合同条款方式进行的，合同修改前后的交易对手方没有发生改变，合同涉及的本金、利息等现金流量很难在本息之间及债务重组前后作出明确分割，即很难单独识别合同的特定可辨认现金流量。因此，通常情况下，应当整体考虑是否对全部债权的合同条款作出了实质性修改。如果作出实质性修改，或者债权人与债务人之间签订协议，以获取实质上不同的新金融资产方式替换债权，应当终止确认原债权，并按照修改后的条款或新协议确认新金融资产。

对于债务人，如果对债务或部分债务的合同条款作出实质性修改形成重组债务，或者债权人与债务人之间签订协议，以承担实质上不同的重组债务方式替换债务，债务人应当终止确认原债务，同时按照修改后的条款确认一项新金融负债。其中，如果重组债务未来现金流量（包括支付和收取的某些费用）现值与原债务的剩余期间现金流量现值之间的差异超过10%，则意味着新的合同条款进行了实质性修改或者重组债务是实质上不同的，有关现值的计算均采用原债务的实际利率。

（三）组合方式

对于债权人，与上述"修改其他条款"部分的分析类似，通常情况下应当整体考虑是否终止确认全部债权。由于组合方式涉及多种债务重组方式一般可以认为对全部债权的合同条款作出了实质性修改，从而终止确认全部债权，并按照修改后的条款确认新金融资产。

对于债务人，组合中以资产清偿债务或者将债务转为权益工具方式进行的债务重组，如果债务人清偿该部分债务的现时义务已经解除，应当终止确认该部分债务。组合中以修改其他条款方式进行的债务重组，需要根据具体情况，判断对应的部分债务是否满足终止确认条件。

2021年3月2日，财政部会计司发布债务重组准则实施问答。问：债务重组的方式主要包括债务人以资产清偿债务、将债务转为权益工具、修改其他条款以及前述一种以上方式的组合。企业如何判断所进行的债务重组是否属于将债务转为权益工具（"债转股"）方式？答：在债务人将债务转为权益工具方式中，权益工具是指根据《企业会计准则第37号——金融工具列报》分类为"权益工具"的金融工具，体现为股本、实收资本、资本公积等。实务中，有些债务重组名义上采用"债转股"的方式，但同时附加相关条款，如约定债务人在未来某个时点以某一金额回购股权，或债权人持有的股份享有强制分红权等。对于债务人，这些"股权"并不是根据金融工具列报准则分类为权益工具的金融工具，从而不属于债务人将债务转为权益工具的债务重组方式。债权人和债务人还可能协议以一项同时包含金融负债成分和权益工具成分的复合金融工具替换原债权债务，这类交易也不属于债务人将债务转为权益工具的债务重组方式。

二、债权人的会计处理

（一）以资产清偿债务或将债务转为权益工具

债务重组采用以资产清偿债务或者将债务转为权益工具方式进行的，债权人应当在受让的相关资产符合其定义和确认条件时予以确认。

1. 债权人受让金融资产。债权人受让包括现金在内的单项或多项金融资产的，应当按照《企业会计准则第22号——金融工具确认和计量》的规定进行确认和计量。金融资产初始确认时应当以其公允价值计量，金融资产确认金额与债权终止确认日账面价值之间的差额，记入"投资收益"科目。

借：银行存款、其他债权投资、其他权益工具投资等
　　　　　　　　　　　（受让金融资产的公允价值）
　　坏账准备　　　　（以前期间金融资产确认的信用减值损失）
　　投资收益
　　　　（受让金融资产的公允价值与重组债权账面价值的差额）
　　贷：应收账款　　　　　　　　　　（应收债权的账面余额）

【例2-3】2×21年6月6日，甲公司向乙公司销售一批商品，应收乙公司款项的入账金额为100万元。甲公司将该应收款项分类为以摊余成本计量的金融

资产。乙公司将该应付账款分类为以摊余成本计量的金融负债。2×21年8月8日，双方签订债务重组合同，乙公司以一项作为交易性金融资产核算的股权工具偿还该欠款。交易性金融资产的账面价值90万元（其中成本80万元，公允价值变动10万元），公允价值为80万元，双方办理完成股权转让手续。甲公司支付交易费用4万元。当日甲公司应收款项的公允价值为80万元，已计提坏账准备10万元，乙公司应付款项的账面价值仍为100万元。假设不考虑相关税费。

甲公司债务重组会计处理如下：

借：交易性金融资产　　　　　　　　　　　　　　800 000
　　坏账准备　　　　　　　　　　　　　　　　　100 000
　　投资收益（800 000 – 900 000 – 40 000）　　140 000
　　贷：应收账款　　　　　　　　　　　　　　 1 000 000
　　　　银行存款　　　　　　　　　　　　　　　 40 000

2. 债权人受让非金融资产。债权人初始确认受让的金融资产以外的资产时，应当按照下列原则以成本计量：（1）存货的成本，包括放弃债权的公允价值，以及使该资产达到当前位置和状态所发生的可直接归属于该资产的税金、运输费、装卸费、保险费等其他成本。（2）对联营企业或合营企业投资的成本，包括放弃债权的公允价值，以及可直接归属于该资产的税金等其他成本。（3）投资性房地产的成本，包括放弃债权的公允价值，以及可直接归属于该资产的税金等其他成本。（4）固定资产的成本，包括放弃债权的公允价值，以及使该资产达到预定可使用状态前所发生的可直接归属于该资产的税金、运输费、装卸费、安装费、专业人员服务费等其他成本。确定固定资产成本时，应当考虑预计弃置费用因素。（5）生物资产的成本，包括放弃债权的公允价值，以及可直接归属于该资产的税金、运输费、保险费等其他成本。（6）无形资产的成本，包括放弃债权的公允价值，以及可直接归属于使该资产达到预定用途所发生的税金等其他成本、放弃债权的公允价值与账面价值之间的差额，记入"投资收益"科目。如何确定放弃债权的公允价值是债权人确认受让非金融资产初始成本的关键。2021年4月25日，财政部会计司发布债务重组准则实施问答。问：债权人和债务人以资产清偿债务方式进行债务重组的，债权人初始确认受让非金融资产时，应以放弃债权的公允价值和可直接归属于受让资产的其他成本作为受让资产初始计量成本。应当如何理解放弃债权公允价值与受让资产公允价值之间的关系？答：如果债权人与债务人间的债务重组是在公平交易的市场环境中达成的交易，放弃债权的公允价值通常与受让资产的公允价值相等，且通常不高于放弃债权的账面余额。

【例2-4】2×21年3月18日，甲公司向乙公司赊销一批商品，应收乙公司款项的入账金额为3 660万元。甲公司将该应收款项分类为以摊余成本计量的金融资产。乙公司将该应付账款分类为以摊余成本计量的金融负债。9月28日，甲公司应收乙公司账款3 660万元已逾期3个月，经双方协商决定进行债务重组，合同生效日乙公司抵偿资料如下：乙公司以一项库存商品抵偿上述部分债务后剩余债务免除，该批库存商品的实际成本为2 900万元，当日公允价值（含税价）

为3 390万元（3 000×1.13）。甲公司该项应收账款在9月28日的公允价值为3 390万元。甲公司已对该债权计提坏账准备20万元。

甲公司会计处理如下：

借：库存商品（33 900 000 – 3 900 000）　　　　30 000 000
　　应交税费——应交增值税（进项税额）　　　　3 900 000
　　坏账准备　　　　　　　　　　　　　　　　　　200 000
　　投资收益　　　　　　　　　　　　　　　　　2 500 000
　　贷：应收账款　　　　　　　　　　　　　　　36 600 000

【例2-5】2×21年6月18日，甲公司向乙公司销售一批商品，应收乙公司款项的入账金额为95万元。甲公司将该应收款项分类为以摊余成本计量的金融资产。乙公司将该应付账款分类为以摊余成本计量的金融负债。10月18日，双方签订债务重组合同，乙公司以一项作为无形资产核算的非专利技术偿还该欠款。该无形资产的账面余额为100万元，累计摊销额为10万元，已计提无形资产减值准备2万元。10月22日，双方办理完成该无形资产转让手续，当日甲公司支付评估费用4万元和相应的增值税，甲公司应收款项的公允价值为87万元，已计提坏账准备7万元，乙公司应付款项的账面价值仍为95万元。债权人甲公司的会计处理如下：

2×21年10月22日，债权人甲公司取得该无形资产的成本为债权公允价值87万元与评估费用4万元的合计91万元，可以抵扣的增值税进项税额=870 000×6%=52 200（元）。

借：无形资产——非专利技术　　　　　　　　　910 000
　　应交税费——应交增值税（进项税额）　　　　52 200
　　坏账准备　　　　　　　　　　　　　　　　　70 000
　　投资收益　　　　　　　　　　　　　　　　　10 000
　　贷：应收账款——乙公司　　　　　　　　　　950 000
　　　　银行存款　　　　　　　　　　　　　　　92 200

3. 债权人受让多项资产。债权人受让多项非金融资产，或者包括金融资产、非金融资产在内的多项资产的，应当按照《企业会计准则第22号——金融工具确认和计量》的规定确认和计量受让的金融资产；按照受让的金融资产以外的各项资产在债务重组合同生效日的公允价值比例，对放弃债权在合同生效日的公允价值扣除受让金融资产当日公允价值后的净额进行分配，并以此为基础分别确定各项资产的成本。放弃债权的公允价值与账面价值之间的差额，记入"投资收益"科目。

借：库存商品、固定资产等　　（放弃债权的公允价值＋相关税费）
　　应交税费——应交增值税（进项税额）
　　　　　　　　　　　　　　　　（可以抵扣的进项税额）
　　坏账准备　　　　（以前期间金融资产确认的信用减值损失）
　　投资收益　　　　（放弃债权的公允价值与账面价值之间的差额）

贷：应收账款　　　　　　　　　　　　（重组债权的账面余额）
　　　　银行存款　　　　　　　　　　　　　（支付的相关税费）

　　4. 债权人受让处置组。债务人以处置组清偿债务的，债权人应当分别按照《企业会计准则第 22 号——金融工具确认和计量》和其他相关准则的规定，对处置组中的金融资产和负债进行初始计量，然后按照金融资产以外的各项资产在债务重组合同生效日的公允价值比例，对放弃债权在合同生效日的公允价值以及承担的处置组中负债的确认金额之和，扣除受让金融资产当日公允价值后的净额进行分配，并以此为基础分别确定各项资产的成本放弃债权的公允价值与账面价值之间的差额，记入"投资收益"科目。

　　5. 债权人将受让的资产或处置组划分为持有待售类别。债务人以资产或处置组清偿债务，且债权人在取得日未将受让的相关资产或处置组作为非流动资产和非流动负债核算，而是将其划分为持有待售类别的，债权人应当在初始计量时，比较假定其不划分为持有待售类别情况下的初始计量金额和公允价值减去出售费用后的净额，以两者孰低计量。

（二）将债务转为权益工具

　　将债务转为权益工具方式进行债务重组，导致债权人将债权转为对联营企业或合营企业的权益性投资的，债权人应当按照前述以资产清偿债务方式进行债务重组的规定计量其初始投资成本。放弃债权的公允价值与账面价值之间的差额，应当计入当期损益。

　　借：长期股权投资　　　　　（放弃债权的公允价值 + 相关税费）
　　　　坏账准备　　　　（以前期间金融资产确认的信用减值损失）
　　　　投资收益　　　　（放弃债权的公允价值与账面价值之间的差额）
　　贷：应收账款　　　　　　　　　　　　（重组债权的账面余额）
　　　　银行存款　　　　　　　　　　　　　（支付的相关税费）

　　【例 2-6】 2×21 年 2 月 10 日，甲公司从乙公司购买一批材料，约定 6 个月后甲公司应结清款项 100 万元（假定该销售无重大融资成分）。乙公司将该应收款项分类为以公允价值计量且其变动计入当期损益的金融资产；甲公司将该应付款项分类为以摊余成本计量的金融负债。8 月 12 日，甲公司因无法支付货款与乙公司协商进行债务重组，双方商定乙公司将该债权转为对甲公司的股权投资。10 月 20 日，乙公司办结了对甲公司的增资手续，甲公司和乙公司分别支付手续费等相关费用 1.5 万元和 1.2 万元。债转股后甲公司总股本为 100 万元，乙公司持有的抵债股权占甲公司总股本的 25%，对甲公司具有重大影响，甲公司股权公允价值不能可靠计量。甲公司应付款项的账面价值仍为 100 万元。

　　6 月 30 日，应收款项和应付款项的公允价值均为 85 万元。
　　8 月 12 日，应收款项和应付款项的公允价值均为 76 万元。
　　10 月 20 日，应收款项和应付款项的公允价值仍为 76 万元。
　　假定不考虑其他相关税费，债权人乙公司的会计处理如下：

① 6月30日：
借：公允价值变动损益　　　　　　　　　　　　150 000
　　贷：交易性金融资产——公允价值变动　　　　　　　　150 000
② 8月12日：
借：公允价值变动损益　　　　　　　　　　　　 90 000
　　贷：交易性金融资产——公允价值变动　　　　　　　　 90 000
③ 10月20日，乙公司对甲公司长期股权投资的成本为应收款项公允价值76万元与相关税费1.2万元的合计77.2万元：
借：长期股权投资——甲公司　　　　　　　　　772 000
　　交易性金融资产——公允价值变动　　　　　240 000
　　贷：交易性金融资产——成本　　　　　　　　　　　1 000 000
　　　　银行存款　　　　　　　　　　　　　　　　　　　 12 000

（三）修改其他条件

采用以修改其他条款方式进行的，如果修改其他条款导致全部债权终止确认，债权人应当按照修改后的条款以公允价值初始计量新的金融资产，新金融资产的确认金额与债权终止确认日账面价值之间的差额，记入"投资收益"科目。

如果修改其他条款未导致债权终止确认，债权人应当根据其分类，继续以摊余成本、以公允价值计量且其变动计入其他综合收益，或者以公允价值计量且其变动计入当期损益进行后续计量。对于以摊余成本计量的债权，债权人应当根据重新议定合同的现金流量变化情况，重新计算该重组债权的账面余额，并将相关利得或损失记入"投资收益"科目。重新计算的该重组债权的账面余额，应当根据将重新议定或修改的合同现金流量按债权原实际利率折现的现值确定，购买或源生的已发生信用减值的重组债权，应按经信用调整的实际利率折现对于修改或重新议定合同所产生的成本或费用，债权人应当调整修改后的重组债权的账面价值，并在修改后重组债权的剩余期限内摊销。

（四）组合方式债务重组

债务重组采用组合方式进行的，一般可以认为对全部债权的合同条款作出了实质性修改，债权人应当按照修改后的条款，以公允价值初始计量新的金融资产和受让的新金融资产，按照受让的金融资产以外的各项资产在债务重组合同生效日的公允价值比例，对放弃债权在合同生效日的公允价值扣除受让金融资产和重组债权当日公允价位后的净额进行分配，并以此为基础分别确定各项资产的成本。放弃债权的公允价值与账面价值之间的差额，记入"投资收益"科目。

三、债务人的会计处理

（一）债务人以资产清偿债务

债务重组采用以资产清偿债务方式进行的，债务人应当将所清偿债务账面价值与转让资产账面价值之间的差额计入当期损益。

1. 债务人以金融资产清偿债务。债务人以单项或多项金融资产清偿债务的，债务的账面价值与偿债金融资产账面价值的差额，记入"投资收益"科目。偿债金融资产已计提减值准备的，应结转已计提的减值准备。对于以分类为以公允价值计量且其变动计入其他综合收益的债务工具投资清偿债务的，之前计入其他综合收益的累计利得或损失应当从其他综合收益中转出，记入"投资收益"科目。对于以指定为以公允价值计量且其变动计入其他综合收益的非交易性权益工具投资清偿债务的，之前计入其他综合收益的累计利得或损失应当从其他综合收益中转出，记入"盈余公积"和"利润分配——未分配利润"等科目。

借：应付账款　　　　　　　　　　　　　　（原债务的账面价值）
　　贷：银行存款、其他债权投资、其他权益工具投资等
　　　　　　　　　　　　　　　　　　　　（金融资产账面价值）
　　　　投资收益　　（重组债务的账面价值 - 偿债金融资产账面价值）

同时：
借：其他综合收益　　（前期计入其他综合收益的累计利得或损失）
　　贷：投资收益　　　　　　　　　　　　（其他债权投资清偿债务）
　　　　盈余公积、利润分配　　　　　（其他权益工具投资清偿债务）

【例 2-7】承〖例 2-3〗，乙公司债务重组会计处理如下：

借：应付账款　　　　　　　　　　　　　　　　1 000 000
　　贷：交易性金融资产——成本　　　　　　　　　800 000
　　　　　　　　　　——公允价值变动　　　　　　100 000
　　　　投资收益（1 000 000 - 900 000）　　　　100 000

2. 债务人以非金融资产清偿债务。债务人以单项或多项非金融资产清偿债务，或者以包括金融资产和非金融资产在内的多项资产清偿债务的，不需要区分资产处置损益和债务重组损益，也不需要区分不同资产的处置损益，而应将所清偿债务账面价值与转让资产账面价值之间的差额，记入"其他收益——债务重组收益"科目。偿债资产已计提减值准备的，应结转已计提的减值准备。

债务人以包含非金融资产的处置组清偿债务的，应当将所清偿债务和处置组中负债的账面价值之和，与处置组中资产的账面价值之间的差额，记入"其他收益——债务重组收益"科目。处置组所属的资产组或资产组组合按照《企业会计准则第 8 号——资产减值》分摊了企业合并中取得的商誉的，该处置组应当包含分摊至处置组的商誉。处置组中的资产已计提减值准备的，应结转已计提的减值

准备。2021年3月2日,财政部会计司发布债务重组准则实施问答。问:债务人以存货清偿债务方式进行的债务重组,是否应当作为存货销售进行会计处理?答:根据《企业会计准则第12号——债务重组》第十条的规定,以资产清偿债务方式进行债务重组的,债务人应当将所清偿债务账面价值与转让资产账面价值之间的差额计入当期损益。根据《企业会计准则第14号——收入》第二条的规定,收入是指企业在日常活动中形成的、会导致所有者权益增加的、与所有者投入资本无关的经济利益的总流入。通常情况下,债务重组不属于企业的日常活动,因此,债务重组不适用收入准则,不应作为存货的销售处理。所清偿债务账面价值与存货账面价值之间的差额,记入"其他收益"科目。

债务人以日常活动产出的商品或服务清偿债务的,不适用《企业会计准则第14号——收入》,不确认营业收入和结转营业成本,应当将所清偿债务账面价值与存货等相关资产账面价值之间的差额,记入"其他收益——债务重组收益"科目。

```
借:应付账款                              (原债务的账面价值)
    贷:库存商品、无形资产、固定资产清理    (抵债资产的账面价值)
        其他收益——债务重组收益
            (所清偿债务的账面价值与抵债资产账面价值之间的差额)
        应交税费——应交增值税(销项税额)
                                        (计提的增值税销项税额)
```

【例2-8】承【例2-4】,乙公司债务重组会计处理如下:

```
借:应付账款                                       36 600 000
    贷:库存商品                                    29 000 000
        应交税费——应交增值税(销项税额)
            (3 900 000/(1+13%)×13%)              3 900 000
        其他收益——债务重组收益                     3 700 000
```

【例2-9】承【例2-5】,2×21年10月22日,乙公司的账务处理如下:

```
借:应付账款——甲公司                              950 000
    银行存款                                          52 200
    累计摊销                                         100 000
    无形资产减值准备                                  20 000
    贷:无形资产——非专利技术                       1 000 000
        应交税费——应交增值税(销项税额)              52 200
        其他收益——债务重组收益                      70 000
```

(二)债务人将债务转为权益工具

债务重组采用将债务转为权益工具方式进行的,债务人初始确认权益工具时,应当按照权益工具的公允价值计量,权益工具的公允价值不能可靠计量的,应当按照所清偿债务的公允价值计量。所清偿债务账面价值与权益工具确认金额之间的差额，记入"投资收益"科目。债务人因发行权益工具而支出的相关税费等，应当依次冲减资本溢价、盈余公积、未分配利润等。

借：应付账款　　　　　　　　　　　　　（重组债务的账面价值）
　　贷：实收资本或股本　　　（计入注册资本的金额或发行股票的面值）
　　　　资本公积——资本溢价（或股本溢价）
　　　　　　　　　　　　　　　（超过注册资本或发行股票溢价）
　　　　银行存款　　　　　　　　　　　　　　（支付相关税费）
　　　　投资收益　　　　　（清偿债务账面价值－权益工具确认金额）

【例2-10】承【例2-6】债务人甲公司的会计处理如下：

2×21年10月20日，由于甲公司股权的公允价值不能可靠计量，初始确认权益工具公允价值时应当按照所清偿债务的公允价值76万元计量，并扣除因发行权益工具支出的相关手续费及佣金1.5万元。

借：应付账款　　　　　　　　　　　　1 000 000
　　贷：实收资本　　　　　　　　　　　　250 000
　　　　资本公积——资本溢价　　　　　　510 000
　　　　投资收益　　　　　　　　　　　　240 000
借：资本公积——资本溢价　　　　　　　　15 000
　　贷：银行存款　　　　　　　　　　　　 15 000

（三）修改其他条款债务重组

采用修改其他条款方式进行的，如果修改其他条款导致债务终止确认，债务人应当按照公允价值计量重组债务，终止确认的债务账面价值与重组债务确认金额之间的差额，记入"投资收益"科目。

【例2-11】A公司为上市公司，2×16年1月1日，A公司取得B银行贷款5 000万元，约定贷款期限为4年（即2×19年12月31日到期），年利率6%，按年付息，A公司已按时支付所有利息。2×19年12月31日，A公司出现严重资金周转问题，多项债务违约，信用风险增加，无法偿还贷款本金。2×20年1月10日，B银行同意与A公司就该项贷款重新达成协议，新协议约定：（1）A公司将一项作为固定资产核算的房产转让给B银行，用于抵偿债务本金1 000万元，该房产账面原值1 200万元，累计折旧400万元，未计提减值准备；（2）A公司向B银行增发股票500万股，面值1元/股，占A公司股份总额的1%，用于抵偿债务本金2 000万元，A公司股票于2×20年1月10日的收盘价为4元/股；（3）在A公司履行上述偿债义务后，B银行免除A公司500万元债务本金，并将尚未偿还的债务本金1 500万元展期至2×20年12月31日，年利率8%；如果A公司未能履行（1）、（2）所述偿债义务，B银行有权终止债务重组协议，尚未履行的债权调整承诺随之失效。

B银行以摊余成本计量该贷款，已计提贷款损失准备300万元。该贷款于2×20年1月10日的公允价值为4 600万元，予以展期的贷款的公允价值为

1 500万元。2×20年3月2日，双方办理完成房产转让手续，B银行将该房产作为投资性房地产核算。2×20年3月31日，B银行为该笔贷款补提了100万元的损失准备。2×20年5月9日，双方办理完成股权转让手续，B银行将该股权投资分类为以公允价值计量且其变动计入当期损益的金融资产，A公司股票当日收盘价为4.02元/股。

A公司以摊余成本计量该贷款，截至2×20年1月10日，该贷款的账面价值为5 000万元。假设为简化处理暂不考虑相关税费。

[分析]（1）债权人的会计处理。A公司与B银行以组合方式进行债务重组，同时涉及以资产清偿债务、将债务转为权益工具、包括债务豁免的修改其他条款等方式，可以认为对全部债权的合同条款作出了实质性修改，债权人在收取债权现金流量的合同权利终止时应当终止确认全部债权，即在2×20年5月9日该债务重组协议的执行过程和结果不确定性消除时，可以确认债务重组相关损益，并按照修改后的条款确认新金融资产。债权人B银行的账务处理如下：

① 2×20年3月2日，投资性房地产成本 = 放弃债权公允价值4 600 - 受让股权公允价值2 000 - 重组债权公允价值1 500 = 1 100（万元）。

借：投资性房地产　　　　　　　　　　　　　　　　11 000 000
　　贷：贷款——本金　　　　　　　　　　　　　　　　11 000 000

② 2×20年3月31日，B银行为该笔贷款补提了100万元的损失准备。

借：信用减值损失　　　　　　　　　　　　　　　　1 000 000
　　贷：贷款损失准备　　　　　　　　　　　　　　　　1 000 000

③ 2×20年5月9日，受让股权的公允价值 = 4.02 × 500 = 2 010（万元）。

借：交易性金融资产　　　　　　　　　　　　　　　20 100 000
　　贷款——本金　　　　　　　　　　　　　　　　15 000 000
　　贷款损失准备　　　　　　　　　　　　　　　　　4 000 000
　　贷：贷款——本金　　　　　　　　　　　　　　　39 000 000
　　　　投资收益　　　　　　　　　　　　　　　　　　100 000

（2）债务人的会计处理。该债务重组协议的执行过程和结果不确定性于2×20年5月9日消除时，债务人清偿该部分债务的现时义务已经解除，可以确认债务重组相关损益，并按照修改后的条款确认新金融负债。

① 2×20年3月2日：

借：固定资产清理　　　　　　　　　　　　　　　　8 000 000
　　累计折旧　　　　　　　　　　　　　　　　　　　4 000 000
　　贷：固定资产　　　　　　　　　　　　　　　　　12 000 000
借：长期借款——本金　　　　　　　　　　　　　　8 000 000
　　贷：固定资产清理　　　　　　　　　　　　　　　　8 000 000

② 2×20年5月9日，借款的新现金流量现值 = 1 500 × (1 + 8%) / (1 + 6%) = 1 528.5（万元），现金流变化 = (1 528.5 - 1 500) / 1 500 = 1.9% < 10%，因此，针对1 500万元本金部分的合同条款的修改不构成实质性修改，不终止确认该部

分负债：

  借：长期借款——本金   42 000 000
    贷：股本   5 000 000
      资本公积   15 100 000
      长期借款——本金   15 285 000
      其他收益——债务重组收益   6 615 000

  本例中，即使没有"A 公司未能履行（1）、（2）所述偿债义务，B 银行有权终止债务重组协议，尚未履行的债权调整承诺随之失效"的条款，债务人仍然应当谨慎处理，考虑在债务的现时义务解除时终止确认原债务。

（四）组合方式

  债务重组采用以资产清偿债务、将债务转为权益工具、修改其他条款等方式的组合进行的，对于权益工具，债务人应当在初始确认时按照权益工具的公允价值计量，权益工具的公允价值不能可靠计量的，应当按照所清偿债务的公允价值计量。对于修改其他条款形成的重组债务，债务人应当参照"修改其他条款"部分的内容确认和计量重组债务。所清偿债务的账面价值与转让资产的账面价值以及权益工具和重组债务的确认金额之和的差额，记入"其他收益——债务重组收益"或"投资收益"（仅涉及金融工具时）科目。

  【例 2-12】2×20 年 11 月 5 日，甲公司向乙公司赊购一批材料，形成应收账款 234 万元，合同约定 3 个月以内付款。2×21 年 9 月 10 日，甲公司因发生资金周转困难，无法按合同约定偿还债务，双方协商进行债务重组。乙公司同意甲公司用其生产的商品、作为固定资产管理的机器设备和一项债券投资抵偿欠款。当日，该应收债权的公允价值为 210 万元，甲公司用于抵债的商品公允价值（不含增值税）为 90 万元，抵债设备的公允价值（不含增值税）为 75 万元，用于抵债的债券投资公允价值为 23.55 万元。

  各项抵债资产于 2×21 年 9 月 20 日转让完毕，甲公司发生设备运输费用 0.65 万元，乙公司发生设备安装费用 1.5 万元。乙公司将该项债权划分为以摊余成本计量的金融资产。2×21 年 9 月 20 日，乙公司对该债权已计提坏账准备 19 万元，债券投资公允价值为 21 万元。乙公司将受让的商品、设备和债券投资分别作为周转材料（低值易耗品）、固定资产和以公允价值计量且其变动计入当期损益的金融资产核算。甲公司以摊余成本计量该项债务。2×21 年 9 月 20 日，甲公司用于抵债的商品实际成本为 70 万元；抵债设备的账面原价为 150 万元，累计折旧为 40 万元，已计提固定减值准备 18 万元；甲公司以摊余成本计量用于抵债的债券投资，债券票面价值总额为 15 万元，票面利率与实际利率一致，按年付息。当日，该项债务的账面价值仍为 234 万元。

  甲、乙公司均为增值税一般纳税人，适用增值税税率为 13%，经税务机关核定，该项交易中商品和设备的计税价格分别为 90 万元和 75 万元。假设不考虑除增值税以外其他相关税费。

[分析]（1）乙公司债权人的会计处理：

低值易耗品可抵扣增值税进项税额 = 90 × 13% = 11.7（万元）

设备可抵扣增值税进项税额 = 75 × 13% = 9.75（万元）

低值易耗品和固定资产的初始入账成本应当以其公允价值为比例（90/75）对放弃债权公允价值扣除受让金融资产公允价值后的净额进行分配后的金额为基础确定：

低值易耗品的成本 = 90/(90 + 75) × (210 − 23.55 − 11.7 − 9.75)
　　　　　　　　 = 90（万元）

固定资产的成本 = 75/(90 + 75) × (210 − 23.55 − 11.7 − 9.75) = 75（万元）

2×21 年 9 月 20 日，乙公司的账务处理如下。

①结转债务重组相关损益：

借：周转材料——低值易耗品　　　　　　　　　　900 000
　　在建工程——在安装设备　　　　　　　　　　750 000
　　应交税费——应交增值税（进项税额）　　　　214 500
　　交易性金融资产　　　　　　　　　　　　　　210 000
　　坏账准备　　　　　　　　　　　　　　　　　190 000
　　投资收益　　　　　　　　　　　　　　　　　 75 500
　　贷：应收账款——甲公司　　　　　　　　　2 340 000

②支付安装成本：

借：在建工程——在安装设备　　　　　　　　　　 15 000
　　贷：银行存款　　　　　　　　　　　　　　　 15 000

③安装完毕达到可使用状态：

借：固定资产——设备　　　　　　　　　　　　　765 000
　　贷：在建工程——在安装设备　　　　　　　　765 000

（2）甲公司债务人的会计处理：

借：固定资产清理　　　　　　　　　　　　　　　920 000
　　累计折旧　　　　　　　　　　　　　　　　　400 000
　　固定资产减值准备　　　　　　　　　　　　　180 000
　　贷：固定资产　　　　　　　　　　　　　　1 500 000

借：固定资产清理　　　　　　　　　　　　　　　 6 500
　　贷：银行存款　　　　　　　　　　　　　　　 6 500

借：应付账款　　　　　　　　　　　　　　　　2 340 000
　　贷：固定资产清理　　　　　　　　　　　　　926 500
　　　　库存商品　　　　　　　　　　　　　　　700 000
　　　　应交税费——应交增值税（销项税额）　　214 500
　　　　债权投资——成本　　　　　　　　　　　150 000
　　　　其他收益——债务重组收益　　　　　　　349 000

第三节　债务重组的相关信息披露

债务重组中涉及的债权、重组债权、债务、重组债务和其他金融工具的披露，应当按照《企业会计准则第 37 号——金融工具列报》的规定处理。此外，债权人和债务人还应当在附注中披露与债务重组有关的额外信息。

一、债权人应当在附注中披露与债务重组有关信息

1. 根据债务重组方式，分组披露债权账面价值和债务重组相关损益。分组时，债权人可以按照以资产清偿债务方式、将债务转为权益工具方式、修改其他条款方式、组合方式为标准分组，也可以根据重要性原则以更细化的标准进行分组。

2. 债务重组导致的对联营企业或合营企业的权益性投资增加额，以及该投资占联营企业或合营企业股份总额的比例。

二、债务人应当在附注中披露与债务重组有关信息

1. 根据债务重组方式，分组披露债务账面价值和债务重组相关损益。分组的标准与对债权人的要求类似。

2. 债务重组导致的股本等所有者权益的增加额。报表使用者可能关心与债务重组相关的其他信息，例如，债权人和债务人是否具有关联方关系；再如，如何确定债务转为权益工具方式中的权益工具，以及修改其他条款方式中的新重组债权或重组债务等的公允价值；又如，是否存在与债务重组相关的或有事项等，企业应当根据《企业会计准则第 13 号——或有事项》《企业会计准则第 22 号——金融工具确认和计量》《企业会计准则第 36 号——关联方披露》《企业会计准则第 37 号——金融工具列报》《企业会计准则第 39 号——公允价值计量》等准则规定，披露相关信息。

练 习 题

一、单项选择题

1. 债权人受让包括现金在内的单项或多项金融资产的，应当按照金融工具确认和计量准则的规定进行确认和计量。金融资产初始确认时应当以（　　）计量，金融资产确认金额与债权终止确认日账面价值之间的差额记入（　　）科目。

　　A. 金融资产的公允价值，投资收益　　B. 金融资产账面价值，投资收益

　　C. 放弃债权的公允价值，其他收益　　D. 放弃债权的账面价值，投资收益

2. 2×20 年 9 月 15 日甲企业根据债务重组协议，用库存商品一批和银行存款 5 万元归还

乙公司应付账款90万元。库存商品的账面余额为50万元，公允价值为60万元，增值税销项税额为7.8万元，未计提存货跌价准备。则债务重组日甲企业债务重组利得为（　　）万元。

  A. 60   B. 10   C. 17.2   D. 27.2

3. 以资产清偿债务方式进行债务重组的，债务人应当在相关资产和所清偿债务符合终止确认条件时予以终止确认，所清偿债务（　　）之间的差额计入当期损益。

  A. 账面价值与转让资产账面价值   B. 公允价值与转让资产账面价值
  C. 账面价值与转让资产公允价值   D. 公允价值与转让资产公允价值

4. 甲公司是乙公司控股股东，为了弥补乙公司临时性经营现金流短缺，甲公司向乙公司提供5 000万元无息借款，并约定于1年后收回。借款期满时，尽管乙公司具有充足的现金流，甲公司仍然决定免除乙公司部分本金还款义务，仅收回1 000万元借款。乙公司确认债务重组相关损益（　　）。

  A. 1 000万元   B. 4 000万元
  C. 5 000万元   D. 属于权益性交易不确认债务重组相关损益

5. 债务人以低于应付债务账面价值的固定资产清偿债务的，支付的固定资产账面价值低于应付债务账面价值的差额，应当记入（　　）科目。

  A. 其他收益   B. 营业外收入
  C. 资产处置损益   D. 投资收益

6. 甲公司欠乙公司600万元货款，到期日为2×20年10月30日。甲公司因财务困难，经协商于2×20年11月15日与乙公司签订债务重组协议，协议规定甲公司以价值550万元的商品抵偿欠乙公司上述全部债务。2×20年11月20日，乙公司收到该商品并验收入库，2×20年11月22日办理了有关债务解除手续。该债务重组的重组日为（　　）。

  A. 2×20年10月30日   B. 2×20年11月15日
  C. 2×20年11月20日   D. 2×20年11月22日

7. 甲公司应收乙公司应收账款800万元，到期无法偿还，经磋商达成重组协议，双方同意按银行存款600万元结清该笔货款。甲公司已经为该笔应收账款计提了100万元的坏账准备，在债务重组日，该事项对甲公司和乙公司的影响分别为（　　）。

  A. 甲公司资本公积减少200万元，乙公司资本公积增加200万元
  B. 甲公司投资收益减少100万元，乙公司投资收益增加200万元
  C. 甲公司投资收益减少100万元，乙公司其他收益增加200万元
  D. 甲公司营业外支出增加100万元，乙公司营业外收入增加200万元

8. 债权人受让多项非金融资产，或者包括金融资产、非金融资产在内的多项资产的，应当按照《企业会计准则第22号——金融工具确认和计量》的规定确认和计量受让的金融资产；按照受让的金融资产以外的各项资产在债务重组合同生效日的公允价值比例，对放弃债权在合同生效日的（　　）后的净额进行分配，并以此为基础分别确定各项资产的成本。放弃债权的公允价值与账面价值之间的差额记入"投资收益"科目。

  A. 公允价值扣除受让金融资产当日公允价值
  B. 公允价值扣除受让金融资产当日账面价值
  C. 账面价值扣除受让金融资产当日账面价值
  D. 账面价值扣除受让金融资产当日公允价值

9. 2×20年1月1日，A公司销售一批材料给B公司，含税价为105 000元。2×20年7月1日，B公司无法按合同规定偿还债务，经双方协议，A公司同意B公司用产品抵偿该应收账款。该产品公允价值为80 000元，增值税税率为13%，产品成本为70 000元。B公司为转

让的材料计提了存货跌价准备500元，A公司为债权计提了坏账准备500元。假定增值税不单独结算，不考虑其他税费。B公司应确认的债务重组利得为（　　）元。

  A. 22 400　　　　B. 21 900　　　　C. 25 000　　　　D. 24 600

 10. 下列各项中，属于债权人应当在附注中披露的债务重组有关信息的是（　　）。

  A. 根据债务重组方式，分组披露债权账面价值和债务重组相关损益

  B. 债务重组导致的对子公司的权益性投资增加额

  C. 按资产类别披露受让各项资产的入账成本

  D. 终止确认债权是否计提过减值准备以及减值的金额

 11. 以资产清偿债务方式进行的债务重组，如果债权人将受让资产划分为持有待售类别，其受让资产的入账价值为（　　）。

  A. 放弃债权的公允价值与相关税费之和

  B. 假定不划分为持有待售类别情况下的初始计量金额和公允价值减去出售费用后的净额两者孰低

  C. 公允价值减去出售费用后的净额

  D. 债务人资产的原账面价值

 12. 2×20年1月1日，甲公司与乙公司进行债务重组，重组日甲公司应收乙公司账款账面余额为200万元，已提坏账准备20万元，其公允价值为190万元，乙公司以一批存货抵偿上述账款，该批库存商品的公允价值为200万元，增值税为26万元。甲公司为取得库存商品支付的运费和保险费为2万元，支付增值税26万元，假定不考虑除增值税外的其他因素。甲公司债务重组取得存货的入账价值为（　　）万元。

  A. 192　　　　B. 202　　　　C. 186　　　　D. 200

 13. 2×20年7月30日，甲公司就应收A公司账款6 000万元与A公司签订债务重组合同。合同规定：A公司以其拥有的一栋在建写字楼及一项权益法核算的长期股权投资偿付该项债务；A公司在建写字楼和长期股权投资所有权转移至甲公司后，双方债权债务结清。2×20年8月10日，A公司将在建写字楼和长期股权投资所有权转移至甲公司。同日，甲公司该应收款项已计提的坏账准备为800万元；A公司该在建写字楼的账面余额为1 800万元，未计提减值准备，公允价值为2 200万元；A公司该长期股权投资的账面余额为2 600万元（假定全部为"投资成本"和"损益调整"明细科目的余额），已计提的减值准备为200万元，公允价值为2 300万元。甲公司将取得的股权投资作为长期股权投资，并采用权益法核算。甲公司和A公司均为增值税一般纳税人，写字楼适用的增值税税率为9%，以摊余成本计量上述应收款项和应付账款。不考虑其他因素，A公司因该项债务重组应确认的损益金额为（　　）万元。

  A. 1 500　　　　B. 1 602　　　　C. 1 900　　　　D. 3 400

 14. 2×20年1月5日，甲公司就应付乙公司账款900万元与乙公司达成债务重组协议：甲公司以银行存款偿还200万元的债务，其余债务以设备、无形资产（专利权，免征增值税）抵偿。用以偿债设备的账面原价为250万元，已提折旧20万元，已提减值准备10万元，公允价值为260万元；无形资产账面原价为300万元，已摊销150万元，公允价值为200万元。乙公司将该应收款项分类为以摊余成本计量的金融资产，甲公司将该应付账款分类为以摊余成本计量的金融负债。甲公司和乙公司均为增值税一般纳税人，适用的增值税税率为13%。不考虑其他因素，甲公司因该项债务重组影响损益的金额为（　　）万元。

  A. 195.8　　　　B. 240　　　　C. 296.2　　　　D. 330

 15. 下列不属于债务重组相关披露的内容是（　　）。

A. 根据《企业会计准则第36号——关联方披露》规定披露债权人和债务人是否具有关联方关系
B. 根据《企业会计准则第22号——金融工具确认和计量》《企业会计准则第37号——金融工具列报》规定披露如何确定债务转为权益工具方式中的权益工具
C. 根据《企业会计准则第13号——或有事项》规定披露是否存在与债务重组相关的或有事项
D. 无须披露修改其他条款方式中的新重组债权或重组债务等的公允价值

二、多项选择题

1. 关于债务重组，下列说法中不正确的有（   ）。
   A. 债务重组一定是在债务人发生财务困难的情况下发生的
   B. 债务重组一定是债权人按照其与债务人达成的协议或者法院的裁定作出让步的事项
   C. 债务重组既包括持续经营情况下的债务重组也包括非持续经营情况下的债务重组
   D. 债务重组是指在不改变交易对手方的情况下，经债权人和债务人协定或法院裁定，就清偿债务的时间、金额或方式等重新达成协议的交易

2. 将债务转为权益工具方式进行债务重组，以下说法正确的有（   ）。
   A. 将债务转为权益工具方式进行债务重组导致债权人将债权转为对联营企业或合营企业的权益性投资的，债权人应当按照以放弃债权的公允价值和相关税费计量其初始投资成本
   B. 债务重组采用将债务转为权益工具方式进行的，债务人初始确认权益工具时，应当按照权益工具的公允价值计量，权益工具的公允价值不能可靠计量的，应当按照所清偿债务的公允价值计量
   C. 债务人所清偿债务账面价值与权益工具确认金额之间的差额，记入"投资收益"科目
   D. 债务人因发行权益工具而支出的相关税费等，应当依次冲减盈余公积、未分配利润、资本公积（资本或股本溢价）等

3. 债务重组的方式主要包括（   ）。
   A. 以资产清偿债务
   B. 将债务转为权益工具
   C. 修改其他条款但不包括上述A和B两种方式
   D. 以上三种方式的组合

4. 下列关于资产抵债方式下债务重组的论断中，正确的有（   ）。
   A. 存货的成本，包括放弃债权的公允价值和使该资产达到当前位置和状态所发生的可直接归属于该资产的税金、运输费、装卸费、保险费等其他成本
   B. 对联营企业或合营企业投资的成本，包括放弃债权的公允价值和可直接归属于该资产的税金等其他成本
   C. 固定资产的成本，包括放弃债权的公允价值和使该资产达到预定可使用状态前所发生的可直接归属于该资产的税金、运输费、装卸费、安装费、专业人员服务费等其他成本
   D. 无形资产的成本，包括放弃债权的公允价值和可直接归属于使该资产达到预定用途所发生的税金等其他成本

5. 下列关于将债务转为权益工具的债务重组说法中，正确的有（   ）。
   A. 债务人应当将债权人放弃债权而享有股份面值的总额确认为股本或实收资本，股份的公允价值总额与股本或实收资本之间的差额确认为当期损益

B. 债务人应当将债权人放弃债权而享有的股份面值的总额确认为股本或实收资本，股份公允价值和股本或实收资本之间的差额确认为资本公积

C. 所清偿债务的账面价值与股份面值总额之间的差额计入当期损益

D. 债务转为权益工具，与发行股票直接相关的手续费应冲减资本公积

三、判断题

1. 重组债权已计提减值准备的，应当先将收到资产的入账价值与重组债权的账面余额之间的差额冲减已计提的减值准备，冲减后仍有损失的，计入投资收益；冲减后减值准备仍有余额的，应予转回并抵减当期信用减值损失。（   ）

2. 对于在报告期间已经开始协商但在报告期资产负债表日后的债务重组，不属于资产负债表日后调整事项。（   ）

3. 债务重组采用将债务转为权益工具方式进行的，债务人初始确认权益工具时，应当按照权益工具的公允价值计量，权益工具的公允价值不能可靠计量的，应当按照所清偿债务的公允价值计量。所清偿债务账面价值与权益工具确认金额之间的差额，记入"其他收益"科目。债务人因发行权益工具而支出的相关税费等，应当依次冲减资本公积（资本或股本溢价）、盈余公积、未分配利润等。（   ）

4. 债务重组采用修改其他条款方式进行的，如果修改其他条款导致债务终止确认，债务人应当按照公允价值计量重组债务，终止确认的债务账面价值与重组债务确认金额之间的差额，记入"投资收益"科目。（   ）

5. 以组合方式进行债务重组的，债权人应当首先按照《企业会计准则第22号——金融工具确认和计量》的规定确认和计量受让的金融资产和重组债权；其次按照受让的金融资产以外的各项资产的公允价值比例，对放弃债权的公允价值扣除受让金融资产和重组债权确认金额后的净额进行分配，并以此为基础按照前述规定分别确定各项资产的成本。放弃债权的公允价值与账面价值之间的差额，应当计入当期损益。（   ）

四、计算及账务处理题

1. 甲、乙公司均为增值税一般纳税人，适用的增值税税率均为13%。有关债务重组的资料如下：2×19年3月6日，甲公司因购买商品而欠乙公司购货款及税款合计700万元。乙公司将该应收款项分类为以摊余成本计量的金融资产，甲公司将该应付账款分类为以摊余成本计量的金融负债。2×20年3月15日，双方经协商确定，甲公司以其生产的产品和其所拥有并作为以公允价值计量且其变动计入当期损益的金融资产核算的某公司股票抵偿债务。当日，该产品的成本为180万元，已计提存货跌价准备1万元，公允价值为220万元；该股票投资的账面价值为300万元（其中取得时的成本为200万元，公允价值变动为100万元），公允价值为400万元。乙公司该应收账款的公允价值为680万元。乙公司将该产品作为生产经营用固定资产入账，将该股票作为其他权益工具投资核算。2×20年3月31日，抵债资产已转让完毕，乙公司对该项应收账款计提的坏账准备为2.5万元，上述股权投资的公允价值为420万元。

要求：编制甲公司、乙公司债务重组的会计分录。

2. 2×20年3月18日，甲公司向乙公司销售商品一批，应收乙公司款项的入账金额为3 660万元。甲公司将该应收款项分类为以摊余成本计量的金融资产。乙公司将该应付账款分类为以摊余成本计量的金融负债。9月28日，甲公司应收乙公司账款3 660万元已逾期，经协商决定进行债务重组。乙公司以一项固定资产（设备）抵偿上述债务，该项设备的原始成本为2 850万元，已计提折旧50万元，未计提资产减值准备。甲公司该项应收账款在重组日的公允价值为3 390万元。甲公司已对该债权计提坏账准备20万元。甲公司支付评估费用6万元。

要求：编制甲公司、乙公司债务重组的会计分录。

第三章 资产减值

> **学习指南**
>
> 本章是关于资产减值的会计处理介绍。当企业资产的可收回金额低于其账面价值时，即表明资产发生了减值，企业应当确认资产减值损失，并把资产的账面价值减记至可收回金额。本章的主要内容包括：一是资产减值的概念、范围、迹象和测试；二是资产可收回金额的计量，包括资产的公允价值减去处置费用后的净额的估计和资产预计未来现金流量的现值的估计；三是资产减值损失的确认与计量；四是资产组的认定及减值处理；五是总部资产的减值测试和会计处理。通过本章的学习，要求读者熟悉认定资产可能发生减值的迹象；掌握资产可收回金额的计量；掌握资产减值损失的确定原则；掌握资产组的认定方法及其减值的处理。

第一节 资产减值概述

资产是企业过去的交易或者事项形成的、由企业拥有或者控制的、预期会给企业带来经济利益的资源。资产的本质特征就是其必须能够在未来为企业带来经济利益的流入，如果资产不能够为企业带来经济利益或者带来的经济利益低于其账面价值，那么，该资产就不能再予以全部确认，或者不能再以原账面价值予以确认，否则，既不符合资产的定义，也无法反映资产的实际价值，其结果会导致企业资产虚增和利润虚增，不符合可靠性原则和谨慎性原则。因此，当企业资产的可收回金额低于其账面价值时，即表明资产发生了减值，企业应当确认资产减值损失，并把资产的账面价值减记至可收回金额。

一、资产减值的范围

企业所有的资产在发生减值时，原则上都应当对所发生的减值损失及时加以确认和计量，因此，资产减值包括所有资产的减值。但是，由于有关资产特性不同，其减值会计处理也有所差别，因而所适用的具体会计准则也不尽相同。例如，存货、消耗性生物资产的减值分别适用《企业会计准则第1号——存货》和《企业会计准则第5号——生物资产》；建造合同形成的资产、递延所得税资产、融资租赁中出租人未担保余值等资产的减值，分别适用《企业会计准则第15号——建造合同》《企业会计准则第18号——所得税》《企业会计准则第21号——租赁》；采用公允价值后续计量的投资性房地产和由《企业会计准则第22号——金融工具确认和计量》所规范的金融资产的减值，分别适用《企业会计准则第3号——投资性房地产》和《企业会计准则第22号——金融工具确认和计量》。

本章涉及的资产减值主要是除上述资产以外的资产，这些资产通常属于企业非流动资产，具体包括：对子公司、联营企业和合营企业的长期股权投资；采用成本模式进行后续计量的投资性房地产；固定资产；生产性生物资产；无形资产；商誉；探明石油天然气矿区权益和井及相关设施。

需要注意的是，合同资产是指企业已向客户转让商品而有权收取对价的权力，且该权力取决于时间流逝之外的其他因素。合同资产由新收入准则规范，不属于金融资产。2020年12月11日，财政部会计司在准则实施问答中明确答复。问：合同资产发生减值的，应当记入哪个会计科目？答：根据《企业会计准则第14号——收入》（2017）和《企业会计准则第22号——金融工具确认和计量》（2017）的有关规定，合同资产发生减值的，企业按应减记的金额，借记"资产减值损失"科目，贷记"合同资产减值准备"科目；转回已计提的资产减值准备时，编制相反的会计分录。

二、资产减值的迹象

企业在资产负债表日应当判断资产是否存在可能发生减值的迹象，主要可从外部信息来源和内部信息来源两方面加以判断。

从企业外部信息来源来看，如果出现了资产的市价在当期大幅度下跌，其跌幅明显高于因时间的推移或者正常使用而预计的下跌；企业经营所处的经济、技术或者法律等环境以及资产所处的市场在当期或者将在近期发生重大变化，从而对企业产生不利影响；市场利率或者其他市场投资报酬率在当期已经提高，从而影响企业计算资产预计未来现金流量现值的折现率，导致资产可收回金额大幅度降低等，企业所有者权益（净资产）的账面价值远高于其市值等，均属于资产可能发生减值的迹象，企业需要据此估计资产的可收回金额，决定是否需要确认减值损失。

从企业内部信息来源来看，如果有证据表明资产已经陈旧过时或者其实体已经损坏；资产已经或者将被闲置、终止使用或者计划提前处置；企业内部报告的证据表明资产的经济绩效已经低于或者将低于预期，如资产所创造的净现金流量或者实现的营业利润远远低于原来的预算或者预计金额、资产发生的营业损失远远高于原来的预算或者预计金额、资产在建造或者收购时所需的现金支出远远高于最初的预算、资产在经营或者维护中所需的现金支出远远高于最初的预算等，均属于资产可能发生减值的迹象。

需要说明的是，上述列举的资产减值迹象并不能穷尽所有的减值迹象，企业应当根据实际情况，遵循实质重于形式原则来认定资产可能发生减值的迹象。

三、资产减值的测试

如果有确凿证据表明资产存在减值迹象的，应当进行减值测试，估计资产的可收回金额。资产存在减值迹象是资产是否需要进行减值测试的必要前提，但是以下资产除外，即因企业合并形成的商誉和使用寿命不确定的无形资产。对于这些资产，无论是否存在减值迹象，都应当至少每年年度终了进行减值测试。其原因是，因企业合并所形成的商誉和使用寿命不确定的无形资产在后续计量中不再进行摊销，但是，考虑到这些资产的价值和产生的未来经济利益有较大的不确定性，为了避免资产价值高估，及时确认商誉和使用寿命不确定的无形资产的减值损失，如实反映企业财务状况和经营成果，对于这些资产，企业至少应当于每年年度终了进行减值测试。另外，对于尚未达到可使用状态的无形资产，由于其价值具有较大的不确定性，也应当每年进行减值测试。

企业在判断资产减值迹象以决定是否需要估计资产可收回金额时，应当遵循重要性原则。根据这一原则，企业资产存在下列情况的，可以不估计其可收回金额：

1. 以前报告期间的计算结果表明，资产可收回金额远高于其账面价值，之后又没有发生消除这一差异的交易或者事项的，企业在资产负债表日无须重新估计该资产的可收回金额。

2. 以前报告期间的计算与分析表明，资产可收回金额对于《企业会计准则第8号——资产减值》中所列示的一种或者多种减值迹象反应不敏感，在本报告期间又发生了这些减值迹象的，在资产负债表日企业无须因为上述减值迹象的出现而重新估计该资产的可收回金额。比如，在当期市场利率或者其他市场投资报酬率提高的情况下，如果企业计算资产未来现金流量现值时所采用的折现率不大可能受到该市场利率或者其他市场投资报酬率提高的影响；或者即使会受到影响，但以前期间的可收回金额敏感性分析表明，该资产预计未来现金流量也很可能相应增加，因而不大可能导致该资产的可收回金额大幅度下降的，企业可以不必对该资产可收回金额进行重新估计。

第二节 资产可收回金额的计量

一、估计资产可收回金额的基本方法

企业资产存在减值迹象的，应当估计其可收回金额，然后将所估计的资产可

收回金额与其账面价值相比较，以确定资产是否发生了减值以及是否需要计提资产减值准备并确认相应的减值损失。在估计资产可收回金额时，原则上应当以单项资产为基础，如果企业难以对单项资产的可收回金额进行估计的，应当以该资产所属的资产组为基础确定资产组的可收回金额。本章中的资产除特别指明外，既包括单项资产，也包括资产组。

资产可收回金额的估计，应当根据其公允价值减去处置费用后的净额与资产预计未来现金流量的现值两者之间较高者确定。因此，要估计资产的可收回金额，通常需要同时估计该资产的公允价值减去处置费用后的净额和资产预计未来现金流量的现值，但是，在下列情况下，可以有例外或者作特殊考虑：

1. 资产的公允价值减去处置费用后的净额与资产预计未来现金流量的现值，只要有一项超过了资产的账面价值，就表明资产没有发生减值，无须再估计另一项金额。

2. 没有确凿证据或者理由表明，资产预计未来现金流量现值显著高于其公允价值减去处置费用后的净额的，可以将资产的公允价值减去处置费用后的净额视为资产的可收回金额。对于企业持有待售的资产往往属于这种情况，即该资产在持有期间（处置之前）所产生的现金流量可能很少，其最终取得的未来现金流量往往就是资产的处置净收入，因此，在这种情况下，以资产公允价值减去处置费用后的净额作为其可收回金额是适宜的，因为资产的未来现金流量现值通常不大会显著高于其公允价值减去处置费用后的净额。

3. 资产的公允价值减去处置费用后的净额如果无法可靠估计的，应当以该资产预计未来现金流量的现值作为其可收回金额。

二、资产的公允价值减去处置费用后的净额的估计

资产的公允价值减去处置费用后的净额，通常反映的是资产如果被出售或者处置时可以收回的净现金收入。其中，资产的公允价值是指在公平交易中熟悉情况的交易双方自愿进行资产交换的金额；处置费用是指可以直接归属于资产处置的增量成本，包括与资产处置有关的法律费用、相关税费、搬运费以及为使资产达到可销售状态所发生的直接费用等，但是，财务费用和所得税费用等不包括在内。

企业在估计资产的公允价值减去处置费用后的净额时，应当按照下列顺序进行：

1. 应当根据公平交易中资产的销售协议价格减去可直接归属于该资产处置费用的金额确定资产的公允价值减去处置费用后的净额。这是估计资产的公允价值减去处置费用后的净额的最佳方法，企业应当优先采用这一方法。但是，在实务中，企业的资产往往都是内部持续使用的，取得资产的销售协议价格并不容易，为此，需要采用其他方法估计资产的公允价值减去处置费用后的净额。

2. 在资产不存在销售协议但存在活跃市场的情况下，应当根据该资产的市

场价格减去处置费用后的金额确定。资产的市场价格通常应当按照资产的买方出价确定。但是，如果难以获得资产在估计日的买方出价的，企业可以以资产最近的交易价格作为其公允价值减去处置费用后的净额的估计基础，其前提是资产的交易日和估计日之间有关经济、市场环境等没有发生重大变化。

3. 在既不存在资产销售协议又不存在资产活跃市场的情况下，企业应当以可获取的最佳信息为基础，根据在资产负债表日假定处置该资产，熟悉情况的交易双方自愿进行公平交易愿意提供的交易价格减去资产处置费用后的金额，作为估计资产的公允价值减去处置费用后的净额。在实务中，该金额可以参考同行业类似资产的最近交易价格或者结果进行估计。

如果企业按照上述要求仍然无法可靠估计资产的公允价值减去处置费用后的净额的，应当以该资产预计未来现金流量的现值作为其可收回金额。

三、预计资产未来现金流量的现值的估计

（一）预计资产未来现金流量现值应当考虑的因素

预计资产未来现金流量的现值，应当按照资产在持续使用过程中和最终处置时所产生的预计未来现金流量，选择恰当的折现率对其进行折现后的金额加以确定。

企业在预计资产未来现金流量现值时，主要涉及以下三个方面：（1）资产的预计未来现金流量；（2）资产的使用寿命；（3）折现率。其中，资产的使用寿命的预计与《企业会计准则第 4 号——固定资产》《企业会计准则第 6 号——无形资产》等规定的使用寿命预计方法相同。以下重点阐述资产未来现金流量和折现率的预计方法。

（二）资产未来现金流量的预计

1. 预计资产未来现金流量的基础。为了估计资产未来现金流量的现值，需要首先预计资产的未来现金流量，为此，企业管理层应当在合理和有依据的基础上对资产剩余使用寿命内整个经济状况进行最佳估计，并将资产未来现金流量的预计建立在经企业管理层批准的最近财务预算或者预测数据之上。但是，出于数据可靠性和便于操作等方面的考虑，建立在该预算或者预测基础上的预计现金流量最多涵盖 5 年，企业管理层如能证明更长的期间是合理的，可以涵盖更长的期间。其原因是，在通常情况下，要对期限超过 5 年的未来现金流量进行较为可靠的预测比较困难，即使企业管理层可以以超过 5 年的财务预算或者预测为基础对未来现金流量进行预计，企业管理层应当确保这些预计的可靠性，并提供相应的证明，比如，根据过去的经验和实践，企业有能力而且能够对超过 5 年的期间做出较为准确的预测。

如果资产未来现金流量的预计还包括最近财务预算或者预测期之后的现金流

量，企业应当以该预算或者预测期之后年份稳定的或者递减的增长率为基础进行估计。但是，企业管理层如能证明递增的增长率是合理的，可以以递增的增长率为基础进行估计。同时，所使用的增长率除了企业能够证明更高的增长率是合理的之外，不应当超过企业经营的产品、市场、所处的行业或者所在国家或地区的长期平均增长率，或者该资产所处市场的长期平均增长率。在恰当、合理的情况下，该增长率可以是零或者负数。

需要说明的是，由于经济环境随时都在变化，资产的实际现金流量往往会与预计数有出入，而且预计资产未来现金流量时的假设也有可能发生变化，因此，企业管理层在每次预计资产未来现金流量时，应当首先分析以前期间现金流量预计数与现金流量实际数出现差异的情况，以评判当期现金流量预计所依据的假设的合理性。通常情况下，企业管理层应当确保当期现金流量预计所依据的假设与前期实际结果相一致。

2. 预计资产未来现金流量应当包括的内容。

（1）资产持续使用过程中预计产生的现金流入。

（2）为实现资产持续使用过程中产生的现金流入所必需的预计现金流出（包括为使资产达到预定可使用状态所发生的现金流出）。该现金流出应当是可直接归属于或者可通过合理和一致的基础分配到资产中的现金流出，后者通常是指那些与资产直接相关的间接费用。

对于在建工程、开发过程中的无形资产等，企业在预计其未来现金流量时，应当包括预期为使该类资产达到预定可使用（或者可销售）状态而发生的全部现金流出数。

（3）资产使用寿命结束时，处置资产所收到或者支付的净现金流量。该现金流量应当是在公平交易中，熟悉情况的交易双方自愿进行交易时，企业预期可从资产的处置中获取或者支付的减去预计处置费用后的金额。

3. 预计资产未来现金流量应当综合考虑的因素。

（1）以资产的当前状况为基础预计资产未来现金流量。企业资产在使用过程中有时会因为修理、改良、重组等原因而发生变化，因此，在预计资产未来现金流量时，企业应当以资产的当前状况为基础，不应当包括与将来可能会发生的、尚未做出承诺的重组事项或者与资产改良有关的预计未来现金流量。

（2）预计资产未来现金流量不应当包括筹资活动和所得税收付产生的现金流量。企业预计的资产未来现金流量，不应当包括筹资活动产生的现金流入或者流出以及与所得税收付有关的现金流量。主要原因为：一是所筹集资金的货币时间价值已经通过折现因素予以考虑；二是折现率要求是以税前基础计算确定的，因此，现金流量的预计也必须建立在税前基础之上，这样可以有效避免在资产未来现金流量现值的计算过程中可能出现的重复计算等问题，以保证现值计算的正确性。

（3）对通货膨胀因素的考虑应当与折现率相一致。企业在预计资产未来现金流量和折现率时，考虑因一般通货膨胀而导致物价上涨的因素，应当采用一致的基础。如果折现率考虑了因一般通货膨胀而导致的物价上涨影响因素,资产预计未来现金流量也应予以考虑;反之,如果折现率没有考虑因一般通货膨胀而导致的物价上涨影响因素,资产预计未来现金流量也应当剔除这一影响因素。总之,在考虑通货膨胀因素的问题上,资产未来现金流量的预计和折现率的预计应当保持一致。

(4)内部转移价格应当予以调整。在一些企业集团里,出于集团整体战略发展的考虑,某些资产生产的产品或者其他产出可能是供其集团内部其他企业使用或者对外销售的,所确定的交易价格或者结算价格基于内部转移价格,而内部转移价格很可能与市场交易价格不同,在这种情况下,为了如实测算企业资产的价值,就不应当简单地以内部转移价格为基础预计资产未来现金流量,而应当采用在公平交易中企业管理层能够达成的最佳未来价格估计数进行预计。

4. 预计资产未来现金流量的方法。企业预计资产未来现金流量的现值,需要预计资产未来现金流量。预计资产未来现金流量,通常应根据资产未来每期最有可能产生的现金流量进行预测。这种方法通常称为传统法,它使用的是单一的未来每期预计现金流量和单一的折现率计算资产未来现金流量的现值。

【例3-1】企业某固定资产剩余使用年限为3年,企业预计未来3年里在正常的情况下该资产每年可为企业产生的净现金流量分别为100万元、50万元、10万元。该现金流量通常即为最有可能产生的现金流量,企业应以该现金流量的预计数为基础计算资产的现值。

但在实务中,有时影响资产未来现金流量的因素较多,情况较为复杂,带有很大的不确定性,为此,使用单一的现金流量可能并不会如实反映资产创造现金流量的实际情况。这样,企业应当采用期望现金流量法预计资产未来现金流量。

【例3-2】沿用〖例3-1〗,假定利用固定资产生产的产品受市场行情波动影响大,企业预计未来3年每年的现金流量情况如表3-1所示。

表3-1　　　　　　各年现金流量概率分布及发生情况　　　　　　单位:万元

年数	产品行情好 (30%的可能性)	产品行情一般 (60%的可能性)	产品行情差 (10%的可能性)
第1年	150	100	50
第2年	80	50	20
第3年	20	10	0

在这种情况下,采用期望现金流量法比传统法就更为合理。在期望现金流量法下,资产未来现金流量应当根据每期现金流量期望值进行预计,每期现金流量期望值按照各种可能情况下的现金流量与其发生概率加权计算。按照表3-1提供的情况,企业应当计算资产每年的预计未来现金流量如下:

第 1 年的预计现金流量（期望现金流量）= 150×30% + 100×60% + 50×10%
　　　　　　　　　　　　　　　　　 = 110（万元）
第 2 年的预计现金流量（期望现金流量）= 80×30% + 50×60% + 20×10%
　　　　　　　　　　　　　　　　　 = 56（万元）
第 3 年的预计现金流量（期望现金流量）= 20×30% + 10×60% + 0×10%
　　　　　　　　　　　　　　　　　 = 12（万元）

应当注意的是，如果资产未来现金流量的发生时间是不确定的，企业应当根据资产在每一种可能情况下的现值及其发生概率直接加权计算资产未来现金流量的现值。

（三）折现率的预计

为了资产减值测试的目的，计算资产未来现金流量现值时所使用的折现率应当是反映当前市场货币时间价值和资产特定风险的税前利率。该折现率是企业在购置或者投资资产时所要求的必要报酬率。需要说明的是，如果在预计资产的未来现金流量时已经对资产特定风险的影响作了调整的，折现率的估计不需要考虑这些特定风险。如果用于估计折现率的基础是税后的，应当将其调整为税前的折现率，以便与资产未来现金流量的估计基础相一致。

在实务中，折现率的确定应当先以该资产的市场利率为依据。如果该资产的利率无法从市场获得，可以使用替代利率估计。在估计替代利率时，企业应当充分考虑资产剩余寿命期间的货币时间价值和其他相关因素，比如资产未来现金流量金额及其时间的预计离异程度、资产内在不确定性的定价等，如果资产预计未来现金流量已经对这些因素作了有关调整的，应当予以剔除。

在估计替代利率时，可以根据企业加权平均资本成本、增量借款利率或者其他相关市场借款利率作适当调整后确定。调整时，应当考虑与资产预计现金流量有关的特定风险以及其他有关政治风险、货币风险和价格风险等。

估计资产未来现金流量现值，通常应当使用单一的折现率。但是，如果资产未来现金流量的现值对未来不同期间的风险差异或者利率的期间结构反应敏感，企业应当在未来的不同期间采用不同的折现率。

（四）资产未来现金流量现值的预计

在预计了资产的未来现金流量和折现率后，资产未来现金流量的现值只需将该资产的预计未来现金流量按照预计的折现率在预计的资产使用寿命里加以折现即可确定。其一般计算公式如下：

$$\text{资产未来现金流量的现值 } PV = \sum \left[\frac{\text{第 } t \text{ 年预计资产未来现金流量 } NCF_t}{(1+\text{折现率 } R)^t} \right]$$

【例 3-3】XYZ 航运公司于 2×17 年年末对一艘远洋运输船舶进行减值测试。该船舶账面价值为 1.6 亿元，预计尚可使用年限为 8 年。

该船舶的公允价值减去处置费用后的净额难以确定，因此，公司需要通过计算其未来现金流量的现值确定资产的可收回金额。假定公司当初购置该船舶用的资金是银行长期借款资金,借款年利率为15%,公司认为15%是该资产的最低必要报酬率,已考虑了与该资产有关的货币时间价值和特定风险。因此,在计算其未来现金流量现值时,使用15%作为其折现率(税前)。

公司管理层批准的财务预算显示:公司将于2×22年更新船舶的发动机系统,预计为此发生资本性支出1 500万元,这一支出将降低船舶运输油耗、提高使用效率等,因此,将提高资产的运营绩效。

为了计算船舶在2×17年年末未来现金流量的现值,公司首先必须预计其未来现金流量。假定公司管理层批准的2×17年年末该船舶预计未来现金流量如表3-2所示。

表3-2　　　　　　　　　　　预计未来现金流量　　　　　　　　　　　单位:万元

年份	预计未来现金流量 (不包括改良的影响金额)	预计未来现金流量 (包括改良的影响金额)
2×18	2 500	
2×19	2 460	
2×20	2 380	
2×21	2 360	
2×22	2 390	
2×23	2 470	3 290
2×24	2 500	3 280
2×25	2 510	3 300

根据《企业会计准则第8号——资产减值》的规定,在2×17年年末预计资产未来现金流量时,应当以资产当时的状况为基础,不应考虑与该资产改良有关的预计未来现金流量,因此,尽管2×22年船舶的发动机系统将进行更新以改良资产绩效,提高资产未来现金流量,但是,在2×17年年末对该资产进行减值测试时,则不应将其包括在内。即在2×17年年末计算该资产未来现金流量的现值时,应当以不包括资产改良影响金额的未来现金流量为基础加以计算,如表3-3所示。

表3-3　　　　　　　　预计未来现金流量现值的计算　　　　　　　　单位:万元

年份	预计未来现金流量 (不包括改良的影响金额)	以折现率为15%的折现系数	预计未来现金流量的现值
2×18	2 500	0.8696	2 174
2×19	2 460	0.7561	1 860

续表

年份	预计未来现金流量 （不包括改良的影响金额）	以折现率为15%的折现系数	预计未来现金流量的现值
2×20	2 380	0.6575	1 565
2×21	2 360	0.5718	1 349
2×22	2 390	0.4972	1 188
2×23	2 470	0.4323	1 068
2×24	2 500	0.3759	940
2×25	2 510	0.3269	821
合计			10 965

由于在2×17年年末船舶的账面价值（尚未确认减值损失）为16 000万元，而其可收回金额为10 965万元，账面价值高于其可收回金额，因此，应当确认减值损失，并计提相应的资产减值准备。应确认的减值损失 = 16 000 - 10 965 = 5 035（万元）。

假定在2×18~2×21年该船舶没有发生进一步减值的迹象，因而不必再进行减值测试，也无须计算其可收回金额。2×22年发生了1 500万元的资本性支出，改良了资产绩效，导致其未来现金流量增加，但由于《企业会计准则第8号——资产减值》不允许将以前期间已经确认的资产减值损失予以转回，因此，在这种情况下，也不必计算其可收回金额。

（五）外币未来现金流量及其现值的预计

随着我国企业日益融入世界经济体系和国际贸易的大幅度增加，企业使用资产所收到的未来现金流量有可能为外币，在这种情况下，企业应当按照以下顺序确定资产未来现金流量的现值：首先，应当以该资产所产生的未来现金流量的结算货币为基础预计其未来现金流量，并按照该货币适用的折现率计算资产的现值；其次，将该外币现值按照计算资产未来现金流量现值当日的即期汇率进行折算，从而折现成按照记账本位币表示的资产未来现金流量的现值；最后，在该现值基础上，比较资产公允价值减去处置费用后的净额以及资产的账面价值，以确定是否需要确认减值损失及确认多少减值损失。

第三节 资产减值损失的确认与计量

一、资产减值损失确认与计量的原则

企业在对资产进行减值测试后，如果可收回金额的计量结果表明资产的可收

回金额低于其账面价值的,应当将资产的账面价值减记至可收回金额,减记的金额确认为资产减值损失,计入当期损益,同时,计提相应的资产减值准备。这样,企业当期确认的减值损失应当反映在其利润表中,而计提的资产减值准备应当作为相关资产的备抵项目,反映于资产负债表中,从而夯实企业资产价值,避免利润虚增,如实反映企业的财务状况和经营成果。

资产减值损失确认后,减值资产的折旧或者摊销费用应当在未来期间作相应调整,以使该资产在剩余使用寿命内系统地分摊调整后的资产账面价值(扣除预计净残值)。比如,固定资产计提了减值准备后,固定资产账面价值将根据计提的减值准备相应抵减,因此,固定资产在未来计提折旧时应当以新的固定资产账面价值为基础计提每期折旧。

考虑到固定资产、无形资产、商誉等资产发生减值后,一方面,价值回升的可能性比较小,通常属于永久性减值;另一方面,从会计信息稳健性要求考虑,为了避免确认资产重估增值和人为操纵利润,资产减值损失一经确认,在以后会计期间不得转回。以前期间计提的资产减值准备,需要等到资产处置时才可转出。

二、资产减值损失的会计处理

为了正确核算企业确认的资产减值损失和计提的资产减值准备,企业应当设置"资产减值损失"科目,按照资产类别进行明细核算,反映各类资产在当期确认的资产减值损失金额;同时,应当根据不同的资产类别,分别设置"固定资产减值准备""在建工程减值准备""投资性房地产减值准备""无形资产减值准备""商誉减值准备""长期股权投资减值准备""生产性生物资产减值准备"等科目。

当企业确定资产发生了减值时,应当根据所确认的资产减值金额,借记"资产减值损失"科目,贷记"固定资产减值准备""在建工程减值准备""投资性房地产减值准备""无形资产减值准备""商誉减值准备""长期股权投资减值准备""生产性生物资产减值准备"等科目。在期末,企业应当将"资产减值损失"科目余额转入"本年利润"科目,结转后该科目应当没有余额。各资产减值准备科目累积每期计提的资产减值准备,直至相关资产被处置时才予以转出。账务处理如下:

借:资产减值损失　　　　　　　　　　　(资产减值总金额)
　　贷:固定资产减值准备　　　　　　　　(固定资产减值金额)
　　　　在建工程减值准备　　　　　　　　(在建工程减值金额)
　　　　投资性房地产减值准备　　　　　 (投资性房地产减值金额)
　　　　无形资产减值准备　　　　　　　　(无形资产减值金额)
　　　　商誉减值准备　　　　　　　　　　(商誉减值金额)
　　　　长期股权投资减值准备　　　　　 (长期股权投资减值金额)

　　　　生产性生物资产减值准备　　　　　　（生产性生物资产减值金额）

【例3-4】沿用〖例3-3〗，根据测试和计算结果，XYZ公司应确认的船舶减值损失为5 035万元，账务处理如下：

借：资产减值损失——固定资产减值损失　　　　50 350 000
　　贷：固定资产减值准备　　　　　　　　　　　　　　50 350 000

计提资产减值准备后，船舶的账面价值变为10 965万元，在该船舶剩余使用寿命内，公司应当以此为基础计提折旧。如果发生进一步减值的，再作进一步的减值测试。

需要说明的是，由于资产组、总部资产和商誉的减值确认、计量和账务处理有一定的特殊性，因此，有关特殊处理将在本章第四节中作具体说明。

【例3-5】甲公司2×16年12月购入一项固定资产，当日交付使用，原价为6 300万元，预计使用年限为10年，预计净残值为300万元。采用直线法计提折旧。2×20年年末，甲公司对该项固定资产进行的减值测试表明，其可收回金额为3 300万元。2×21年度该项固定资产应计提的折旧额为（　　　）万元。

A. 630　　　　　B. 600　　　　　C. 550　　　　　D. 500

【答案】D

[解析] 2×20年年末该项固定资产的账面价值 = 6 300 - (6 300 - 300) ÷ 10 × 4 = 3 900（万元），该项固定资产的可收回金额为3 300万元 < 固定资产的账面价值3 900万元，2×16年年末该项固定资产应计提的固定资产减值准备 = 3 900 - 3 300 = 600（万元），计提固定资产减值准备后固定资产的账面价值为3 300万元，2×21年度该项固定资产应计提的折旧额 = (3 300 - 300) ÷ 6 = 500（万元）。

第四节　资产组的认定及减值处理

一、资产组的认定

（一）资产组的定义

根据《企业会计准则第8号——资产减值》的规定，如果有迹象表明一项资产可能发生减值的，企业应当以单项资产为基础估计其可收回金额。但是，在企业难以对单项资产的可收回金额进行估计的情况下，应当以该资产所属的资产组为基础确定资产组的可收回金额。因此，资产组的认定就显得十分重要。资产组，是指企业可以认定的最小资产组合，其产生的现金流入应当基本上独立于其他资产或者资产组。资产组应当由创造现金流入相关的资产组成。

（二）认定资产组应当考虑的因素

1. 资产组的认定，应当以资产组产生的主要现金流入是否独立于其他资产或者资产组的现金流入为依据。因此，资产组能否独立产生现金流入是认定资产组的最关键因素。比如，企业的某一生产线、营业网点、业务部门等，如果能够独立于其他部门或者单位等创造收入、产生现金流，或者其创造的收入和现金流入绝大部分独立于其他部门或者单位的，并且属于可认定的最小的资产组合，通常应将该生产线、营业网点、业务部门等认定为一个资产组。

【例3-6】某矿业公司拥有一个煤矿，与煤矿的生产和运输相配套，建有一条专用铁路。该铁路除非报废出售，其在持续使用中难以脱离煤矿相关的其他资产而产生单独的现金流入，因此，企业难以对专用铁路的可收回金额进行单独估计，专用铁路和煤矿其他相关资产必须结合在一起，成为一个资产组，以估计该资产组的可收回金额。

在资产组的认定中，企业几项资产的组合生产的产品（或者其他产出）存在活跃市场的，无论这些产品（或者其他产出）是用于对外出售还是仅供企业内部使用，均表明这几项资产的组合能够独立创造现金流入，在符合其他相关条件的情况下，应当将这些资产的组合认定为资产组。

【例3-7】甲企业生产某单一产品，并且只拥有A、B、C三家工厂。三家工厂分别位于三个不同的国家，而三个国家又位于三个不同的洲。工厂A生产一种组件，由工厂B或者C进行组装，最终产品由B或者C销往世界各地。比如工厂B的产品可以在本地销售，也可以在C所在洲销售（如果将产品从B运到C所在洲更加方便的话）。

B和C的生产能力合在一起尚有剩余，并没有被完全利用。B和C生产能力的利用程度依赖于甲企业对于销售产品在两地之间的分配。以下分别认定与A、B、C有关的资产组。

假定A生产的产品（即组件）存在活跃市场，则A很可能可以认定为一个单独的资产组，原因是它生产的产品尽管主要用于B或者C，但是，由于该产品存在活跃市场，可以带来独立的现金流量，因此，通常应当认定为一个单独的资产组。在确定其未来现金流量的现值时，甲企业应当调整其财务预算或预测，将未来现金流量的预计建立在公平交易的前提下，A所生产产品的未来价格的最佳估计数，而不是其内部转移价格。

对于B和C而言，即使B和C组装的产品存在活跃市场，由于B和C的现金流入依赖于产品在两地之间的分配，B和C的未来现金流入不可能单独地确定。因此，B和C组合在一起是可以认定的、可产生基本上独立于其他资产或者资产组的现金流入的资产组合。B和C应当认定为一个资产组。在确定该资产组未来现金流量的现值时，甲企业也应当调整其财务预算或预测，将未来现金流量的预计建立在公平交易的前提下，从A所购入产品的未来价格的最佳估计数，而不是其内部转移价格。

【例3-8】沿用〖例3-7〗，假定A生产的产品不存在活跃市场。在这种情况下，由于A生产的产品不存在活跃市场，它的现金流入依赖于B或者C生产的最终产品的销售，因此，A很可能难以单独产生现金流入，其可收回金额很可能难以单独估计。

对于B和C而言，其生产的产品虽然存在活跃市场，但是，B和C的现金流入依赖于产品在两个工厂之间的分配，B和C在产能与销售上的管理是统一的，因此，B和C难以单独产生现金流量，也难以单独估计其可收回金额。

因此，只有A、B、C三个工厂组合在一起（即将甲企业作为一个整体）才很可能是一个可以认定的、能够基本上独立产生现金流入的最小的资产组合，从而将A、B、C的组合认定为一个资产组。

2. 资产组的认定，应当考虑企业管理层对生产经营活动的管理或者监控方式（比如是按照生产线、业务种类还是按照地区或者区域等）和对资产的持续使用或者处置的决策方式等。比如，企业各生产线都是独立生产、管理和监控的，那么，各生产线很可能应当认定为单独的资产组；如果某些机器设备是相互关联、相互依存的，其使用和处置是一体化决策的，那么，这些机器设备很可能应当认定为一个资产组。

【例3-9】ABC服装企业有童装、西装、衬衫三个工厂，每个工厂在生产、销售、核算、考核和管理等方面都相对独立，在这种情况下，每个工厂通常应当认定为一个资产组。

【例3-10】M家具制造有限公司有A和B两个生产车间，A车间专门生产家具部件，生产完后由B车间负责组装并对外销售，该企业对A车间和B车间资产的使用、处置等决策是一体的，在这种情况下，A车间和B车间通常应当认定为一个资产组。

（三）资产组认定后不得随意变更

资产组一经确定后，在各个会计期间应当保持一致，不得随意变更。即资产组的各项资产构成通常不能随意变更。比如，甲设备在2×16年归属于A资产组，在无特殊情况下，该设备在2×17年仍然应当归属于A资产组，而不能随意将其变更至其他资产组。

但是，如果由于企业重组、变更资产用途等原因导致资产组构成确需变更的，企业可以进行变更，但企业管理层应当证明该变更是合理的，并应当在附注中作相应说明。

二、资产组减值测试

资产组减值测试的原理与单项资产是一致的，即企业需要预计资产组的可收回金额和计算资产组的账面价值，并将两者进行比较，如果资产组的可收回金额低于其账面价值，表明资产组发生了减值损失，应当予以确认。

（一）资产组账面价值和可收回金额的确定基础

资产组账面价值的确定基础应当与其可收回金额的确定方式相一致，因为这样的比较才有意义，否则，如果两者在不同的基础上进行估计和比较，就难以正确估算资产组的减值损失。资产组的可收回金额在确定时，应当按照该资产组的公允价值减去处置费用后的净额与其预计未来现金流量的现值两者之间较高者确定。

资产组的账面价值则应当包括可直接归属于资产组并可以合理和一致地分摊至资产组的资产账面价值，通常不应当包括已确认负债的账面价值，但如不考虑该负债金额就无法确定资产组可收回金额的除外。这是因为，在预计资产组的可收回金额时，既不包括与该资产组的资产无关的现金流量，也不包括与已在财务报表中确认的同负债有关的现金流量。因此，为了与资产组可收回金额的确定基础相一致，资产组的账面价值也不应当包括这些项目。

资产组在处置时如要求购买者承担一项负债（如环境恢复负债等），该负债金额已经确认并记入相关资产账面价值，而且企业只能取得包括上述资产和负债在内的单一公允价值减去处置费用后的净额的，为了比较资产组的账面价值和可收回金额，在确定资产组的账面价值及其预计未来现金流量的现值时，应当将已确认的负债金额从中扣除。

【例 3-11】MN 公司在某山区经营一座有色金属矿山。根据规定，MN 公司在矿山完成开采后应当将该地区恢复原貌。恢复费用主要为山体表层复原费用（比如恢复植被等），因为山体表层必须在矿山开发前挖走。因此，企业在山体表层挖走后，就应当确认一项预计负债，并计入矿山成本，假定其金额为 500 万元。

2×21 年 12 月 31 日，随着开采进展，公司发现矿山中的有色金属储量远低于预期，因此，公司对该矿山进行了减值测试。考虑到矿山的现金流量状况，整座矿山被认定为一个资产组。该资产组在 2×21 年年末的账面价值为 1 000 万元（包括确认的恢复山体原貌的预计负债）。矿山（资产组）如于 2×21 年 12 月 31 日对外出售，买方愿意出价 820 万元（包括恢复山体原貌成本，即已经扣减这一成本因素），预计处置费用为 20 万元，因此，该矿山的公允价值减去处置费用后的净额为 800 万元。矿山的预计未来现金流量的现值为 1 200 万元，不包括恢复费用。

根据上述资料，为了比较资产组的账面价值和可收回金额，在确定资产组的账面价值及其预计未来现金流量的现值时，应当将已确认的负债金额从中扣除。

在本例中，资产组的公允价值减去处置费用后的净额为 800 万元，该金额已经考虑了恢复费用。该资产组预计未来现金流量的现值在考虑恢复费用后为 700 万元（1 200 - 500）。因此，该资产组的可收回金额为 800 万元。该资产组的账面价值在扣除了已确认的恢复原貌预计负债后的金额为 500 万元（1 000 -

500)。这样，该资产组的可收回金额大于其账面价值，所以该资产组没有发生减值，不必确认减值损失。

（二）资产组减值的会计处理

根据减值测试的结果，资产组（包括资产组组合，在后述有关总部资产或者商誉的减值测试时涉及）的可收回金额如低于其账面价值，应当确认相应的减值损失。减值损失金额应当按照以下顺序进行分摊：

首先，抵减分摊至资产组中商誉的账面价值；

其次，根据资产组中除商誉之外的其他各项资产的账面价值所占比重，按比例抵减其他各项资产的账面价值。

以上资产账面价值的抵减，应当作为各单项资产（包括商誉）的减值损失处理，计入当期损益。抵减后的各资产的账面价值不得低于以下三者之中最高者：该资产的公允价值减去处置费用后的净额（如可确定的）、该资产预计未来现金流量的现值（如可确定的）和零。因此而导致的未能分摊的减值损失金额，应当按照相关资产组中其他各项资产的账面价值所占比重进行分摊。

【例3-12】XYZ公司有一条甲生产线，该生产线生产光学器材，由A、B、C三部机器构成，成本分别为400 000元、600 000元、1 000 000元。使用年限为10年，净残值为0，以年限平均法计提折旧。各机器均无法单独产生现金流量，但整条生产线构成完整的产销单位，属于一个资产组。2×21年甲生产线所生产的光学产品有替代产品上市，到年底，导致公司光学产品的销路锐减40%，因此，对甲生产线进行减值测试。

2×21年12月31日，A、B、C三部机器的账面价值分别为200 000元、300 000元、500 000元。估计机器A的公允价值减去处置费用后的净额为150 000元，机器B、C都无法合理估计其公允价值减去处置费用后的净额以及未来现金流量的现值。

整条生产线预计尚可使用5年。经估计其未来5年的现金流量及其恰当的折现率后，得到该生产线预计未来现金流量的现值为600 000元。由于公司无法合理估计生产线的公允价值减去处置费用后的净额，公司以该生产线预计未来现金流量的现值作为其可收回金额。

鉴于在2×21年12月31日该生产线的账面价值为1 000 000元，而其可收回金额为600 000元，生产线的账面价值高于其可收回金额，因此，该生产线已经发生了减值，所以公司应当确认减值损失400 000元，并将该减值损失分摊到构成生产线的三部机器中。由于机器A的公允价值减去处置费用后的净额为150 000元，因此，机器A分摊了减值损失后的账面价值不应低于150 000元。具体分摊过程如表3-4所示。

表3-4　　　　　　　　　　　资产组减值损失分摊

项目	机器A	机器B	机器C	整个生产线（资产组）
账面价值（元）	200 000	300 000	500 000	1 000 000
可收回金额（元）				600 000
减值损失（元）				400 000
减值损失分摊比例（%）	20	30	50	
分摊减值损失（元）	50 000	120 000	200 000	370 000
分摊后账面价值（元）	150 000	180 000	300 000	
尚未分摊的减值损失（元）				30 000
二次分摊比例（%）		37.50	62.50	
二次分摊减值损失（元）		11 250	18 750	30 000
二次分摊后应确认减值损失总额（元）		131 250	218 750	
二次分摊后账面价值（元）	150 000	168 750	281 250	600 000

注：按照分摊比例，机器A应当分摊减值损失80 000元（400 000×20%），但由于机器A的公允价值减去处置费用后的净额为150 000元，因此，机器A最多只能确认减值损失50 000元（200 000－150 000），未能分摊的减值损失30 000元（80 000－50 000）应当在机器B和机器C之间进行再分摊。

根据上述计算和分摊结果，构成甲生产线的机器A、机器B和机器C应当分别确认减值损失50 000元、131 250元和218 750元，账务处理如下：

　　借：资产减值损失——机器A　　　　　　　　　　50 000
　　　　　　　　　　——机器B　　　　　　　　　　131 250
　　　　　　　　　　——机器C　　　　　　　　　　218 750
　　　　贷：固定资产减值准备——机器A　　　　　　50 000
　　　　　　　　　　　　　　——机器B　　　　　　131 250
　　　　　　　　　　　　　　——机器C　　　　　　218 750

三、总部资产的减值测试

企业总部资产包括企业集团或其事业部的办公楼、电子数据处理设备、研发中心等资产。总部资产的显著特征是，难以脱离其他资产或者资产组产生独立的现金流入，而且其账面价值难以完全归属于某一资产组。因此，总部资产通常难以单独进行减值测试，需要结合其他相关资产组或者资产组组合进行。资产组组合，是指由若干个资产组组成的最小资产组组合，包括资产组或者资产组组合，以及按合理方法分摊的总部资产部分。

在资产负债表日，如果有迹象表明某项总部资产可能发生减值的，企业应当计算确定该总部资产所归属的资产组或者资产组组合的可收回金额，然后将其与相应的账面价值进行比较，据以判断是否需要确认减值损失。

基于此，企业对某一资产组进行减值测试时，应当先认定所有与该资产组相关的总部资产，再根据相关总部资产能否按照合理和一致的基础分摊至该资产组分别下列情况处理。

1. 对于相关总部资产能够按照合理和一致的基础分摊至该资产组的部分，应当将该部分总部资产的账面价值分摊至该资产组，再据以比较该资产组的账面价值（包括已分摊的总部资产的账面价值部分）和可收回金额，并按照前述有关资产组减值测试的顺序和方法处理。

2. 对于相关总部资产中有部分资产难以按照合理和一致的基础分摊至该资产组的，应当按照下列步骤处理：

首先，在不考虑相关总部资产的情况下，估计和比较资产组的账面价值和可收回金额，并按照前述有关资产组减值测试的顺序和方法处理。

其次，认定由若干个资产组组成的最小的资产组组合，该资产组组合应当包括所测试的资产组与可以按照合理和一致的基础将该部分总部资产的账面价值分摊其上的部分。

最后，比较所认定的资产组组合的账面价值（包括已分摊的总部资产的账面价值部分）和可收回金额，并按照前述有关资产组减值测试的顺序和方法处理。

【例 3-13】ABC 高科技企业拥有 A、B 和 C 三个资产组，2×21 年年末，这三个资产组的账面价值分别为 200 万元、300 万元和 400 万元，没有商誉。这三个资产组为三条生产线，预计剩余使用寿命分别为 10 年、20 年和 20 年，采用直线法计提折旧。由于 ABC 公司的竞争对手通过技术创新推出了更高技术含量的产品，并且受到市场欢迎，从而对 ABC 公司产品产生了重大不利影响，为此，ABC 公司于 2×21 年年末对各资产组进行了减值测试。

在对资产组进行减值测试时，首先应当认定与其相关的总部资产。ABC 公司的经营管理活动由总部负责，总部资产包括一栋办公大楼和一个研发中心，其中，办公大楼的账面价值为 300 万元，研发中心的账面价值为 100 万元。办公大楼的账面价值可以在合理和一致的基础上分摊至各相关资产组。对于办公大楼的账面价值，企业根据各资产组的账面价值和剩余使用寿命加权平均计算的账面价值分摊比例进行分摊，如表 3-5 所示。

表 3-5　　　　　　　　　　　各资产组账面价值

项目	资产组 A	资产组 B	资产组 C	合计
各资产组账面价值（万元）	200	300	400	900
各资产组剩余使用寿命（年）	10	20	20	
按使用寿命计算的权重	1	2	2	
加权计算后的账面价值（万元）	200	600	800	1 600
办公大楼分摊比例（各资产组加权计算后的账面价值/各资产组加权平均计算后的账面价值合计）（%）	12.5	37.5	50	100
办公大楼账面价值分摊到各资产组的金额（万元）	37.5	112.5	150	300
包括分摊的办公大楼账面价值部分的各资产组账面价值（万元）	237.5	412.5	550	1 200

企业随后应当确定各资产组的可收回金额,并将其与账面价值(包括已分摊的办公大楼的账面价值部分)相比较,以确定相应的减值损失。考虑到研发中心的账面价值难以按照合理和一致的基础分摊至资产组,因此,确定由 A、B、C 三个资产组组成最小资产组组合(即为 ABC 整个企业),通过计算该资产组组合的可收回金额,并将其与账面价值(包括已分摊的办公大楼账面价值和研发中心的账面价值)相比较,以确定相应的减值损失。假定各资产组和资产组组合的公允价值减去处置费用后的净额难以确定,企业根据它们的预计未来现金流量的现值来计算其可收回金额,计算现值所用的折现率为 15%,计算过程如表 3-6 所示。

表 3-6　　　　　　　　　　　现值计算过程　　　　　　　　　　单位:万元

年数	资产组 A		资产组 B		资产组 C		包括研发中心在内的最小资产组组合(ABC 企业)	
	未来现金流量	现值	未来现金流量	现值	未来现金流量	现值	未来现金流量	现值
第1年	36	32	18	15	20	18	78	68
第2年	62	46	32	24	40	30	144	108
第3年	74	48	48	32	68	44	210	138
第4年	84	48	58	34	88	50	256	146
第5年	94	48	64	32	102	50	286	142
第6年	104	44	66	28	112	48	310	134
第7年	110	42	68	25	120	44	324	122
第8年	110	36	70	22	126	42	332	108
第9年	106	30	70	20	130	36	334	96
第10年	96	24	70	18	132	32	338	84
第11年			72	16	132	28	264	56
第12年			70	14	132	24	262	50
第13年			70	12	132	22	262	42
第14年			66	10	130	18	256	36
第15年			60	8	124	16	244	30
第16年			52	6	120	12	230	24
第17年			44	4	114	10	216	20
第18年			36	2	102	8	194	16
第19年			28	2	86	6	170	12
第20年			20	2	70	4	142	8
现值合计		398		328		542		1 440

根据上述资料，资产组 A、B、C 的可收回金额分别为 398 万元、328 万元和 542 万元，相应的账面价值（包括分摊的办公大楼账面价值）分别为 237.5 万元、412.5 万元和 550 万元，资产组 B 和 C 的可收回金额均低于其账面价值，应当分别确认 84.5 万元和 8 万元减值损失，并将该减值损失在办公大楼和资产组之间进行分摊。根据分摊结果，因资产组 B 发生减值损失 84.5 万元而导致办公大楼减值 23.05 万元（84.5×112.5/412.5），导致资产组 B 中所包括资产发生减值 61.45 万元（84.5×300/412.5）；因资产组 C 发生减值损失 8 万元而导致办公大楼减值 2 万元（8×150/550），导致资产组 C 中所包括资产发生减值 6 万元（8×400/550）。

经过上述减值测试后，资产组 A、B、C 和办公大楼的账面价值分别为 200 万元、238.55 万元、394 万元和 274.95 万元，研发中心的账面价值仍为 100 万元，由此包括研发中心在内的最小资产组组合（即 ABC 企业）的账面价值总额为 1 207.50 万元（200+238.55+394+274.95+100），但其可收回金额为 1 440 万元，高于其账面价值，因此，ABC 企业不必再进一步确认减值损失（包括研发中心的减值损失）。

练 习 题

一、单项选择题

1. 下列各项资产减值准备中，在相应资产的持有期间内可以转回的是（　　）。
    A. 固定资产减值准备　　　　　　B. 债权投资减值准备
    C. 商誉减值准备　　　　　　　　D. 长期股权投资减值准备
2. 在判断下列资产是否存在可能发生减值的迹象时，不能单独进行减值测试的是（　　）。
    A. 长期股权投资　　　　　　　　B. 专利技术
    C. 商誉　　　　　　　　　　　　D. 金融资产
3. 丙公司为上市公司，2×17 年 1 月 1 日，丙公司以银行存款 6 000 万元购入一项无形资产。2×18 年和 2×19 年年末，丙公司预计该项无形资产的可收回金额分别为 4 000 万元和 3 556 万元。该项无形资产的预计使用年限为 10 年，按月摊销。丙公司于每年年末对无形资产计提减值准备；计提减值准备后，原预计使用年限不变。假定不考虑其他因素，丙公司该项无形资产于 2×20 年 7 月 1 日的账面价值为（　　）万元。
    A. 4 050　　　　B. 3 250　　　　C. 3 302　　　　D. 4 046
4. 2×17 年 6 月 10 日，某上市公司购入一台不需要安装的生产设备，支付价款和相关税费总计 100 万元，购入后即达到预定可使用状态。该设备的预计使用寿命为 10 年，预计净残值为 8 万元，按照年限平均法提折旧。2×18 年 12 月因出现减值迹象，对该设备进行减值测试，预计该设备的公允价值为 55 万元，处置费用为 13 万元；如果继续使用，预计未来使用及处置产生的现金流量现值为 35 万元。假定原预计使用寿命、预计净残值不变。2×19 年该生产设备应计提的折旧为（　　）万元。
    A. 4　　　　　　B. 4.25　　　　C. 4.375　　　　D. 9.2
5. 假定某资产因受市场行情等因素的影响，预计未来三年可能实现的现金流量分别是 120 万元、95 万元、65 万元，其发生的概率分别是 60%、30%、10%。则第 3 年的预计现金流量是（　　）万元。

　　A. 107　　　　B. 93.33　　　　C. 120　　　　D. 65

6. 关于资产组，下列说法中正确的是（　　）。

　　A. 指企业可以认定的最小资产组合，其产生的现金流入应当基本上独立于其他资产或者资产组产生的现金流入

　　B. 指企业同类资产的组合

　　C. 指企业不同类资产的组合

　　D. 指企业可以认定的资产组合，其产生的利润应当基本上独立于其他资产或者资产组产生的利润

7. 2×17年1月1日，甲公司以银行存款555万元购入一项无形资产，其预计使用年限为5年，采用直线法按月摊销。2×17年和2×18年年末，甲公司预计该无形资产的可收回金额分别为400万元和320万元。假定该公司于每年年末对无形资产计提减值准备，计提减值准备后，原预计的使用年限保持不变。不考虑其他因素，2×19年6月30日该无形资产的账面余额为（　　）万元，该无形资产的账面价值为（　　）万元。

　　A. 555，405　　B. 555，250　　C. 405，350　　D. 405，388.5

8. 计提资产减值准备时，借记的科目是（　　）。

　　A. 营业外支出　　B. 资产减值损失　　C. 投资收益　　D. 管理费用

9. 关于确定可收回金额的表述中，下列说法中正确的是（　　）。

　　A. 可收回金额应当根据资产的公允价值减去处置费用后的净额与资产预计未来现金流量的现值两者之间较低者确定

　　B. 可收回金额应当根据资产的公允价值减去处置费用后的净额确定

　　C. 可收回金额应当根据资产的预计未来现金流量的现值确定

　　D. 可收回金额应当根据资产的公允价值减去处置费用后的净额与资产预计未来现金流量的现值两者之间较高者确定

10. 资产减值是指资产的（　　）低于其账面价值的情况。

　　A. 可变现净值　　　　　　B. 可收回金额

　　C. 预计未来现金流量现值　　D. 公允价值

11. 2×17年12月31日，乙公司预计某生产线在未来4年内每年产生的现金流量净额分别为200万元、300万元、400万元、600万元，2×22年产生的现金流量净额以及该生产线使用寿命结束时处置形成的现金流量净额合计为400万元。假定按照5%的折现率和相应期间的时间价值系数计算该生产线未来现金流量的现值。该生产线的公允价值减去处置费用后的净额为1 500万元。已知部分时间价值系数如下表所示。

项目	第1年	第2年	第3年	第4年	第5年
5%的复利现值系数	0.9524	0.9070	0.8638	0.8227	0.7835

该生产线2×17年12月31日的可收回金额为（　　）万元。

　　A. 1 615.12　　B. 1 301.72　　C. 1 500　　D. 115.12

12. 某企业2×17年6月28日自行建造的一条生产线投入使用，该生产线建造成本为370万元，预计使用年限为5年，预计净残值为10万元，采用年数总和法计提折旧。2×17年12月31日该生产线的可收回金额为300万元，则2×17年该生产线应计提的减值准备为

(　　)万元。

  A. 50   B. 70   C. 10   D. 80

13. 总部资产的特征是（　　）。

  A. 不能产生现金流入，但其账面价值可以归属于某一资产

  B. 可以独立产生现金流入

  C. 难以脱离其他资产或者资产组来产生独立的现金流入，而且其账面价值难以完全归属于某一资产组

  D. 可以脱离其他资产产生现金流入

14. 甲公司2×17年年末对一项专利权的账面价值进行检测时，发现市场上已存在类似专利技术所生产的产品，对甲公司产品的销售造成重大不利影响。2×17年年末该专利权的账面净值为3 000万元，剩余摊销年限为5年。2×17年年末如果甲公司将该专利权予以出售，则在扣除发生的律师费和其他相关税费后可以获得2 000万元。但是，如果甲公司打算继续利用该专利权进行产品生产，则在未来5年内预计可以获得的未来现金流量的现值为1 500万元，到期处置收益的现金流量为0，则该专利权在2×17年年末应计提的无形资产减值准备为（　　）万元。

  A. 1 000   B. 1 500   C. 2 000   D. 0

15. 甲公司拥有B公司30%的股份，采用权益法核算。2×17年年初该长期股权投资账面余额为110万元，2×17年B公司盈利50万元。其他相关资料如下：根据测算，该长期股权投资市场公允价值为120万元，处置费用为20万元，预计未来现金流量现值为110万元。则2×17年年末甲公司对该长期股权投资计提的减值准备是（　　）万元。

  A. 0   B. 2   C. 15   D. 18

二、多项选择题

1. 下列资产中属于《企业会计准则第8号——资产减值》中所包括的资产的有（　　）。

  A. 对联营企业的长期股权投资

  B. 商誉

  C. 采用公允价值模式进行后续计量的投资性房地产

  D. 存货

2. 下列情况中有可能导致资产发生减值迹象的有（　　）。

  A. 资产市价的下跌幅度明显高于因时间的推移或者正常使用而预计的下跌

  B. 如果企业经营所处的经济、技术或者法律等环境以及资产所处的市场在当期或者将在近期发生重大变化，从而对企业产生不利影响

  C. 如果有证据表明资产已经陈旧过时或者其实体已经损坏

  D. 资产所创造的净现金流量或者实现的营业利润远远低于原来的预算或者预计金额

3. 下列资产减值事项中，不适用《企业会计准则第8号——资产减值》进行会计处理的有（　　）。

  A. 递延所得税资产的减值

  B. 融资租赁中出租人未担保余值的减值

  C. 建造合同形成的资产的减值

  D. 长期股权投资采用权益法核算发生的减值

4. 下列各项中，可能对固定资产账面价值进行调整的有（　　）。

  A. 对固定资产进行大修理   B. 对固定资产进行改扩建

  C. 对经营租赁租入固定资产进行改良 D. 计提固定资产减值准备

5. 关于《企业会计准则第8号——资产减值》中规范的资产减值损失的确定,下列说法中正确的有( )。
   A. 可收回金额的计量结果表明,资产的可收回金额低于其账面价值的,应当将资产的账面价值减记至可收回金额,减记的金额确认为资产减值损失,计入当期损益,同时计提相应的资产减值准备
   B. 资产减值损失确认后,减值资产的折旧或者摊销费用应当在未来期间作相应调整,以使该资产在剩余使用寿命内系统地分摊调整后的资产账面价值(扣除预计净残值)
   C. 资产减值损失一经确认,在以后会计期间不得转回
   D. 确认的资产减值损失,在以后会计期间可以转回

6. 对某一资产组减值损失的金额需要( )。
   A. 抵减分摊至该资产组中商誉的账面价值
   B. 根据该资产组中的商誉以及其他各项资产所占比重,直接进行分摊
   C. 在企业所有资产中进行分摊
   D. 根据该资产组中除商誉之外的其他各项资产的账面价值所占比重,按照比例抵减其他各项资产的账面价值

7. 预计的资产未来现金流量应当包括的项目有( )。
   A. 资产持续使用过程中预计产生的现金流入
   B. 为实现资产持续使用过程中产生的现金流入所必需的预计现金流出
   C. 资产使用寿命结束时,处置资产所收到的现金流量
   D. 资产使用寿命结束时,处置资产所支付的现金流量

8. 在估计资产可收回金额时应当遵循重要性原则,下列说法中正确的有( )。
   A. 以前报告期间的计算结果表明,资产可收回金额显著高于其账面价值,之后又没有消除这一差异的交易或者事项,资产负债表日可以不重新估计该资产的可收回金额
   B. 以前报告期间的计算与分析表明,资产可收回金额相对于某种减值迹象反应不敏感,在本报告期间又发生了该减值迹象的,可以不因该减值迹象的出现而重新估计该资产的可收回金额
   C. 以前报告期间的计算结果表明,资产可收回金额显著高于其账面价值,之后又没有消除这一差异的交易或者事项,资产负债表日也应重新估计该资产的可收回金额
   D. 以前报告期间的计算结果表明,资产可收回金额高于其账面价值,之后又有消除这一差异的交易或者事项,资产负债表日可以不重新估计该资产的可收回金额

9. 下列各项中,属于固定资产减值测试时预计其未来现金流量不应考虑的因素有( )。
   A. 与所得税收付有关的现金流量
   B. 筹资活动产生的现金流入或者流出
   C. 与预计固定资产改良有关的未来现金流量
   D. 与尚未做出承诺的重组事项有关的预计未来现金流量

10. 企业在计提了固定资产减值准备后,下列会计处理中正确的有( )。
    A. 固定资产预计使用寿命变更的,应当改变固定资产折旧年限
    B. 固定资产所含经济利益预期实现方式变更的,应当改变固定资产折旧方法
    C. 固定资产预计净残值变更的,应当改变固定资产的折旧方法
    D. 以后期间如果该固定资产的减值因素消失,那么,可以按照不超过原来计提减值准备的金额予以转回

三、判断题

1. 折现率是反映当前市场货币时间价值和资产特定风险的税前利率。该折现率是企业在购置或者投资资产时所要求的必要报酬率。（ ）
2. 固定资产减值准备在其持有期间是可以在计提的减值准备的范围内转回的。（ ）
3. 有迹象表明一项资产可能发生减值的，企业应当以单项资产为基础估计其可收回金额。企业难以对单项资产的可收回金额进行估计的，应当以该资产所属的资产组为基础确定资产组的可收回金额。（ ）
4. 资产组确定后，在以后的会计期间也可以根据具体情况变更。（ ）
5. 根据谨慎性原则，可收回金额应当根据资产的公允价值减去处置费用后的净额与资产预计未来现金流量的现值两者之间较低者确定。（ ）
6. 《企业会计准则第8号——资产减值》中所涉及的资产是指企业所有的资产。（ ）
7. 资产的公允价值减去处置费用后的净额，应当根据公平交易中销售协议价格减去可直接归属于该资产处置费用的金额确定。（ ）
8. 预计资产的未来现金流量，应当以资产的当前状况为基础，不应包括与将来可能会发生的、尚未做出承诺的重组事项或者与资产改良有关的预计未来现金流量。（ ）
9. 资产的公允价值减去处置费用后的净额与资产预计未来现金流量的现值，只要有一项超过了资产的账面价值，就表明资产没有发生减值，无须再估计另一项金额。（ ）
10. 资产组的认定应当以资产组产生的主要现金流入是否独立于其他资产或者资产组的现金流入为依据。（ ）

四、计算及账务处理题

1. 甲股份有限公司2×17～2×23年无形资产业务有关资料如下：

（1）2×17年12月1日，以银行存款600万元购入一项无形资产（不考虑相关税费），该无形资产的预计使用年限为10年。

（2）2×21年12月31日，该无形资产的预计未来现金流量现值为248.5万元，公允价值减去处置费用后的净额为240万元。该无形资产发生减值后，原预计使用年限不变。

（3）2×22年12月31日，该无形资产的预计未来现金流量现值为220万元，公允价值减去处置费用后的净额为210万元。调整该无形资产减值准备后，原预计使用年限不变。

（4）2×23年5月1日，将该无形资产对外出售，取得价款200万元并收存银行（不考虑相关税费）。

要求：

（1）编制购入该无形资产的会计分录。
（2）计算2×21年12月31日该无形资产的账面净值。
（3）编制2×21年12月31日该无形资产计提减值准备的会计分录。
（4）计算2×22年12月31日该无形资产的账面净值。
（5）编制2×22年12月31日调整该无形资产减值准备的会计分录。
（6）计算2×23年4月30日该无形资产的账面净值。
（7）计算该无形资产出售形成的净损益。
（8）编制该无形资产出售的会计分录（假定无形资产账面净值＝无形资产原值－累计摊销）。

2. 某企业于2×21年9月5日对一生产线进行改扩建，改扩建前该固定资产的原价为2 000万元，已提折旧400万元，已提减值准备200万元。

在改扩建过程中，领用工程物资300万元，领用生产用原材料100万元，原材料的进项税额为17万元。发生改扩建人员工资150万元,用银行存款支付其他费用33万元。该固定资产于2×21年12月20日达到预定可使用状态。该企业对改扩建后的固定资产采用年限平均法计提折旧,预计尚可使用年限为10年,预计净残值为100万元。

2×22年12月31日,该固定资产的公允价值减去处置费用后的净额为1 602万元,预计未来现金流量现值为1 693万元。

2×23年12月31日,该固定资产的公允价值减去处置费用后的净额为1 580万元,预计未来现金流量现值为1 600万元。

假定固定资产计提减值准备不影响固定资产的预计使用年限和预计净残值。

要求:

(1) 编制上述与固定资产改扩建有关业务的会计分录,计算改扩建后固定资产的入账价值。

(2) 计算改扩建后2×22年固定资产计提的折旧额并编制固定资产计提折旧的会计分录。

(3) 计算该固定资产2×22年12月31日应计提的减值准备并编制相关会计分录。

(4) 计算该固定资产2×23年计提的折旧额并编制固定资产计提折旧的会计分录。

(5) 计算该固定资产2×23年12月31日应计提的减值准备并编制相关会计分录。

(6) 计算该固定资产2×24年计提的折旧额并编制固定资产计提折旧的会计分录。

第四章 或有事项

> **学习指南**
>
> 本章是关于或有事项的会计处理介绍。或有事项,是指过去的交易或者事项形成的、其结果须由某些未来事项的发生或不发生才能决定的不确定事项。本章的主要内容包括:一是或有事项的概念和特征;二是或有负债和或有资产的概念;三是或有事项的确认和计量,主要是预计负债的确认和计量;四是或有事项会计的具体应用,包括未决诉讼或未决仲裁、债务担保、产品质量保证、亏损合同和重组义务的会计处理;五是或有事项的列报。通过本章的学习,要求熟悉或有事项、或有负债和或有资产的概念及确认条件;掌握预计负债的确认、计量及会计处理;掌握未决诉讼或未决仲裁、债务担保、产品质量保证、亏损合同和重组形成的或有事项的会计处理。

第一节 或有事项概述

企业在经营活动中发生的所有会计事项,按照其最终结果的确定程度可以划分为确定事项和不确定事项两类。不确定事项根据该事项的不确定程度可以分为:低度不确定的事项,如固定资产计提折旧时涉及的预计使用年限、预计净残值等;高度不确定的事项,如未来可能发生的自然灾害等;中度不确定的事项,介于低度与高度之间,即为或有事项。或有事项又可分成三种状态:或有资产、或有负债、预计负债。

一、或有事项的概念和特征

(一) 或有事项的概念

企业在经营活动中有时会面临一些具有较大不确定性的经济事项,这些不确定事项对企业的财务状况和经营成果可能会产生较大的影响,其最终结果须由某些未来事项的发生或不发生加以决定。比如,企业售出一批商品并对商品提供售后担保,承诺在商品发生质量问题时由企业无偿提供修理服务。销售商品并提供售后担保是企业过去发生的交易,由此形成的未来修理服务构成一项不确定事项，修理服务的费用是否会发生以及发生金额是多少将取决于未来是否发生修理请求以及修理工作量、费用等的大小。按照权责发生制会计基础，企业不能等到客户提出修理请求时才确认因提供担保而发生的义务，而应当在资产负债表日对这一不确定事项做出判断，以决定是否在当期确认承担的修理义务。这种不确定事项在会计上被称为或有事项。

或有事项，是指过去的交易或者事项形成的、其结果须由某些未来事项的发生或不发生才能决定的不确定事项。常见的或有事项包括：未决诉讼或未决仲裁、债务担保、产品质量保证（含产品安全保证）、亏损合同、重组义务、承诺、环境污染整治等。

（二）或有事项的特征

1. 或有事项是因过去的交易或者事项形成的。或有事项作为一种不确定事项，是因企业过去的交易或者事项形成的。因过去的交易或者事项形成，是指或有事项的现存状况是过去交易或者事项引起的客观存在。例如，未决诉讼是企业因过去的经济行为导致起诉其他单位或被其他单位起诉，是现存的一种状况，而不是未来将要发生的事项。又如，产品质量保证是企业对已售出商品或已提供劳务的质量提供的保证，不是为尚未出售商品或尚未提供劳务的质量提供的保证。基于这一特征，未来可能发生的自然灾害、交通事故、经营亏损等事项，都不属于或有事项。

2. 或有事项的结果具有不确定性。首先，或有事项的结果是否发生具有不确定性。例如，企业为其他单位提供债务担保，如果被担保方到期无力还款，担保方将负连带责任，担保所引起的可能发生的连带责任构成或有事项。但是，担保方在债务到期时是否一定承担和履行连带责任，需要根据被担保方能否按时还款决定，其结果在担保协议达成时具有不确定性。又如，有些未决诉讼，被起诉的一方是否会败诉，在案件审理过程中是难以确定的，需要根据法院判决情况加以确定。其次，或有事项的结果预计将会发生，但发生的具体时间或金额具有不确定性。例如，某企业因生产排污治理不力并对周围环境造成污染而被起诉，如无特殊情况，该企业很可能败诉。但是，在诉讼时，该企业因败诉将支出多少金额，或者何时将发生这些支出，可能是难以确定的。

3. 或有事项的结果须由未来事项决定。或有事项的结果只能由未来不确定事项的发生或不发生决定。或有事项对企业会产生有利影响还是不利影响，或虽已知是有利影响或不利影响但影响有多大，在或有事项发生时是难以确定的。这种不确定性的消失，只能由未来不确定事项的发生或不发生证实。例如，企业为其他单位提供债务担保，该担保事项最终是否会要求企业履行偿还债务的连带责任，一般只能看被担保方的未来经营情况和偿债能力。如果被担保方经营情况和财务状况良好且有较好的信用，按期还款，那么，企业将不需要履行该连带责任；只有在被担保方到期无力还款时，担保方才承担偿还债务的连带责任。

在会计处理过程中，存在不确定性的事项并不都是或有事项，企业应当按照或有事项的定义和特征进行判断。例如，对固定资产计提折旧虽然也涉及对固定资产预计净残值和使用寿命进行分析与判断，带有一定的不确定性，但是，固定资产折旧是已经发生的损耗，固定资产的原值是确定的，其价值最终会转移到成本或费用中也是确定的，该事项的结果是确定的，因此，对固定资产计提折旧不属于或有事项。

二、或有负债的概念和范围

或有负债，是指过去的交易或事项形成的潜在义务，其存在须通过未来不确定事项的发生或不发生予以证实；或过去的交易或事项形成的现时义务，履行该义务不是很可能导致经济利益流出企业或该义务的金额不能可靠计量。

或有负债涉及两类义务：一类是潜在义务；另一类是现时义务。其中，潜在义务是指结果取决于不确定未来事项的可能义务。也就是说，潜在义务最终是否转变为现时义务，由某些未来不确定事项的发生或不发生决定。现时义务是指企业在现行条件下已承担的义务，该现时义务的履行不是很可能导致经济利益流出企业，或者该现时义务的金额不能可靠地计量。例如，甲公司涉及一桩诉讼案，根据以往的审判案例推断，甲公司很可能要败诉。但法院尚未判决，甲公司无法根据经验判断未来将要承担多少赔偿金额，因此，该现时义务的金额不能可靠地计量，该诉讼案件即形成一项甲公司的或有负债。

履行或有事项相关义务导致经济利益流出的可能性，通常按照一定的概率区间加以判断。一般情况下，发生的概率分为以下四个层次：基本确定、很可能、可能、极小可能。其中，"基本确定"是指发生的可能性大于95%但小于100%；"很可能"是指发生的可能性大于50%但小于或等于95%；"可能"是指发生的可能性大于5%但小于或等于50%；"极小可能"是指发生的可能性小于或等于5%。

三、或有资产的概念和范围

或有资产，是指过去的交易或者事项形成的潜在资产，其存在须通过未来不确定事项的发生或不发生予以证实。或有资产作为一种潜在资产，其结果具有较大的不确定性，只有随着经济情况的变化，通过某些未来不确定事项的发生或不发生才能证实其是否会形成企业真正的资产。例如，甲企业向法院起诉乙企业侵犯了其专利权，法院尚未对该案件进行公开审理，甲企业是否胜诉尚难判断。对于甲企业而言，将来可能胜诉而获得的赔偿属于一项或有资产，但这项或有资产是否会转化为真正的资产，要由法院的判决结果确定。如果终审判决结果是甲企业胜诉，那么，这项或有资产就转化为甲企业的一项资产；如果终审判决结果是甲企业败诉，那么，或有资产就消失了，更不可能形成甲企业的资产。

或有负债和或有资产不符合负债或资产的定义和确认条件，企业不应当确认或有负债和或有资产,而应当进行相应的披露。但是,影响或有负债和或有资产的多种因素处于不断变化之中,企业应当持续地对这些因素予以关注。随着时间的推移和事态的进展,或有负债对应的潜在义务可能转化为现实的义务。原来不是很可能导致经济利益流出的现实义务也可能被证实将很可能导致经济利益流出企业,并且现实义务的金额也能够可靠计量。这时,或有负债就转化为企业的负债,应当予以确认。或有资产也是一样,其对应的潜在资产最终是否能够流入企业会逐渐变得明确,如果某一时点企业基本确定能够收到这项潜在资产并且其金额能够可靠地计量,则应当将其确认为企业的资产。

第二节 或有事项的确认和计量

一、或有事项的确认

或有事项形成的或有资产只有在企业基本确定能够收到的情况下才转变为真正的资产,才能予以确认。与或有事项有关的义务应当在同时符合以下三个条件时,才确认为负债,作为预计负债进行确认和计量:(1)该义务是企业承担的现时义务;(2)履行该义务很可能导致经济利益流出企业;(3)该义务的金额能够可靠地计量。

1. 该义务是企业承担的现时义务。即与或有事项相关的义务是在企业当前条件下已承担的义务,企业没有其他现实的选择,只能履行该现时义务。

通常情况下,过去的交易或事项是否导致现时义务是比较明确的,但也存在极少情况,如法律诉讼,特定事项是否已发生或这些事项是否已产生了一项现时义务可能难以确定,企业应当考虑包括资产负债表日后所有可获得的证据、专家意见等,以此确定资产负债表日是否存在现时义务。如果据此判断,资产负债表日很可能存在现时义务,且符合预计负债确认条件的,应当确认一项负债;如果资产负债表日现时义务很可能不存在,企业应披露一项或有负债,除非含有经济利益的资源流出企业的可能性极小。

这里所指的义务包括法定义务和推定义务。法定义务,是指因合同、法规或其他司法解释等产生的义务,通常是企业在经济管理和经济协调中依照经济法律、法规的规定必须履行的责任。比如,企业与其他企业签订购货合同产生的义务就属于法定义务。推定义务,是指因企业的特定行为而产生的义务。企业的"特定行为",泛指企业以往的习惯做法、已公开的承诺或已公开宣布的经营政策。而且,由于以往的习惯做法,或通过这些承诺或公开的声明,企业向外界表明了它将承担特定的责任,从而使受影响的各方形成了其将履行那些责任的合理预期。例如,甲公司是一家化工企业,因扩大经营规模,到A国创办了一家分公司。假定A国尚未针对甲公司这类企业的生产经营可能产生的环境污染制定相关法律，因而甲公司的分公司对在 A 国生产经营可能产生的环境污染不承担法定义务。但是，甲公司为在 A 国树立良好的形象，自行向社会公告，宣称将对生产经营可能产生的环境污染进行治理，甲公司的分公司为此承担的义务就属于推定义务。

义务通常涉及指向的另一方，但很多时候没有必要知道义务指向的另一方的身份，实际上义务可能是对公众承担。通常情况下，义务总是涉及对另一方的承诺，但是，管理层或董事会的决定在资产负债表日并不一定形成推定义务，除非该决定在资产负债表日之前已经以一种相当具体的方式传达给受影响的各方，使各方形成了企业将履行其责任的合理预期。

2. 履行该义务很可能导致经济利益流出企业。即履行与或有事项相关的现时义务时，导致经济利益流出企业的可能性超过 50%，但尚未达到基本确定的程度。

企业因或有事项承担了现时义务，并不说明该现时义务很可能导致经济利益流出企业。例如，2×21 年 5 月 1 日，甲企业与乙企业签订协议，承诺为乙企业的 2 年期银行借款提供全额担保。对于甲企业而言，由于担保事项而承担了一项现时义务，但这项义务的履行是否很可能导致经济利益流出企业，需依据乙企业的经营情况和财务状况等因素加以确定。假定 2×21 年年末，乙企业的财务状况恶化，且没有迹象表明可能发生好转。这种情况的出现，表明乙企业很可能违约，从而甲企业履行承担的现时义务将很可能导致经济利益流出企业。反之，如果乙企业财务状况良好，一般可以认定乙企业不会违约，从而甲企业履行承担的现时义务不是很可能导致经济利益流出企业。

存在很多类似义务，如产品保证或类似合同，履行时要求经济利益流出的可能性应通过总体考虑才能确定。对于某个项目而言，虽然经济利益流出的可能性较小，但包括该项目的该类义务很可能导致经济利益流出的，应当视同该项目义务很可能导致经济利益流出企业。

3. 该义务的金额能够可靠地计量。即与或有事项相关的现时义务的金额能够合理地估计。

由于或有事项具有不确定性，因或有事项产生的现时义务的金额也具有不确定性，需要估计。要对或有事项确认一项负债，相关现时义务的金额应当能够可靠估计。只有在其金额能够可靠地估计并同时满足其他两个条件时，企业才能加以确认。例如，乙股份有限公司涉及一起诉讼案，根据以往的审判结果判断，公司很可能败诉，相关的赔偿金额也可以估算出一个区间，此时，就可以认为公司因未决诉讼承担的现时义务的金额能够可靠地计量，如果同时满足其他两个条件，就可以将所形成的义务确认为一项负债。

预计负债应当与应付账款、应计项目等其他负债进行严格区分。因为与预计负债相关的未来支出的时间或金额具有一定的不确定性。应付账款是为已收到或已提供的并已开出发票或已与供应商达成正式协议的货物或劳务支付的负债；应计项目是为已收到或已提供的但还未支付、未开出发票或未与供应商达成正式协议的货物或劳务支付的负债，尽管有时需要估计应计项目的金额或时间，但是其不确定性通常远小于预计负债。应计项目经常作为应付账款和其他应付款的一部分进行列报，而预计负债则单独进行列报。

二、预计负债的计量

当与或有事项有关的义务符合确认为负债的条件时应当将其确认为预计负债，预计负债应当按照履行相关现时义务所需支出的最佳估计数进行初始计量。此外，企业清偿预计负债所需支出还可能从第三方或其他方获得补偿。因此，或有事项的计量主要涉及两个问题：一是最佳估计数的确定；二是预期可获得补偿的处理。

（一）最佳估计数的确定

预计负债应当按照履行相关现时义务所需支出的最佳估计数进行初始计量。最佳估计数的确定应当分两种情况处理。

1. 所需支出存在一个连续范围（或区间，下同），且该范围内各种结果发生的可能性相同，则最佳估计数应当按照该范围内的中间值即上、下限金额的平均数确定。

【例4-1】2×21年12月27日，甲企业因合同违约而涉及一桩诉讼案。根据企业的法律顾问判断，最终的判决很可能对甲企业不利。2×21年12月31日，甲企业尚未接到法院的判决，因诉讼须承担的赔偿金额也无法准确地确定。不过，据专业人士估计，赔偿金额可能是80万~100万元之间的某一金额，而且这个区间内每个金额的可能性都大致相同。

此例中，甲企业应在2×21年12月31日的资产负债表中确认一项负债金额，即：

(80+100)÷2=90（万元）

2. 所需支出不存在一个连续范围，或者虽然存在一个连续范围，但该范围内各种结果发生的可能性不相同，那么，如果或有事项涉及单个项目，最佳估计数按照最可能发生金额确定；如果或有事项涉及多个项目，最佳估计数按照各种可能结果及相关概率计算确定。"涉及单个项目"指或有事项涉及的项目只有一个，如一项未决诉讼、一项未决仲裁或一项债务担保等。"涉及多个项目"指或有事项涉及的项目不止一个，如产品质量保证。在产品质量保证中，提出产品保修要求的可能有许多客户，相应地，企业对这些客户负有保修义务。

【例4-2】2×21年10月2日，乙股份有限公司涉及一起诉讼案。2×21年12月31日，乙股份有限公司尚未接到法院的判决。在咨询了公司的法律顾问后，公司认为，胜诉的可能性为40%，败诉的可能性为60%。如果败诉，需要赔偿2 000 000元。此时，乙股份有限公司在资产负债表中确认的负债金额应为最可能发生的金额，即2 000 000元。

【例4-3】甲股份有限公司是生产并销售A产品的企业，2×21年第一季度共销售A产品60 000件，销售收入为360 000 000元。根据公司的产品质量保证条款，该产品售出后一年内如发生正常质量问题，公司将负责免费维修。根据以前年度的维修记录，如果发生较小的质量问题，发生的维修费用为销售收入的1%；如果发生较大的质量问题，发生的维修费用为销售收入的2%。根据公司技术部门的预测，本季度销售的产品中，80%不会发生质量问题；15%可能发生较小的质量问题；5%可能发生较大的质量问题。据此，2×21年第一季度末，甲股份有限公司应在资产负债表中确认的负债金额为：

360 000 000 × (0 × 80% + 1% × 15% + 2% × 5%) = 900 000（元）

（二）预期可获得补偿的处理

如果企业清偿因或有事项而确认的负债所需支出全部或部分预期由第三方或其他方补偿，则此补偿金额只有在基本确定能收到时才能作为资产单独确认，确认的补偿金额不能超过所确认负债的账面价值。预期可能获得补偿的情况通常有：发生交通事故等情况时，企业通常可从保险公司获得合理的赔偿；在某些索赔诉讼中，企业可对索赔人或第三方另行提出赔偿要求；在债务担保业务中，企业在履行担保义务的同时，通常可向被担保企业提出追偿要求。

企业预期从第三方获得的补偿，是一种潜在资产，其最终是否真的会转化为企业真正的资产（即企业是否能够收到这项补偿）具有较大的不确定性，企业只能在基本确定能够收到补偿时才能对其进行确认。根据资产和负债不能随意抵销的原则，预期可获得的补偿在基本确定能够收到时应当确认为一项资产，而不能作为预计负债金额的扣减。

【例4-4】2×21年12月31日，乙股份有限公司因或有事项确认了一笔金额为1 000 000元的负债；同时，公司因该或有事项，基本确定可从甲股份有限公司获得400 000元的赔偿。

本例中，乙股份有限公司应分别确认一项金额为1 000 000元的负债和一项金额为400 000元的资产，而不能只确认一项金额为600 000元（1 000 000 - 400 000）的负债。同时，乙股份有限公司所确认的补偿金额400 000元不能超过所确认的负债的账面价值1 000 000元。

（三）预计负债的计量需要考虑的其他因素

企业在确定最佳估计数时，应当综合考虑与或有事项有关的风险、不确定性、货币时间价值和未来事项等因素。

1. 风险和不确定性。风险是对交易或事项结果的变化可能性的一种描述。企业在不确定的情况下进行判断需要谨慎，使得收入或资产不会被高估，费用或负债不会被低估。企业应当充分考虑与或有事项有关的风险和不确定性，既不能忽略风险和不确定性对或有事项计量的影响，也需要避免对风险和不确定性进行重复调整，从而在低估和高估预计负债金额之间寻找平衡点。

2. 货币时间价值。预计负债的金额通常应当等于未来应支付的金额。但是，因货币时间价值的影响，资产负债表日后不久发生的现金流出，要比一段时间之后发生的同样金额的现金流出负有更大的义务。因此，如果预计负债的确认时点距离实际清偿有较长的时间跨度，货币时间价值的影响重大，那么，在确定预计负债的确认金额时，应考虑采用现值计量，即通过对相关未来现金流出进行折现后确认最佳估计数。

将未来现金流出折算为现值时，需要注意以下三点：

（1）用来计算现值的折现率，应当是反映货币时间价值的当前市场估计和相关负债特有风险的税前利率。

（2）风险和不确定性，既可以在计量未来现金流出时作为调整因素，也可以在确定折现率时予以考虑，但不能重复反映。

（3）随着时间的推移，即使在未来现金流出和折现率均不改变的情况下，预计负债的现值将逐渐增长。企业应当在资产负债表日对预计负债的现值重新进行计量。

3. 未来事项。企业应当考虑可能影响履行现时义务所需金额的相关未来事项。也就是说，对于这些未来事项，如果有足够的客观证据表明它们将发生，如未来技术进步、相关法规出台等，则应当在预计负债计量中考虑相关未来事项的影响，但不应考虑预期处置相关资产形成的利得。

预期的未来事项可能对预计负债的计量较为重要。例如，某核电企业预计，在生产结束时清理核废料的费用将因未来技术的变化而显著降低，那么，该企业因此确认的预计负债金额应当反映有关专家对技术发展以及清理费用减少做出的合理预测。但是，这种预计需要取得相当客观的证据予以支持。

三、对预计负债账面价值的复核

企业应当在资产负债表日对预计负债的账面价值进行复核。有确凿证据表明该账面价值不能真实反映当前最佳估计数的，应当按照当前最佳估计数对该账面价值进行调整。

例如，某化工企业对环境造成了污染，按照当时的法律规定，只需要对污染进行清理。随着国家对环境保护越来越重视，按照现在的法律规定，该企业不但需要对污染进行清理，还很可能要对居民进行赔偿。这种法律要求的变化，会对企业预计负债的计量产生影响。企业应当在资产负债表日对为此确认的预计负债金额进行复核，相关因素发生变化表明预计负债金额不再能反映真实情况时，需要按照当前情况下企业清理和赔偿支出的最佳估计数对预计负债的账面价值进行相应的调整。

第三节 或有事项会计的具体应用

一、未决诉讼或未决仲裁

诉讼，是指当事人不能通过协商解决争议，因而在人民法院起诉、应诉，请求人民法院通过审判程序解决纠纷的活动。诉讼尚未裁决之前，对于被告来说，可能形成一项或有负债或者预计负债；对于原告来说，则可能形成一项或有资产。仲裁，是指经济法的各方当事人依照事先约定或事后达成的书面仲裁协议，共同选定仲裁机构并由其对争议依法做出具有约束力裁决的一种活动。作为当事人一方，仲裁的结果在仲裁决定公布以前是不确定的，会构成一项潜在义务或现时义务，或者构成一项潜在资产。

【例4-5】2×21年11月1日，乙股份有限公司因合同违约而被丁公司起诉。2×21年12月31日，公司尚未接到法院的判决。丁公司预计，如无特殊情况很可能在诉讼中获胜，假定丁公司估计将来很可能获得赔偿金额1 900 000元。在咨询了公司的法律顾问后，乙公司认为最终的法律判决很可能对公司不利。假定乙公司预计将要支付的赔偿金额、诉讼费等费用为1 600 000~2 000 000元之间的某一金额，而且这个区间内每个金额的可能性都大致相同，其中诉讼费为30 000元。

此例中，丁公司不应当确认或有资产，而应当在2×21年12月31日的报表附注中披露或有资产1 900 000元。

乙股份有限公司应在资产负债表中确认一项预计负债，金额为：

(1 600 000 + 2 000 000) ÷ 2 = 1 800 000（元）

同时，在2×21年12月31日的附注中进行披露。

乙公司的有关账务处理如下：

借：管理费用——诉讼费　　　　　　　　　　　　　　30 000
　　营业外支出　　　　　　　　　　　　　　　　　1 770 000
　　贷：预计负债——未决诉讼　　　　　　　　　　　　　1 800 000

应当注意的是，对于未决诉讼，企业当期实际发生的诉讼损失金额与已计提的相关预计负债之间的差额，应分别情况处理：

第一，企业在前期资产负债表日，依据当时实际情况和所掌握的证据合理预计了预计负债，应当将当期实际发生的诉讼损失金额与已计提的相关预计负债之间的差额，直接计入或冲减当期营业外支出。

第二，企业在前期资产负债表日，依据当时实际情况和所掌握的证据，原本应当能够合理估计诉讼损失，但企业所作的估计却与当时的事实严重不符（如未合理预计损失或不恰当地多计或少计损失），应当按照重大会计差错更正的方法进行处理。

第三，企业在前期资产负债表日，依据当时实际情况和所掌握的证据，确实无法合理预计诉讼损失，因而未确认预计负债，则在该项损失实际发生的当期，直接计入当期营业外支出。

第四，资产负债表日后至财务报告批准报出日之间发生的需要调整或说明的未决诉讼，按照资产负债表日后事项的有关规定进行会计处理。

二、债务担保

债务担保在企业中是较为普遍的现象。作为提供担保的一方，在被担保方无法履行合同的情况下，常常承担连带责任。从保护投资者、债权人的利益出发，客观、充分地反映企业因担保义务而承担的潜在风险是十分必要的。

【例4-6】2×21年10月，B公司从银行贷款人民币20 000 000元，期限2年，由A公司全额担保；2×23年4月，C公司从银行贷款美元1 000 000元，期限1年，由A公司担保50%；2×23年6月，D公司通过银行从G公司贷款人民币10 000 000元，期限2年，由A公司全额担保。

截至2×23年12月31日，各贷款单位的情况如下：B公司贷款逾期未还，银行已起诉B公司和A公司，A公司因连带责任需赔偿多少金额尚无法确定；C公司由于受政策影响和内部管理不善等原因，经营效益不如以往，可能不能偿还到期美元债务；D公司经营情况良好，预期不存在还款困难。

本例中，对B公司而言，A公司很可能需履行连带责任，但损失金额是多少，目前还难以预计；对C公司而言，A公司可能需履行连带责任；对D公司而言，A公司履行连带责任的可能性极小。这三项债务担保形成A公司的或有负债，不符合预计负债的确认条件，A公司在2×23年12月31日编制财务报表时，应当在附注中作相应披露。

三、产品质量保证

产品质量保证，通常指销售商或制造商在销售产品或提供劳务后对客户提供服务的一种承诺。在约定期内（或终身保修），若产品或劳务在正常使用过程中出现质量或与之相关的其他属于正常范围的问题，企业负有更换产品、免费或只收成本价进行修理等责任。为此，企业应当在符合确认条件的情况下，于销售成立时确认预计负债。

【例4-7】A公司为机床生产和销售企业。2×21年第一季度、第二季度、第三季度和第四季度分别销售机床200台、300台、400台和350台，每台售价为50 000元。对购买其产品的消费者，A公司做出如下承诺：机床售出后3年内如出现非意外事件造成的机床故障和质量问题，A公司免费负责保修（含零部件更换）。根据以往的经验，发生的保修费一般为销售额的1%~1.5%。假定A

公司 2×21 年四个季度实际发生的维修费分别为 20 000 元、200 000 元、180 000 元和 350 000 元;同时,假定 2×20 年"预计负债——产品质量保证"科目年末余额为 120 000 元。

本例中,A 公司因销售机床而承担了现时义务。该义务的履行很可能导致经济利益流出 A 公司,且该义务的金额能够可靠地计量。A 公司根据企业会计准则的规定在每季度末确认一项负债。

①第一季度发生产品质量保证费用(维修费):

借:预计负债——产品质量保证　　　　　　　　　　　20 000
　　贷:银行存款或原材料等　　　　　　　　　　　　　　　20 000

注:这笔分录不会影响第一季度的利润,因为这笔费用已经在前期销售产品、确认预计负债时确认为销售费用了。

第一季度末应确认的产品质量保证负债金额为:

200×50 000×(0.01+0.015)÷2 = 125 000(元)

借:销售费用——产品质量保证　　　　　　　　　　　125 000
　　贷:预计负债——产品质量保证　　　　　　　　　　　　125 000

第一季度末,"预计负债——产品质量保证"科目余额为 225 000 元。

注:这笔分录会影响第一季度的利润,因为未来可能发生的维修费用是由于当期的销售所引起的,所以按照权责发生制的要求应该将其确认为当期的费用。

②第二季度发生产品质量保证费用(维修费):

借:预计负债——产品质量保证　　　　　　　　　　　200 000
　　贷:银行存款或原材料等　　　　　　　　　　　　　　　200 000

第二季度末应确认的产品质量保证负债金额为:

300×50 000×(0.01+0.015)÷2 = 187 500(元)

借:销售费用——产品质量保证　　　　　　　　　　　187 500
　　贷:预计负债——产品质量保证　　　　　　　　　　　　187 500

第二季度末,"预计负债——产品质量保证"科目余额为 212 500 元。

③第三季度发生产品质量保证费用(维修费):

借:预计负债——产品质量保证　　　　　　　　　　　180 000
　　贷:银行存款或原材料等　　　　　　　　　　　　　　　180 000

第三季度末应确认的产品质量保证负债金额为:

400×50 000×(0.01+0.015)÷2 = 250 000(元)

借:销售费用——产品质量保证　　　　　　　　　　　250 000
　　贷:预计负债——产品质量保证　　　　　　　　　　　　250 000

第三季度末,"预计负债——产品质量保证"科目余额为 282 500 元。

④第四季度发生产品质量保证费用(维修费):

借:预计负债——产品质量保证　　　　　　　　　　　350 000
　　贷:银行存款或原材料等　　　　　　　　　　　　　　　350 000

第四季度末应确认的产品质量保证负债金额为:

$350 \times 50\,000 \times (0.01 + 0.015) \div 2 = 218\,750$（元）

借：销售费用——产品质量保证　　　　　　　　　218 750
　　贷：预计负债——产品质量保证　　　　　　　　　　218 750

第四季度末，"预计负债——产品质量保证"科目余额为 151 250 元。

在对产品质量保证确认预计负债时，需要注意的是：

第一，如果发现保证费用的实际发生额与预计数相差较大，应及时对预计比例进行调整；

第二，如果企业针对特定批次产品确认预计负债，则在保修期结束时，应将"预计负债——产品质量保证"余额冲销，不留余额；

第三，已对其确认预计负债的产品，如企业不再生产了，那么，应在相应的产品质量保证期满后，将"预计负债——产品质量保证"余额冲销，不留余额。

四、亏损合同

待执行合同变为亏损合同，同时该亏损合同产生的义务满足预计负债的确认条件的，应当确认为预计负债。其中，待执行合同，是指合同各方未履行任何合同义务或部分履行了同等义务的合同。企业与其他企业签订的商品销售合同、劳务提供合同、租赁合同等均属于待执行合同，待执行合同不属于或有事项。但是，待执行合同变为亏损合同的，应当作为或有事项。亏损合同，是指履行合同义务不可避免地发生成本超过预期经济利益的合同。预计负债的计量应当反映退出该合同的最低净成本，即履行该合同的成本与未能履行该合同而发生的补偿或处罚两者之中的较低者。企业与其他单位签订的商品销售合同、劳务合同、租赁合同等均可能变为亏损合同。

企业对亏损合同进行会计处理，需要遵循以下两点原则：首先，如具与亏损合同相关的义务无须支付任何补偿即可撤销，企业通常就不存在现时义务，不应确认预计负债；如果与亏损合同相关的义务不可撤销，企业就存在了现时义务，同时满足该义务很可能导致经济利益流出企业且金额能够可靠地计量的，应当确认预计负债。其次，待执行合同变为亏损合同时，合同存在标的资产的，应当对标的资产进行减值测试并按规定确认减值损失，在这种情况下，企业通常无须确认预计负债，如果预计亏损超过该减值损失，应将超过部分确认为预计负债；合同不存在标的资产的，亏损合同相关义务满足预计负债确认条件时，应当确认预计负债。

【例 4-8】2×21 年 1 月 1 日，甲公司采用经营租赁方式租入一条生产线生产 A 产品，租赁期 4 年。甲公司利用该生产线生产的 A 产品每年可获利 20 万元。2×22 年 12 月 31 日，甲公司决定停产 A 产品，原经营租赁合同不可撤销，还要持续 2 年，且生产线无法转租给其他单位。

本例中，甲公司与其他公司签订了不可撤销的经营租赁合同，负有法定义务，必须继续履行租赁合同（缴纳租金）。同时，甲公司决定停产 A 产品。因此，甲公司执行原经营租赁合同不可避免要发生的费用很可能超过预期获得的经济利益，属于亏损合同，应当在2×22年12月31日根据未来应支付的租金的最佳估计数确认预计负债。

【例4-9】乙企业2×21年1月1日与某外贸公司签订了一项产品销售合同，约定在2×21年2月15日以每件产品100元的价格向外贸公司提供10 000件A产品，若不能按期交货，乙企业需要缴纳300 000元的违约金。这批产品在签订合同时尚未开始生产，但乙企业开始筹备原材料以生产这批产品时，原材料价格突然上涨，预计生产每件产品的成本升至125元。

此例中，乙企业生产产品的成本为每件125元，而售价为每件100元，每销售1件产品亏损25元，共计损失250 000元。因此，这项销售合同是一项亏损合同。如果撤销合同，乙企业需要缴纳300 000元的违约金。

①由于该合同变为亏损合同时不存在标的资产，乙企业应当按照履行合同造成的损失与违约金两者中的较低者确认一项预计负债：

借：营业外支出　　　　　　　　　　　　　　　　　　250 000
　　贷：预计负债　　　　　　　　　　　　　　　　　　250 000

②待相关产品生产完成后，将已确认的预计负债冲减产品成本：

借：预计负债　　　　　　　　　　　　　　　　　　　250 000
　　贷：库存商品　　　　　　　　　　　　　　　　　　250 000

【例4-10】丙企业以生产B产品为主，目前企业库存积压较大，产品成本为每件180元。为了消化库存，盘活资金，丙企业于2×21年1月25日与某外贸公司签订了一项产品销售合同，约定在2×21年2月5日以每件产品150元的价格向该外贸公司提供10 000件产品，合同不可撤销。

本例中，丙企业生产B产品的成本为每件180元，而售价为每件150元，每销售1件亏损30元，共计损失300 000元。而且，合同不可撤销。因此，这项销售合同是一项亏损合同。

由于该合同签订时即为亏损合同，且存在标的资产，因此，乙企业应当对B产品进行减值测试，计提减值准备，如果亏损不超过该减值损失，企业无须确认预计负债；如果亏损超过该减值损失，应将超过部分确认为预计负债。

五、重组义务

（一）重组义务的确认

重组是指企业制定和控制的，将显著改变企业组织形式、经营范围或经营方式的计划实施行为。属于重组的事项主要包括：(1) 出售或终止企业的部分业务；(2) 对企业的组织结构进行较大调整；(3) 关闭企业的部分营业场所，或将营业活动由一个国家或地区迁移到其他国家或地区。

企业应当将重组与企业合并、债务重组区别开。因为重组通常是企业内部资源的调整和组合，谋求现有资产效能的最大化；企业合并是在不同企业之间的资本重组和规模扩张；而债务重组是债权人对债务人做出让步，债务人减轻债务负担，债权人尽可能减少损失。

企业因重组而承担了重组义务，并且同时满足或有事项的三项确认条件时，才能确认预计负债。

1. 同时存在下列情况的，表明企业承担了重组义务：(1) 有详细、正式的重组计划，包括重组涉及的业务、主要地点、需要补偿的职工人数、预计重组支出、计划实施时间等；(2) 该重组计划已对外公告。

2. 需要判断重组义务是否同时满足预计负债的三个确认条件，即判断其承担的重组义务是否是现时义务、履行重组义务是否很可能导致经济利益流出企业、重组义务的金额是否能够可靠地计量。只有同时满足这三个确认条件，才能将重组义务确认为预计负债。

例如，某公司董事会决定关闭一个事业部。如果有关决定尚未传达到受影响的各方，也未采取任何措施实施该项决定，该公司就没有开始承担重组义务，不应确认预计负债；如果有关决定已经传达到受影响的各方，并使各方对企业将关闭事业部形成合理预期，通常表明企业开始承担重组义务，同时满足该义务很可能导致经济利益流出企业和金额能够可靠地计量的，应当确认预计负债。

（二）重组义务的计量

企业应当按照与重组有关的直接支出确定预计负债金额，计入当期损益。其中，直接支出是企业重组必须承担的直接支出，不包括留用职工岗前培训、市场推广、新系统和营销网络投入等支出。

由于企业在计量预计负债时不应当考虑预期处置相关资产的利得或损失，在计量与重组义务相关的预计负债时，也不考虑处置相关资产（厂房、店面，有时是一个事业部整体）可能形成的利得或损失，即使资产的出售构成重组的一部分也是如此，这些利得或损失应当单独确认。

企业可以参照表 4-1 判断某项支出是否属于与重组有关的直接支出。

表 4-1　　　　　　　　　　与重组有关支出的判断表

支出项目	包括	不包括	不包括的原因
自愿遣散	√		
强制遣散（如果自愿遣散目标未满足）	√		
将不再使用的厂房的租赁撤销费	√		
将职工和设备从拟关闭的工厂转移到继续使用的工厂		√	支出与继续进行的活动相关
剩余职工的再培训		√	支出与继续进行的活动相关
新经理的招募成本		√	支出与继续进行的活动相关

续表

支出项目	包括	不包括	不包括的原因
推广公司新形象的营销成本		√	支出与继续进行的活动相关
对新分销网络的投资		√	支出与继续进行的活动相关
重组的未来可辨认经营损失（最新预计值）		√	支出与继续进行的活动相关
特定不动产、厂房和设备的减值损失		√	资产减值准备应当按照《企业会计准则第 8 号——资产减值》进行计提，并作为资产的抵减项

第四节 或有事项的列报

一、预计负债的列报

在资产负债表中，因或有事项而确认的负债（预计负债）应与其他负债项目区别开来，单独反映。如果企业因多项或有事项确认了预计负债，在资产负债表中一般只需通过"预计负债"项目进行总括反映。在将或有事项确认为负债的同时，应确认一项支出或费用。这项费用或支出在利润表中不应单列项目反映，而应与其他费用或支出项目（如"销售费用""管理费用""营业外支出"等）合并反映。比如，企业因产品质量保证确认负债时所确认的费用，在利润表中应作为"销售费用"的组成部分予以反映；又如，企业因对其他单位提供债务担保确认负债时所确认的费用，在利润表中应作为"营业外支出"的组成部分予以反映。同时，为了使会计报表使用者获得充分、详细的有关或有事项的信息，企业应在会计报表附注中披露以下内容：第一，预计负债的种类、形成原因以及经济利益流出不确定性的说明。第二，各类预计负债的期初、期末余额和本期变动情况。第三，与预计负债有关的预期补偿金额和本期已确认的预期补偿金额。

二、或有负债的披露

或有负债无论作为潜在义务还是现时义务，均不符合负债的确认条件，因而不予确认。但是，除非或有负债极小可能导致经济利益流出企业，否则，企业应当在附注中披露有关信息，具体包括：第一，或有负债的种类及其形成原因，包括已贴现商业承兑汇票、未决诉讼、未决仲裁、对外提供担保等形成的或有负债。第二，经济利益流出不确定性的说明。第三，或有负债预计产生的财务影响，以及获得补偿的可能性；无法预计的，应当说明原因。

需要注意的是，在涉及未决诉讼、未决仲裁的情况下，如果披露全部或部分信息预期对企业会造成重大不利影响，企业无须披露这些信息，但应当披露该未决诉讼、未决仲裁的性质，以及没有披露这些信息的事实和原因。

三、或有资产的披露

或有资产作为一种潜在资产，不符合资产确认的条件，因而不予确认。企业通常不应当披露或有资产，但或有资产很可能会给企业带来经济利益的，应当披露其形成的原因、预计产生的财务影响等。

练 习 题

一、单项选择题

1. 与或有事项相关的义务确认为负债的条件之一是履行该义务很可能导致经济利益流出企业。这里所指的"很可能"是指（　　）。
   A. 发生的可能性大于25%但小于或等于50%
   B. 发生的可能性大于30%但小于或等于50%
   C. 发生的可能性大于45%但小于或等于50%
   D. 发生的可能性大于50%但小于或等于95%

2. 2×21年1月2日，甲公司与乙公司签订不可撤销的租赁合同，以经营租赁方式租入乙公司一台机器设备，专门用于生产M产品，租赁期为5年，年租金为120万元。因M产品在使用过程中产生严重的环境污染，甲公司自2×23年1月1日起停止生产该产品，当日M产品库存为零，假定不考虑其他因素，该事项对甲公司2×23年度利润总额的影响为（　　）万元。
   A. 0　　　　　B. 120　　　　　C. 240　　　　　D. 360

3. 企业对于预计很可能承担的诉讼赔款损失，在利润表中应列入（　　）项目。
   A. 营业外支出　　B. 销售费用　　C. 管理费用　　D. 财务费用

4. 根据国家统一的会计制度的规定，下列有关或有事项的表述中，正确的是（　　）。
   A. 或有负债与或有事项相联系，有或有事项就有或有负债
   B. 对于或有事项，既要确认或有负债，也要确认或有资产
   C. 由于担保引起的或有事项随着被担保人债务的全部清偿而消失
   D. 只有对本单位产生不利影响的事项，才能作为或有事项

5. 2×21年12月10日，甲公司因合同违约而涉及一桩诉讼案。根据企业的法律顾问判断，最终的判决很可能对甲公司不利。2×21年12月31日，甲公司尚未接到法院的判决，因诉讼须承担的赔偿的金额也无法准确地确定。不过，据专业人士估计，赔偿金额可能在90万~100万元之间的某一金额（不含甲公司将承担的诉讼费2万元）。根据规定，甲公司应在2×21年12月31日资产负债表中确认负债的金额为（　　）万元。
   A. 92　　　　　B. 90　　　　　C. 95　　　　　D. 97

6. 甲公司涉及一起诉讼。根据类似的经验以及公司所聘请律师的意见判断，甲公司在该起诉讼中胜诉的可能性60%，败诉的可能性为40%。如果败诉，将要赔偿60万元。在这种情况下，甲公司应确认的负债金额为（　　）万元。
   A. 60　　　　　B. 24　　　　　C. 0　　　　　D. 36

7. 下列各种说法中，正确的是（　　）。

A. 或有资产不符合资产确认条件
B. 或有负债符合负债确认条件
C. 或有资产应在会计报表附注中披露
D. 只要是或有负债，就必须在会计报表附注中披露

8. 下列说法中正确的是（　　）。
   A. 买卖合同、劳务合同、租赁合同均为待执行合同
   B. 待执行合同变成亏损合同时，亏损合同产生的义务满足预计负债确认条件的，应当确认为预计负债
   C. 待执行合同变成亏损合同时，不管该合同是否有标的资产，都应确认相应的预计负债
   D. 企业可以将未来的经营亏损确认为负债

9. 甲公司于2×21年10月25日接到银行通知，向该银行的借款已逾期，银行已向法院起诉，要求归还本息250万元，另支付逾期罚息20万元。至2×21年12月31日法院尚未作出判决。对于此诉讼，甲公司预计除需偿还全部本息外，有70%的可能性还需支付罚息10万~15万元，有95%的可能性支付诉讼费3万元。据此，甲公司2×21年12月31日应确认的预计负债金额为（　　）万元。
   A. 11.6　　　　B. 15.5　　　　C. 18　　　　D. 23

10. 甲公司于2×21年10月受到A公司的起诉，A公司声称甲公司侵犯了A公司的软件版权，要求甲公司予以赔偿，赔偿金额为40万元。在应诉过程中所涉及的软件主体部分是有偿委托乙公司开发的。如果这套软件确有侵权问题，乙公司应当承担连带责任，对甲公司予以赔偿。甲公司在年末编制会计报表时，根据法律诉讼的进展情况以及律师的意见，认为对A公司予以赔偿的可能性在50%以上，最有可能发生的赔偿金额为30万元；从乙公司获得的补偿基本上可以确定，最有可能获得的赔偿金额为35万元。在上述情况下，甲公司在年末应确认的负债和资产分别是（　　）。
    A. 30万元和30万元　　　　B. 30万元和35万元
    C. 40万元和35万元　　　　D. 40万元和30万元

11. 甲公司2×21年1月采用经营租赁方式租入生产线，租期3年。每年租金50万元。2×22年12月，市政规划要求公司迁址，决定停产该产品。原经营租赁合同不可撤销，还要持续1年，生产线无法转租，若撤销合同，要支付违约金60万元。则2×22年12月31日甲公司应确认的预计负债为（　　）万元。
    A. 60　　　　B. 10　　　　C. 50　　　　D. 0

12. 根据相关规定，下列有关或有事项的表述中，不正确的是（　　）。
    A. 由于担保引起的或有事项随着被担保人债务的全部清偿而消失
    B. 或有负债和或有资产是潜在的负债和资产，不能确认为负债和资产
    C. 在满足一定的条件时，或有负债可以转化成预计负债，或有资产也可以转化为资产
    D. 对于或有事项，既要确认或有负债，也要确认或有资产

13. Y公司与X公司签订合同，购买X公司10件商品，合同价格每件5 000元。Y公司购买的商品全部出售给Z公司，单价为4 000元。如Y公司单方面撤销合同，应支付违约金15 000元。商品尚未购入。如满足预计负债确认条件，Y公司应确认预计负债（　　）元。
    A. 10 000　　　　B. 15 000　　　　C. 50 000　　　　D. 40 000

14. 下列对或有资产的概念，理解正确的是（　　）。
    A. 或有资产，是指未来的交易或事项形成的潜在资产，其存在须通过过去不确定事

项的发生或不发生予以证实

　　B. 或有资产，是指过去的交易或事项形成的潜在资产，其存在须通过过去不确定事项的发生或不发生予以证实

　　C. 或有资产，是指未来的交易或事项形成的潜在资产，其存在须通过未来不确定事项的发生或不发生予以证实

　　D. 或有资产，是指过去的交易或事项形成的潜在资产，其存在须通过未来不确定事项的发生或不发生予以证实

15. 或有事项具有不确定性，下列关于"不确定性"的理解，正确的是（　　）。

　　A. 或有事项的不确定性是指或有事项的发生具有不确定性

　　B. 或有事项虽然具有不确定性，但该不确定性能由企业控制

　　C. 固定资产计提折旧时，涉及对其残值和使用年限的分析与判断具有一定的不确定性，这种不确定性与或有事项具有的不确定性是完全相同的

　　D. 或有事项具有不确定性，是指或有事项的结果具有不确定性或者发生的具体时间或金额具有不确定性

二、多项选择题

1. 关于最佳估计数，下列说法中正确的有（　　）。

　　A. 企业在确定最佳估计数时，应当综合考虑与或有事项有关的风险因素

　　B. 所需支出存在一个连续范围，且该范围内各种结果发生的可能性相同的，最佳估计数应当按照该范围内的中间值确定

　　C. 企业在确定最佳估计数时，不应当综合考虑与或有事项有关的货币时间价值因素

　　D. 货币时间价值影响重大的，应当通过对相关未来现金流出进行折现后确定最佳估计数

2. 下列事项中，如果金额能够可靠计量，应加以确认的有（　　）。

　　A. 很可能发生的销售退回　　　　　　B. 很可能支付的贷款担保

　　C. 很可能发生追索的票据贴现　　　　D. 很可能发生的第三方赔偿款

3. 下列说法中不正确的有（　　）。

　　A. 待执行合同不属于或有事项，但待执行合同变为亏损合同的，应当作为或有事项

　　B. 待执行合同变成亏损合同时，亏损合同产生的义务满足预计负债确认条件的，应当确认为预计负债

　　C. 待执行合同变成亏损合同时，不管该合同是否有标的资产，都应确认相应的预计负债

　　D. 企业可以将未来的经营亏损确认为负债

4. 或有事项的特征包括（　　）。

　　A. 由过去的交易或事项形成　　　　　B. 结果具有不确定性

　　C. 由未来事项决定　　　　　　　　　D. 可以确认为资产或负债

5. 预计负债计量需要考虑的其他因素包括（　　）。

　　A. 风险　　　　　　　　　　　　　　B. 货币时间价值

　　C. 未来事项　　　　　　　　　　　　D. 资产负债表日对预计负债账面价值的复核

6. 常见的或有事项包括（　　）。

　　A. 债务担保　　　B. 承诺　　　C. 亏损合同　　　D. 债务重组

7. 将或有事项确认为负债，其金额应是清偿该负债所需支出的最佳估计数。下列说法中正确的有（　　）。

　　A. 所需支出存在一个连续范围，且该范围内各种结果发生的可能性相同的，最佳估计数应当按照该范围内的中间值确定

B. 如果所需支出不存在一个金额范围，或有事项涉及单个项目时，最佳估计数按最可能发生金额确定

C. 如果所需支出不存在一个金额范围，或有事项涉及多个项目时，最佳估计数按各种可能发生额及其发生概率计算确定

D. 如果所需支出不存在一个金额范围，或有事项涉及多个项目时，最佳估计数按各种可能发生额的算术平均数确定

8. 重组事项主要包括（   ）。
   A. 出售企业的部分经营业务
   B. 对企业的组织结构进行较大的调整
   C. 关闭企业的部分经营场所，或将营业活动由一个国家或地区迁移到其他国家或地区
   D. 因经营困难，与债权方进行债务重组

9. 企业在拥有反诉或向第三者索赔权利的情况下，对符合确认条件的或有义务正确的处理有（   ）。
   A. 不确认，在报表附注中披露
   B. 扣除索赔或反诉可能取得的金额后预计为一项负债
   C. 不得扣除索赔或反诉可能取得的金额，将与或有事项有关的义务确认为一项负债
   D. 索赔或反诉可能取得的金额在基本确定能够收到时作为资产单独确认

10. 关于或有事项，下列说法中正确的有（   ）。
    A. 将或有事项确认为预计负债的事项应在会计报表附注中披露
    B. 企业不应确认或有资产和或有负债
    C. 极小可能导致为其他单位提起诉讼产生的经济利益流出企业的或有负债也应在会计报表附注中披露
    D. 与或有事项有关的义务的履行很可能导致经济利益流出企业，就应将其确认为一项预计负债

三、判断题

1. 企业承担的重组义务均应当确认预计负债。（   ）

2. 某公司董事会决定关闭一个事业部。如果有关决定尚未传达到受影响的各方，也未采取任何措施实施该项决定，表明该公司没有承担重组义务，但应确认预计负债。（   ）

3. 因或有事项确认的负债，如果清偿负债所需支出全部或部分预期由第三方或其他方补偿，则补偿金额只能在基本确定收到时，作为资产单独确认。确认的补偿金额不应超过所确认负债的账面价值。（   ）

4. 如或有事项产生的经济利益基本确定流入企业时，企业就应将或有事项确认为资产。（   ）

5. 潜在义务，是指结果取决于不确定未来事项的可能义务，或有负债作为一项潜在义务，其结果只能由未来不确定事项的发生或不发生来证实。（   ）

6. 重组是指企业制定和控制的，将显著改变企业组织形式、经营范围或经营方式的计划实施行为。（   ）

7. 企业通常不应当披露或有资产，但或有资产很可能会给企业带来经济利益的，应当披露其形成的原因、预计产生的财务影响等。（   ）

8. 待执行合同一定是或有事项。（   ）

9. 待执行合同变成亏损合同的，该亏损合同产生的义务满足或有事项确认预计负债规定的，应当确认为预计负债。（   ）

10. 无论或有资产和或有负债发生的可能性有多大，都不应确认。（　　）

四、计算及账务处理题

1. A公司为工业生产企业，从2×21年1月起为售出产品提供"三包"服务，规定产品出售后一定期限内出现质量问题负责退换或免费提供修理。假定A公司只生产和销售甲种产品。在2×22年年初"预计负债——产品质量保证"账面余额为45万元，甲产品的"三包"期限为3年。A公司对售出的甲产品可能发生的"三包"费用，在期末按照当期甲产品销售收入的2%预计。A公司2×22年甲产品的销售收入及发生的"三包"费用项目资料如下表所示。

金额单位：万元

项目	第一季度	第二季度	第三季度	第四季度	合计
甲产品销售收入	1 500	1 200	1 800	900	5 400
发生的"三包"费用	22.5	15	45	30	112.5
其中：原材料成本	15	12	15	22.5	64.5
人工成本	5.5	2	7.5	6.5	21.5
用银行存款支付的其他支出	2	1	22.5	1	26.5

要求：

(1) 假定A公司按季对外提供会计报告，编制2×22年第一、第二季度的会计分录。

(2) 假定按年对外提供会计报告，编制2×22年会计分录。

2. 甲公司2×21年和2×22年发生如下与或有事项有关的经济业务：

(1) 甲公司2×21年9月与乙公司签订不可撤销合同，在2×22年4月销售10件A商品，单位成本估计为800元，单位合同价格为1 200元；如2×22年4月未交货，延迟交货的商品价格降为750元。2×21年12月，甲公司因生产线损坏，10件商品尚未投入生产，估计在2×22年5月交货。

(2) 甲公司2×21年10月与丙公司签订合同，在2×22年4月销售100件B商品，合同价格每件为1 000元，单位成本为1 020元。2×21年12月末，有库存B商品100件。

(3) 甲公司与丁公司签订合同，购买10件C商品，合同价格每件为1 000元。市场上同类商品每件为800元。甲公司购买的商品卖给乙公司，单价为800元。如甲公司单方面撤销合同，应支付违约金3 000元。商品尚未购入。

(4) 甲公司与丁公司签订合同，购买10件D商品，合同价格每件为1 000元。市场上同类商品每件为700元。甲公司购买的商品卖给乙公司，单价为800元。如甲公司单方面撤销合同，应支付违约金1 000元。商品尚未购入。

要求：编制甲公司上述经济业务的会计分录。

第五章 外币折算

> **学习指南**
>
> 本章是关于外币折算业务的会计处理介绍。企业将外币交易或外币财务报表折算为记账本位币反映的过程即为外币折算。本章的主要内容包括：一是外币折算的相关概念；二是外币交易的会计核算程序，包括交易日的初始入账的会计处理和资产负债表日及结算日的会计处理；三是外币财务报表的折算方法。通过本章的学习，要求熟悉外币、外币折算、记账本位币的概念和确认方法；熟悉即期汇率和即期汇率的近似汇率的概念与计算；掌握记账本位币的确认及变更的会计处理；掌握外币交易的会计核算程序；掌握外币财务报表的折算方法；了解恶性通货膨胀经济情况下外币财务报表的折算和境外经营的处置。

第一节 外币折算概述

一、外币折算的概念

在经济日益全球化的趋势下，随着资本的跨国流动和国际贸易的不断扩大，一方面，外币资本参股内资银行，外资企业在我国内地开办外商独资、合资、合作企业，向内资企业或国内市场不断注入外币资本；另一方面，内资企业与国际市场之间的业务往来不断增加，逐步向国际市场拓展业务，参与国际资本市场竞争的程度和规模呈增长趋势，正在由资本输入向资本输出转变。在这种情况下，企业经常会涉及外币折算业务。

会计实务中，为了反映企业或企业集团的经营业绩和财务状况，需要将不同货币计量的资产、负债、收入、费用等折算为同一种货币反映，或将以其他货币反映的子公司、联营企业、合营企业、分支机构的经营业绩和财务状况折算为企业记账本位币反映，企业选定的用于反映企业经营业绩和财务状况的货币即为记账本位币。记账本位币是指企业经营所处的主要经济环境中的货币。主要经济环境，通常是指企业主要产生和支出现金的环境，使用该环境中的货币最能反映企业主要交易的经济结果。例如，我国大多数企业主要产生和支出现金的环境在国内，因此，一般以人民币作为记账本位币。

记账本位币以外的货币称为外币，以外币计价或者结算的交易称为外币交易，以外币反映的财务报表称为外币财务报表，将外币交易或外币财务报表折算为记账本位币反映的过程即为外币折算。

二、企业记账本位币的确定

我国《会计法》和《企业财务报告条例》都明确规定，业务收支以人民币以外的货币为主的单位，可以选定其中一种货币作为记账本位币，但是编报的财务会计报告应当折算为人民币。企业记账本位币的选定，应当考虑下列因素：一是从日常活动收入现金的角度看，所选择的货币能够对企业商品和劳务销售价格起主要作用，通常以该货币进行商品和劳务销售价格的计价与结算；二是从日常活动支出现金的角度看，所选择的货币能够对商品和劳务所需人工、材料和其他费用产生主要影响，通常以该货币进行这些费用的计价和结算；三是融资活动获得的资金以及保存从经营活动中收取款项时所使用的货币，要视融资活动获得的资金在其生产经营活动中的重要性或者企业通常留存销售收入的货币而定。

【例5-1】国内A外商投资企业超过80%的营业收入来自向各国的出口，其商品销售价格一般以美元结算，主要受美元的影响，因此，从影响商品和劳务销售价格的角度看，A企业应选择美元作为记账本位币。

如果A企业除厂房设施、25%的人工成本在国内以人民币采购外，生产所需原材料、机器设备及75%以上的人工成本都来自美国投资者以美元在国际市场的采购，则可进一步确定A企业的记账本位币是美元。

如果A企业的人工成本、原材料及相应的厂房设施、机器设备等95%以上在国内采购并以人民币计价，则难以确定A企业的记账本位币，需要考虑第三项因素。如果A企业取得的美元营业收入在汇回国内时可随时换成人民币存款，且A企业对所有以美元结算的资金往来的外币风险都进行了套期保值，则A企业应当选定人民币为其记账本位币。

在确定企业的记账本位币时，上述因素的重要程度因企业具体情况不同而不同，需要企业管理当局根据实际情况进行判断。一般情况下，综合考虑前两项即可确定企业的记账本位币，第三项为参考因素，视其对企业收支现金的影响程度而定。在综合考虑前两项因素仍不能确定企业记账本位币的情况下，第三项因素对企业记账本位币的确定起重要作用。

需要强调的是，企业管理当局根据实际情况确定的记账本位币只有一种，该货币一经确定，不得改变，除非与确定记账本位币相关的企业经营所处的主要经济环境发生重大变化。

三、境外经营记账本位币的确定

（一）境外经营的含义

境外经营是指企业在境外的子公司、合营企业、联营企业、分支机构。当企业在境内的子公司、联营企业、合营企业或者分支机构选定的记账本位币不同于企业的记账本位币时，也应当视同境外经营。区分某实体是否为该企业的境外经营的关键有两项：一是该实体与企业的关系，是否为企业的子公司、合营企业、联营企业、分支机构；二是该实体的记账本位币是否与企业记账本位币相同，而不是以该实体是否在企业所在地的境外作为标准。

（二）境外经营记账本位币的确定

境外经营也是一个企业，在确定其记账本位币时也应当考虑企业选择确定记账本位币需要考虑的上述因素。同时，由于境外经营是企业的子公司、合营企业、联营企业或者分支机构，因此，境外经营记账本位币的选择还应当考虑该境外经营与企业的关系。

1. 境外经营对其所从事的活动是否拥有很强的自主性。如果境外经营所从事的活动视同企业经营活动的延伸，该境外经营应当选择与企业记账本位币相同的货币作为记账本位币；如果境外经营所从事的活动拥有极大的自主性，境外经营不能选择与企业记账本位币相同的货币作为记账本位币。

2. 境外经营活动中与企业的交易是否在境外经营活动中占有较大比重。如果境外经营与企业的交易在境外经营活动中所占的比例较高，境外经营应当选择与企业记账本位币相同的货币作为记账本位币；反之，应选择其他货币。

3. 境外经营活动产生的现金流量是否直接影响企业的现金流量、是否可以随时汇回。如果境外经营活动产生的现金流量直接影响企业的现金流量，并可随时汇回，境外经营应当选择与企业记账本位币相同的货币作为记账本位币；反之，应选择其他货币。

4. 境外经营活动产生的现金流量是否足以偿还其现有债务和可预期的债务。如果境外经营活动产生的现金流量在企业不提供资金的情况下难以偿还其现有债务和正常情况下可预期的债务，境外经营应当选择与企业记账本位币相同的货币作为记账本位币；反之，应选择其他货币。

综上所述，企业确定本企业记账本位币或其境外经营记账本位币时，在多种因素混合在一起、记账本位币不明显的情况下，应当优先考虑上述第一和第二项因素，然后考虑融资活动获得的货币、保存从经营活动中收取款项时所使用的货币，以及第二项因素，以确定记账本位币。

【例 5-2】国内 B 公司以人民币作为记账本位币，B 公司在欧盟国家设有一家子公司 P 公司，P 公司在欧洲的经营活动拥有完全自主权：自主决定其经营政策、销售方式、进货来源等，B公司与P公司除投资与被投资关系外基本不发生业务往来，P公司的产品主要在欧洲市场销售，其一切费用开支等均由P公司在当地自行解决。

由于P公司主要收、支现金的环境在欧洲，且P公司对其自身经营活动拥有很强的自主性，P公司与B公司之间除了投资与被投资关系外基本无其他业务，因此，P公司应当选择欧元作为其记账本位币。

四、记账本位币变更的会计处理

企业选择的记账本位币一经确定，不得改变，除非与确定记账本位币相关的企业经营所处的主要经济环境发生了重大变化。主要经济环境发生重大变化，通常是指企业主要产生和支出现金的环境发生重大变化，使用该环境中的货币最能反映企业的主要交易业务的经济结果。企业因经营所处的主要经济环境发生重大变化，确需变更记账本位币的，应当采用变更当日的即期汇率将所有项目折算为变更后的记账本位币，折算后的金额作为以新的记账本位币计量的历史成本，由于采用同一即期汇率进行折算，不会产生汇兑差额。企业需要提供确凿的证据证明企业经营所处的主要经济环境确实发生了重大变化，并应当在附注中披露变更的理由。企业记账本位币发生变更的，在按照变更当日的即期汇率将所有项目折算为变更后的记账本位币时，其比较财务报表应当以可比当日的即期汇率折算所有资产负债表和利润表项目。

第二节 外币交易的会计处理

一、外币交易的会计核算程序

外币交易的记账方法有外币统账制和外币分账制两种。外币统账制是指企业在发生外币交易时即折算为记账本位币入账。外币分账制是指企业在日常核算时分别币种记账，资产负债表日分别货币性项目和非货币性项目进行调整：货币性项目按资产负债表日即期汇率折算，非货币性项目按交易日即期汇率折算；产生的汇兑差额计入当期损益。从我国目前的情况来看，绝大多数企业采用外币统账制，只有银行等少数金融企业由于外币交易频繁、涉及外币币种较多，可以采用分账制记账方法进行日常核算。无论是采用分账制记账方法，还是采用统账制记账方法，只是账务处理程序不同，但产生的结果应当相同，即计算出的汇兑差额相同；相应的会计处理也相同，即均计入当期损益。本节主要介绍外币统账制下的账户设置及其会计核算的基本程序。

（一）账户设置

外币统账制方法下，对外币交易的核算不单独设置科目，对外币交易金额因汇率变动而产生的差额可在"财务费用"科目下设置二级科目"汇兑差额"反映。该科目借方反映因汇率变动而产生的汇兑损失，贷方反映因汇率变动而产生的汇兑收益。期末余额结转入"本年利润"科目后一般无余额。

（二）会计核算的基本程序

企业发生外币交易时，其会计核算的基本程序为：

1. 将外币金额按照交易日的即期汇率或即期汇率的近似汇率折算为记账本位币金额，按照折算后的记账本位币金额登记有关账户；在登记有关记账本位币账户的同时，按照外币金额登记相应的外币账户。

2. 期末，将所有外币货币性项目的外币余额，按照期末即期汇率折算为记账本位币金额，并与原记账本位币金额相比较，其差额记入"财务费用——汇兑差额"科目。

3. 结算外币货币性项目时，将其外币结算金额按照当日即期汇率折算为记账本位币金额，并与原记账本位币金额相比较，其差额记入"财务费用——汇兑差额"科目。

二、即期汇率和即期汇率的近似汇率

（一）即期汇率的选择

汇率是指两种货币相兑换的比率，是一种货币用另一种货币单位所表示的价格。我们通常在银行见到的汇率有三种表示方式：买入价、卖出价和中间价。买入价指银行买入其他货币的价格，卖出价指银行出售其他货币的价格，中间价是银行买入价与卖出价的平均价。银行的卖出价一般高于买入价，以获取其中的差价。

无论是买入价还是卖出价，均是立即交付的结算价格，都是即期汇率。即期汇率是相对于远期汇率而言的，远期汇率是在未来某一日交付时的结算价格。为方便核算，我国企业会计准则规定，企业用于记账的即期汇率一般指当日中国人民银行公布的人民币汇率的中间价。但是，在企业发生单纯的货币兑换交易或涉及货币兑换的交易时，仅用中间价不能反映货币买卖的损益，需要使用买入价或卖出价折算。

企业发生的外币交易只涉及人民币与美元、欧元、日元、港元之间折算的，可直接采用中国人民银行每日公布的人民币汇率的中间价作为即期汇率进行折算；企业发生的外币交易涉及人民币与其他货币之间折算的，应当按照国家外汇管理局公布的各种货币兑美元折算率采用套算的方法进行折算，发生的外币交易涉及人民币以外的货币之间折算的，可直接采用国家外汇管理局公布的各种货币对美元折算率进行折算。

（二）即期汇率的近似汇率

在汇率变动不大时，为简化核算，企业在外币交易日或对外币报表的某些项目进行折算时，也可以选择即期汇率的近似汇率折算。即期汇率的近似汇率，是指按照系统合理的方法确定的、与交易发生日即期汇率近似的汇率，通常是指当期平均汇率或加权平均汇率等。加权平均汇率需要采用外币交易的外币金额作为权重进行计算。

确定即期汇率的近似汇率的方法应在前后各期保持一致。如果汇率波动使得采用即期汇率的近似汇率折算不适当时，应当采用交易发生日的即期汇率折算。至于何时不适当，需要企业根据汇率变动情况及计算近似汇率的方法等进行判断。

三、外币交易的会计处理

外币是企业记账本位币以外的货币。外币交易是指企业发生以外币计价或者结算的交易。包括：（1）买入或者卖出以外币计价的商品或者劳务。例如，以人民币为记账本位币的国内A公司向国外B公司销售商品，货款以美元结算；A公司购买S公司发行的H股股票，A公司从境外以美元购买固定资产或生产用原材料等。（2）借入或者借出外币资金。例如，以人民币为记账本位币的甲公司从中国银行借入欧元、经批准向海外发行美元债券等。（3）其他以外币计价或者结算的交易。这是指除上述两种情况外，以记账本位币以外的货币计价或结算的其他交易。例如接受外币现金捐赠等。

（一）交易日初始确认

企业发生外币交易的，应在初始确认时采用交易日的即期汇率或即期汇率的近似汇率将外币金额折算为记账本位币金额。这里的即期汇率可以是外汇牌价的买入价或卖出价，也可以是中间价，在与银行不进行货币兑换的情况下，一般以中间价作为即期汇率。

1. 外币兑换业务。

（1）企业卖出外币时，实际收到的记账本位币金额与付出的外币按当日即期汇率折算为记账本位币金额的差额，作为汇兑损益计入当期损益（财务费用）。

借：银行存款——人民币　　　　　　（实际收到的记账本位币）
　　财务费用——汇兑差额　　　　　　　　　　（借贷方差额）
　　贷：银行存款——××外币
　　　　　　　（卖出外币按当日即期汇率折算的记账本位币）

（2）企业买入外币时，实际付出的记账本位币金额与收取的外币按照当日即期汇率折算为记账本位币金额之间的差额,作为汇兑损益计入当期损益(财务费用)。

借:银行存款——××外币
　　　　　　　　(买入外币按当日即期汇率折算的记账本位币)
　　财务费用——汇兑差额　　　　　　　　　(借贷方差额)
　贷:银行存款——人民币　　　　　(实际付出的记账本位币)

2. 外币购销业务。企业以外币结算购进原材料、商品或引进设备时,按照当日的即期汇率将支付的外币或应支付的外币折算为人民币记账,以确定购入原材料等货物及债务的入账价值,同时按照外币的金额登记有关外币账户。

3. 外币借款业务。企业借入外币时,按照借入外币时的即期汇率折算为记账本位币入账,同时按照借入外币的金额登记相关的外币账户。

4. 接受外币资本投资业务。企业收到投资者以外币投入的资本,无论是否有合同约定汇率,均不采用合同约定汇率和即期汇率的近似汇率折算,而是采用交易日即期汇率折算,这样,外币投入资本与相应的货币性项目的记账本位币金额相等,不产生外币资本折算差额。

根据《关于外商投资的公司审批登记管理法律适用若干问题的执行意见》,外商投资公司的注册资本只能采用收到出资当日的即期汇率,不再使用合同汇率,也不使用与即期汇率近似的汇率。与其相对应的资产类科目也不使用与即期汇率近似的汇率,这样,外币投入资本不会产生汇兑差额,资产类科目在期末仍分别货币性项目与非货币性项目处理。虽然"股本(或实收资本)"账户的金额不能反映股权比例,但并不改变企业分配和清算的约定比例,这一约定比例通常已经包括在合同中。

【例5-3】甲股份有限公司属于增值税一般纳税人企业,选择确定的记账本位币为人民币,其外币交易采用交易日即期汇率折算。2×17年3月12日,从美国乙公司购入某种工业原料500吨,每吨价格为4 000美元,当日的即期汇率为1美元=7.6元人民币,进口关税为1 520 000元人民币,支付进口增值税2 842 400元人民币,货款尚未支付,进口关税及增值税以银行存款支付。会计分录如下:

借:原材料(500×4 000×7.6+1 520 000)　　　　16 720 000
　　应交税费——应交增值税(进项税额)　　　　　2 842 400
　贷:应付账款——乙公司(美元)　　　　　　　　15 200 000
　　　银行存款　　　　　　　　　　　　　　　　　4 362 400

【例5-4】甲股份有限公司的记账本位币为人民币,对外币交易采用交易日的即期汇率折算。2×17年4月3日向乙公司出口销售商品12 000件,销售合同规定的销售价格为每件250美元,当日的即期汇率为1美元=7.65元人民币。假设不考虑相关税费,货款尚未收到。相关会计分录如下:

借:应收账款——乙公司(美元)　　　　　　　　22 950 000
　贷:主营业务收入(12 000×250×7.65)　　　　22 950 000

【例5-5】乙股份有限公司的记账本位币为人民币,对外币交易采用交易日的即期汇率折算。2×17年3月3日,从境外丙公司购入不需要安装的设备一台,设备价款为250 000美元,购入该设备当日的即期汇率为1美元=7.6元人民币,适用的增值税税率为17%,款项尚未支付,增值税以银行存款支付,假设该增值税可以抵扣。相关会计分录如下:

借:固定资产——机器设备(250 000×7.6)　　　　1 900 000
　　应交税费——应交增值税(进项税额)　　　　　　323 000
　　贷:应付账款——丙公司(美元)　　　　　　　　　1 900 000
　　　　银行存款　　　　　　　　　　　　　　　　　　323 000

【例5-6】甲股份有限公司的记账本位币为人民币,对外币交易采用交易日的即期汇率折算。根据其与外商签订的投资合同,外商将分两次投入外币资本,投资合同约定的汇率是1美元=8.00元人民币。2×17年7月1日,甲股份有限公司第一次收到外商投入资本300 000美元,当日即期汇率为1美元=7.8元人民币;2×18年2月3日,第二次收到外商投入资本300 000美元,当日即期汇率为1美元=7.6元人民币。相关会计分录如下。

①2×17年7月1日,第一次收到外币资本时:

借:银行存款——美元(300 000×7.8)　　　　　　2 340 000
　　贷:股本　　　　　　　　　　　　　　　　　　　　2 340 000

②2×18年2月3日,第二次收到外币资本时:

借:银行存款——美元(300 000×7.6)　　　　　　2 280 000
　　贷:股本　　　　　　　　　　　　　　　　　　　　2 280 000

【例5-7】乙股份有限公司的记账本位币是人民币。对外币交易采用交易日即期汇率折算。2×17年4月1日,从中国银行借入1 500 000港元,期限为6个月,借入的港元暂存银行。借入当日的即期汇率为1港元=1.10元人民币。相关会计分录如下:

借:银行存款——港元(1 500 000×1.10)　　　　1 650 000
　　贷:短期借款——港元　　　　　　　　　　　　　　1 650 000

【例5-8】乙股份有限公司以人民币为记账本位币,对外币交易采用交易日的即期汇率折算。2×17年6月1日,将50 000美元到银行兑换为人民币,银行当日的美元买入价为1美元=7.55元人民币,中间价为1美元=7.60元人民币。

本例中,企业与银行发生货币兑换,兑换所用汇率为银行的买入价或卖出价,而通常记账所用的即期汇率为中间价,由于汇率变动而产生的汇兑差额计入当期财务费用。有关会计分录如下:

借:银行存款——人民币(50 000×7.55)　　　　　377 500
　　财务费用　　　　　　　　　　　　　　　　　　　　2 500
　　贷:银行存款——美元(50 000×7.6)　　　　　　380 000

【例5-9】甲股份有限公司以人民币为记账本位币,对外币交易采用交易日的即期汇率折算。2×17年6月1日,因外币支付需要,从银行购入10 000欧

元,银行当日的欧元卖出价为1欧元=11元人民币,当日的中间价为1欧元=10.7元人民币。相关会计分录如下:

借:银行存款——欧元(10 000×10.7)　　　　　　　107 000
　　财务费用　　　　　　　　　　　　　　　　　　　　3 000
　　贷:银行存款——人民币(10 000×11)　　　　　　110 000

(二) 会计期末调整或结算

会计期末,企业应当分别外币货币性项目和外币非货币性项目进行处理。

1. 外币货币性项目。外币货币性项目是企业持有的货币和将以固定或可确定金额的货币收取的资产或者偿付的负债。外币货币性项目分为货币性资产和货币性负债。货币性资产包括现金、银行存款、应收账款、其他应收款、长期应收款等;货币性负债包括应付账款、其他应付款、短期借款、应付债券、长期借款、长期应付款等。

期末或结算货币性项目时,应以当日即期汇率折算外币货币性项目,该项目因当日即期汇率不同于该项目初始入账时或前一期末即期汇率而产生的汇率差额计入财务费用或在建工程。

资产负债表日汇兑损益的计算程序如下:

第一,结出期末各外币账户的外币余额和记账本位币余额;

第二,按资产负债表日的即期汇率重新折算各外币账户期末记账本位币余额;

第三,计算某外币账户期末产生的汇兑损益。

某外币账户的汇兑损益 = 期末外币余额×资产负债表日的即期汇率
　　　　　　　　　　　－[期初账面记账本位币余额＋本期外币增加发生额
　　　　　　　　　　　×折算汇率－本期外币减少发生额×折算汇率]

对于资产类账户,如上述差额为正数,则产生汇兑收益,记入"财务费用——汇兑差额"账户的贷方;如上述差额为负数,则产生汇兑损失,记入"财务费用——汇兑差额"账户的借方。负债类账户则相反。

【例5-10】沿用〖例5-3〗,2×17年3月31日,甲股份有限公司尚未向乙公司支付所欠工业原料款。当日即期汇率为1美元=7.55元人民币。应付乙公司货款按期末即期汇率折算为15 100 000元人民币(500×4 000×7.55),与该货款原记账本位币之差100 000元人民币冲减当期损益。相关会计分录如下:

借:应付账款——乙公司(美元)　　　　　　　　　　100 000
　　贷:财务费用——汇兑差额　　　　　　　　　　　　100 000

【例5-11】沿用〖例5-4〗,2×17年4月30日,甲股份有限公司仍未收到乙公司发来的销售货款。当日的即期汇率为1美元=7.6元人民币。乙公司所欠销售货款按当日即期汇率折算为22 800 000元人民币(12 000×250×7.6),与该货款原记账本位币之差额为150 000元人民币(22 950 000－22 800 000)。相关会计分录如下:

借：财务费用——汇兑差额　　　　　　　　　　　　150 000
　　贷：应收账款——乙公司（美元）　　　　　　　　　　150 000

假定2×17年5月20日收到上述货款，兑换成人民币后直接存入银行，当日银行的美元买入价为1美元＝7.62元人民币，相应的会计分录为：
借：银行存款——人民币（12 000×250×7.62）　　22 860 000
　　贷：应收账款——美元　　　　　　　　　　　　　22 800 000
　　　　财务费用——汇兑差额　　　　　　　　　　　　 60 000

【例5-12】沿用〖例5-7〗，6个月后，乙股份有限公司按期向中国银行归还借入的1 500 000港元。归还借款时的即期汇率为1港元＝1.08元人民币。相关会计分录如下：
借：短期借款——港元（1 500 000×1.10）　　　　1 650 000
　　贷：银行存款——港元（1 500 000×1.08）　　　　1 620 000
　　　　财务费用——汇兑差额　　　　　　　　　　　　 30 000

2. 外币非货币性项目。外币非货币性项目是货币性项目以外的项目，如存货、长期股权投资、交易性金融资产（股票、基金）、固定资产、无形资产等。

（1）对于以历史成本计量的外币非货币性项目，已在交易发生日按当日即期汇率折算，资产负债表日不应改变其原记账本位币金额，不产生汇兑差额。

（2）对于以成本与可变现净值孰低计量的存货，如果其可变现净值以外币确定，则在确定存货的期末价值时，应先将可变现净值折算为记账本位币，再与以记账本位币反映的存货成本进行比较。

（3）对于以公允价值计量的股票、基金等外币非货币性项目（如交易性金融资产等），如果期末的公允价值以外币反映，则应当先将该外币按照公允价值确定当日的即期汇率折算为记账本位币金额，再与原记账本位币金额进行比较，其差额作为公允价值变动损益，计入当期损益。

【例5-13】P上市公司以人民币为记账本位币。2×17年11月2日，从英国W公司采购国内市场尚无的A商品10 000件，每件价格为1 000英镑，当日即期汇率为1英镑＝15元人民币。2×17年12月31日，尚有1 000件A商品未销售出去，国内市场仍无A商品供应，A商品在国际市场的价格降至900英镑。12月31日的即期汇率是1英镑＝15.5元人民币。假定不考虑增值税等相关税费。

本例中，由于存货在资产负债表日采用成本与可变现净值孰低计量，因此，在以外币购入存货并且该存货在资产负债表日的可变现净值以外币反映时，计提存货跌价准备时应当考虑汇率变动的影响。相关会计分录如下。

①11月2日，购入A商品：
借：库存商品——A（10 000×1 000×15）　　　150 000 000
　　贷：银行存款——英镑　　　　　　　　　　　　 150 000 000

②12月31日，计提存货跌价准备：
资产减值损失＝1 000×1 000×15－1 000×900×15.5＝1 050 000（元人民币）

借：资产减值损失　　　　　　　　　　　　　　　　　　　　1 050 000
　　贷：存货跌价准备　　　　　　　　　　　　　　　　　　　　　1 050 000

【例 5-14】 国内甲公司的记账本位币为人民币。2×17 年 12 月 10 日以每股 1.5 美元的价格购入乙公司 B 股 10 000 股作为交易性金融资产，当日汇率为 1 美元 = 7.6 元人民币，款项已付。2×17 年 12 月 31 日，由于市价变动，当月购入的乙公司 B 股的市价变为每股 1 美元，当日汇率为 1 美元 = 7.65 元人民币。假定不考虑相关税费的影响。

2×17 年 12 月 10 日，该公司对上述交易应作以下处理：

借：交易性金融资产（1.5×10 000×7.6）　　　　　　　　　114 000
　　贷：银行存款——美元　　　　　　　　　　　　　　　　　　　114 000

根据《企业会计准则第 22 号——金融工具确认和计量》，交易性金融资产以公允价值计量。由于该项交易性金融资产是以外币计价，在资产负债表日，不仅应考虑美元市价的变动，还应一并考虑美元与人民币之间汇率变动的影响。上述交易性金融资产在资产负债表日的人民币金额以 76 500 元（1×10 000×7.65）入账，与原账面价值 114 000 元的差额 37 500 元人民币计入公允价值变动损益。相应的会计分录为：

借：公允价值变动损益　　　　　　　　　　　　　　　　　　　　37 500
　　贷：交易性金融资产　　　　　　　　　　　　　　　　　　　　　37 500

这里的 37 500 元人民币，既包含甲公司所购乙公司 B 股股票公允价值变动的影响，又包含人民币与美元之间汇率变动的影响。

2×18 年 1 月 10 日，甲公司将所购乙公司 B 股股票按当日市价每股 1.2 美元全部售出，所得价款为 12 000 美元，按当日汇率 1 美元 = 7.7 元人民币折算为人民币金额 92 400 元，与其原账面价值人民币金额 76 500 元的差额为 15 900 元人民币，对于汇率的变动和股票市价的变动不进行区分，均作为投资收益进行处理。因此，售出当日，甲公司应作会计分录为：

借：银行存款——美元（1.2×10 000×7.7）　　　　　　　　92 400
　　贷：交易性金融资产（114 000 - 37 500）　　　　　　　　　　76 500
　　　　投资收益　　　　　　　　　　　　　　　　　　　　　　　15 900

第三节　外币财务报表折算

在将企业的境外经营通过合并、权益法核算等纳入企业的财务报表中时，需要将企业境外经营的财务报表折算为以企业记账本位币反映的财务报表，这一过程就是外币财务报表的折算。可见，境外经营及其记账本位币的确定是进行财务报表折算的关键。

一、境外经营财务报表的折算

(一) 折算方法

在对企业境外经营财务报表进行折算前,应当调整境外经营的会计期间和会计政策,使之与企业会计期间和会计政策相一致,根据调整后会计政策及会计期间编制相应货币(记账本位币以外的货币)的财务报表,再按照以下方法对境外经营财务报表进行折算:

1. 资产负债表中的资产和负债项目,采用资产负债表日的即期汇率折算,所有者权益项目除"未分配利润"项目外,其他项目采用发生时的即期汇率折算。

2. 利润表中的收入和费用项目,采用交易发生日的即期汇率或即期汇率的近似汇率折算。

3. 产生的外币财务报表折算差额,在编制合并会计报表时,应在合并资产负债表中所有者权益项目下单独作为"外币报表折算差额"项目列示。

比较财务报表的折算比照上述规定处理。

【例5-15】国内甲公司的记账本位币为人民币,该公司在境外有一子公司乙公司,乙公司确定的记账本位币为美元。根据合同约定,甲公司拥有乙公司70%的股权,并能够对乙公司的财务和经营政策施加控制。甲公司采用当期平均汇率折算乙公司利润表项目。乙公司的有关资料如下:

2×21年12月31日的汇率为1美元=7.7元人民币,2×21年的平均汇率为1美元=7.6元人民币,实收资本、资本公积发生日的即期汇率为1美元=8元人民币。2×20年12月31日的股本为500万美元,折算为人民币为4 000万元;累计盈余公积为50万美元,折算为人民币为405万元;累计未分配利润为120万美元,折算为人民币为972万元。甲、乙公司均在年末提取盈余公积,乙公司当年提取的盈余公积为70万美元。

报表折算如表5-1、表5-2和表5-3所示。

表5-1　　　　　　　　　　　利　润　表
2×21年度

项目	期末数(万美元)	折算汇率	折算为人民币金额(万元)
一、营业收入	2 000	7.6	15 200
减:营业成本	1 500	7.6	11 400
税金及附加	40	7.6	304
管理费用	100	7.6	760
财务费用	10	7.6	76

续表

项目	期末数（万美元）	折算汇率	折算为人民币金额（万元）
加：投资收益	30	7.6	228
二、营业利润	380		2 888
加：营业外收入	40	7.6	304
减：营业外支出	20	7.6	152
三、利润总额	400		3 040
减：所得税费用	120	7.6	912
四、净利润	280		2 128

表 5-2　　　　　　　　　　　所有者权益变动表
2×21 年度

	实收资本			盈余公积			未分配利润		外币报表折算差额	股东权益合计
	美元（万美元）	折算汇率	人民币（万元）	美元（万美元）	折算汇率	人民币（万元）	美元（万美元）	人民币（万元）		人民币（万元）
一、本年年初余额	500	8	4 000	50		405	120	972		5 377
二、本年增减变动金额										
（一）净利润							280	2 128		2 128
（二）其他综合收益										-190
其中：外币报表折算差额									-190	-190
（三）利润分配										
提取盈余公积				70	7.6	532	-70	-532		0
三、本年年末余额	500	8	4 000	120		937	330	2 568	-190	7 315

当期计提的盈余公积采用当期平均汇率折算，期初盈余公积为以前年度计提的盈余公积按相应年度平均汇率折算后金额的累计，期初未分配利润记账本位币金额为以前年度未分配利润记账本位币金额的累计。

表 5-3　　　　　　　　　　　资产负债表
2×21 年 12 月 31 日

资产	期末数（万美元）	折算汇率	折算为人民币金额（万元）	负债和股东权益	期末数（万美元）	折算汇率	折算为人民币金额（万元）
流动资产：				流动负债：			
货币资金	190	7.7	1 463.00	短期借款	45	7.7	346.50

续表

资产	期末数（万美元）	折算汇率	折算为人民币金额（万元）	负债和股东权益	期末数（万美元）	折算汇率	折算为人民币金额（万元）
应收账款	190	7.7	1 463.00	应付账款	285	7.7	2 194.50
存货	240	7.7	1 848.00	其他流动负债	110	7.7	847.00
其他流动资产	200	7.7	1 540.00	流动负债合计	440		3 388.00
流动资产合计	820		6 314.00	非流动负债：			
非流动资产：				长期借款	140	7.7	1 078.00
长期应收款	120	7.7	924.00	应付债券	80	7.7	616.00
固定资产	550	7.7	4 235.00	其他非流动负债	90	7.7	693.00
在建工程	80	7.7	616.00	非流动负债合计	310		2 387.00
无形资产	100	7.7	770.00	负债合计	750		5 775.00
其他非流动资产	30	7.7	231.00	股东权益：			
非流动资产合计	880		6 776.00	股本	500	8	4 000.00
				盈余公积	120		937.00
				未分配利润	330		2 568
				其他综合收益*			−190.00
				股东权益合计	950		7 315.00
资产总计	1 700		13 090.00	负债和股东权益总计	1 700		13 090.00

注：*其他综合收益是指因外币报表折算产生的差额。

其他综合收益为以记账本位币反映的净资产减去以记账本位币反映的实收资本、累计盈余公积及累计未分配利润后的余额。

(二) 特殊项目的处理

1. 少数股东应分担的外币报表折算差额。在企业境外经营为其子公司的情况下，企业在编制合并财务报表时，应按少数股东在境外经营所有者权益中所享有的份额计算少数股东应分担的外币报表折算差额，并入少数股东权益列示于合并资产负债表。

2. 实质上构成对境外经营净投资的外币货币性项目产生的汇兑差额的处理。母公司含有实质上构成对子公司（境外经营）净投资的外币货币性项目的情况下，在编制合并财务报表时，应分别以下两种情况编制抵销分录。

（1）实质上构成对子公司净投资的外币货币性项目以母公司或子公司的记账本位币反映，则应在抵销长期应收应付项目的同时，将其产生的汇兑差额转入"外币报表折算差额"项目。即，借记或贷记"财务费用——汇兑差额"科目，贷记或借记"外币报表折算差额"科目。

（2）实质上构成对子公司净投资的外币货币性项目以母、子公司的记账本位币以外的货币反映，则应将母、子公司此项外币货币性项目产生的汇兑差额相互抵销，差额转入"外币报表折算差额"。

如果合并财务报表中各子公司之间也存在实质上构成对另一子公司（境外经营）净投资的外币货币性项目，在编制合并财务报表时应比照上述情况编制相应的抵销分录。

二、恶性通货膨胀经济情况下外币财务报表的折算

（一）恶性通货膨胀经济的判定

当一个国家经济环境显示出（但不局限于）以下特征时，应当判断该国处于恶性通货膨胀经济中：

1. 三年累计通货膨胀率接近或超过100%；
2. 利率、工资和物价与物价指数挂钩，物价指数是物价变动趋势和幅度的相对数；
3. 一般公众不是以当地货币而是以相对稳定的外币为单位作为衡量货币金额的基础；
4. 一般公众倾向于以非货币性资产或相对稳定的外币来保存自己的财富，持有的当地货币立即用于投资以保持购买力；
5. 即使信用期限很短，赊销、赊购交易仍按补偿信用期预计购买力损失的价格成交。

（二）处于恶性通货膨胀经济中境外经营财务报表的折算

企业在通过合并或权益法核算将处于恶性通货膨胀经济中境外经营的财务报表纳入本企业财务报表时，需要先对其财务报表进行重述；对资产负债表项目运用一般物价指数予以重述，对利润表项目运用一般物价指数变动予以重述，然后，按照重述后的财务报表进行折算。在境外经营不再处于恶性通货膨胀经济中时，应当停止重述，按照停止之日的价格水平重述的财务报表进行折算。

1. 资产负债表项目的重述。在对资产负债表项目进行重述时，由于现金、应收账款、其他应收款等货币性项目已经以资产负债表日的计量单位表述，因此，不需要对其进行重述；通过协议与物价变动挂钩的资产和负债，应根据协议约定进行调整；非货币性项目中，有些是以资产负债表日的计量单位列示的，如存货，如果已经以可变现净值列示，资产负债表日就不需要进行重述。其他非货币性项目，如固定资产、无形资产等，应自购置日起以一般物价指数变动予以重述。

2. 利润表项目的重述。在对利润表项目进行重述时，所有项目金额都需要自其初始确认之日起，以一般物价指数变动进行重述，以使利润表的所有项目都以资产负债表日的计量单位表述。由于上述重述而产生的差额计入当期净利润。

对资产负债表和利润表项目进行重述后，再按资产负债表日的即期汇率对

资产负债表项目和利润表项目折算为记账本位币报表。在境外经营不再处于恶性通货膨胀经济中时,应当停止重述,按照停止之日的价格水平重述的财务报表进行折算。

三、境外经营的处置

企业可能通过出售、清算、返还股本或放弃全部或部分权益等方式处置其在境外经营中的利益。在包含境外经营的财务报表中,将已列入所有者权益的外币报表折算差额中与该境外经营相关部分,自所有者权益项目中转入处置当期损益;如果是部分处置境外经营,应当按处置的比例计算处置部分的外币报表折算差额,转入处置当期损益。

练 习 题

一、单项选择题

1. 我国某企业记账本位币为美元,下列说法中错误的是(　　)。
   A. 该企业以人民币计价和结算的交易属于外币交易
   B. 该企业以美元计价和结算的交易不属于外币交易
   C. 该企业的编报货币为美元
   D. 该企业的编报货币为人民币

2. 甲公司外币业务采用业务发生时的即期汇率进行折算,按月计算汇兑损益。5月20日对外销售产品发生应收账款500万欧元,当日的市场汇率为1欧元 = 10.30元人民币。5月31日的市场汇率为1欧元 = 10.28元人民币;6月1日的市场汇率为1欧元 = 10.32元人民币;6月30日的市场汇率为1欧元 = 10.35元人民币。7月10日收到该应收账款,当日市场汇率为1欧元 = 10.34元人民币。该应收账款6月份应当确认的汇兑收益为(　　)万元人民币。
   A. -10　　　　B. 15　　　　C. 25　　　　D. 35

3. 某中外合资经营企业注册资本为400万美元,合同约定分两次投入,合同约定折算汇率为1:8.0。中、外投资者分别于2×17年1月1日和3月1日投入300万美元和100万美元。2×17年1月1日、3月1日、3月31日和12月31日美元兑人民币的汇率分别为1:8.20、1:8.25、1:8.24和1:8.30。假定该企业采用人民币作为记账本位币,外币业务采用业务发生日的汇率折算。该企业2×17年年末资产负债表中"实收资本"项目的金额为(　　)万元人民币。
   A. 3 280　　　B. 3 296　　　C. 3 285　　　D. 3 320

4. 甲公司以人民币为记账本位币。2×17年11月20日以每台2 000美元的价格从美国某供货商手中购入国际最新型号H商品10台,并于当日支付了相应货款(假定甲公司有美元存款)。2×17年12月31日,已售出H商品2台,国内市场仍无H商品供应,但H商品在国际市场上的价格已降至每台1 950美元。11月20日的汇率是1美元 = 7.8元人民币,12月31日的汇率是1美元 = 7.9元人民币。假定不考虑增值税等相关税费,甲公司2×17年12月31日应计提的存货跌价准备为(　　)元人民币。
   A. 3 120　　　B. 1 560　　　C. 0　　　　D. 3 160

5. 企业对境外经营的子公司外币资产负债表折算时，在不考虑其他因素的情况下，下列各项中，应采用交易发生时即期汇率折算的是（   ）。

    A. 存货   B. 固定资产   C. 实收资本   D. 未分配利润

6. 下列说法中正确的是（   ）。

    A. 企业记账本位币一经确定，不得随意变更，除非企业经营所处的主要经济环境发生重大变化

    B. 企业记账本位币一经确定，不得变更

    C. 企业的记账本位币一定是人民币

    D. 企业的编报货币可以是人民币以外的币种

7. 某外商投资企业收到外商作为实收资本投入的固定资产一台，协议作价20万美元，当日的市场汇率为1美元=8.25元人民币。投资合同约定汇率为1美元=8.20元人民币。另发生运杂费2万元人民币、进口关税5万元人民币、安装调试费3万元人民币。该设备的入账价值为（   ）万元人民币。

    A. 164   B. 170   C. 174   D. 175

8. 某股份有限公司对外币业务采用业务发生日的市场汇率进行折算，按月计算汇兑差额。2×17年5月20日向境外某公司销售商品一批，价款总额为2 000万美元，货款尚未收到，当日的市场汇率为1美元=8.22元人民币。5月30日的市场汇率为1美元=8.23元人民币。6月30日的市场汇率为1美元=8.25元人民币。该外币债权6月份所发生的汇兑收益为（   ）万元人民币。

    A. -40   B. -60   C. 40   D. 60

9. 按照我国会计准则的规定，外币财务报表折算为人民币报表时，所有者权益变动表中的"未分配利润"项目应当（   ）。

    A. 按平均汇率折算

    B. 按历史汇率折算

    C. 根据折算后所有者权益变动表中的其他项目的数额计算确定

    D. 按即期汇率折算

10. 甲公司的记账本位币为人民币。2×17年12月5日以每股2美元的价格购入A公司10 000股作为交易性金融资产，当日汇率为1美元=7.6元人民币，款项已经支付，2×17年12月31日，当月购入的A公司股票市价变为每股2.2美元，当日汇率为1美元=7.4元人民币，假定不考虑相关税费的影响，则甲公司期末计入当期损益的金额为（   ）元人民币。

    A. 10 800   B. 800   C. 10 000   D. 10 600

二、多项选择题

1. 在资产负债表日对下列项目进行处理时可能会产生汇兑差额的有（   ）。

    A. 应收账款   B. 长期应收款   C. 固定资产   D. 无形资产

2. 企业选定记账本位币，应当考虑的因素有（   ）。

    A. 该货币主要影响商品和劳务的销售价格，通常以该货币进行商品和劳务的计价和结算

    B. 该货币主要影响商品和劳务所需人工、材料和其他费用，通常以该货币进行上述费用的计价和结算

    C. 融资活动获得的货币以及保存从经营活动中收取款项所使用的货币

    D. 影响当期汇兑差额数额的大小

3. 我国外币会计报表折算中，可以采用按照系统合理的方法确定的、与交易发生日即期

汇率近似的汇率折算的有（　　）。
　　A. 短期借款　　　B. 固定资产　　　C. 管理费用　　　D. 营业收入
4. 我国某企业记账本位币为美元，下列说法中正确的有（　　）。
　　A. 该企业以人民币计价和结算的交易属于外币交易
　　B. 该企业以美元计价和结算的交易不属于外币交易
　　C. 该企业的编报货币为美元
　　D. 该企业的记账本位币一定是人民币
5. 企业对境外经营的财务报表进行折算时，下列项目中可用资产负债表日的即期汇率折算的有（　　）。
　　A. 存货　　　　　　　　　　　B. 交易性金融资产
　　C. 持有至到期投资　　　　　　D. 盈余公积
6. 关于外币财务报表折算差额，下列说法中正确的有（　　）。
　　A. 企业发生的外币报表折算差额，在资产负债表中"所有者权益"项目下单独列示
　　B. 企业在处置境外经营时，应当将资产负债表中"所有者权益"项目下列示的、与该境外经营相关的外币财务报表折算差额，自"所有者权益"项目转入处置当期损益
　　C. 部分处置境外经营的，应当按处置的比例计算处置部分的外币财务报表折算差额，转入处置当期损益
　　D. 企业在处置境外经营时，应当将资产负债表中"所有者权益"项目下列示的、与该境外经营相关的外币财务报表折算差额，自"外币财务报表折算差额"项目转入"未分配利润"项目
7. 下列项目中，企业应当计入当期损益的有（　　）。
　　A. 兑换外币时发生的折算差额
　　B. 外币"银行存款"账户发生的汇兑差额
　　C. 外币"应收账款"账户期末折算差额
　　D. 外币会计报表折算差额
8. 下列项目中，属于境外经营或视同境外经营的有（　　）。
　　A. 企业在境外的子公司
　　B. 企业在境外的合营企业
　　C. 企业在境外的子公司分支机构
　　D. 采用相同于企业记账本位币的在境内的子公司、合营企业、联营企业、分支机构
9. 下列交易中，属于外币交易的有（　　）。
　　A. 买入以外币计价的商品或者劳务
　　B. 卖出以外币计价的商品或者劳务
　　C. 借入外币资金
　　D. 向国外销售以记账本位币计价和结算的商品
10. 外币交易应当在初始确认时将外币金额折算为记账本位币金额，可以采用的汇率有（　　）。
　　A. 交易发生日的即期汇率
　　B. 按照系统合理的方法确定的、与交易发生日即期汇率近似的汇率
　　C. 与交易发生日即期汇率相差较大的汇率
　　D. 当汇率波动较大时，当年1月1日的汇率

三、判断题

1. 企业对境外子公司的外币利润表进行折算时，可以采用交易发生日即期汇率，也可以采用按照系统合理的方法确定的、与交易日即期汇率近似的汇率。（　　）
2. 外币交易，是指以外币计价或者结算的交易。外币是指人民币以外的货币。（　　）
3. 企业因经营所处的主要经济环境发生重大变化，确需变更记账本位币的，应当采用变更当期期初的汇率将所有项目折算为变更后的记账本位币。（　　）
4. 企业因经营所处的主要经济环境发生重大变化，确需变更记账本位币的，应当采用变更当日的即期汇率将所有项目折算为变更后的记账本位币。（　　）
5. 企业采用统账制核算，对于发生的外币交易，应当将外币金额折算为记账本位币金额。（　　）
6. 记账本位币，是指企业经营所处的主要经济环境中的货币。（　　）
7. 企业只能选择人民币作为记账本位币。（　　）
8. 若企业的记账本位币选择的是人民币以外的币种，期末编报的财务报表应当折算为人民币。（　　）
9. 以公允价值计量的外币非货币性项目，采用公允价值确定日的即期汇率折算，折算后的记账本位币金额与原记账本位币金额的差额，作为汇兑差额，计入当期损益。（　　）
10. 企业发生收到投入外币资本业务时，在有合同约定汇率的情况下，有关资产和"实收资本"账户均应按合同约定汇率折合为人民币金额记账。（　　）

四、计算及账务处理题

甲有限责任公司（以下简称甲公司）以人民币作为记账本位币，外币业务采用业务发生时的市场汇率折算，按季计算外币账户的汇兑差额。

（1）甲公司2×16年第四季度发生以下交易或事项：

①10月6日，收到国外乙公司追加的外币资本投资1 000万美元，款项于当日存入银行，当日市场汇率为1美元=7.24元人民币。

甲公司与乙公司的投资合同于2×16年7月10日签订。投资合同中对外币资本投资的约定汇率为1美元=7.20元人民币。签约当日市场汇率为1美元=7.18元人民币。

②11月8日，出口销售商品一批，售价为120万美元。该商品销售已符合收入确认条件，但款项尚未收到。当日市场汇率为1美元=7.24元人民币。

③11月12日，偿还应付国外丙公司的货款80万美元，款项已通过美元账户划转。当日市场汇率为1美元=7.23元人民币。

④11月28日，收到应收国外丁公司的货款60万美元，款项于当日存入银行，当日市场汇率为1美元=7.26元人民币。

⑤12月2日，自国外进口原材料一批，材料价款100万美元，货款尚未支付。当日市场汇率为1美元=7.24元人民币。

（2）其他有关资料如下：

①2×16年第四季度期初甲公司有关外币账户的余额如下表所示。

项目	美元金额（万美元）	汇率（美元∶人民币）	折合人民币金额（万元）
银行存款（美元户）	400（借方）	1∶7.22	2 888（借方）
应收账款（美元户）	150（借方）	1∶7.22	1 083（借方）
应付账款（美元户）	110（贷方）	1∶7.22	794.2（贷方）

②2×16年12月31日,当日市场汇率为1美元=7.25元人民币。
③假定不考虑上述交易过程中的相关税费。
要求:
(1)根据上述资料,填写所列账户2×16年第四季度发生额和经调整汇兑差额后的期末余额。
(2)对甲公司2×16年第四季度外币账户汇兑差额汇总进行账务处理。

第六章 所得税会计

> **学习指南**
>
> 本章是关于所得税会计业务的会计处理介绍。我国所得税会计核算采用资产负债表债务法。本章的主要内容包括:一是所得税会计的相关概念;二是资产和负债的计税基础及暂时性差异;三是递延所得税负债及递延所得税资产的确认;四是所得税费用的确认和计量,包括当期所得税费用和递延所得税费用的确认和计量。通过本章的学习,要求熟悉资产负债表债务法的概念和理论基础;掌握资产计税基础和负债计税基础的确定;掌握应纳税暂时性差异和可抵扣暂时性差异的判断和确定;掌握递延所得税资产和递延所得税负债的确认和计量;掌握应纳税所得额的纳税调整及所得税费用的确认和计量。

第一节 所得税会计概述

企业的会计核算和税法处理分别遵循不同的原则,服务于不同的目的。在我国,会计的确认、计量、报告应当遵从企业会计准则的规定,目的在于真实、完整地反映企业的财务状况、经营成果和现金流量等,为投资者、债权人以及其他会计信息使用者提供对其决策有用的信息;税法则是以课税为目的,根据国家有关税收法律、法规的规定,确定一定时期内纳税人应缴纳的税额,从所得税的角度,主要是确定企业的应纳税所得额,以对企业的经营所得征税。

所得税会计的形成和发展是所得税法规与会计准则规定相互分离的必然结果,两者分离的程度和差异的种类、数量直接影响和决定了所得税会计处理方法的改进。我国所得税会计采用资产负债表债务法,要求企业从资产负债表出发,通过比较资产负债表中列示的资产、负债,按照会计准则规定确定的账面价值与按照税法规定确定的计税基础,对于两者之间的差异,分别应纳税暂时性差异与可抵扣暂时性差异,确认相关的递延所得税负债与递延所得税资产,并在此基础上确定每一会计期间利润表中的所得税费用。

一、资产负债表债务法的理论基础

资产负债表债务法在所得税的会计核算方面贯彻了资产、负债的界定。从资产负债角度考虑，资产的账面价值代表的是某项资产在持续持有及最终处置的一定期间内为企业带来未来经济利益的总额，而其计税基础代表的是该期间内按照税法规定就该项资产可以税前扣除的总额。资产的账面价值小于其计税基础的，表明该项资产于未来期间产生的经济利益流入低于按照税法规定允许税前扣除的金额，产生可抵减未来期间应纳税所得额的因素，减少未来期间以应交所得税的方式流出企业的经济利益，应确认为递延所得税资产；反之，一项资产的账面价值大于其计税基础的，两者之间的差额会增加企业于未来期间应纳税所得额及应交所得税，对企业形成经济利益流出的义务，应确认为递延所得税负债。

二、所得税会计的一般程序

采用资产负债表债务法核算所得税的情况下，企业一般应于每一资产负债表日进行所得税的核算。企业合并等特殊交易或事项发生时，在确认因交易或事项取得的资产、负债时即应确认相关的所得税影响。企业进行所得税核算一般应遵循以下程序：

1. 按照相关会计准则的规定确定资产负债表中除递延所得税资产和递延所得税负债以外的其他资产和负债项目的账面价值。资产、负债的账面价值，是指企业按照相关会计准则的规定进行核算后在资产负债表中列示的金额。对于计提了减值准备的各项资产，是指其账面余额减去已计提的减值准备后的金额。例如，企业持有的应收账款账面余额为 1 000 万元，企业对该应收账款计提了 50 万元的坏账准备，其账面价值为 950 万元。

2. 按照会计准则中对于资产和负债计税基础的确定方法，以适用的税收法规为基础，确定资产负债表中有关资产、负债项目的计税基础。应予说明的是，资产、负债的计税基础是会计上的定义，但其确定应当遵循税法的规定进行。

3. 比较资产、负债的账面价值与其计税基础，对于两者之间存在差异的，分析其性质，除会计准则中规定的特殊情况外，分别应纳税暂时性差异与可抵扣暂时性差异，确定资产负债表日递延所得税负债和递延所得税资产的应有金额，并与期初递延所得税资产和递延所得税负债的余额相比，确定当期应予进一步确认的递延所得税资产和递延所得税负债金额或应予转销的金额，作为递延所得税。

4. 就企业当期发生的交易或事项，按照适用的税法规定计算确定当期应纳税所得额，将应纳税所得额与适用的所得税税率计算的结果确认为当期应交所得税，作为当期所得税。

5. 确定利润表中的所得税费用。利润表中的所得税费用包括当期所得税（当期应交所得税）和递延所得税两个组成部分，企业在计算确定了当期所得税和递延所得税后，两者之和（或之差）是利润表中的所得税费用。

第二节 资产和负债的计税基础及暂时性差异

所得税会计的关键在于确定资产和负债的计税基础。在确定资产和负债的计税基础时，应严格遵循税收法规中对于资产的税务处理以及可税前扣除的费用等的规定进行。

一、资产的计税基础

资产的计税基础，是指企业收回资产账面价值过程中，计算应纳税所得额时按照税法规定可以自应税经济利益中抵扣的金额，即某一项资产在未来期间计税时按照税法规定可以税前扣除的金额。计算公式如下：

资产的计税基础 = 未来可税前扣除的金额
= 资产成本 – 以前期间已税前扣除的金额

资产在初始确认时，其计税基础一般为取得成本，即企业为取得某项资产支付的成本在未来期间准予税前扣除。在资产持续持有的过程中，其计税基础是指资产的取得成本减去以前期间按照税法规定已经税前扣除的金额后的余额。如固定资产、无形资产等长期资产在某一资产负债表日的计税基础是指其成本扣除按照税法规定已在以前期间税前扣除的累计折旧额或累计摊销额后的金额。现举例说明部分资产项目计税基础的确定。

（一）固定资产

以各种方式取得的固定资产，初始确认时按照会计准则规定确定的入账价值基本上是被税法认可的，即取得时其账面价值一般等于计税基础。固定资产在持有期间进行后续计量时，会计准则规定按照"会计成本 – 会计累计折旧 – 固定资产减值准备"进行计量，税收是按照"计税成本 – 按照税法规定已在以前期间税前扣除的折旧额"进行计量。由于会计与税收处理规定的不同，固定资产的账面价值与计税基础的差异主要产生于折旧方法、折旧年限的不同以及固定资产减值准备的提取。

固定资产在持有期间进行后续计量时，由于会计与税收规定就折旧方法、折旧年限以及固定资产减值准备的提取等处理的不同，可能造成固定资产的账面价值与计税基础的差异。

1. 折旧方法、折旧年限的差异。会计准则规定，企业应当根据与固定资产有关的经济利益的预期实现方式合理选择折旧方法，例如，可以按年限平均法计提折旧，也可以按双倍余额递减法、年数总和法等计提折旧。税法中除某些按照规定可以加速折旧的情况外，基本上可以税前扣除的是按照年限平均法计提的折旧。另外，税法还就每一类固定资产的折旧年限做出了规定，而会计处理时按照会计准则的规定折旧年限是由企业根据固定资产的性质和使用情况合理确定的。如企业进行会计处理时确定的折旧年限与税法规定不同，也会产生固定资产持有期间账面价值与计税基础的差异。

2. 因计提固定资产减值准备产生的差异。持有固定资产的期间内，在对固定资产计提了减值准备以后，因税法规定企业计提的资产减值准备在发生实质性损失前不允许税前扣除，也会造成固定资产的账面价值与计税基础的差异。

【例6-1】A企业于2×17年12月20日取得的某项环保用固定资产，原价为750万元，使用年限为10年，会计上采用年限平均法计提折旧，净残值为0。税法规定该类（由于技术进步、产品更新换代快）固定资产采用加速折旧法计提的折旧可予税前扣除，该企业在计税时采用双倍余额递减法计提折旧，净残值为0。2×19年12月31日，企业估计该项固定资产的可收回金额为550万元。

[分析] 2×19年12月31日，该项固定资产的账面余额＝750－75×2＝600（万元），该账面余额大于其可收回金额550万元，两者之间的差额应计提50万元的固定资产减值准备。

2×19年12月31日，该项固定资产的账面价值＝750－75×2－50
$$=550（万元）$$

其计税基础＝750－750×20%－600×20%＝480（万元）

该项固定资产的账面价值550万元与其计税基础480万元之间的70万元差额，将于未来期间计入企业的应纳税所得额。

【例6-2】B企业于2×17年年末以750万元购入一项生产用固定资产，按照该项固定资产的预计使用情况，B企业在会计核算时估计其使用寿命为5年，计税时，按照适用税法规定，其最低折旧年限为10年，该企业计税时按照10年计算确定可税前扣除的折旧额。假定会计与税收均按年限平均法计列折旧，净残值均为0。2×18年该项固定资产按照12个月计提折旧。本例中假定固定资产未发生减值。

[分析] 该项固定资产在2×18年12月31日的账面价值＝750－750÷5
$$=600（万元）$$

该项固定资产在2×18年12月31日的计税基础＝750－750÷10
$$=675（万元）$$

该项固定资产的账面价值600万元与其计税基础675万元之间产生的75万元差额，在未来期间会减少企业的应纳税所得额。

（二）无形资产

除内部研究开发形成的无形资产以外，其他方式取得的无形资产，初始确认时按照会计准则规定确定的入账价值与按照税法规定确定的计税成本之间一般不存在差异。无形资产的差异主要产生于内部研究开发形成的无形资产以及使用寿命不确定的无形资产。

1. 内部研究开发形成的无形资产，其成本为开发阶段符合资本化条件以后至达到预定用途前发生的支出，除此之外，研究开发过程中发生的其他支出应予费用化计入损益；税法规定，自行开发的无形资产，以开发过程中该资产符合资本化条件后至达到预定用途前发生的支出为计税基础。另外，对于研究开发费用的加计扣除，税法中规定，企业为开发新技术、新产品、新工艺发生的研究开发费用，未形成无形资产计入当期损益的，在按照规定据实扣除的基础上，按照研究开发费用的75%加计扣除；形成无形资产的，按照无形资产成本的175%摊销。按照财政部、国家税务总局发布的《关于进一步完善研发费用税前加计扣除政策的公告》第一条的规定，制造业企业开展研发活动中实际发生的研发费用，未形成无形资产计入当期损益的，在按规定据实扣除的基础上，自2021年1月1日起，再按照实际发生额的100%在税前加计扣除；形成无形资产的，自2021年1月1日起，按照无形资产成本的200%在税前摊销。

对于内部研究开发形成的无形资产，一般情况下初始确认时按照会计准则规定确定的成本与计税基础应当是相同的。对于享受税收优惠的研究开发支出，在形成无形资产时，按照会计准则规定确定的成本为研究开发过程中符合资本化条件后至达到预定用途前发生的支出，而因税法规定按照无形资产成本的150%摊销，则其计税基础应在会计入账价值的基础上加计50%，因而产生账面价值与计税基础在初始确认时的差异，但如该无形资产的确认不是产生于合并交易，同时在确认时既不影响会计利润也不影响应纳税所得额，则按照《企业会计准则第18号——所得税》的规定，不确认有关暂时性差异的所得税影响。

除内部研究开发形成的无形资产以外，以其他方式取得的无形资产，初始确认时按照会计准则规定确定的入账价值与按照税法规定确定的成本之间一般不存在差异。无形资产的账面价值与计税基础之间的差异主要产生于内部研究开发形成的无形资产以及使用寿命不确定的无形资产。

2. 无形资产在后续计量时，会计与税收的差异主要产生于对无形资产是否需要摊销及无形资产减值准备的提取。

会计准则规定，应根据无形资产使用寿命情况区分为使用寿命有限的无形资产与使用寿命不确定的无形资产。对于使用寿命不确定的无形资产，不要求摊销，但持有期间每年应进行减值测试。税法规定，企业取得的无形资产成本应在一定期限内摊销。即税法中没有界定使用寿命不确定的无形资产，除外购商誉外所有的无形资产成本均应在一定期间内摊销。

对于使用寿命不确定的无形资产，会计处理时不予摊销，但计税时其按照税法规定确定的摊销额允许税前扣除，造成该类无形资产的账面价值与计税基础的差异。

在对无形资产计提减值准备的情况下，因税法对按照会计准则规定计提的无形资产减值准备在形成实质性损失前不允许税前扣除，即无形资产的计税基础不会随减值准备的提取发生变化，但其账面价值会因资产减值准备的提取而下降，从而造成无形资产的账面价值与计税基础的差异。

【例6-3】A企业当期为开发新技术发生研究开发支出2 000万元，其中，研究阶段支出400万元，开发阶段符合资本化条件前发生的支出为400万元，符合资本化条件后至达到预定用途前发生的支出为1 200万元。税法规定，企业为开发新技术、新产品、新工艺发生的研究开发费用，未形成无形资产计入当期损益的，按照研究开发费用的75%加计扣除；形成无形资产的，按照无形资产成本的175%摊销。假定开发形成的无形资产在当期期末已达到预定用途（尚未开始摊销）。

［分析］A企业当期发生的研究开发支出中，按照会计准则规定应予费用化的金额为800万元，形成无形资产的成本为1 200万元，即期末所形成无形资产的账面价值为1 200万元。

A企业当期发生的2 000万元研究开发支出，按照税法规定可在当期税前扣除的金额为1 400万元。所形成无形资产在未来期间可予税前扣除的金额为2 100万元，其计税基础为2 100万元，形成暂时性差异900万元。

该内部开发形成的无形资产的账面价值与其计税基础之间产生的900万元暂时性差异系资产初始确认产生的，确认资产既不影响会计利润也不影响应纳税所得额，按照会计准则规定，不确认暂时性差异的所得税影响。

【例6-4】乙企业于2×21年1月1日取得的某项无形资产，取得成本为1 500万元，取得该项无形资产后，根据各方面情况判断，乙企业无法合理预计其使用期限，将其作为使用寿命不确定的无形资产。2×21年12月31日，对该项无形资产进行减值测试表明其未发生减值。企业在计税时，对该项无形资产按照10年的期限摊销，摊销金额允许税前扣除。

［分析］会计上将该项无形资产作为使用寿命不确定的无形资产，因未发生减值，其在2×21年12月31日的账面价值为取得成本1 500万元。

该项无形资产在2×21年12月31日的计税基础为1 350万元（成本1 500 - 按照税法规定可予税前扣除的摊销额150）。

该项无形资产的账面价值1 500万元与其计税基础1 350万元之间的差额150万元将计入未来期间的应纳税所得额。

（三）以公允价值计量且其变动计入当期损益的金融资产

按照《企业会计准则第22号——金融工具确认和计量》的规定，以公允价值计量且其变动计入当期损益的金融资产于某一会计期末的账面价值为公允价值。税法规定，企业以公允价值计量的金融资产、金融负债以及投资性房地产等，持有期间公允价值的变动不计入应纳税所得额，在实际处置或结算时，处置取得的价款扣除其历史成本后的差额应计入处置或结算期间的应纳税所得额。按照该规定，以公允价值计量的金融资产在持有期间市价的波动在计税时不予考虑，有关金融资产在某一会计期末的计税基础为其取得成本，从而造成在公允价值变动的情况下，对以公允价值计量的金融资产账面价值与计税基础之间的差异。

企业持有的以公允价值计量且其变动计入其他综合收益的金融资产计税基础的确定，与以公允价值计量且其变动计入当期损益的金融资产类似，可比照处理。

【例6-5】2×21年10月20日，甲公司自公开市场取得一项权益性投资，支付价款 2 000 万元,作为交易性金融资产核算。2×21 年 12 月 31 日,该投资的市价为 2 200 万元。

[分析] 该项交易性金融资产的期末市价为 2 200 万元,其按照会计准则规定进行核算的、在 2×21 年资产负债表日的账面价值为 2 200 万元。

因税法规定交易性金融资产在持有期间的公允价值变动不计入应纳税所得额,其在 2×21 年资产负债表日的计税基础应维持原取得成本不变,为 2 000 万元。

该交易性金融资产的账面价值 2 200 万元与其计税基础 2 000 万元之间产生了 200 万元的暂时性差异,该暂时性差异在未来期间转回时会增加未来期间的应纳税所得额。

【例 6-6】2×21 年 11 月 8 日,甲公司自公开市场上取得一项基金投资,作为以公允价值计量且其变动计入其他综合收益的金融资产核算。该投资的成本为 1 500 万元。2×21 年 12 月 31 日,其市价为 1 575 万元。

[分析] 按照会计准则的规定,该项金融资产在会计期末应以公允价值计量,其账面价值应为期末公允价值 1 575 万元。

因税法规定资产在持有期间公允价值变动不计入应纳税所得额,则该项金融资产的期末计税基础应维持其原取得成本不变,为 1 500 万元。

该金融资产在 2×21 年资产负债表日的账面价值 1 575 万元与其计税基础 1 500 万元之间产生的 75 万元暂时性差异,将会增加未来该资产处置期间的应纳税所得额。

(四) 长期股权投资

企业持有的长期股权投资,按照会计准则的规定,区别对被投资单位的影响程度及是否存在活跃市场、公允价值能否可靠取得等分别采用成本法及权益法进行核算。

税法中对于投资资产的处理,要求按规定确定其成本后,在转让或处置投资资产时,其成本准予扣除。因此,税法中对于长期股权投资并没有权益法的概念。长期股权投资取得后,如果按照会计准则的规定采用权益法核算,则一般情况下在持有过程中随着应享有被投资单位净资产份额的变化,其账面价值与计税基础会产生差异,该差异主要源于以下三种情况。

1. 初始投资成本的调整。采用权益法核算的长期股权投资,取得时应比较其初始投资成本与按比例计算应享有被投资单位可辨认净资产公允价值的份额,在初始投资成本小于按比例计算应享有被投资单位可辨认净资产公允价值份额的情况下,应当调整长期股权投资的账面价值,同时确认为当期收益。因该种情况下在确定了长期股权投资的初始投资成本以后,按照税法规定并不要求对其成本进行调整,计税基础维持原取得成本不变,其账面价值与计税基础会产生差异。

2. 投资损益的确认。对于采用权益法核算的长期股权投资,持有投资期间在被投资单位实现净利润或发生净损失时,投资企业按照持股比例计算应享有的部分，调整长期股权投资的账面价值，同时确认为各期损益。在长期股权投资的账面价值因确认投资损益变化的同时，其计税基础不会随之发生变化。按照税法规定，居民企业直接投资于其他居民企业取得的投资收益免税，即：作为投资企业，在未来期间自被投资单位分得有关现金股利或利润时，该部分现金股利或利润免税，在持续持有的情况下，该部分差额对未来期间不会产生计税影响。

3. 应享有被投资单位其他权益的变化。采用权益法核算的长期股权投资，除确认应享有被投资单位的净损益外，对于应享有被投资单位的其他权益变化，也应调整长期股权投资的账面价值，但其计税基础不会发生变化。

【例6-7】A公司于2×21年1月2日以6 000万元取得B公司30%的有表决权股份，拟长期持有并能够对B公司施加重大影响，该项长期股权投资采用权益法核算。投资时B公司可辨认净资产公允价值总额为18 000万元（假定取得投资时B公司各项可辨认资产、负债的公允价值与账面价值相同）。B公司2×21年实现净利润2 300万元，未发生影响权益变动的其他交易或事项。A公司及B公司均为居民企业，适用的所得税税率均为25%，双方采用的会计政策及会计期间相同。税法规定，居民企业之间的股息免税。会计处理如下：

借：长期股权投资　　　　　　　　　　　　60 000 000
　　贷：银行存款　　　　　　　　　　　　　　60 000 000

因该项长期股权投资的初始投资成本（6 000万元）大于按照持股比例计算应享有B公司可辨认净资产公允价值的份额（5 400万元），其初始投资成本无须调整。

确认投资损益：
借：长期股权投资——损益调整　　　　　　　6 900 000
　　贷：投资收益　　　　　　　　　　　　　　 6 900 000

该项长期股权投资的计税基础如下：
①取得时成本为6 000万元；
②期末因税法中没有权益法的概念，对于应享有被投资单位的净损益不影响长期股权投资的计税基础，其于2×21年12月31日的计税基础仍为6 000万元。

（五）其他资产

因会计准则规定与税收法规规定不同，企业持有的其他资产，可能造成其账面价值与计税基础之间存在差异。

1. 投资性房地产。企业持有的投资性房地产进行后续计量时，会计准则规定可以采用两种模式：一种是成本模式，采用该模式计量的投资性房地产，其账面价值和计税基础的确定与固定资产、无形资产相同；另一种是在符合规定条件的情况下可以采用公允价值模式对投资性房地产进行后续计量。对于采用公允价值模式进行后续计量的投资性房地产，其计税基础的确定类似于以公允价值计量且其变动计入当期损益的金融资产。

【例6-8】A公司于2×21年1月1日将其自用房屋用于对外出租，该房屋的成本为750万元,预计使用年限为20年。转为投资性房地产之前,已使用4年,企业按照年限平均法计提折旧,预计净残值为0。转为投资性房地产核算后,能够持续可靠地取得该投资性房地产的公允价值,A公司采用公允价值对该投资性房地产进行后续计量。假定税法规定的折旧方法、折旧年限及净残值与会计规定相同。同时,税法规定资产在持有期间公允价值的变动不计入应纳税所得额,待处置时一并计算确定应计入应纳税所得额的金额。该项投资性房地产在2×21年12月31日的公允价值为900万元。

[分析] 该投资性房地产在2×21年12月31日的账面价值为其公允价值900万元,其计税基础为取得成本扣除按照税法规定允许税前扣除的折旧额后的金额,即其计税基础 = 750 - 750 ÷ 20 × 5 = 562.5(万元)。

该项投资性房地产的账面价值900万元与其计税基础562.5万元之间产生了337.5万元的暂时性差异,会增加企业在未来期间的应纳税所得额。

2. 其他计提了资产减值准备的各项资产。有关资产计提了减值准备后,其账面价值会随之下降,而税法规定资产在发生实质性损失之前,不允许税前扣除,即其计税基础不会因减值准备的提取而变化,造成在计提资产减值准备以后资产的账面价值与计税基础之间的差异。

【例6-9】A公司2×21年购入原材料成本为5 000万元,因部分生产线停工,当年未领用任何原材料,2×21年资产负债表日估计该原材料的可变现净值为4 000万元。假定该原材料在2×21年的期初余额为0。

[分析] 该项原材料因期末可变现净值低于成本,应计提的存货跌价准备 = 5 000 - 4 000 = 1 000(万元)。计提该存货跌价准备后,该项原材料的账面价值为4 000万元。

该项原材料的计税基础不会因存货跌价准备的提取而发生变化,其计税基础为5 000万元不变。

该存货的账面价值4 000万元与其计税基础5 000万元之间产生了1 000万元的暂时性差异,该差异会减少企业在未来期间的应纳税所得额。

【例6-10】甲公司2×21年12月31日应收账款余额为6 000万元,该公司期末对应收账款计提了600万元的坏账准备。税法规定,不符合国务院财政、税务主管部门规定的各项资产减值准备不允许税前扣除。假定该公司期初应收账款及坏账准备的余额均为0。

[分析] 该项应收账款在2×21年资产负债表日的账面价值为5 400万元(6 000 - 600),因有关的坏账准备不允许税前扣除,其计税基础为6 000万元,该计税基础与其账面价值之间产生600万元暂时性差异,在应收账款发生实质性损失时,会减少未来期间的应纳税所得额和应交所得税。

二、负债的计税基础

负债的计税基础,是指负债的账面价值减去未来期间计算应纳税所得额时按照税法规定可予抵扣的金额。用公式表示即为：

负债的计税基础＝账面价值－未来期间按照税法规定可予税前扣除的金额

负债的确认与偿还一般不会影响企业的损益，也不会影响其应纳税所得额，未来期间计算应纳税所得额时按照税法规定可予抵扣的金额为零，计税基础即为账面价值。但是，某些情况下，负债的确认可能会影响企业的损益，进而影响不同期间的应纳税所得额，使得其计税基础与账面价值之间产生差额，如按照会计准则的规定确认的某些预计负债。

（一）企业因销售商品提供售后服务等原因确认的预计负债

按照《企业会计准则第13号——或有事项》的规定，企业对于预计提供售后服务将发生的支出在满足有关确认条件时，销售当期即应确认为费用，同时确认预计负债。如果税法规定与销售产品相关的支出应于发生时税前扣除，因该类事项产生的预计负债在期末的计税基础为其账面价值与未来期间可税前扣除的金额之间的差额，即为零；如果税法规定对于费用支出按照权责发生制原则确定税前扣除时点，则所形成负债的计税基础等于账面价值。

其他交易或事项中确认的预计负债，应按照税法规定的计税原则确定其计税基础。某些情况下，因有些事项确认的预计负债，税法规定其支出无论是否实际发生均不允许税前扣除，即未来期间按照税法规定可予抵扣的金额为零，账面价值等于计税基础。

【例6－11】甲企业2×21年因销售产品承诺提供3年的保修服务，在当年度利润表中确认了500万元的销售费用，同时确认为预计负债，当年度未发生任何保修支出。假定按照税法规定，与产品售后服务相关的费用在实际发生时允许税前扣除。

［分析］该项预计负债在甲企业2×21年12月31日资产负债表中的账面价值为500万元。

该项预计负债的计税基础＝账面价值－未来期间计算应纳税所得额时按照税法规定可予抵扣的金额＝500万元－500万元＝0

（二）合同负债

合同负债，是指企业已收或应收客户对价而应向客户转让商品的义务，不含相关增值税金额。

企业在收到客户预付的款项时，因不符合收入确认条件，会计上将其确认为负债。税法中对于收入的确认原则一般与会计规定相同，即会计上未确认收入时，计税时一般也不计入应纳税所得额，该部分经济利益在未来期间计税时可予税前扣除的金额为零，计税基础等于账面价值。

某些情况下，因不符合会计准则规定的收入确认条件，未确认为收入的合同负债，按照税法规定应计入当期应纳税所得额时，有关合同负债的计税基础为零，即因其产生时已经计算缴纳所得税，未来期间可全额税前扣除。

【例 6-12】A 公司于 2×21 年 12 月 20 日自客户收到一笔合同预付款，金额为 2 500 万元，作为合同负债核算。按照适用税法规定，该款项应计入取得当期应纳税所得额计算缴纳所得税。

［分析］该合同负债在 A 公司 2×21 年 12 月 31 日资产负债表中的账面价值为 2 500 万元。

该合同负债的计税基础 = 账面价值 2 500 万元 – 未来期间计算应纳税所得额时按照税法规定可予抵扣的金额 2 500 万元 = 0

该项负债的账面价值 2 500 万元与其计税基础 0 之间产生的 2 500 万元暂时性差异，会减少企业于未来期间的应纳税所得额。

（三）应付职工薪酬

会计准则规定，企业为获得职工提供的服务给予的各种形式的报酬以及其他相关支出均应作为企业的成本费用，在未支付之前确认为负债。税法中对于合理的职工薪酬基本允许税前扣除，但税法中明确规定了税前扣除标准的，按照会计准则的规定计入成本费用支出的金额超过规定标准部分，应进行纳税调整。因超过部分在发生当期不允许税前扣除，在以后期间也不允许税前扣除，即该部分差额对未来期间计税不产生影响，所产生应付职工薪酬负债的账面价值等于计税基础。

【例 6-13】甲企业 2×21 年 12 月计入成本费用的职工工资总额为 4 000 万元，至 2×21 年 12 月 31 日尚未支付。按照适用税法规定，当期计入成本费用的 4 000 万元工资支出中，可予税前扣除的合理部分为 3 000 万元。

［分析］该项应付职工薪酬负债的账面价值为 4 000 万元。

该项应付职工薪酬负债的计税基础 = 账面价值 4 000 万元 – 未来期间计算应纳税所得额时按照税法规定可予抵扣的金额 0 = 4 000（万元）

该项负债的账面价值 4 000 万元与其计税基础 4 000 万元相同，不形成暂时性差异。

（四）其他负债

其他负债如企业应交的罚款和滞纳金等，在尚未支付之前按照会计准则的规定确认为费用，同时作为负债（其他应付款）反映。税法规定，罚款和滞纳金不得税前扣除，即该部分费用无论是在发生当期还是在以后期间均不允许税前扣除，其计税基础为账面价值减去未来期间计税时可予税前扣除的金额零之间的差额，即计税基础等于账面价值。

其他交易或事项产生的负债，其计税基础的确定应当遵从适用税法的相关规定确定。

【例 6-14】A 公司 2×21 年 12 月因违反有关环保法规的规定，接到环保部门的处罚通知，要求其支付罚款 500 万元。税法规定，企业因违反国家有关法律法规支付的罚款和滞纳金计算应纳税所得额时不允许税前扣除。至 2×21 年 12 月 31 日，该项罚款尚未支付。

[分析] 应支付罚款产生的负债账面价值为 500 万元。

该项负债的计税基础 = 账面价值 500 万元 - 未来期间计算应纳税所得额时按照税法规定可予抵扣的金额 0 = 500（万元）

该项负债的账面价值 500 万元与其计税基础 500 万元相同，不形成暂时性差异。

三、特殊交易或事项中产生的资产、负债计税基础的确定

除企业在正常生产经营活动过程中取得的资产和负债以外，对于某些特殊交易中产生的资产、负债，其计税基础的确定应遵从税法规定，如企业合并过程中取得资产、负债计税基础的确定。

《企业会计准则第20号——企业合并》中，视参与合并各方在合并前后是否为同一方或相同的多方最终控制，分为同一控制下的企业合并与非同一控制下的企业合并两种类型。同一控制下的企业合并，合并中取得的有关资产、负债基本上维持其原账面价值不变，合并中不产生新的资产和负债；非同一控制下的企业合并，合并中取得的有关资产、负债应按其在购买日的公允价值计量，企业合并成本大于合并中取得可辨认净资产公允价值的份额部分确认为商誉，企业合并成本小于合并中取得可辨认净资产公允价值的份额部分计入合并当期损益。

对于企业合并的税务处理，通常情况下被合并企业应视为按公允价值转让、处置全部资产，计算资产的转让所得，依法缴纳所得税。合并企业接受被合并企业的有关资产，计税时可以按经评估确认的价值确定计税成本。另外，在考虑有关企业合并是应税合并还是免税合并时，某些情况下还需要考虑在合并中涉及的非股权支付额的比例，具体划分标准和条件应遵从税法规定。

由于会计与税收法规对企业合并的划分标准不同，处理原则不同，某些情况下会造成企业合并中取得的有关资产、负债的入账价值与其计税基础的差异。

四、暂时性差异

暂时性差异是指资产、负债的账面价值与其计税基础不同产生的差额。因资产、负债的账面价值与其计税基础不同，产生了在未来收回资产或清偿负债的期间内应纳税所得额增加或减少并导致未来期间应交所得税增加或减少的情况，形成企业的资产和负债在有关暂时性差异发生当期，符合确认条件的情况下，应当确认相关的递延所得税负债或递延所得税资产。根据暂时性差异对未来期间应纳税所得额的影响，分为应纳税暂时性差异和可抵扣暂时性差异。除因资产、负债的账面价值与其计税基础不同产生的暂时性差异以外，按照税法规定可以结转以后年度的未弥补亏损和税款抵减，也视同可抵扣暂时性差异处理。

（一）应纳税暂时性差异

应纳税暂时性差异，是指在确定未来收回资产或清偿负债期间的应纳税所得

额时，将导致产生应税金额的暂时性差异，即在未来期间不考虑该事项影响的应纳税所得额的基础上，由于该暂时性差异的转回，会进一步增加转回期间的应纳税所得额和应交所得税金额，在其产生当期应当确认相关的递延所得税负债。

应纳税暂时性差异通常产生于以下情况：

1. 资产的账面价值大于其计税基础。资产的账面价值代表的是企业在持续使用或最终出售该项资产时将取得的经济利益的总额，而计税基础代表的是资产在未来期间可予税前扣除的总金额。资产的账面价值大于其计税基础，该项资产未来期间产生的经济利益不能全部税前抵扣，两者之间的差额需要交税，产生应纳税暂时性差异。例如，一项无形资产账面价值为 500 万元，计税基础为 375 万元，两者之间的差额会造成未来期间应纳税所得额和应交所得税的增加，在其产生当期，应确认相关的递延所得税负债。

2. 负债的账面价值小于其计税基础。负债的账面价值为企业预计在未来期间清偿该项负债时的经济利益流出，而其计税基础代表的是账面价值在扣除税法规定未来期间允许税前扣除的金额之后的差额。负债的账面价值与其计税基础不同产生的暂时性差异，实质上是税法规定就该项负债在未来期间可以税前扣除的金额（即与该项负债相关的费用支出在未来期间可予税前扣除的金额）。负债的账面价值小于其计税基础，则意味着就该项负债在未来期间可以税前抵扣的金额为负数，即应在未来期间应纳税所得额的基础上调增，增加应纳税所得额和应交所得税金额，产生应纳税暂时性差异，应确认相关的递延所得税负债。

（二）可抵扣暂时性差异

可抵扣暂时性差异是指在确定未来收回资产或清偿负债期间的应纳税所得额时，将导致产生可抵扣金额的暂时性差异。该差异在未来期间转回时会减少转回期间的应纳税所得额，减少未来期间的应交所得税。在可抵扣暂时性差异产生当期，符合确认条件时，应当确认相关的递延所得税资产。

可抵扣暂时性差异一般产生于以下情况：

1. 资产的账面价值小于其计税基础，意味着资产在未来期间产生的经济利益少，按照税法规定允许税前扣除的金额多，两者之间的差额可以减少企业在未来期间的应纳税所得额并减少应交所得税，符合有关条件时，应当确认相关的递延所得税资产。例如，一项资产的账面价值为 500 万元，计税基础为 650 万元，则企业在未来期间就该项资产可以在其自身取得经济利益的基础上多扣除 150 万元，未来期间应纳税所得额会减少，应交所得税也会减少，形成可抵扣暂时性差异。

2. 负债的账面价值大于其计税基础，负债产生的暂时性差异实质上是税法规定就该项负债可以在未来期间税前扣除的金额。即：

$$\text{负债产生的暂时性差异} = \text{账面价值} - \text{计税基础} = \text{账面价值} - \left(\text{账面价值} - \text{未来期间计税时按照税法规定可予税前扣除的金额}\right)$$

$$= \text{未来期间计税时按照税法规定可予税前扣除的金额}$$

负债的账面价值大于其计税基础，意味着未来期间按照税法规定与负债相关的全部或部分支出可以自未来应税经济利益中扣除，减少未来期间的应纳税所得额和应交所得税。符合有关确认条件时，应确认相关的递延所得税资产。

（三）特殊项目产生的暂时性差异

1. 未作为资产、负债确认的项目产生的暂时性差异。某些交易或事项发生以后，因为不符合资产、负债确认条件而未体现为资产负债表中的资产或负债，但按照税法规定能够确定其计税基础的，其账面价值零与计税基础之间的差异也构成暂时性差异。如企业发生的符合条件的广告费和业务宣传费支出，除另有规定外，不超过当年销售收入15%的部分，准予扣除；超过部分准予在以后纳税年度结转扣除。该类费用在发生时按照会计准则的规定即计入当期损益，不形成资产负债表中的资产，但按照税法规定可以确定其计税基础，两者之间的差异也形成暂时性差异。

【例6-15】A公司在2×21年发生了2 000万元广告费支出，发生时已作为销售费用计入当期损益。税法规定，该类支出不超过当年销售收入15%的部分允许当期税前扣除，超过部分允许向以后年度结转税前扣除。A公司2×21年实现销售收入10 000万元。

［分析］该广告费支出因按照会计准则的规定在发生时已计入当期损益，不体现为期末资产负债表中的资产，如果将其视为资产，其账面价值为0。

因按照税法的规定，该类支出税前列支有一定的标准限制，根据当期A公司销售收入15%计算，当期可予税前扣除1 500万元（10 000×15%），当期未税前扣除的500万元可以向以后年度结转，其计税基础为500万元。

该项资产的账面价值0与其计税基础500万元之间产生了500万元的暂时性差异，该暂时性差异在未来期间可减少企业的应纳税所得额，为可抵扣暂时性差异，符合确认条件时，应确认相关的递延所得税资产。

2. 可抵扣亏损及税款抵减产生的暂时性差异。按照税法的规定，可以结转以后年度的未弥补亏损及税款抵减，虽不是因资产、负债的账面价值与计税基础不同产生的，但与可抵扣暂时性差异具有同样的作用，均能够减少未来期间的应纳税所得额，进而减少未来期间的应交所得税，会计处理上视同可抵扣暂时性差异，符合条件的情况下，应确认与其相关的递延所得税资产。

【例6-16】甲公司于2×21年因政策性原因发生经营亏损2 000万元，按照税法的规定，该亏损可用于抵减以后5个年度的应纳税所得额。该公司预计未来5年期间能够产生足够的应纳税所得额弥补该亏损。

［分析］该经营亏损不是资产、负债的账面价值与其计税基础不同产生的，但从性质上看可以减少未来期间的应纳税所得额和应交所得税，属于可抵扣暂时性差异。企业预计未来期间能够产生足够的应纳税所得额利用该可抵扣亏损时，应确认相关的递延所得税资产。

第三节 递延所得税负债及递延所得税资产的确认

企业在计算确定了应纳税暂时性差异与可抵扣暂时性差异后，应当按照《企业会计准则第18号——所得税》规定的原则确认相关的递延所得税负债以及递延所得税资产。

一、递延所得税负债的确认和计量

（一）递延所得税负债的确认

企业在确认因应纳税暂时性差异产生的递延所得税负债时，应遵循以下原则。

1. 除《企业会计准则第18号——所得税》中明确规定可不确认递延所得税负债的情况以外，企业对于所有的应纳税暂时性差异均应确认相关的递延所得税负债。除与直接计入所有者权益的交易或事项以及企业合并中取得资产、负债相关的以外，在确认递延所得税负债的同时，应增加或减少利润表中的所得税费用。

【例6-17】A企业于2×21年12月6日购入一项环保设备，取得成本为500万元。会计上采用年限平均法计提折旧，使用年限为10年，净残值为0。因该资产常年处于强震动状态，计税时按双倍余额递减法计提折旧，使用年限及净残值与会计相同。A企业适用的所得税税率为25%。假定该企业不存在其他会计与税收处理的差异。

［分析］2×22年资产负债表日，该项固定资产按照会计规定计提的折旧额为50万元，计税时允许扣除的折旧额为100万元，则该固定资产的账面价值450万元与其计税基础400万元的差额构成应纳税暂时性差异，企业应确认相关的递延所得税负债。

【例6-18】甲公司于2×16年12月底购入一台机器设备，成本为525 000元，预计使用年限为6年，预计净残值为0。会计上按直线法计提折旧，因该设备符合税法规定的税收优惠条件，计税时可采用年数总和法计提折旧，假定税法规定的使用年限及净残值均与会计上相同。假定该公司各会计期间均未对固定资产计提减值准备，除该项固定资产产生的会计与税收之间的差异外，不存在其他会计与税收的差异。该公司每年因固定资产账面价值与计税基础不同应予确认的递延所得税情况如表6-1所示。

表 6-1   单位：元

项目	2×17 年度	2×18 年度	2×19 年度	2×20 年度	2×21 年度	2×22 年度
实际成本	525 000	525 000	525 000	525 000	525 000	525 000
累计会计折旧	87 500	175 000	262 500	350 000	437 500	525 000
账面价值	437 500	350 000	262 500	175 000	87 500	0
累计计税折旧	150 000	275 000	375 000	450 000	500 000	525 000
计税基础	375 000	250 000	150 000	75 000	25 000	0
暂时性差异	62 500	100 000	112 500	100 000	62 500	0
适用税率	25%	25%	25%	25%	25%	25%
递延所得税负债余额	15 625	25 000	28 125	25 000	15 625	0

[分析] 该项固定资产各年度账面价值与计税基础确定如下。

① 2×17 年资产负债表日：

账面价值 = 实际成本 - 会计折旧 = 525 000 - 87 500 = 437 500（元）

计税基础 = 实际成本 - 税前扣除的折旧额 = 525 000 - 150 000
= 375 000（元）

因账面价值 437 500 元大于其计税基础 375 000 元，两者之间产生的 62 500 元差异会增加未来期间的应纳税所得额和应交所得税，属于应纳税暂时性差异，应确认与其相关的递延所得税负债 15 625 元（62 500×25%），账务处理如下：

借：所得税费用   15 625
　　贷：递延所得税负债   15 625

② 2×18 年资产负债表日：

账面价值 = 525 000 - 87 500 - 87 500 = 350 000（元）

计税基础 = 实际成本 - 累计已税前扣除的折旧额
= 525 000 - 275 000 = 250 000（元）

因资产的账面价值 350 000 元大于其计税基础 100 000 元，两者之间的差异为应纳税暂时性差异，应确认与其相关的递延所得税负债 25 000 元〔(350 000 - 250 000)×25%〕，但递延所得税负债的期初余额为 15 625 元，当期应进一步确认递延所得税负债 9 375 元，账务处理如下：

借：所得税费用   9 375
　　贷：递延所得税负债   9 375

③ 2×19 年资产负债表日：

账面价值 = 525 000 - 262 500 = 262 500（元）

计税基础 = 525 000 - 375 000 = 150 000（元）

因账面价值 262 500 元大于其计税基础 150 000 元，两者之间为应纳税暂时性差异，应确认与其相关的递延所得税负债 28 125 元，但递延所得税负债的期初余额为 25 000 元，当期应进一步确认递延所得税负债 3 125 元，账务处理如下：

  借：所得税费用   3 125
    贷：递延所得税负债   3 125

④2×20年资产负债表日：

账面价值 = 525 000 - 350 000 = 175 000（元）

计税基础 = 525 000 - 450 000 = 75 000（元）

  因其账面价值175 000元大于计税基础75 000元，两者之间为应纳税暂时性差异，应确认与其相关的递延所得税负债25 000元，但递延所得税负债的期初余额为28 125元，当期应转回原已确认的递延所得税负债3 125元，账务处理如下：

  借：递延所得税负债   3 125
    贷：所得税费用   3 125

⑤2×21年资产负债表日：

账面价值 = 525 000 - 437 500 = 87 500（元）

计税基础 = 525 000 - 500 000 = 25 000（元）

  因其账面价值87 500元大于计税基础25 000元，两者之间的差异为应纳税暂时性差异，应确认与其相关的递延所得税负债15 625元，但递延所得税负债的期初余额为25 000元，当期应转回递延所得税负债9 375元，账务处理如下：

  借：递延所得税负债   9 375
    贷：所得税费用   9 375

⑥2×22年资产负债表日：

  该项固定资产的账面价值及计税基础均为0，两者之间不存在暂时性差异，原已确认的与该项资产相关的递延所得税负债应予全额转回，账务处理如下：

  借：递延所得税负债   15 625
    贷：所得税费用   15 625

  2. 不确认递延所得税负债的特殊情况。有些情况下，虽然资产、负债的账面价值与其计税基础不同，产生了应纳税暂时性差异，但出于各方面考虑，《企业会计准则第18号——所得税》规定不确认相应的递延所得税负债，主要包括以下方面。

  （1）商誉的初始确认。非同一控制下的企业合并中，企业合并成本大于合并中取得的被购买方可辨认净资产公允价值份额的差额，按照会计准则的规定应确认为商誉。因会计与税收的划分标准不同，会计上作为非同一控制下的企业合并但按照税法规定计税时作为免税合并的情况下，商誉的计税基础为0，其账面价值与计税基础形成应纳税暂时性差异，会计准则中规定不确认与其相关的递延所得税负债。

  【例6-19】A企业以增发市场价值为15 000万元的自身普通股为对价购入B企业100%的净资产，对B企业进行吸收合并，合并前A企业与B企业不存在任何关联方关系。假定该项合并符合税法规定的免税合并条件，购买日B企业各项可辨认资产、负债的公允价值及其计税基础如表6-2所示。

表6-2　　　　　　　　　　　　　　　　　　　　　　　　　　　　　　　　单位：万元

项目	公允价值	计税基础	暂时性差异
固定资产	6 750	3 875	2 875
应收账款	5 250	5 250	—
存货	4 350	3 100	1 250
其他应付款	(750)	0	(750)
应付账款	(3 000)	(3 000)	0
不包括递延所得税的可辨认资产、负债的公允价值	12 600	9 225	3 375

[分析] B企业适用的所得税税率为25%，预期在未来期间不会发生变化，该项交易中应确认递延所得税负债及商誉的金额计算如下：

可辨认净资产公允价值	12 600
递延所得税资产（750×25%）	187.5
递延所得税负债（4 125×25%）	1 031.25
考虑递延所得税后：	
可辨认资产、负债的公允价值	11 756.25
商誉	3 243.75
企业合并成本	15 000

因该项合并符合税法规定的免税合并条件，当事各方选择进行免税处理的情况下，购买方在免税合并中取得的被购买方有关资产、负债应维持其原计税基础不变。被购买方原账面上未确认商誉，即商誉的计税基础为0。

该项合并中所确认的商誉金额3 243.75万元与其计税基础0之间产生的应纳税暂时性差异，按照会计准则的规定，不再进一步确认相关的所得税影响。

A企业的会计处理如下。

①企业合并时：

借：固定资产	6 750
应收账款	5 250
存货类科目	4 350
商誉	2 400
贷：其他应付款	750
应付账款	3 000
股本、资本公积——股本溢价	15 000

②企业合并确认递延所得税负债时：

借：商誉	1 031.25
贷：递延所得税负债	1 031.25

③企业合并确认递延所得税资产时：

借：递延所得税资产　　　　　　　　　　　　　　　　　187.5
　　　贷：商誉　　　　　　　　　　　　　　　　　　　　　　187.5

商誉 = 2 400 + 1 031.25 - 187.5 = 3 243.75（万元）

商誉的账面价值 3 243.75 万元大于计税基础 0，形成暂时性差异。

应予说明的是，按照会计准则的规定，在非同一控制下企业合并中确认了商誉，并且按照所得税法规的规定商誉在初始确认时计税基础等于账面价值的，该商誉在后续计量过程中因会计准则与税法规定不同产生暂时性差异的，应当确认相关的所得税影响。

（2）除企业合并以外的其他交易或事项中，如果该项交易或事项发生时既不影响会计利润也不影响应纳税所得额，则所产生的资产、负债的初始确认金额与其计税基础不同，形成应纳税暂时性差异的，交易或事项发生时不确认相应的递延所得税负债。该规定主要是考虑到由于交易发生时既不影响会计利润也不影响应纳税所得额，确认递延所得税负债的直接结果是增加有关资产的账面价值或是降低所确认负债的账面价值，使得资产、负债在初始确认时违背历史成本原则，影响会计信息的可靠性。

（3）与子公司、联营企业、合营企业投资等相关的应纳税暂时性差异，一般应确认相应的递延所得税负债，但同时满足以下两个条件的除外：一是投资企业能够控制暂时性差异转回的时间；二是该暂时性差异在可预见的未来很可能不会转回。满足上述条件时，投资企业可以运用自身的影响力决定暂时性差异的转回，如果不希望其转回，则在可预见的未来该项暂时性差异即不会转回，从而无须确认相应的递延所得税负债。

对于采用权益法核算的长期股权投资，其账面价值与计税基础产生的有关暂时性差异是否应确认相关的所得税影响，应当考虑该项投资的持有意图。

第一，对于采用权益法核算的长期股权投资，如果企业拟长期持有，则因初始投资成本的调整产生的暂时性差异预计未来期间不会转回，对未来期间没有所得税影响；因确认投资损益产生的暂时性差异，如果在未来期间逐期分回现金股利或利润时免税，也不存在对未来期间的所得税影响；因确认应享有被投资单位其他权益变动而产生的暂时性差异，在长期持有的情况下预计未来期间也不会转回。因此，在准备长期持有的情况下，对于采用权益法核算的长期股权投资账面价值与计税基础之间的差异，投资企业一般不确认相关所得税影响。

第二，对于采用权益法核算的长期股权投资，如果投资企业改变持有意图拟对外出售的情况下，按照税法规定，企业在转让或者处置投资资产时，投资资产的成本准予扣除。在持有意图由长期持有转变为拟近期出售的情况下，因长期股权投资的账面价值与计税基础不同产生的有关暂时性差异，均应确认相关的所得税影响。

(二) 递延所得税负债的计量

《企业会计准则第18号——所得税》规定,资产负债表日,对于递延所得税负债,应当根据适用税法规定,按照预期收回该资产或清偿该负债期间的适用税率计量。即递延所得税负债应以相关应纳税暂时性差异转回期间按照税法规定适用的所得税税率计量。无论应纳税暂时性差异的转回期间如何,相关的递延所得税负债不要求折现。

二、递延所得税资产的确认和计量

(一) 递延所得税资产的确认

1. 确认的一般原则。递延所得税资产产生于可抵扣暂时性差异。确认因可抵扣暂时性差异产生的递延所得税资产应以未来期间可能取得的应纳税所得额为限。在可抵扣暂时性差异转回的未来期间内,企业无法产生足够的应纳税所得额用于利用可抵扣暂时性差异的影响,使得与可抵扣暂时性差异相关的经济利益无法实现的,不应确认递延所得税资产;企业有明确的证据表明其于可抵扣暂时性差异转回的未来期间能够产生足够的应纳税所得额,进而利用可抵扣暂时性差异的,则应以可能取得的应纳税所得额为限,确认相关的递延所得税资产。

在判断企业于可抵扣暂时性差异转回的未来期间是否能够产生足够的应纳税所得额时,应考虑企业在未来期间通过正常的生产经营活动能够实现的应纳税所得额以及以前期间产生的应纳税暂时性差异在未来期间转回时将增加的应纳税所得额。

(1) 对与子公司、联营企业、合营企业的投资相关的可抵扣暂时性差异,同时满足下列条件的,应当确认相关的递延所得税资产:一是暂时性差异在可预见的未来很可能转回;二是未来很可能获得用来抵扣可抵扣暂时性差异的应纳税所得额。

对联营企业和合营企业等投资产生的可抵扣暂时性差异,主要产生于权益法下的被投资单位发生亏损时,投资企业按照持股比例确认应予承担的部分相应(权益法下投资亏损减少账面价值,造成账面价值小于计税基础)减少长期股权投资的账面价值,但税法规定长期股权投资的成本在持有期间不发生变化,造成长期股权投资的账面价值小于其计税基础,产生可抵扣暂时性差异。

(2) 对于按照税法的规定可以结转以后年度的未弥补亏损和税款抵减,应视同可抵扣暂时性差异处理。在有关的亏损或税款抵减金额得到税务部门的认可或预计能够得到税务部门的认可且预计可利用可弥补亏损或税款抵减的未来期间内能够取得足够的应纳税所得额时,除会计准则中规定不予确认的情况外,应当以很可能取得的应纳税所得额为限,确认相应的递延所得税资产,同时减少确认当期的所得税费用。

2. 不确认递延所得税资产的情况。某些情况下，企业发生的某项交易或事项不属于企业合并，并且交易发生时既不影响会计利润也不影响应纳税所得额，且该项交易中产生的资产、负债的初始确认金额与其计税基础不同，产生可抵扣暂时性差异的，《企业会计准则第 18 号——所得税》规定，在交易或事项发生时不确认相应的递延所得税资产。

【例 6 - 20】沿用〖例 6 - 3〗，A 企业进行内部研究开发所形成的无形资产成本为 1 200 万元，因按照税法规定可予未来期间税前扣除的金额为 2 100 万元（1 200 × 175%），其计税基础为 2 100 万元。

［分析］该项无形资产并非产生于企业合并，同时在初始确认时既不影响会计利润也不影响应纳税所得额，确认其账面价值与计税基础之间产生暂时性差异的所得税影响需要调整该项资产的历史成本，会计准则规定该种情况下不确认相关的递延所得税。

（二）递延所得税资产的计量

同递延所得税负债的计量原则相一致，确认递延所得税资产时，应当以预期收回该资产期间的适用所得税税率为基础计算确定。无论相关的可抵扣暂时性差异转回期间如何，递延所得税资产均不要求折现。企业在确认了递延所得税资产以后，资产负债表日，应当对递延所得税资产的账面价值进行复核。如果未来期间很可能无法取得足够的应纳税所得额用于利用可抵扣暂时性差异带来的利益，应当减记递延所得税资产的账面价值。减记的递延所得税资产，除原确认时计入所有者权益的，其减记金额也应计入所有者权益外，其他的情况均应增加所得税费用。因无法取得足够的应纳税所得额利用可抵扣暂时性差异减记递延所得税资产账面价值的，以后期间根据新的环境和情况判断能够产生足够的应纳税所得额利用可抵扣暂时性差异，使得递延所得税资产包含的经济利益能够实现的，应相应恢复递延所得税资产的账面价值。

另外，无论是递延所得税资产还是递延所得税负债的计量，均应考虑资产负债表日企业预期收回资产或清偿负债方式的所得税影响，在计量递延所得税资产和递延所得税负债时，应当采用与收回资产或清偿债务的预期方式相一致的税率和计税基础。例如，企业持有的某项固定资产，一般情况下是为企业的正常生产经营活动提供必要的生产条件，但在某一时点上，企业决定将该固定资产对外出售，实现其为企业带来的未来经济利益，且假定税法规定长期资产处置时适用的所得税税率与一般情况有所不同，则企业在计量因该资产产生的应纳税暂时性差异或可抵扣暂时性差异的所得税影响时，应考虑该资产带来的经济利益预期实现方式的影响。

三、适用税率变化对已确认递延所得税资产和递延所得税负债的影响

因税收法规的变化，导致企业在某一会计期间适用的所得税税率发生变化

的，企业应对已确认的递延所得税资产和递延所得税负债按照新的税率进行重新计量。递延所得税资产和递延所得税负债的金额代表的是有关可抵扣暂时性差异或应纳税暂时性差异于未来期间转回时导致企业应交所得税金额的减少或增加的情况。适用税率变动的情况下，应对原已确认的递延所得税资产及递延所得税负债的金额进行调整，反映税率变化带来的影响。

除直接计入所有者权益的交易或事项产生的递延所得税资产及递延所得税负债，相关的调整金额应计入所有者权益以外，其他情况下产生的调整金额应确认为税率变化当期的所得税费用（或收益）。

第四节　所得税费用的确认和计量

所得税会计的主要目的之一是为了确定当期应交所得税以及利润表中的所得税费用。在按照资产负债表债务法核算所得税的情况下，利润表中的所得税费用包括当期所得税和递延所得税两个部分。

一、当期所得税

当期所得税是指企业按照税法规定计算确定的针对当期发生的交易和事项应缴纳给税务部门的所得税金额，即当期应交所得税。

企业在确定当期应交所得税时，对于当期发生的交易或事项，会计处理与税收处理不同的，应在会计利润的基础上，按照适用税收法规的规定进行调整，计算出当期应纳税所得额，按照应纳税所得额与适用的所得税税率计算确定当期应交所得税。一般情况下，应纳税所得额可在会计利润的基础上考虑会计与税收之间的差异，按照以下公式计算确定：

应纳税所得额 = 会计利润 + 按照会计准则规定记入利润表但计税时不允许税前扣除的费用 ± 记入利润表的费用与按照税法规定可予税前抵扣的金额之间的差额 ± 记入利润表的收入与按照税法规定应计入应纳税所得的收入之间的差额 − 税法规定的不征税收入 ± 其他需要调整的因素

二、递延所得税

递延所得税是指按照《企业会计准则第 18 号——所得税》的规定当期应予确认的递延所得税资产和递延所得税负债金额，即递延所得税资产及递延所得税负债当期发生额的综合结果，但不包括计入所有者权益的交易或事项的所得税影响。用公式表示即为：

$$递延所得税 = \left(\begin{array}{c}递延所得税负债的\\期末余额\end{array} - \begin{array}{c}递延所得税负债的\\期初余额\end{array}\right) - \left(\begin{array}{c}递延所得税资产的\\期末余额\end{array} - \begin{array}{c}递延所得税资产的\\期初余额\end{array}\right)$$

应予说明的是，企业因确认递延所得税资产和递延所得税负债产生的递延所得税，一般应当计入所得税费用，但以下两种情况除外。

1. 某项交易或事项按照会计准则的规定应计入所有者权益的，由该交易或事项产生的递延所得税资产或递延所得税负债及其变化也应计入所有者权益，不构成利润表中的递延所得税费用。

【例6-21】甲企业持有的某项以公允价值计量且其变动计入其他综合收益的金融资产，成本为500万元，会计期末，其公允价值为600万元，该企业适用的所得税税率为25%。除该事项外，该企业不存在其他会计与税收之间的差异，且递延所得税资产和递延所得税负债不存在期初余额。

①会计期末在确认100万元的公允价值变动时，账务处理如下：
借：其他权益工具投资　　　　　　　　　　　　　　1 000 000
　　贷：其他综合收益——其他权益工具投资公允价值变动　1 000 000

②确认应纳税暂时性差异的所得税影响时，账务处理如下：
借：其他综合收益——其他权益工具投资公允价值变动　250 000
　　贷：递延所得税负债　　　　　　　　　　　　　　　250 000

2. 企业合并中取得的资产、负债，其账面价值与计税基础不同，应确认相关递延所得税的，该递延所得税的确认影响合并中产生的商誉或是计入当期损益的金额，不影响所得税费用，有关举例见本章〖例6-19〗。

三、所得税费用

计算确定了当期所得税及递延所得税以后，利润表中应予确认的所得税费用为两者之和，即：

$$所得税费用 = 当期所得税 + 递延所得税$$

【例6-22】A公司2×16年度利润表中利润总额为3 000万元，该公司适用的所得税税率为25%。递延所得税资产及递延所得税负债不存在期初余额。与所得税核算有关的情况如下。2×16年发生的有关交易和事项中，会计处理与税收处理存在差异的有：

①2×16年1月开始计提折旧的一项固定资产，成本为1 500万元，使用年限为10年，净残值为0。会计处理按双倍余额递减法计提折旧，税收处理按直线法计提折旧。假定税法规定的使用年限及净残值与会计规定相同。

②向关联企业捐赠现金500万元。假定按照税法规定，企业向关联方的捐赠不允许税前扣除。

③当期取得作为交易性金融资产核算的股票投资成本为800万元，2×16年

12月31日的公允价值为1 200万元。税法规定,以公允价值计量的金融资产持有期间市价变动不计入应纳税所得额。

④违反环保法规定应支付罚款250万元。

⑤期末对持有的存货计提了75万元的存货跌价准备。

分析计算如下。

①2×16年度当期应交所得税:

应纳税所得额 = 3 000 + 150 + 500 - 400 + 250 + 75 = 3 575(万元)

应交所得税 = 3 575 × 25% = 893.75(万元)

②2×16年度递延所得税:

递延所得税资产 = 225 × 25% = 56.25(万元)

递延所得税负债 = 400 × 25% = 100(万元)

递延所得税 = 100 - 56.25 = 43.75(万元)

③利润表中应确认的所得税费用:

所得税费用 = 893.75 + 43.75 = 937.50(万元)

确认所得税费用的账务处理如下:

借:所得税费用　　　　　　　　　　　　9 375 000
　　递延所得税资产　　　　　　　　　　　562 500
　　贷:应交税费——应交所得税　　　　　8 937 500
　　　　递延所得税负债　　　　　　　　　1 000 000

该公司2×16年资产负债表相关项目金额及其计税基础如表6-3所示。

表6-3   单位:万元

项　目	账面价值	计税基础	暂时性差异	
			应纳税暂时性差异	可抵扣暂时性差异
存货	2 000	2 075		75
固定资产:				
固定资产原价	1 500	1 500		
减:累计折旧	300	150		
减:固定资产减值准备	0	0		
固定资产账面价值	1 200	1 350		150
交易性金融资产	1 200	800	400	
其他应付款	250	250		
总　　计			400	225

【例6-23】沿用〖例6-22〗中有关资料,假定A公司2×17年当期应交所得税为1 155万元。资产负债表中有关资产、负债的账面价值与其计税基础相关资料如表6-4所示,除所列项目外,其他资产、负债项目不存在会计和税收

的差异。

表 6-4　　　　　　　　　　　　　　　　　　　　　　　　　　　　　　　单位：万元

项　　　目	账面价值	计税基础	暂时性差异	
			应纳税暂时性差异	可抵扣暂时性差异
存货	4 000	4 200		200
固定资产：				
固定资产原价	1 500	1 500		
减：累计折旧	540	300		
减：固定资产减值准备	50	0		
固定资产账面价值	910	1 200		290
交易性金融资产	1 675	1 000	675	
预计负债	250	0		250
总　　　计			675	740

分析计算如下。

①当期所得税＝当期应交所得税＝1 155（万元）。
②递延所得税：
　A. 期末递延所得税负债（675×25%）　　　　　　　　　　　168.75
　　 期初递延所得税负债　　　　　　　　　　　　　　　　　　100
　　 递延所得税负债增加　　　　　　　　　　　　　　　　　　68.75
　B. 期末递延所得税资产（740×25%）　　　　　　　　　　　185
　　 期初递延所得税资产　　　　　　　　　　　　　　　　　　56.25
　　 递延所得税资产增加　　　　　　　　　　　　　　　　　　128.75
　　 递延所得税＝68.75－128.75＝－60（万元）。
③确认所得税费用：
所得税费用＝1 155－60＝1 095（万元）。
确认所得税费用的账务处理如下：
　借：所得税费用　　　　　　　　　　　　　　　　　10 950 000
　　　递延所得税资产　　　　　　　　　　　　　　　　1 287 500
　　　贷：递延所得税负债　　　　　　　　　　　　　　　 687 500
　　　　　应交税费——应交所得税　　　　　　　　　　11 550 000

四、合并财务报表中因抵销未实现内部销售损益产生的递延所得税

企业在编制合并财务报表时，因抵销未实现内部销售损益导致合并资产负债表中资产、负债的账面价值与其在纳入合并范围的企业按照适用税法规定确定的

计税基础之间产生暂时性差异的,在合并资产负债表中应当确认递延所得税资产或递延所得税负债,同时调整合并利润表中的所得税费用,但与直接计入所有者权益的交易或事项及企业合并相关的递延所得税除外。

企业在编制合并财务报表时,按照合并报表的编制原则,应将纳入合并范围的企业之间发生的未实现内部交易损益予以抵销,因此,对于所涉及的资产、负债项目在合并资产负债表中列示的价值与其所属的企业个别资产负债表中的价值会不同,进而可能产生与有关资产、负债所属个别纳税主体计税基础的不同,从合并财务报表作为一个完整经济主体的角度,应当确认该暂时性差异的所得税影响。

【例6-24】甲公司拥有乙公司80%的有表决权股份,能够控制乙公司的生产经营决策。2×16年9月甲公司以800万元将自产产品一批销售给乙公司,该批产品在甲公司的生产成本为500万元。至2×16年12月31日,乙公司尚未对外销售该批商品。假定涉及商品未发生减值。甲、乙公司适用的所得税税率为25%,且在未来期间预计不会发生变化。税法规定,企业的存货以历史成本作为计税基础。

甲公司在编制合并财务报表时,对于与乙公司发生的内部交易应进行以下抵销处理:

借:营业收入　　　　　　　　　　　　　　　　　　8 000 000
　　贷:营业成本　　　　　　　　　　　　　　　　　5 000 000
　　　　存货　　　　　　　　　　　　　　　　　　　3 000 000

经过上述抵销处理后,该项内部交易中涉及的存货在合并资产负债表中体现的价值为500万元,即在未发生减值的情况下为出售方的成本,其计税基础为800万元,两者之间产生了300万元可抵扣暂时性差异,与该暂时性差异相关的递延所得税在乙公司并未确认。为此,在合并财务报表中应进行以下处理:

借:递延所得税资产　　　　　　　　　　　　　　　　750 000
　　贷:所得税费用　　　　　　　　　　　　　　　　750 000

五、所得税的列报

企业对所得税的核算结果,除利润表中列示的所得税费用外,在资产负债表中形成的应交税费(应交所得税)以及递延所得税资产、递延所得税负债应当遵循准则的规定列报。其中,递延所得税资产和递延所得税负债一般应当分别作为非流动资产和非流动负债在资产负债表中列示,所得税费用应当在利润表中单独列示,同时还应在附注中披露与所得税有关的信息。一般情况下,在个别财务报表中,当期所得税资产与负债及递延所得税资产、递延所得税负债可以以抵销后的净额列示。在合并财务报表中,纳入合并范围的企业中,一方的当期所得税资产或递延所得税资产与另一方的当期所得税负债或递延所得税负债一般不能予以抵销,除非所涉及的企业具有以净额结算的法定权利且意图以净额结算。

练 习 题

一、单项选择题

1. 所得税采用资产负债表债务法核算，其暂时性差异是指（　　）。
   A. 资产、负债的账面价值与其公允价值之间的差额
   B. 资产、负债的账面价值与计税基础之间的差额
   C. 资产、负债的公允价值与计税基础之间的差额
   D. 仅仅是资产的账面价值与计税基础之间的差额

2. 甲公司于2×17年年初以200万元取得一项投资性房地产，采用公允价值模式计量。2×17年年末该项投资性房地产的公允价值为300万元。假定税法规定对于公允价值计量的投资性房地产，在持有期间的公允价值变动不计入应纳税所得额，处置时一并计算应计入应纳税所得额的金额，则该项投资性房地产在2×17年年末的计税基础为（　　）万元。
   A. 0　　　　B. 300　　　　C. 200　　　　D. 20

3. 甲企业于2×17年1月购入一项无形资产，入账价值为150万元，会计上采用直线法分10年进行摊销，税法规定采用年数总和法按5年进行摊销。假设该无形资产当期未计提减值准备，预计净残值均为0。2×17年年末该无形资产的计税基础为（　　）万元。
   A. 135　　　　B. 150　　　　C. 100　　　　D. 120

4. 2×16年12月31日A公司一台固定资产的账面价值为10万元，重估的公允价值为20万元，会计和税法都规定按直线法计提折旧，剩余使用年限为5年，净残值为0。会计按重估的公允价值计提折旧，税法按账面价值计提折旧。则2×19年12月31日应纳税暂时性差异余额为（　　）万元。
   A. 4　　　　B. 8　　　　C. 6　　　　D. 16

5. 甲股份有限公司2×16年12月购入一台设备，原价为3 010万元，预计净残值为10万元，税法规定的折旧年限为5年，按直线法计提折旧，公司按照3年计提折旧，折旧方法与税法相一致。假设从2×18年开始公司所得税税率由原来的33%降为25%。除该事项外，历年来无其他纳税调整事项。公司采用资产负债表债务法进行所得税会计处理。该公司2×17年年末资产负债表中反映的"递延所得税资产"项目的金额为（　　）万元。
   A. 132　　　　B. 100　　　　C. 400　　　　D. 92

6. 甲公司于2×16年1月1日开业，2×16年和2×17年免征企业所得税，从2×18年开始适用的所得税税率为25%。甲公司2×16年开始计提折旧的一台设备，2×16年12月31日其账面价值为6 000万元，计税基础为8 000万元；2×17年12月31日账面价值为3 600万元，计税基础为6 000万元。假定资产负债表日有确凿证据表明未来期间很可能获得足够的应纳税所得额用来抵扣可抵扣暂时性差异。2×17年应确认的递延所得税资产发生额为（　　）万元。
   A. 100（借方）　　B. 0　　C. 500（借方）　　D. 600（借方）

7. 下列项目中，不会产生应纳税暂时性差异的是（　　）。
   A. 企业根据被投资单位权益增加调整账面价值大于计税基础的部分
   B. 税法折旧大于会计折旧形成的差额部分
   C. 对投资性房地产，企业根据期末公允价值大于账面价值的部分进行了调整

D. 对无形资产，企业根据期末可收回金额小于账面价值计提减值准备的部分

8. 大海公司 2×16 年 12 月 31 日取得的某项机器设备，原价为 1 000 万元，预计使用年限为 10 年，会计处理时按照直线法计提折旧，税收处理允许加速折旧，大海公司在计税时对该项资产按双倍余额递减法计提折旧。预计净残值为 0。计提了 2 年的折旧后，2×18 年 12 月 31 日，大海公司对该项固定资产计提了 80 万元的固定资产减值准备。2×18 年 12 月 31 日，该固定资产的计税基础为（　　）万元。
   A. 0 B. 720 C. 80 D. 640

9. 大海公司当期发生研究开发支出 500 万元，其中，研究阶段支出 100 万元，开发阶段不符合资本化条件的支出 120 万元，开发阶段符合资本化条件的支出 280 万元。假定大海公司当期摊销无形资产 10 万元。假定税法规定企业的研究开发支出可全额计入当期损益。大海公司当期期末研究开发支出的计税基础为（　　）万元。
   A. 280 B. 270 C. 120 D. 0

10. A 公司于 2×16 年 12 月 31 日"预计负债——产品质量保证费用"科目贷方余额为 50 万元，2×17 年实际发生产品质量保证费用 40 万元，2×17 年 12 月 31 日预提产品质量保证费用 50 万元，2×17 年 12 月 31 日该项负债的计税基础为（　　）万元。
    A. 20 B. 0 C. 50 D. 40

11. A 公司 2×16 年 12 月 31 日购入价值 20 万元的设备，预计使用期 5 年，无残值。采用直线法计提折旧，税法允许采用双倍余额递减法计提折旧。2×16 年前适用的所得税税率为 33%，假设以后各年起适用的所得税税率为 25%。2×16 年 12 月 31 日递延所得税负债余额为（　　）万元。
    A. 1.584 B. 1.2 C. 0.6 D. 1.32

12. 甲股份公司自 2×15 年 2 月 1 日起自行研究开发一项新产品专利技术，2×15 年度在研究开发过程中发生研究费用 300 万元，开发支出 600 万元（符合资本化条件），2×16 年 4 月 2 日该项专利技术获得成功并申请取得专利权。甲公司发生的研究开发支出符合税法规定的条件。甲公司预计该项专利权的使用年限为 5 年，法律规定的有效年限为 10 年，预计该项专利为甲公司带来的经济利益会逐期递减，因此，采用年数总和法进行摊销。2×16 年年末该项无形资产产生的暂时性差异为（　　）万元。
    A. 105 B. 400 C. 225 D. 675

13. 大海公司 2×16 年 12 月 31 日收到客户预付的款项 200 万元，若按税法规定，该预收款项计入 2×16 年应纳税所得额。2×16 年 12 月 31 日该项预收账款的计税基础为（　　）万元。
    A. 200 B. 0 C. 100 D. 40

14. 甲公司 2×17 年年末"递延所得税负债"科目的贷方余额为 90 万元（均为固定资产后续计量对所得税的影响），适用的所得税税率为 18%，2×18 年年初适用的所得税税率改为 25%；2×18 年年末固定资产的账面价值为 6 000 万元，计税基础为 5 800 万元，2×18 年确认销售商品提供售后服务的预计负债 100 万元，年末预计负债的账面价值为 100 万元，计税基础为 0，甲公司预计会持续盈利，各年能够获得足够的应纳税所得额。则甲公司 2×18 年年末确认递延所得税时应编制的会计分录为（　　）。
    A. 借：递延所得税负债　　　　　　　　　　　　　650 000
         贷：所得税费用　　　　　　　　　　　　　　　　　650 000
    B. 借：递延所得税负债　　　　　　　　　　　　　650 000
         递延所得税资产　　　　　　　　　　　　　250 000

	贷：所得税费用	900 000
C. 借：递延所得税负债		400 000
	递延所得税资产	250 000
	贷：所得税费用	650 000
D. 借：所得税费用		150 000
	递延所得税资产	250 000
	贷：递延所得税负债	400 000

15. 甲公司2×17年12月31日的资产、负债中，其他权益工具投资的账面价值为120万元，计税基础为110万元；预计负债的账面价值为100万元，计税基础为0。假定甲公司2×17年适用的所得税税率为33%，预期从2×18年1月1日起，甲公司适用的所得税税率将变更为25%，无其他纳税调整事项。甲公司2×17年应纳税所得额为540万元（已考虑了上述纳税调整事项），2×17年年初"递延所得税"科目无余额。则2×17年甲公司利润表中"所得税费用"项目金额为（　　）万元。

  A. 155.7   B. 153.2   C. 150.7   D. 145.2

二、多项选择题

1. 下列项目中产生可抵扣暂时性差异的有（　　）。

  A. 预提产品保修费用

  B. 计提存货跌价准备

  C. 可供出售金融资产的公允价值大于取得时的成本

  D. 交易性金融资产公允价值小于取得时的成本

2. 下列项目中，产生可抵扣暂时性差异的有（　　）。

  A. 可供出售金融资产公允价值大于取得成本的差额

  B. 期末因担保事项确认的预计负债

  C. 预提产品质量保证费用形成的预计负债

  D. 企业超标的广告费

3. 下列说法中，错误的有（　　）。

  A. 资产负债表日，有确凿证据表明未来期间很可能获得足够的应纳税所得额用来抵扣可抵扣暂时性差异的，应当确认以前期间未确认的递延所得税资产

  B. 资产负债表日，有确凿证据表明未来期间很可能获得足够的应纳税所得额用来抵扣可抵扣暂时性差异的，应当确认以前期间未确认的递延所得税负债

  C. 当某项交易同时具有"该项交易不是企业合并"和"交易发生时既不影响会计利润也不影响应纳税所得额（或可抵扣亏损）"两个特征时，该项交易中因资产或负债的初始确认所产生的递延所得税资产不予确认

  D. 当某项交易同时具有"该项交易不是企业合并"和"交易发生时既不影响会计利润也不影响应纳税所得额（或可抵扣亏损）"两个特征时，该项交易中因资产或负债的初始确认所产生的递延所得税资产应确认为资产

4. 下列说法中，错误的有（　　）。

  A. 递延所得税资产和递延所得税负债应当分别作为非流动资产和非流动负债在资产负债中列示

  B. 递延所得税资产大于递延所得税负债的差额应当作为资产列示

  C. 递延所得税资产小于递延所得税负债的差额应当作为资产列示

  D. 所得税费用应当在利润表中单独列示

5. 在不考虑其他因素的情况下，企业发生的下列交易或事项中，期末会引起"递延所得税资产"减少的有（   ）。

  A. 本期转回计提的存货跌价准备

  B. 本期计提无形资产减值准备

  C. 企业购入交易性金融资产，会计期末公允价值小于其初始确认金额

  D. 实际发生产品售后保修费用，冲减已计提的预计负债

6. 下列项目中，产生暂时性差异的有（   ）。

  A. 会计上固定资产的账面价值与其计税基础不一致

  B. 确认国债利息收入时同时确认的资产

  C. 计提存货跌价准备

  D. 交易性金融资产的公允价值与取得时的成本的差异

7. 下列说法中，正确的有（   ）。

  A. 无形资产在后续计量时，应在不少于10年的期限内摊销

  B. 内部研究开发的无形资产，因税法规定要对于资本化的部分进行加计摊销，但产生的暂时性差异不确认递延所得税资产

  C. 固定资产持有期间，由于会计与税法规定的折旧方法、折旧年限等不同，所以会产生应纳税暂时性差异

  D. 固定资产持有期间，在计提了减值准备后，会产生可抵扣暂时性差异

8. 下列情况中，会产生可抵扣暂时性差异的有（   ）。

  A. 资产的账面价值大于计税基础 B. 资产的账面价值小于计税基础

  C. 负债的账面价值大于计税基础 D. 负债的账面价值小于计税基础

9. 下列关于负债的计税基础的说法中正确的有（   ）。

  A. 企业因销售商品提供售后服务等原因确认的预计负债，其计税基础通常为0

  B. 企业收到客户的预付款，如果此时会计和税法均规定不符合收入确认条件，则其账面价值等于其计税基础

  C. 通常情况下，应付职工薪酬的计税基础等于其账面价值

  D. 企业应按环保规定交纳的罚款，会产生暂时性差异

10. 企业当期发生的所得税费用正确的处理方法有（   ）。

  A. 一般情况下记入利润表

  B. 按照税法规定允许用以后年度的所得弥补的可抵扣亏损及可结转以后年度的税款抵减，按照可抵扣暂时性差异的原则处理

  C. 与直接计入所有者权益的交易或者事项相关的当期所得税和递延所得税，应当计入资本公积（其他资本公积）

  D. 因企业合并产生的应纳税暂时性差异或可抵扣暂时性差异的影响，在确认递延所得税负债或递延所得税资产的同时，相关的递延所得税费用（或收益），一般应调整在合并中应予确认的商誉

三、判断题

1. 按照企业会计准则的规定，交易性金融资产期末应以公允价值计量，公允价值的变动计入当期损益；税法规定交易性金融资产在持有期间公允价值变动不计入应纳所得额，则产生了交易性金融资产的账面价值与计税基础之间的差异，该差异是可抵扣暂时性差异。

                     （   ）

2. 负债的计税基础是指负债的账面价值减去未来期间计算应纳税所得额时按照税法规定

不可抵扣的金额。   (   )

3. 资产的计税基础是指企业收回资产账面价值过程中，计算应纳税所得额时按照税法规定不可以自应税经济利益中抵扣的金额。   (   )

4. 递延所得税资产的确认原则：以可抵扣暂时性差异转回期间预计将获得的应税所得为限，确认相应的递延所得税资产。   (   )

5. 应纳税暂时性差异，将导致在销售或使用资产或偿付负债的未来期间内减少应纳税所得额，应确认为递延所得税负债。   (   )

6. 资产负债表日，如果未来期间很可能无法获得足够的应纳税所得额用于抵扣递延所得税资产的利益，应当减记递延所得税资产的账面价值，并且按照《企业会计准则第8号——资产减值》的规定，在以后期间不得恢复其账面价值。   (   )

7. 递延所得税资产和递延所得税负债的计量，应当反映资产负债表日企业预期收回资产或清偿负债方式的所得税影响，即在计量递延所得税资产和递延所得税负债时，应当采用与收回资产或清偿债务的预期方式相一致的税率。   (   )

8. 资产负债表日，有确凿证据表明未来期间很可能获得足够的应纳税所得额用来抵扣可抵扣暂时性差异的，应当确认以前期间未确认的递延所得税资产。   (   )

9. 如果一项交易或事项不符合资产、负债的确认条件而未体现为资产负债表中的资产或负债，那么就不会产生暂时性差异。   (   )

10. 可抵扣暂时性差异，将导致在销售或使用资产或偿付负债的未来期间内增加应纳税所得额，应确认为递延所得税资产。   (   )

四、计算及账务处理题

1. 某公司2×15年12月1日购入设备一台，原值156万元，净残值6万元。税法规定采用年限平均法，折旧年限为5年；会计规定采用年数总和法，折旧年限为5年。税前会计利润各年均为1 000万元，2×16年、2×17年所得税税率为33%，2×18年以后所得税税率为25%（非预期税率）。

要求：

（1）编制各年会计分录，并列示计算过程。

（2）计算暂时性差异、递延所得税资产期末余额、递延所得税资产发生额，并将计算结果填列在下列表中。

单位：万元

年份	账面价值 （年数总和法）	计税基础 （年限平均法）	可抵扣暂时性差异	税率	递延所得税资产期末余额	递延所得税资产发生额
2×16						
2×17						
2×18						
2×19						
2×20						

2. 甲股份有限公司为境内上市公司（以下简称甲公司）。2×17年度实现利润总额为4 000万元。所得税采用债务法核算，2×16年以前适用的所得税税率为15%，自2×17年起

适用的所得税税率为25%（非预期税率）。

2×17年甲公司有关资产减值准备的计提及转回等资料如下表所示。

单位：万元

项　目	年初余额	本年增加数	本年转回数	年末余额
存货跌价准备	100	0	40	60
长期股权投资减值准备	1 200	300	0	1 500
固定资产减值准备	200	200	0	400
无形资产减值准备	120	30	0	150

假定按税法规定，甲公司计提的各项资产减值准备均不得在应纳税所得额中扣除。甲公司除计提的资产减值准备作为暂时性差异外，无其他纳税调整事项。假定甲公司在可抵扣暂时性差异转回时有足够的应纳税所得额。

要求：

（1）计算甲公司2×17年12月31日递延所得税资产余额和20×8年递延所得税资产发生额。

（2）计算甲公司2×17年度发生的所得税费用。

（3）编制甲公司2×17年度所得税相关的会计分录。

第七章 借款费用

> **学习指南**
>
> 本章是关于借款费用的会计处理介绍。借款费用是指企业因借入资金所付出的代价,其主要包括借款利息、折价或者溢价的摊销、辅助费用以及因外币借款而发生的汇兑差额等。本章的主要内容包括:一是借款费用的概念、范围和符合资本化条件的资产;二是借款费用的确认时间和原则,包括确认借款费用开始资本化的时点、借款费用暂停资本化的时点和借款费用停止资本化的时点;三是借款费用的计量及会计处理,包括借款费用资本化金额的确定和借款费用费用化金额的确定。通过本章的学习,要求掌握借款费用的确认原则;掌握借款费用资本化金额和费用化金额的确定;掌握借款费用开始资本化的条件;掌握借款费用暂停资本化的条件;掌握借款费用停止资本化的条件。

第一节 借款费用概述

一、借款费用的范围

在市场经济条件下,资金是企业生存和发展的生命源泉。企业无论是固定资产的购建、进行对外投资,还是原材料或者商品的采购等,都需要资金。随着企业对资金需求大量的增加,资金的来源也日益多元化。企业除了利用权益性资金解决部分资金来源外,通常还会采取借款方式筹措生产经营所需资金,这样就必然会出现因借入资金而发生的各种借款费用。

借款费用是指企业因借入资金所付出的代价,其主要包括借款利息、折价或者溢价的摊销、辅助费用以及因外币借款而发生的汇兑差额等。对于企业发生的权益性融资费用(例如发行股票的相关费用),不应包括在借款费用中。

【例7-1】某企业发生了借款手续费10万元,发行公司债券佣金1 000万元,发行公司股票佣金2 000万元,借款利息200万元。其中,借款手续费10万元、发行公司债券佣金1 000万元和借款利息200万元均属于借款费用;发行公司股票属于公司权益性融资性质,所发生的佣金应当冲减溢价,不属于借款费用范畴，不应按照借款费用进行会计处理。

（一）因借款而发生的利息

因借款而发生的利息，包括企业向银行或者其他金融机构等借入资金发生的利息、发行公司债券发生的利息，以及为购建或者生产符合资本化条件的资产而发生的带息债务所承担的利息等。

（二）因借款而发生的折价或溢价的摊销

因借款而发生的折价或者溢价主要是指发行债券等所发生的折价或者溢价。发行债券中的折价或者溢价，其实质是对债券票面利息的调整（即将债券票面利率调整为实际利率），属于借款费用的范畴。企业应在借款的存续期间对折价或溢价进行分期摊销。折价或溢价的摊销实质上是对借款利息的调整，因而构成了借款费用的组成部分。例如，XYZ公司发行公司债券，每张公司债券票面价值为1 000元，票面年利率为6%，期限为4年，而同期市场利率为年利率8%，由于公司债券的票面利率低于市场利率，为成功发行公司债券，XYZ公司采取了折价发行的方式，折价金额在实质上是用于补偿投资者在购入债券后所收到的名义利息上的损失，应当作为以后各期利息费用的调整额。

（三）因外币借款而发生的汇兑差额

因外币借款而发生的汇兑差额，是指由于汇率变动导致市场汇率与账面汇率出现差异，从而对外币借款本金及其利息的记账本位币金额所产生的影响金额。由于汇率的变化往往与利率的变化相联动，它是企业外币借款所需承担的风险，因此，因外币借款相关汇率变化所导致的汇兑差额属于借款费用的有机组成部分。

（四）因借款而发生的辅助费用

因借款而发生的辅助费用，是指企业在借款过程中发生的诸如手续费、佣金、印刷费等费用，由于这些费用是因安排借款而发生的，也属于借入资金所付出的代价，是借款费用的构成部分。

二、借款的范围

借款包括专门借款和一般借款。

专门借款是指为购建或者生产符合资本化条件的资产而专门借入的款项。专门借款通常应当有明确的用途，即为购建或者生产某项符合资本化条件的资产而专门借入的，并通常应当具有标明该用途的借款合同。例如，某制造企业为了建造厂房向某银行专门贷款1亿元、某房地产开发企业为了开发某住宅小区向某银行专门贷款2亿元、某施工企业为了完成承接的某运动场馆建造合同向银行专门贷款 5 000 万元等，均属于专门借款，其使用目的明确，而且其使用受到与银行签订的相关合同的限制。

一般借款是指除专门借款之外的借款。相对于专门借款而言，一般借款在借入时，其用途通常没有特指用于符合资本化条件的资产的购建或者生产。

三、符合资本化条件的资产

符合资本化条件的资产是指需要经过相当长时间的购建或者生产活动才能达到预定可使用或者可销售状态的固定资产、投资性房地产和存货等资产。建造合同成本、确认为无形资产的开发支出等，在符合条件的情况下，也可以认定为符合资本化条件的资产。

符合资本化条件的存货，主要包括房地产开发企业开发的用于对外出售的房地产开发产品、企业制造的用于对外出售的大型机械设备等，这类存货通常需要经过相当长时间的建造或者生产过程才能达到预定可销售状态。其中，"相当长时间"应当是指为资产的购建或者生产所必需的时间，通常为 1 年以上（含 1 年）。

【例 7-2】ABC 公司于 2×21 年 1 月 1 日起，用银行借款开工建设一幢简易厂房，厂房于当月 25 日完工，达到预定可使用状态。

[分析] 尽管 ABC 公司借款用于固定资产的购建，但是，由于该固定资产建造时间较短，不属于需要经过相当长时间的购建才能达到预定可使用状态的资产，因此，所发生的相关借款费用不应予以资本化计入在建工程成本，而应当根据发生额计入当期财务费用。

在实务中，如果由于人为或者故意等非正常因素导致资产的购建或者生产时间相当长的，该资产不属于符合资本化条件的资产。购入即可使用的资产，或者购入后需要安装但所需安装时间较短的资产，或者需要建造或者生产但所需建造或者生产时间较短的资产，均不属于符合资本化条件的资产。

【例 7-3】甲企业向银行借入资金分别用于生产 A 产品和 B 产品，其中，A 产品的生产时间较短，为 15 天；B 产品属于大型发电设备，生产时间较长，为 1 年零 3 个月。

[分析] 为生产存货而借入的借款费用在符合资本化条件的情况下应当予以资本化。本例中，由于 A 产品的生产时间较短，不符合需要经过相当长时间的生产才能达到预定可使用状态的资产，因此，为 A 产品的生产而借入资金所发生的借款费用不应计入 A 产品的生产成本，而应当计入当期财务费用；反之，B 产品的生产时间比较长，属于需要经过相当长时间的生产才能达到预定可销售状态的资产，因此，符合资本化的条件，有关借款费用可以资本化，计入 B 产品的成本。

第二节 借款费用的确认

借款费用的确认主要解决的是将每期发生的借款费用资本化、计入相关资产的成本，还是将有关借款费用费用化、计入当期损益。即借款费用的确认主要是在成本与损益之间的分配。根据《企业会计准则第17号——借款费用》的规定，借款费用确认的基本原则是：企业发生的借款费用，可直接归属于符合资本化条件的资产的购建或者生产的，应当予以资本化，计入相关资产成本；其他借款费用，应当在发生时根据其发生额确认为费用，计入当期损益。

企业只有发生在资本化期间内的有关借款费用，才允许资本化，资本化期间的确定是借款费用确认和计量的重要前提。借款费用资本化期间，是指从借款费用开始资本化时点到停止资本化时点的期间，但不包括借款费用暂停资本化的期间。

一、借款费用开始资本化的时点

借款费用允许开始资本化必须同时满足三个条件，即资产支出已经发生、借款费用已经发生、为使资产达到预定可使用或者可销售状态所必要的购建或者生产活动已经开始。

（一）资产支出已经发生的界定

资产支出已经发生，是指企业已经发生了支付现金、转移非现金资产或者承担带息债务形式所发生的支出。

1. 支付现金，是指用货币资金支付符合资本化条件的资产的购建或者生产支出。

【例7-4】某企业用现金或者银行存款购买为建造或者生产符合资本化条件的资产所需用材料、支付有关职工薪酬、向工程承包商支付工程进度款等，这些支出均属于资产支出。

2. 转移非现金资产，是指企业将自己的非现金资产直接用于符合资本化条件的资产的购建或者生产。

【例7-5】某企业将自己生产的产品，包括自己生产的水泥、钢材等，用于符合资本化条件的资产的建造或者生产，企业同时还将自己生产的产品同其他企业换取用于符合资本化条件的资产的建造或者生产所需用工程物资的，这些产品成本均属于资产支出。

3. 承担带息债务，是指企业为了购建或者生产符合资本化条件的资产所需用物资等而承担的带息应付款项（如带息应付票据）。企业以赊购方式购买这些物资所产生的债务，可能带息，也可能不带息。如果企业赊购这些物资承担的是不带息债务，就不应当将购买价款计入资产支出，因为该债务在偿付前不需要承担利息，也没有占用借款资金。企业只有等到实际偿付债务而发生了资源流出时，才能将其作为资产支出。如果企业赊购物资承担的是带息债务，则企业要为这笔债务付出代价，支付利息，与企业向银行借入款项用于支付资产支出在性质上是一致的。所以，企业为购建或者生产符合资本化条件的资产而承担的带息债务应当作为资产支出，当该带息债务发生时，视同资产支出已经发生。

【例 7-6】 某企业因建设长期工程所需，于 2×21 年 3 月 1 日购入一批工程用物资，开出一张 10 万元的带息银行承兑汇票，期限为 6 个月，票面年利率为 6%。对于该事项，企业尽管没有为工程建设的目的直接支付现金，但承担了带息债务，所以应当将 10 万元的购买工程用物资款作为资产支出，自 3 月 1 日开出承兑汇票开始即表明资产支出已经发生。

（二）借款费用已经发生的界定

借款费用已经发生，是指企业已经发生了因购建或者生产符合资本化条件的资产而专门借入款项的借款费用或者所占用的一般借款的借款费用。

【例 7-7】 某企业于 2×21 年 1 月 1 日为建造一幢建设期为 2 年的厂房从银行专门借入款项 9 000 万元，当日开始计息。在 2×21 年 1 月 1 日即应当认为借款费用已经发生。

（三）为使资产达到预定可使用或者可销售状态所必要的购建或者生产活动已经开始的界定

为使资产达到预定可使用或者可销售状态所必要的购建或者生产活动已经开始，是指符合资本化条件的资产的实体建造或者生产工作已经开始，例如主体设备的安装、厂房的实际开工建造等。它不包括仅仅持有资产但没有发生为改变资产形态而进行的实质上建造或者生产活动。

【例 7-8】 某企业为了建设写字楼购置了建筑用地，但是尚未开工兴建房屋，有关房屋实体建造活动也没有开始，在这种情况下，即使企业为了购置建筑用地已经发生了支出，也不应当将其认为为使资产达到预定可使用状态所必要的购建活动已经开始。

企业只有在上述三个条件同时满足的情况下，有关借款费用才可以开始资本化，只要其中有一个条件没有满足，借款费用就不能开始资本化。

【例 7-9】 某企业专门借入款项建造某符合资本化条件的固定资产，相关借款费用已经发生，同时固定资产的实体建造工作也已开始，但为固定资产建造所需物资等都是赊购（且所形成的负债均为不带息负债），发生的相关薪酬等费用也尚未形成现金流出。

在这种情况下，固定资产建造本身并没有占用借款资金，没有发生资产支出，该事项只满足借款费用开始资本化的第二个、第三个条件，但是没有满足第一个条件，所以，所发生的借款费用不应予以资本化。

【例7-10】某企业为了建造一项符合资本化条件的固定资产,使用自有资金购置了工程物资,该固定资产也已经开始动工兴建,但专门借款资金尚未到位,也没有占用一般借款资金。

在这种情况下,企业尽管满足了借款费用开始资本化的第一个、第三个条件,但是不符合借款费用开始资本化的第二个条件,因此,不允许开始借款费用的资本化。

【例7-11】某企业为了建造某一项符合资本化条件的厂房已经使用银行存款购置了水泥、钢材等,发生了资产支出,相关借款也已开始计息,但是厂房因各种原因迟迟未能开工兴建。

在这种情况下,企业尽管符合了借款费用开始资本化的第一个、第二个条件,但不符合借款费用开始资本化的第三个条件,因此所发生的借款费用不允许资本化。

二、借款费用暂停资本化的时间

符合资本化条件的资产在购建或者生产过程中发生非正常中断且中断时间连续超过3个月的,应当暂停借款费用的资本化。中断的原因必须是非正常中断,属于正常中断的,相关借款费用仍可资本化。在实务中,企业应当遵循"实质重于形式"等原则来判断借款费用暂停资本化的时间,如果相关资产购建或者生产的中断时间较长而且满足其他规定条件的,相关借款费用应当暂停资本化。

【例7-12】某企业于2×21年1月1日利用专门借款开工兴建一幢办公楼,支出已经发生,因此,借款费用从当日起开始资本化。工程预计于2×22年3月完工。

2×21年5月15日,由于工程施工发生了安全事故,导致工程中断,直到9月10日才复工。

该中断就属于非正常中断,因此,上述专门借款在5月15日至9月10日间所发生的借款费用不应资本化,而应作为财务费用计入当期损益。

非正常中断,通常是由于企业管理决策上的原因或者其他不可预见的原因等所导致的中断。比如,企业因与施工方发生了质量纠纷,或者工程、生产用料没有及时供应,或者资金周转发生了困难,或者施工、生产发生了安全事故,或者发生了与资产购建、生产有关的劳动纠纷等原因,导致资产购建或者生产活动发生中断,均属于非正常中断。

非正常中断与正常中断显著不同。正常中断通常仅限于因购建或者生产符合资本化条件的资产达到预定可使用或者可销售状态所必要的程序,或者事先可预见的不可抗力因素导致的中断。比如,某些工程建造到一定阶段必须暂停下来进行质量或者安全检查,检查通过后才可继续下一阶段的建造工作,这类中断是在施工前可以预见的,而且是工程建造必须经过的程序,属于正常中断。某些地区的工程在建造过程中由于可预见的不可抗力因素(如雨季或冰冻季节等原因)导致施工出现停顿,也属于正常中断。

【例7-13】某企业在北方某地建造某工程期间遇上冰冻季节(通常为6个月),工程施工因此中断,待冰冻季节过后方能继续施工。

由于该地区在施工期间出现较长时间的冰冻为正常情况,由此导致的施工中断是可预见的不可抗力因素导致的中断,属于正常中断。在正常中断期间所发生的借款费用可以继续资本化,计入相关资产的成本。

三、借款费用停止资本化的时点

购建或者生产符合资本化条件的资产达到预定可使用或者可销售状态时,借款费用应当停止资本化。在符合资本化条件的资产达到预定可使用或者可销售状态之后所发生的借款费用,应当在发生时根据其发生额确认为费用,计入当期损益。购建或者生产符合资本化条件的资产达到预定可使用或者可销售状态,可从下列三个方面进行判断:第一,符合资本化条件的资产的实体建造(包括安装)或者生产工作已经全部完成或者实质上已经完成。第二,所购建或者生产的符合资本化条件的资产与设计要求、合同规定或者生产要求相符或者基本相符,即使有极个别与设计、合同或者生产要求不相符的地方,也不影响其正常使用或者销售。第三,继续发生在所购建或生产的符合资本化条件的资产上的支出金额很少或者几乎不再发生。所购建或者生产的资产分别建造、分别完工的,企业应当区别情况界定借款费用停止资本化的时点。所购建或者生产的符合资本化条件的资产的各部分分别完工,且每部分在其他部分继续建造或者生产过程中可供使用或者可对外销售,且为使该部分资产达到预定可使用或者可销售状态所必要的购建或者生产活动实质上已经完成的,应当停止与该部分资产相关的借款费用的资本化,因为该部分资产已经达到了预定可使用或者可销售状态。

【例7-14】某企业利用借入资金建造由若干幢厂房组成的生产车间,每幢厂房完工时间不一样,但每幢厂房在其他厂房继续建造期间均可单独使用。

在这种情况下,当其中的一幢厂房完工并达到预定可使用状态时,企业应当停止该幢厂房相关借款费用的资本化。

【例7-15】ABC公司借入一笔款项,于2×21年2月1日采用出包方式开工兴建一幢办公楼。2×22年10月10日工程全部完工,达到合同要求。10月30日工程验收合格,11月15日办理工程竣工结算,11月20日完成全部资产移交手续,12月1日办公楼正式投入使用。

在本例中,企业应当将2×22年10月10日确定为工程达到预定可使用状态的时点,作为借款费用停止资本化的时点。后续的工程验收日、竣工结算日、资产移交日和投入使用日均不应作为借款费用停止资本化的时点,否则,会导致资产价值和利润的高估。

如果企业购建或者生产的资产的各部分分别完工,但必须等到整体完工后才可使用或者对外销售的,应当在该资产整体完工时停止借款费用的资本化。在这种情况下，即使各部分资产已经完工，也不能够认为该部分资产已经达到了预定可使用或者可销售状态，企业只能在所购建固定资产整体完工时才能认为资产已经达到了预定可使用或者可销售状态，借款费用方可停止资本化。

【例7-16】 某企业在建设某一涉及数项工程的钢铁冶炼项目时，每个单项工程都是根据各道冶炼工序设计建造的，因此，只有在每项工程都建造完毕后，整个冶炼项目才能正式运转，达到生产和设计要求，所以每一个单项工程完工后不应认为资产已经达到了预定可使用状态，企业只有等到整个冶炼项目全部完工而达到预定可使用状态时，才停止借款费用的资本化。

第三节　借款费用的计量

一、借款利息资本化金额的确定

在借款费用资本化期间内，每一会计期间的利息（包括折价或溢价的摊销，下同）资本化金额，应当按照下列规定确定：

1. 为购建或者生产符合资本化条件的资产而借入专门借款的，应当以专门借款当期实际发生的利息费用减去将尚未动用的借款资金存入银行取得的利息收入或进行暂时性投资取得的投资收益后的金额确定。

2. 为购建或者生产符合资本化条件的资产而占用了一般借款的，应当根据累计资产支出超过专门借款部分的资产支出加权平均数乘以所占用一般借款的资本化率，计算确定一般借款应予资本化的利息金额。资本化率应当根据一般借款加权平均利率计算确定。

3. 每一会计期间的利息资本化金额，不应当超过当期相关借款实际发生的利息金额。

企业在确定每期利息资本化金额时，应当首先判断符合资本化条件的资产在购建或者生产过程中所占用的资金来源，如果所占用的资金是专门借款资金，则应当在资本化期间内，根据每期实际发生的专门借款利息费用，确定应予资本化的金额。在企业将闲置的专门借款资金存入银行取得利息收入或者进行暂时性投资获取投资收益的情况下，企业还应当将这些相关的利息收入或者投资收益从资本化金额中扣除，以如实反映符合资本化条件的资产的实际成本。

【例7-17】 ABC公司于2×16年1月1日正式动工兴建一幢办公楼，工期预计为1年零6个月，工程采用出包方式，分别于2×16年1月1日、2×16年7月1日和2×17年1月1日支付工程进度款。

ABC公司为建造办公楼于2×16年1月1日专门借款2 000万元，借款期限为3年，年利率为6%。另外，在2×16年7月1日又专门借款4 000万元，借款期限为5年，年利率为7%。借款利息按年支付。（如无特别说明，本章例题中

名义利率与实际利率均相同）

闲置借款资金均用于固定收益债券短期投资，该短期投资月收益率为0.5%。

办公楼于2×17年6月30日完工，达到预定可使用状态。

ABC公司为建造该办公楼的支出金额如表7-1所示。

表7-1　　　　　　　　　　　　　支出金额　　　　　　　　　　　　　单位：万元

日　　　期	每期资产支出金额	累计资产支出金额	闲置借款资金用于短期投资金额
2×16年1月1日	1 500	1 500	500
2×16年7月1日	2 500	4 000	2 000
2×17年1月1日	1 500	5 500	500
总　　计	5 500		3 000

由于ABC公司使用了专门借款建造办公楼，而且办公楼建造支出没有超过专门借款金额，因此，ABC公司2×16年、2×17年为建造办公楼应予资本化的利息金额计算如下。

① 确定借款费用资本化期间为2×16年1月1日至2×17年6月30日。

② 计算在资本化期间内专门借款实际发生的利息金额：

2×16年专门借款发生的利息金额 = 2 000 × 6% + 4 000 × 7% × 6/12

　　　　　　　　　　　　　　= 260（万元）

2×17年1月1日至6月30日专门借款发生的利息金额 = 2 000 × 6% × 6/12 + 4 000 × 7% × 6/12 = 200（万元）

③ 计算在资本化期间内利用闲置的专门借款资金进行短期投资的收益：

2×16年短期投资收益 = 500 × 0.5% × 6 + 2 000 × 0.5% × 6 = 75（万元）

2×17年1月1日至6月30日短期投资收益 = 500 × 0.5% × 6 = 15（万元）

④ 由于在资本化期间内专门借款利息费用的资本化金额应当以其实际发生的利息费用减去将闲置的借款资金进行短期投资取得的投资收益后的金额确定，因而有：

2×16年的利息资本化金额 = 260 - 75 = 185（万元）

2×17年的利息资本化金额 = 200 - 15 = 185（万元）

有关账务处理如下。

2×16年12月31日：

借：在建工程　　　　　　　　　　　　　　　　　　　　　　　1 850 000

　　应收利息（或银行存款）　　　　　　　　　　　　　　　　　750 000

　　贷：应付利息　　　　　　　　　　　　　　　　　　　　　　2 600 000

2×17年6月30日：

借：在建工程　　　　　　　　　　　　　　　　　　　　　　　1 850 000

　　应收利息（或银行存款）　　　　　　　　　　　　　　　　　150 000

贷：应付利息   2 000 000

企业在购建或者生产符合资本化条件的资产时，如果专门借款资金不足，占用了一般借款资金的，或者企业为购建或者生产符合资本化条件的资产并没有借入专门借款而占用的都是一般借款资金，则企业应当根据为购建或者生产符合资本化条件的资产而发生的累计资产支出超过专门借款部分的资产支出加权平均数乘以所占用一般借款的资本化率，计算确定一般借款应予资本化的利息金额。资本化率应当根据一般借款加权平均利率计算确定。如果符合资本化条件的资产的购建或者生产没有借入专门借款，则应以累计资产支出加权平均数为基础计算所占用的一般借款利息资本化金额。即企业占用一般借款资金购建或者生产符合资本化条件的资产时，一般借款的借款费用的资本化金额的确定应当与资产支出相挂钩。

【例7-18】沿用〖例7-17〗，假定ABC公司建造办公楼没有专门借款，占用的都是一般借款。

ABC公司为建造办公楼占用的一般借款有两笔，具体如下：

①向A银行长期贷款2 000万元，期限为2×15年12月1日至2×18年12月1日，年利率为6%，按年支付利息。

②发行公司债券1亿元，于2×15年1月1日发行，期限为5年，年利率为8%，按年支付利息。

假定这两笔一般借款除了用于办公楼建设外，没有用于其他符合资本化条件的资产的购建或者生产活动。

假定全年按360天计算，其他资料沿用〖例7-17〗。

鉴于ABC公司建造办公楼没有占用专门借款，而占用了一般借款，因此，应当首先计算所占用一般借款的加权平均利率作为资本化率，然后计算建造办公楼的累计资产支出加权平均数，将其与资本化率相乘，计算求得当期应予资本化的借款利息金额。具体如下。

①计算所占用一般借款资本化率：

一般借款资本化率（年）=（2 000×6% + 10 000×8%）÷（2 000 + 10 000）
$$= 7.67\%$$

②计算累计资产支出加权平均数：

2×16年累计资产支出加权平均数 = 1 500×360/360 + 2 500×180/360
$$= 2 750（万元）$$

2×17年累计资产支出加权平均数 =（4 000 + 1 500）×180/360
$$= 2 750（万元）$$

③计算每期利息资本化金额：

2×16年为建造办公楼的利息资本化金额 = 2 750×7.67% = 210.93（万元）

2×16年实际发生的一般借款利息费用 = 2 000×6% + 10 000×8%
$$= 920（万元）$$

2×17年为建造办公楼的利息资本化金额 = 2 750×7.67% = 210.93（万元）

2×17年1月1日至6月30日实际发生的一般借款利息费用 = (2 000×6% + 10 000×8%)×180/360 = 460（万元）

上述计算的利息资本化金额没有超过两笔一般借款实际发生的利息费用，可以资本化。

④根据上述计算结果，账务处理如下。

2×16年12月31日：

借：在建工程　　　　　　　　　　　　　　　　　　2 109 300
　　财务费用　　　　　　　　　　　　　　　　　　7 090 700
　　贷：应付利息　　　　　　　　　　　　　　　　　　　　9 200 000

2×17年6月30日：

借：在建工程　　　　　　　　　　　　　　　　　　2 109 300
　　财务费用　　　　　　　　　　　　　　　　　　2 490 700
　　贷：应付利息　　　　　　　　　　　　　　　　　　　　4 600 000

【例7-19】沿用〖例7-17〗、〖例7-18〗，假定ABC公司为建造办公楼于2×16年1月1日专门借款2 000万元，借款期限为3年，年利率为6%。除此之外，没有其他专门借款。在办公楼建造过程中所占用的一般借款仍为两笔，一般借款有关资料沿用〖例7-18〗。其他相关资料均同〖例7-17〗和〖例7-18〗。

在这种情况下，公司应当首先计算专门借款利息的资本化金额，然后计算所占用一般借款利息的资本化金额。具体如下。

①计算专门借款利息资本化金额：

2×16年专门借款利息资本化金额 = 2 000×6% − 500×0.5%×6 = 105（万元）

2×17年专门借款利息资本化金额 = 2 000×6%×180/360 = 60（万元）

②计算一般借款资本化金额：

在建造办公楼过程中，自2×16年7月1日起已经有2 000万元占用了一般借款，另外，2×17年1月1日支出的1 500万元也占用了一般借款。计算这两笔资产支出的加权平均数如下。

2×16年占用一般借款的资产支出加权平均数 = 2 000×180/360
　　　　　　　　　　　　　　　　　　　　　　　　= 1 000（万元）

由于一般借款利息资本化率与〖例7-18〗相同，即为7.67%。所以：

2×16年应予资本化的一般借款利息金额 = 1 000×7.67% = 76.70（万元）

2×17年占用了一般借款的资产支出平均数 = (2 000 + 1 500)×180/360
　　　　　　　　　　　　　　　　　　　　　　　　= 1 750（万元）

2×17年应予资本化的一般借款利息金额 = 1 750×7.67%
　　　　　　　　　　　　　　　　　　= 134.23（万元）

③根据上述计算结果，公司建造办公楼应予资本化的利息金额如下：

2×16年利息资本化金额 = 105 + 76.70 = 181.70（万元）

2×17年利息资本化金额 = 60 + 134.23 = 194.23（万元）

④有关账务处理如下。

2×16年12月31日：

借：在建工程　　　　　　　　　　　　　　1 817 000
　　财务费用　　　　　　　　　　　　　　8 433 000
　　应收利息（或银行存款）　　　　　　　　150 000
　　贷：应付利息　　　　　　　　　　　　　　　10 400 000

注：2×16年实际借款利息 = 2 000 × 6% + 2 000 × 6% + 10 000 × 8%
　　　　　　　　　　　= 1 040（万元）

2×17年6月30日：

借：在建工程　　　　　　　　　　　　　　1 942 300
　　财务费用　　　　　　　　　　　　　　3 257 700
　　贷：应付利息　　　　　　　　　　　　　　　5 200 000

注：2×17年1月1日至6月30日的实际借款利息 = 1 040/2 = 520（万元）

【例7-20】MN公司拟在厂区内建造一幢新厂房，有关资料如下：

①2×16年1月1日向银行专门借款5 000万元，期限为3年，年利率为6%，每年1月1日付息。

②除专门借款外，公司只有一笔其他借款，为公司于2×15年12月1日借入的长期借款6 000万元，期限为5年，年利率为8%，每年12月1日付息。

③由于审批、办手续等原因，厂房于2×16年4月1日才开始动工兴建，当日支付工程款2 000万元。工程建设期间的支出情况如下：2×16年6月1日1 000万元；2×16年7月1日3 000万元；2×17年1月1日1 000万元；2×17年4月1日500万元；2×17年7月1日500万元。

工程于2×17年9月30日完工，达到预定可使用状态。其中，由于施工质量问题工程于2×16年9月1日至12月31日停工4个月。

④专门借款中未支出部分全部存入银行，假定月利率为0.25%。假定全年按照360天算，每月按照30天算。

根据上述资料，有关利息资本化金额的计算和利息账务处理如下。

①计算2×16年、2×17年全年发生的专门借款和一般借款利息费用：

2×16年专门借款发生的利息金额 = 5 000 × 6% = 300（万元）

2×16年一般借款发生的利息金额 = 6 000 × 8% = 480（万元）

2×17年专门借款发生的利息金额 = 5 000 × 6% = 300（万元）

2×17年一般借款发生的利息金额 = 6 000 × 8% = 480（万元）

②尽管专门借款于2×16年1月1日借入，但是，厂房建设于4月1日方才开工。因此，借款利息费用只有在4月1日起开始资本化（符合开始资本化的条件），计入在建工程成本。同时，由于厂房建设在2×16年9月1日至12月31日期间发生非正常中断4个月，该期间发生的利息费用应当暂停资本化，计入当期损益。

③计算2×16年借款利息资本化金额和应计入当期损益金额及其账务处理。

第一，计算2×16年专门借款应予资本化的利息金额。

2×16年1~3月和9~12月专门借款发生的利息费用 = 5 000×6%×210/360
= 175（万元）

2×16年专门借款转存入银行取得的利息收入 = 5 000×0.25%×3 + 3 000
×0.25%×2 + 2 000×0.25%×1
= 57.5（万元）

其中：在资本化期间内取得的利息收入 = 3 000×0.25%×2 + 2 000×0.25%×1
= 20（万元）

公司在2×16年应予资本化的专门借款利息金额 = 300 – 175 – 20
= 105（万元）

公司在2×16年应当计入当期损益（财务费用）的专门借款利息金额（减利息收入）= 300 – 105 – 57.5 = 137.5（万元）

第二，计算2×16年一般借款应予资本化的利息金额。

公司在2×16年占用了一般借款资金的资产支出加权平均数 = 1 000×60/360
= 166.67（万元）

公司在2×16年一般借款应予资本化的利息金额 = 166.67×8% = 13.33（万元）

公司在2×16年应当计入当期损益的一般借款利息金额 = 480 – 13.33
= 466.67（万元）

第三，计算2×16年应予资本化和应计入当期损益的利息金额。

公司在2×16年应予资本化的借款利息金额 = 105 + 13.33 = 118.33（万元）

公司在2×16年应当计入当期损益的借款利息金额 = 137.5 + 466.67
= 604.17（万元）

第四，2×16年有关会计分录如下：

借：在建工程　　　　　　　　　　　　　　　1 183 300
　　财务费用　　　　　　　　　　　　　　　6 041 700
　　应收利息（或银行存款）　　　　　　　　　575 000
　　贷：应付利息　　　　　　　　　　　　　　　　　7 800 000

在实务中，企业也可以先将符合资本化条件的专门借款发生的利息费用全额计入财务费用，然后在确认闲置专门借款资金所取得的利息收入或投资收益时，相应冲减财务费用。

④计算2×17年借款利息资本化金额和应计入当期损益金额及其账务处理。

第一，计算2×17年专门借款应予资本化的利息金额：

2×17年应予资本化的专门借款利息金额 = 5 000×6%×270/360
= 225（万元）

2×17年应当计入当期损益的专门借款利息金额 = 300 – 225 = 75（万元）

第二，计算2×17年一般借款应予资本化的利息金额：

2×17年占用了一般借款资金的资产支出加权平均数为：

2 000×270/360 + 500×180/360 + 500×90/360 = 1 875（万元）

2×17年一般借款应予资本化的利息金额 = 1 875×8% = 150（万元）

2×17 年应当计入当期损益的一般借款利息金额 = 480 - 150 = 330（万元）

第三，计算 2×17 年应予资本化和应计入当期损益的利息金额：

2×17 年应予资本化的借款利息金额 = 150 + 225 = 375（万元）

2×17 年应当计入当期损益的借款利息金额 = 75 + 330 = 405（万元）

第四，2×17 年有关会计分录如下：

借：在建工程 3 750 000
　　财务费用 4 050 000
　　贷：应付利息 7 800 000

二、借款辅助费用资本化金额的确定

辅助费用是企业为了安排借款而发生的必要费用，包括借款手续费（如发行债券手续费）、佣金等。如果企业不发生这些费用，就无法取得借款，因此，辅助费用是企业借入款项所付出的一种代价，是借款费用的有机组成部分。

对于企业发生的专门借款辅助费用，在所购建或者生产的符合资本化条件的资产达到预定可使用或者可销售状态之前发生的，应当在发生时根据其发生额予以资本化；在所购建或者生产的符合资本化条件的资产达到预定可使用或者可销售状态之后发生的，应当在发生时根据其发生额确认为费用，计入当期损益。上述资本化或计入当期损益的辅助费用的发生额，是根据《企业会计准则第22号——金融工具确认和计量》，按照实际利率法所确定的金融负债交易费用对每期利息费用的调整额。借款实际利率与合同利率差异较小的，也可以采用合同利率计算确定利息费用。一般借款发生的辅助费用，也应当按照上述原则确定其发生额并进行处理。

考虑到借款辅助费用与金融负债交易费用是一致的，其会计处理也应当保持一致。根据《企业会计准则第22号——金融工具确认和计量》的规定，除以公允价值计量且其变动计入当期损益的金融负债之外，其他金融负债相关的交易费用应当计入金融负债的初始确认金额。为购建或者生产符合资本化条件的资产的专门借款或者一般借款，通常都属于除以公允价值计量且其变动计入当期损益的金融负债之外的其他金融负债。因此，对于这些金融负债所发生的辅助费用需要计入借款的初始确认金额，即抵减相关借款的初始金额，从而影响以后各期实际利息的计算。换句话说，由于辅助费用的发生将导致相关借款实际利率的上升，从而需要对各期利息费用作相应调整，在确定借款辅助费用资本化金额时可以结合借款利息资本化金额一起计算。

三、外币专门借款汇兑差额资本化金额的确定

当企业为购建或者生产符合资本化条件的资产所借入的专门借款为外币借款时，由于企业取得外币借款日、使用外币借款日和会计结算日往往并不一致，而

外汇汇率又在随时发生变化,因此,外币借款会产生汇兑差额。相应地,在借款费用资本化期间内,为购建固定资产而专门借入的外币借款所产生的汇兑差额,是购建固定资产的一项代价,应当予以资本化,计入固定资产成本。出于简化核算的考虑,在资本化期间内,外币专门借款本金及其利息的汇兑差额,应当予以资本化,计入符合资本化条件的资产的成本。而除外币专门借款之外的其他外币借款本金及其利息所产生的汇兑差额应当作为财务费用,计入当期损益。

【例7-21】甲公司于2×17年1月1日为建造某工程项目专门以面值发行美元公司债券1 000万元,年利率为8%,期限为3年,假定不考虑与发行债券有关的辅助费用、未支出专门借款的利息收入或投资收益。合同约定,每年1月1日支付上年利息,到期还本。

工程于2×17年1月1日开始实体建造,2×18年6月30日完工,达到预定可使用状态,其间发生的资产支出如下:2×17年1月1日支出200万美元;2×17年7月1日支出500万美元;2×18年1月1日支出300万美元。

公司的记账本位币为人民币,外币业务采用外币业务发生时当日的市场汇率折算。相关汇率如下:2×17年1月1日市场汇率为1美元=7.70元人民币;2×17年12月31日,市场汇率为1美元=7.75元人民币;2×18年1月1日,市场汇率为1美元=7.77元人民币;2×18年6月30日,市场汇率为1美元=7.80元人民币。

本例中,公司计算外币借款汇兑差额资本化金额如下(会计分录中金额单位:元)。

①计算2×17年汇兑差额资本化金额。

债券应付利息=1 000×8%×7.75=80×7.75=620(万元)

账务处理为:

借:在建工程 6 200 000
    贷:应付利息 6 200 000

外币债券本金及利息汇兑差额=1 000×(7.75-7.70)+80×(7.75-7.75)
=50(万元)

账务处理为:

借:在建工程 500 000
    贷:应付债券 500 000

②2×18年1月1日实际支付利息时,应当支付80万美元,折算成人民币为621.60万元。该金额与原账面金额620万元之间的差额1.60万元应当继续予以资本化,计入在建工程成本。账务处理为:

借:应付利息 6 200 000
    在建工程 16 000
    贷:银行存款 6 216 000

③计算2×18年6月30日时的汇兑差额资本化金额。

债券应付利息=1 000×8%×1/2×7.80=40×7.80=312(万元)

账务处理为：

借：在建工程　　　　　　　　　　　　　　　　　3 120 000
　　贷：应付利息　　　　　　　　　　　　　　　　　　3 120 000

外币债券本金及利息汇兑差额 = 1 000 ×（7.80 – 7.75）+ 40 ×（7.80 – 7.80）
　　　　　　　　　　　　　= 50（万元）

账务处理为：

借：在建工程　　　　　　　　　　　　　　　　　　500 000
　　贷：应付债券　　　　　　　　　　　　　　　　　　500 000

练 习 题

一、单项选择题

1. 《企业会计准则第17号——借款费用》中的专门借款是指（　　）。
    A. 为购建或者生产符合资本化条件的资产而专门借入的款项
    B. 发行债券借款
    C. 长期借款
    D. 技术改造借款

2. 下列项目中，不属于借款费用的是（　　）。
    A. 借款利息　　　　　　　　　　B. 发行公司债券佣金
    C. 借款手续费　　　　　　　　　D. 发行公司股票佣金

3. 在确定借款费用资本化金额时，与专门借款有关的利息收入应（　　）。
    A. 计入营业外收入　　　　　　　B. 冲减所购建的固定资产成本
    C. 计入当期财务费用　　　　　　D. 冲减借款费用资本化的金额

4. 如果固定资产的购建活动发生非正常中断，并且中断时间连续超过（　　），应当暂停借款费用的资本化，将其确认为当期费用，直至资产的购建活动重新开始。
    A. 1年　　　　B. 半年　　　　C. 3个月　　　　D. 2年

5. 下列各项中，不属于《企业会计准则第17号——借款费用》中的资产支出的是（　　）。
    A. 计提的在建工程人员的工资及福利费
    B. 企业赊购工程建设所用物资而承担的带息债务
    C. 企业为建设工程项目而转移的非现金资产
    D. 支付的工程人员工资

6. 当所购建的固定资产（　　）时，应当停止其借款费用的资本化；以后发生的借款费用应当于发生当期确认为费用。
    A. 竣工决算　　　　　　　　　　B. 交付使用
    C. 达到预定可使用状态　　　　　D. 交付使用并办理竣工决算手续

7. 生产经营期间，如果某项固定资产的购建发生非正常中断，并且中断时间超过3个月（含3个月），应当将中断期间所发生的借款费用记入（　　）科目。
    A. 长期待摊费用　　　　　　　　B. 在建工程
    C. 财务费用　　　　　　　　　　D. 营业外支出

8. 2×16年2月1日，甲公司采用自营方式扩建厂房借入2年期专门借款500万元。2×16年11月12日，厂房扩建工程达到预定可使用状态；2×16年11月28日，厂房扩建工程验收合格；2×16年12月1日，办理工程竣工结算；2×16年12月12日，扩建后的厂房投入使用。假定不考虑其他因素，甲公司借入专门借款利息费用停止资本化的时点是（　　）。

  A. 2×16年11月12日   B. 2×16年11月28日
  C. 2×16年12月1日   D. 2×16年12月12日

  9. 某企业借入两笔一般借款：第一笔为2×16年1月1日借入的800万元，借款年利率为8%，期限为2年；第二笔为2×16年7月1日借入的500万元，借款年利率为6%，期限为3年。该企业2×16年为购建固定资产而占用了一般借款所使用的资本化率为（　　）。

  A. 7.00%   B. 6.80%   C. 7.52%   D. 6.89%

  10. 下列情形中，造成工程中断时间连续超过3个月，其借款费用仍应继续资本化的是（　　）。

  A. 台风季节   B. 与施工方发生质量纠纷
  C. 资金周转发生困难   D. 发生了施工安全事故

  11. 下列项目中，不属于借款费用的是（　　）。

  A. 外币借款发生的汇兑损失   B. 借款过程中发生的承诺费
  C. 发行公司债券发生的折价   D. 发行公司债券溢价的摊销

  12. 甲公司2×17年1月1日发行面值总额为10 000万元的债券，取得的款项专门用于建造厂房。该债券系分期付息、到期还本债券，期限为4年，票面年利率为10%，每年12月31日支付当年利息。该债券年实际利率为8%。债券发行价格总额为10 662.10万元，款项已存入银行。厂房于2×17年1月1日开工建造，2×17年度累计发生建造工程支出5 000万元。经批准，当年甲公司将尚未使用的债券资金投资于国债，取得投资收益760万元。2×17年12月31日工程尚未完工，该在建工程的账面余额为（　　）万元。

  A. 5 092.97   B. 5 306.21   C. 58 452.97   D. 6 000

  13. 关于辅助费用以及因外币借款而发生的汇兑差额，下列说法中不正确的是（　　）。

  A. 在资本化期间内，外币专门借款本金及利息的汇兑差额，应当予以资本化，计入符合资本化条件的资产成本
  B. 在资本化期间内，外币专门借款本金及利息的汇兑差额的计算不与资产支出相挂钩
  C. 专门借款发生的辅助费用，在所购建或者生产的符合资本化条件的资产达到预定可使用状态或者可销售状态之前发生的，应当在发生时根据其发生额予以资本化，计入符合资本化条件的资产的成本
  D. 专门借款发生的辅助费用，在计算其资本化金额时应与资产支出相挂钩

  14. 在借款费用资本化期间，为购建或者生产符合资本化条件的资产占用了一般借款的，其资本化金额不正确的处理方法是（　　）。

  A. 应当根据累计资产支出超过专门借款部分的资产支出加权平均数乘以所占用一般借款的资本化率，计算确定一般借款应予资本化的利息金额
  B. 一般借款加权平均利率＝所占用一般借款当期实际发生的利息之和÷所占用一般借款本金加权平均数
  C. 一般借款发生的辅助费用，与专门借款发生的辅助费用的处理原则相同
  D. 在资本化期间内，外币一般借款本金及利息的汇兑差额，应当予以资本化，计入符合资本化条件的资产的成本

  15. 甲公司为建造厂房于2×17年4月1日从银行借入2 000万元专门借款，借款期限为2年，年利率为6%，不考虑借款手续费。该项专门借款在银行的存款利率为年利率3%，2×17年7月1日甲公司采取出包方式委托B公司为其建造该厂房，并预付了1 000万元工程款，厂

房实体建造工作于当日开始。该工程因发生施工安全事故在2×17年8月1日至11月30日中断施工，12月1日恢复正常施工，至年末工程尚未完工。该项厂房建造工程在2×17年度应予资本化的利息金额为（　　）万元。

  A. 15   B. 45   C. 60   D. 20

二、多项选择题

1. 下列项目中，属于借款费用的有（　　）。
   A. 借款手续费用   B. 应付债券计提的利息
   C. 发行债券所发生的溢价   D. 应付债券折价的摊销

2. 符合资本化条件的资产，是指需要经过相当长时间的购建或者生产活动才能达到预定可使用或者可销售状态的资产，包括（　　）。
   A. 固定资产
   B. 投资性房地产
   C. 房地产开发企业开发的用于出售的房地产开发产品
   D. 机械制造企业制造的用于对外出售的大型机械设备

3. 下列应予以资本化的借款费用有（　　）。
   A. 购建或者生产符合资本化条件的资产达到预定可使用或者可销售状态时，但尚未办理决算手续的专门借款发生利息
   B. 购建或者生产符合资本化条件的资产未达到预定可使用或者可销售状态前因安排专门借款发生的辅助费用且金额较大
   C. 购建或者生产符合资本化条件的资产未达到预定可使用或者可销售状态前因占用一般借款发生的辅助费用且金额较大
   D. 因安排周期较长的大型船舶制造而借入的专门借款发生的利息费用

4. 借款费用同时满足有关条件时才能开始资本化，其条件包括（　　）。
   A. 资产支出已经发生
   B. 借款费用已经发生
   C. 为使资产达到预定可使用或者可销售状态所必要的购建或者生产活动已经开始
   D. 为使资产达到预定可使用或者可销售状态所必要的购建或者生产活动已经完成

5. 远洋公司动工兴建一幢办公楼自用，在借款费用开始资本化的条件中，属于资产支出已经发生的有（　　）。
   A. 提取在建工程人员的工资   B. 工程领用自产的钢材
   C. 用带息银行承兑汇票购入工程物资   D. 购入工程物资，货款尚未支付

6. 关于借款费用暂停或停止资本化的时点，下列表述中错误的有（　　）。
   A. 如果某项工程建造到一定阶段需要停下来进行质量检查，然后再继续下一阶段的建造工作，如果其检查中断施工超过3个月，则借款费用应该暂停资本化
   B. 所购建固定资产各部分分别完工，但每一部分都必须等到整体完工后才可使用，企业只要该部分完工，就应当停止资本化
   C. 如果企业购建或者生产的资产的各部分分别完工，且每部分在其他部分继续建造或者生产过程中可供使用或者可对外销售，那么这部分资产达到预定可使用或可销售状态所必要的购建或者生产活动完成时，应当停止该部分资产相关的借款费用的资本化
   D. 如果购建固定资产需要试运行，则在试运行结果表明资产能够正常运转时，认为资产已经达到预定可使用状态，借款费用应当停止资本化

7. 关于借款费用暂停资本化，下列说法中正确的有（　　）。
   A. 符合资本化条件的资产在购建或者生产过程中发生非正常中断且中断时间连续超过3个月的，应当暂停借款费用的资本化
   B. 符合资本化条件的资产在购建或者生产过程中发生非正常中断且中断时间非连续超过3个月的，应当暂停借款费用的资本化
   C. 暂停借款费用的资本化，在中断期间发生的借款费用应当确认为费用，计入当期损益
   D. 如果因进行工程质量和安全检查停工中断，借款费用的资本化应当继续进行

8. 企业为购建固定资产专门借入的款项所发生的借款费用，停止资本化的时点有（　　）。
   A. 符合资本化条件的资产的实体建造（包括安装）或者生产工作已经全部完成或者实质上已经完成
   B. 继续发生在所购建或生产的符合资本化条件的资产上的支出金额很少或者几乎不再发生
   C. 购建的符合资本化条件的资产的各部分分别完工，且每部分在其他部分继续建造过程中可供使用或者可对外销售，且为使该部分资产达到预定可使用状态所必要的购建活动实质上已经完成的
   D. 购建的资产的各部分分别完工，但必须等到整体完工后才可使用

9. 甲公司于2×17年1月1日动工兴建一幢写字楼自用，在该写字楼建造过程中发生的下列支出或者费用中，属于规定的资产支出的有（　　）。
   A. 用银行存款购买工程物资
   B. 用银行存款支付建设工人工资
   C. 将企业自己生产的电梯用于装备写字楼
   D. 计提建设工人职工福利费

10. 因安排专门借款而发生的辅助费用，下列选项中正确的有（　　）。
    A. 属于在所购建固定资产达到预定可使用状态之前发生的，应当在发生时予以资本化
    B. 属于在所购建固定资产达到预定可使用状态之后发生的，应当于发生当期确认为费用
    C. 无论属于在所购建固定资产达到预定可使用状态之前或之后发生的，均应当在发生时予以资本化
    D. 因借款而发生的辅助费用，在开始资本化前，应将其作为当期财务费用处理

三、判断题

1. 为购建或者生产符合资本化条件的资产而借入专门借款的，企业应当根据累计资产支出超过专门借款部分的资产支出加权平均数乘以所占用专门借款的资本化率，计算确定专门借款应予资本化的利息金额。　　　　　　　　　　　　　　　　　　　　（　　）

2. 资本化期间，是指从借款费用开始资本化时点到停止资本化时点的期间，借款费用暂停资本化的期间也包括在内。　　　　　　　　　　　　　　　　　　　　（　　）

3. 专门借款发生的利息费用，在资本化期间内，应当全部计入符合资本化条件的资产成本，但仍需要计算借款资本化率。　　　　　　　　　　　　　　　　　　（　　）

4. 符合资本化条件的资产在购建或者生产过程中发生非正常中断且中断时间连续超过3个月的利息费用可以资本化。　　　　　　　　　　　　　　　　　　　　（　　）

5. 专门借款产生的汇兑差额只有符合资本化条件时才能予以资本化；而专门借款辅助费

用只要在购建或者生产符合资本化条件的资产达到预定可使用或者可销售状态之前发生的,应当在发生时予以资本化。（　）

6. 购建或者生产的资产的各部分分别完工,但必须等到整体完工后才可使用或者可对外销售的,应当在该资产整体完工时停止借款费用的资本化。（　）

7. 某企业在北方某地建造某工程项目,正遇冰冻季节,工程施工因此中断,且中断时间超过3个月,该企业没有因此停止借款费用的资本化处理。（　）

8. 符合借款费用资本化条件的存货通常需要经过相当长时间（3个月或以上）的建造或者生产过程,才能达到预定可销售状态。（　）

9. 符合资本化条件的资产,只是指需要经过相当长时间的购建才能达到预定可使用状态的固定资产。（　）

10. 企业发生的借款费用,可直接归属于符合资本化条件的资产的购建或者生产的,应当予以资本化,计入相关资产成本;其他借款费用,应当在发生时根据其发生额大小确认是否计入当期损益。（　）

四、计算及账务处理题

1. 某股份公司2×16年1月1日从银行取得年利率为8%、期限为2年的专门借款1 000万元用于固定资产的购建。固定资产的购建于2×16年1月28日正式动工兴建。至2×17年2月1日,已发生资产支出883万元,专门借款2×16年取得的利息收入为30万元,2×17年取得的利息收入为1万元。2×17年1月1日从银行取得1年期一般借款800万元,年利率为6%。假定不考虑借款手续费。从2×17年2月1日起与固定资产购建有关的资产支出资料如下:

（1）2月1日,支付购买工程物资款702万元（含支付的增值税进项税额102万元）。

（2）3月1日,领用本企业生产的产品。产品成本为80万元,为生产该产品购买原材料时的增值税进项税额为8.5万元,购料款项均已支付。该产品计税价格为100万元,增值税销项税额为17万元。

（3）4月1日,支付建造资产的职工工资20万元,为3月1日用于固定资产建造的本企业产品缴纳增值税8.5万元。

（4）9月1日,支付购买工程物资款234万元（含支付的增值税进项税额34万元）。

（5）10月1日,支付建造资产的职工工资20万元。

（6）11月1日,支付购买工程物资款44万元（含支付的增值税进项税额6.39万元）。

该工程项目于4月30日至8月31日发生非正常中断,于11月30日达到预定可使用状态。

要求:计算该工程项目于2×17年度应予以资本化的金额。（金额单位用万元表示）

2. 甲公司为建造一栋办公楼,于2×16年12月1日借入期限为3年、本金为1 000万元、年利率为6%、按年付息到期一次还本的专门借款。另外,甲公司有一般借款200万元,年利率为7%、期限为2年,每年年末计提利息,于2×18年6月30日到期。工程采用出包方式,2×17年1月1日用银行存款支付工程价款300万元;工程因质量纠纷于2×17年3月1日到2×17年6月30日发生非正常中断。2×17年9月1日用银行存款支付工程价款800万元。工程于2×18年1月31日达到预定可使用状态,2×18年2月10日办理竣工决算,2×18年2月28日交付使用。甲公司借款费用按年资本化。2×17年末动用的专门借款资金取得的利息收入分别为:1月1日到2月28日为2万元、3月1日到6月30日为4万元、7月1日到9月1日为2万元。

要求:

（1）指出借款费用开始资本化的时点和停止资本化的时点;

（2）计算2×17年借款利息资本化的金额;

（3）编制甲公司2×17年年末计提利息的有关会计分录。

第八章 资产负债表日后事项

> **学习指南**
>
> 本章是关于资产负债表日后事项的会计处理介绍。资产负债表日后事项是指资产负债表日至财务报告批准报出日之间发生的有利或不利事项。本章的主要内容包括:一是资产负债表日后事项的概念和涵盖期间;二是资产负债表日后事项的内容,资产负债表日后事项包括调整事项和非调整事项;三是资产负债表日后调整事项的会计处理;四是资产负债表日后非调整事项的会计处理。通过本章的学习,要求掌握资产负债表日后事项的概念和涵盖的期间;掌握调整事项与非调整事项的判断;掌握调整事项的内容及会计处理;熟悉非调整事项的内容及会计处理。

第一节 资产负债表日后事项概述

一、资产负债表日后事项的概念

资产负债表日后事项,是指资产负债表日至财务报告批准报出日之间发生的有利或不利事项。理解这一概念,需要注意以下三个方面。

(一)资产负债表日

资产负债表日是指会计年度末和会计中期期末。中期是指短于一个完整的会计年度的报告期间,包括半年度、季度和月度。按照我国《会计法》的规定,我国会计年度采用公历年度,即1月1日至12月31日,因此,年度资产负债表日是指每年的12月31日。中期资产负债表日是指各会计中期期末,例如,提供第一季度财务报告时,资产负债表日是该年度的3月31日;提供上半年度财务报告时,资产负债表日是该年度的6月30日。如果母公司或者子公司在国外,无论该母公司或子公司如何确定会计年度和会计中期,其向国内提供的财务报告都应根据我国《会计法》和会计准则的要求确定资产负债表日。

(二)财务报告批准报出日

财务报告批准报出日是指董事会或类似机构批准财务报告报出的日期,通常是指对财务报告的内容负有法律责任的单位或个人批准财务报告对外公布的日期。

财务报告的批准者包括所有者、所有者中的多数、董事会或类似的管理单位、部门和个人。根据我国《公司法》的规定,董事会有权制订公司的年度财务预算方案、决算方案、利润分配方案和弥补亏损方案,因此,公司制企业的财务报告批准报出日是指董事会批准财务报告报出的日期。对于非公司制企业,财务报告批准报出日是指经理(厂长)会议或类似机构批准财务报告报出的日期。

(三) 有利事项和不利事项

资产负债表日后事项包括有利事项和不利事项。"有利或不利事项"的含义是指,资产负债表日后事项肯定对企业财务状况和经营成果具有一定影响(既包括有利影响也包括不利影响)。如果某些事项的发生对企业并无任何影响,那么,这些事项既不是有利事项也不是不利事项,也就不属于这里所说的资产负债表日后事项。

二、资产负债表日后事项涵盖的期间

资产负债表日后事项涵盖的期间是自资产负债表日次日起至财务报告批准报出日止的一段时间。对上市公司而言,这一期间内涉及几个日期,包括完成财务报告编制日、注册会计师出具审计报告日、董事会批准财务报告可以对外公布日、实际对外公布日等。具体而言,资产负债表日后事项涵盖的期间应当包括:

1. 报告期间下一期间的第一天至董事会或类似机构批准财务报告对外公布的日期;
2. 财务报告批准报出以后、实际报出之前又发生与资产负债表日后事项有关的事项,并由此影响财务报告对外公布日期的,应以董事会或类似机构再次批准财务报告对外公布的日期为截止日期。

如果公司管理层由此修改了财务报表,注册会计师应当根据具体情况实施必要的审计程序,并针对修改后的财务报表出具新的审计报告。

【例8-1】某上市公司2×16年的年度财务报告于2×17年2月20日编制完成,注册会计师完成年度财务报表审计工作并签署审计报告的日期为2×17年4月16日,董事会批准财务报告对外公布的日期为2×17年4月17日,财务报告实际对外公布的日期为2×17年4月23日,股东大会召开日期为2×17年5月10日。

根据资产负债表日后事项涵盖期间的规定,本例中,该公司2×16年年报资产负债表日后事项涵盖的期间为2×17年1月1日至2×17年4月17日。如果在4月17~23日之间发生了重大事项,需要调整财务报表相关项目的数字或需要在财务报表附注中披露,经调整或说明后的财务报告再经董事会批准报出的日期为2×17年4月25日,实际报出的日期为2×17年4月30日,则资产负债表日后事项涵盖的期间为2×17年1月1日至2×17年4月25日。

三、资产负债表日后事项的内容

资产负债表日后事项包括资产负债表日后调整事项（以下简称调整事项）和资产负债表日后非调整事项（以下简称非调整事项）。

（一）调整事项

资产负债表日后调整事项，是指对资产负债表日已经存在的情况提供了新的或进一步证据的事项。

如果资产负债表日及所属会计期间已经存在某种情况，但当时并不知道其存在或者不能知道确切结果，资产负债表日后发生的事项能够证实该情况的存在或者确切结果，则该事项属于资产负债表日后事项中的调整事项。如果资产负债表日后事项对资产负债表日的情况提供了进一步证据，证据表明的情况与原来的估计和判断不完全一致，则需要对原来的会计处理进行调整。

企业发生的资产负债表日后调整事项，通常包括下列各项：（1）资产负债表日后诉讼案件结案，法院判决证实了企业在资产负债表日已经存在现时义务，需要调整原先确认的与该诉讼案件相关的预计负债，或确认一项新负债；（2）资产负债表日后取得确凿证据，表明某项资产在资产负债表日发生了减值或者需要调整该项资产原先确认的减值金额；（3）资产负债表日后进一步确定了资产负债表日前购入资产的成本或售出资产的收入；（4）资产负债表日后发现了财务报表舞弊或差错。

【例8-2】 甲公司因产品质量问题被消费者起诉。2×16年12月31日法院尚未判决，考虑到消费者胜诉要求甲公司赔偿的可能性较大，甲公司为此确认了500万元的预计负债。2×17年2月20日，在甲公司2×16年度财务报告对外报出之前，法院判决消费者胜诉，要求甲公司支付赔偿款700万元。

［分析］甲公司在2×16年12月31日结账时已经知道消费者胜诉的可能性较大，但不能知道法院判决的确切结果，因此，确认了500万元的预计负债。2×17年2月20日法院判决结果为甲公司预计负债的存在提供了进一步的证据。此时，按照2×16年12月31日存在状况编制的财务报表所提供的信息已不能真实反映企业的实际情况，应据此对财务报表相关项目的数字进行调整。

（二）非调整事项

资产负债表日后非调整事项，是指表明资产负债表日后发生的情况的事项。非调整事项的发生不影响资产负债表日企业的财务报表数字，只说明资产负债表日后发生了某些情况。对于财务报告使用者而言，非调整事项说明的情况有的重要，有的不重要。其中，重要的非调整事项虽然不影响资产负债表日的财务报表数字，但可能影响资产负债表日以后的财务状况和经营成果，不加以说明将会影响财务报告使用者做出正确估计和决策,因此,需要适当披露。

企业发生的资产负债表日后非调整事项,通常包括下列各项:(1)资产负债表日后发生重大诉讼、仲裁、承诺;(2)资产负债表日后资产价格、税收政策、外汇汇率发生重大变化;(3)资产负债表日后因自然灾害导致资产发生重大损失;(4)资产负债表日后发行股票和债券以及其他巨额举债;(5)资产负债表日后资本公积转增资本;(6)资产负债表日后发生巨额亏损;(7)资产负债表日后发生企业合并或处置子公司;(8)资产负债表日后,企业利润分配方案中拟分配的以及经审议批准宣告发放的股利或利润。

【例8-3】 甲公司2×16年度财务报告于2×17年3月20日经董事会批准对外公布。2×17年2月27日,甲公司与银行签订了5 000万元的贷款合同,用于生产项目的技术改造,贷款期限自2×17年3月1日起至2×18年12月31日止。

[分析] 甲公司向银行贷款的事项发生在2×17年度,且在公司2×16年度财务报告尚未批准对外公布的期间内,即该事项发生在资产负债表日后事项所涵盖的期间内。该事项在2×16年12月31日尚未发生,与资产负债表日存在的状况无关,不影响资产负债表日企业的财务报表数字。但是,该事项属于重要事项,会影响公司以后期间的财务状况和经营成果,因此,需要在附注中予以披露。

(三)调整事项与非调整事项的区别

资产负债表日后发生的某一事项究竟是调整事项还是非调整事项,取决于该事项表明的情况在资产负债表日或资产负债表日以前是否已经存在。若该情况在资产负债表日或之前已经存在,则属于调整事项;反之,则属于非调整事项。

【例8-4】 甲公司2×16年10月向乙公司出售原材料2 000万元,根据销售合同,乙公司应在收到原材料后3个月内付款。至2×16年12月31日乙公司尚未付款。假定甲公司在编制2×16年度财务报告时有两种情况:(1)2×16年12月31日甲公司根据掌握的资料判断,乙公司有可能破产清算,估计该应收账款将有20%无法收回,故按20%的比例计提坏账准备;2×17年1月20日,甲公司收到通知,乙公司已被宣告破产清算,甲公司估计有70%的债权无法收回。(2)2×16年12月31日乙公司的财务状况良好,甲公司预计应收账款可按时收回。2×17年1月20日,乙公司发生重大火灾,导致甲公司50%的应收账款无法收回。2×17年3月15日,甲公司的财务报告经批准对外公布。

[分析] (1)导致甲公司应收账款无法收回的事实是乙公司财务状况恶化,该事实在资产负债表日已经存在,乙公司被宣告破产只是证实了资产负债表日乙公司财务状况恶化的情况,因此,乙公司破产导致甲公司应收账款无法收回的事项属于调整事项。(2)导致甲公司应收账款损失的因素是火灾,火灾是不可预计的,应收账款发生损失这一事实在资产负债表日以后才发生,因此,乙公司发生火灾导致甲公司应收账款发生坏账的事项属于非调整事项。

在理解资产负债表日后事项的会计处理时,还需要明确以下两个问题:

第一，如何确定资产负债表日后某一事项是调整事项还是非调整事项，是对资产负债表日后事项进行会计处理的关键。调整事项和非调整事项是一个广泛的概念，就事项本身而言可以有各种各样的性质，只要符合企业会计准则中对这两类事项的判断原则即可。另外，同一性质的事项可能是调整事项，也可能是非调整事项，这取决于该事项表明的情况是在资产负债表日或资产负债表日以前已经存在或发生还是在资产负债表日后才发生的。

第二，企业会计准则以列举的方式说明了资产负债表日后事项中，哪些属于调整事项，哪些属于非调整事项，但并没有列举详尽。实务中，会计人员应按照资产负债表日后事项的判断原则，确定资产负债表日后发生的事项中哪些属于调整事项、哪些属于非调整事项。

第二节 资产负债表日后调整事项的会计处理

一、资产负债表日后调整事项的处理原则

企业发生的资产负债表日后调整事项，应当调整资产负债表日的财务报表。对于年度财务报告而言，由于资产负债表日后事项发生在报告年度的次年，报告年度的有关账目已经结转，特别是损益类科目在结账后已无余额，因此，年度资产负债表日后发生的调整事项应具体分别按以下情况进行处理。

1. 涉及损益的事项，通过"以前年度损益调整"科目核算。调整增加以前年度利润或调整减少以前年度亏损的事项，记入"以前年度损益调整"科目的贷方；调整减少以前年度利润或调整增加以前年度亏损的事项，记入"以前年度损益调整"科目的借方。

涉及损益的调整事项，如果发生在资产负债表日所属年度（即报告年度）所得税汇算清缴前的，应调整报告年度应纳税所得额、应纳所得税税额；发生在报告年度所得税汇算清缴后的，应调整本年度（即报告年度的次年）应纳所得税税额。

由于以前年度损益调整增加的所得税费用，记入"以前年度损益调整"科目的借方，同时贷记"应交税费——应交所得税"等科目；由于以前年度损益调整减少的所得税费用，记入"以前年度损益调整"科目的贷方，同时借记"应交税费——应交所得税"等科目。

调整完成后，将"以前年度损益调整"科目的贷方或借方余额转入"利润分配——未分配利润"科目。

2. 涉及利润分配调整的事项，直接在"利润分配——未分配利润"科目核算。

3. 不涉及损益及利润分配的事项，调整相关科目。

4. 通过上述账务处理后，还应同时调整财务报表相关项目的数字，包括：(1) 资产负债表日编制的财务报表相关项目的期末数或本年发生数；(2) 当期编制的财务报表相关项目的期初数或上年数；(3) 经过上述调整后，如果涉及报表附注内容的，还应当做出相应调整。

二、资产负债表日后调整事项的具体会计处理方法

为简化处理，如无特殊说明，本章所有的例子均假定如下：财务报告批准报出日是次年3月31日，所得税税率为25%，按净利润的10%提取法定盈余公积，提取法定盈余公积后不再作其他分配；调整事项按税法规定均可调整应缴纳的所得税；涉及递延所得税资产的，均假定未来期间很可能取得用来抵扣暂时性差异的应纳税所得额；不考虑报表附注中有关现金流量表项目的数字。

（一）资产负债表日后诉讼案件结案，法院判决证实了企业在资产负债表日已经存在现时义务，需要调整原先确认的与该诉讼案件相关的预计负债，或确认一项新负债

这一事项是指导致诉讼的事项在资产负债表日已经发生，但尚不具备确认负债的条件而未确认，资产负债表日后至财务报告批准报出日之间获得了新的或进一步的证据（法院判决结果），表明符合负债的确认条件，因此，应在财务报告中确认为一项新负债；或者在资产负债表日虽已确认，但需要根据判决结果调整已确认负债的金额。

【例8-5】甲公司与乙公司签订一项销售合同，合同中订明甲公司应在2×16年8月销售给乙公司一批物资。由于甲公司未能按照合同发货，致使乙公司发生重大经济损失。2×16年12月，乙公司将甲公司告上法庭，要求甲公司赔偿450万元。2×16年12月31日法院尚未判决，甲公司按《企业会计准则第13号——或有事项》的规定对该诉讼事项确认预计负债300万元。2×17年2月10日，经法院判决甲公司应赔偿乙公司400万元，甲、乙双方均服从判决。判决当日，甲公司向乙公司支付赔偿款400万元。甲、乙两公司2×16年所得税汇算清缴均在2×17年3月20日完成（假定该项预计负债产生的损失不允许在预计时税前抵扣，只有在损失实际发生时才允许税前抵扣）。公司适用的所得税税率为25%。该公司尚未执行新金融工具和新收入准则。

［分析］2×17年2月10日的判决证实了甲、乙两公司在资产负债表日（即2×16年12月31日）分别存在现实赔偿义务和获赔权利，因此，两公司都应将"法院判决"这一事项作为调整事项进行处理。甲公司和乙公司2×16年所得税汇算清缴均在2×17年3月20日完成，因此，应根据法院判决结果调整报告年度应纳税所得额和应纳所得税税额。

甲公司的账务处理如下。

①2×17年2月10日，记录支付的赔款，并调整递延所得税资产：

借：以前年度损益调整　　　　　　　　　　　　　1 000 000
　　贷：其他应付款　　　　　　　　　　　　　　　　　1 000 000
借：应交税费——应交所得税　　　　　　　　　　　250 000
　　贷：以前年度损益调整（1 000 000×25%）　　　　　250 000
借：应交税费——应交所得税（3 000 000×25%）　　750 000
　　贷：以前年度损益调整　　　　　　　　　　　　　　750 000
借：以前年度损益调整　　　　　　　　　　　　　　750 000
　　贷：递延所得税资产　　　　　　　　　　　　　　　750 000
借：预计负债　　　　　　　　　　　　　　　　　3 000 000
　　贷：其他应付款　　　　　　　　　　　　　　　　3 000 000
借：其他应付款　　　　　　　　　　　　　　　　4 000 000
　　贷：银行存款　　　　　　　　　　　　　　　　　4 000 000

注：2×16年年末因确认预计负债300万元时已确认相应的递延所得税资产，资产负债表日后事项发生后递延所得税资产不复存在，故应冲销相应记录。

②将"以前年度损益调整"科目余额转入未分配利润：
借：利润分配——未分配利润　　　　　　　　　　750 000
　　贷：以前年度损益调整　　　　　　　　　　　　　　750 000

③因净利润变动，调整盈余公积：
借：盈余公积　　　　　　　　　　　　　　　　　　75 000
　　贷：利润分配——未分配利润（750 000×10%）　　　75 000

④调整报告年度财务报表。

第一，资产负债表项目的年末数调整：调减递延所得税资产75万元；调增其他应付款400万元，调减应交税费100万元，调减预计负债300万元；调减盈余公积7.5万元，调减未分配利润67.5万元。具体如表8-1所示。

表8-1　　　　　　　　　　　　资产负债表

编制单位：甲公司　　　　　　2×16年12月31日　　　　　　　　单位：元

资　产	调整前	调整后	负债和股东权益	调整前	调整后
流动资产：			流动负债：		
货币资金	50 000 000	50 000 000	短期借款	25 000 000	25 000 000
交易性金融资产	10 000 000	10 000 000	交易性金融负债	3 000 000	3 000 000
应收账款	81 000 000	81 000 000	应付账款	10 000 000	10 000 000
合同资产	1 000 000	1 000 000	合同负债	10 000 000	10 000 000
其他应收款	3 000 000	3 000 000	应付职工薪酬	6 000 000	6 000 000
存货	29 000 000	29 000 000	应交税费	25 000 000	24 000 000
持有待售资产			其他应付款	4 000 000	8 000 000

续表

资　　产	调整前	调整后	负债和股东权益	调整前	调整后
一年内到期的非流动资产	6 000 000	6 000 000	持有待售负债		
其他流动资产			一年内到期的非流动负债		
流动资产合计	180 000 000	180 000 000	其他流动负债		
非流动资产：			流动负债合计	83 000 000	86 000 000
其他权益工具投资	20 000 000	20 000 000	非流动负债：		
债权投资	10 000 000	10 000 000	长期借款	30 000 000	30 000 000
长期应收款	15 000 000	15 000 000	应付债券	20 000 000	20 000 000
长期股权投资	55 000 000	55 000 000	长期应付款	10 000 000	10 000 000
投资性房地产			预计负债	12 000 000	9 000 000
固定资产	60 000 000	60 000 000	递延所得税负债		
在建工程	20 000 000	20 000 000	其他非流动负债		
生产性生物资产			非流动负债合计	72 000 000	69 000 000
油气资产			负债合计	155 000 000	155 000 000
无形资产	80 000 000	80 000 000	股东权益：		
开发支出	10 000 000	10 000 000	股本	200 000 000	200 000 000
商誉			资本公积	50 000 000	50 000 000
长期待摊费用			减：库存股		
递延所得税资产	5 000 000	4 250 000	盈余公积	300 000 000	29 925 000
其他非流动资产			未分配利润	20 000 000	19 325 000
非流动资产合计	275 000 000	274 250 000	股东权益合计	300 000 000	299 250 000
资产总计	455 000 000	454 250 000	负债和股东权益总计	455 000 000	454 250 000

第二，利润表项目的调整：调增营业外支出 100 万元，调减所得税费用 25 万元，调减净利润 75 万元。

利润表略。

第三，所有者权益变动表项目的调整：调减净利润 75 万元，提取盈余公积项目中盈余公积一栏调减 7.5 万元，未分配利润一栏调增 7.5 万元。

所有者权益变动表略。

乙公司的账务处理如下。

①2×17 年 2 月 10 日，记录收到的赔款，并调整应交所得税：

借：其他应收款　　　　　　　　　　　　　　　　　　　　4 000 000
　　贷：以前年度损益调整　　　　　　　　　　　　　　　　　4 000 000

借：以前年度损益调整（4 000 000×25%）　　　　1 000 000
　　　贷：应交税费——应交所得税　　　　　　　　　　1 000 000
借：银行存款　　　　　　　　　　　　　　　　　　4 000 000
　　　贷：其他应收款　　　　　　　　　　　　　　　　　4 000 000
②将"以前年度损益调整"科目余额转入未分配利润：
借：以前年度损益调整　　　　　　　　　　　　　　3 000 000
　　　贷：利润分配——未分配利润　　　　　　　　　　　3 000 000
③因净利润增加，补提盈余公积：
借：利润分配——未分配利润　　　　　　　　　　　　300 000
　　　贷：盈余公积（3 000 000×10%）　　　　　　　　　　300 000
④调整报告年度财务报表相关项目的数字（财务报表略）。

第一，资产负债表项目的年末数调整：调增其他应收款400万元，调增应交税费100万元，调增盈余公积30万元，调增未分配利润270万元。

第二，利润表项目的调整：调增营业外收入400万元，调增所得税费用100万元，调增净利润300万元。

第三，所有者权益变动表项目的调整：调增净利润300万元，提取盈余公积项目中盈余公积一栏调增30万元，未分配利润一栏调减30万元。

（二）资产负债表日后取得确凿证据，表明某项资产在资产负债表日发生了减值或者需要调整该项资产原先确认的减值金额

这一事项是指在资产负债表日根据当时的资料判断某项资产可能发生了损失或减值，但没有最后确定是否会发生，因而按照当时的最佳估计金额反映在财务报表中；但在资产负债表日至财务报告批准报出日之间所取得的确凿证据能证明该事实成立，即某项资产已经发生了损失或减值，则应对资产负债表日所作的估计予以修正。

【例8-6】甲公司2×16年5月销售给乙公司一批产品，货款为100万元（含增值税）。乙公司于6月份收到所购物资并验收入库。按合同规定，乙公司应于收到所购物资后2个月内付款。由于乙公司财务状况不佳，到2×16年12月31日仍未付款。甲公司于12月31日编制2×16年财务报表时已为该项应收账款提取坏账准备5万元。12月31日资产负债表中"应收账款"项目的金额为200万元，其中95万元为该项应收账款。甲公司于2×17年1月30日（所得税汇算清缴前）收到法院通知，乙公司已宣告破产清算，无力偿还所欠部分货款。甲公司预计可收回应收账款的60%。适用的所得税税率为25%。

[分析] 根据资产负债表日后事项的判断原则，甲公司在收到法院通知后，首先可判断该事项属于资产负债表日后调整事项。甲公司原对应收乙公司账款提取了5万元的坏账准备，按照新的证据应提取坏账准备为40万元（100×40%），差额35万元应当调整2×16年度财务报表相关项目的数字。

甲公司的账务处理如下。

①补提坏账准备：

应补提的坏账准备 = 1 000 000 × 40% - 50 000 = 350 000（元）

借：以前年度损益调整　　　　　　　　　　　350 000
　　　贷：坏账准备　　　　　　　　　　　　　　350 000

②调整递延所得税资产：

借：递延所得税资产　　　　　　　　　　　　87 500
　　　贷：以前年度损益调整（350 000 × 25%）　　87 500

③将"以前年度损益调整"科目的余额转入利润分配：

借：利润分配——未分配利润　　　　　　　　262 500
　　　贷：以前年度损益调整　　　　　　　　　　262 500

④调整利润分配有关数字：

借：盈余公积　　　　　　　　　　　　　　　26 250
　　　贷：利润分配——未分配利润（262 500 × 10%）　26 250

⑤调整报告年度财务报表相关项目的数字（财务报表略）。

第一，资产负债表项目的调整：调减应收账款净值350 000元，调增递延所得税资产87 500元；调减盈余公积26 250元，调减未分配利润236 250元。

第二，利润表项目的调整：调增资产减值损失350 000元，调减所得税费用87 500元，调减净利润262 500元。

第三，所有者权益变动表项目的调整：调减净利润262 500元，提取盈余公积项目中盈余公积一栏调减26 250元，未分配利润一栏调增26 250元。

（三）资产负债表日后进一步确定了资产负债表日前购入资产的成本或售出资产的收入

这类调整事项包括两方面内容：（1）若资产负债表日前购入的资产已经按暂估金额等入账，资产负债表日后获得证据，可以进一步确定该资产的成本，则应对已入账的资产成本进行调整。（2）企业在资产负债表日已根据收入确认条件确认资产销售收入，但资产负债表日后获得关于资产收入的进一步证据，如发生销售退回等，此时也应调整财务报表相关项目的金额。需要说明的是，资产负债表日后发生的销售退回，既包括报告年度或报告中期销售的商品在资产负债表日后发生的销售退回，也包括以前期间销售的商品在资产负债表日后发生的销售退回。

资产负债表所属期间或以前期间所售商品在资产负债表日后退回的，应作为资产负债表日后调整事项处理。发生于资产负债表日后至财务报告批准报出日之间的销售退回事项，可能发生于年度所得税汇算清缴之前，也可能发生于年度所得税汇算清缴之后，具体会计处理如下。

1. 涉及报告年度所属期间的销售退回发生于报告年度所得税汇算清缴之前的，应调整报告年度利润表的收入、成本等，并相应调整报告年度的应纳税所得额以及报告年度应缴纳的所得税等。

【例 8-7】 甲公司 2×16 年 11 月 8 日销售一批商品给乙公司，取得收入 120 万元（不含税，增值税税率为 17%）。甲公司发出商品后，按照正常情况已确认收入，并结转成本 100 万元。2×16 年 12 月 31 日，该笔货款尚未收到，甲公司未对应收账款计提坏账准备。2×17 年 1 月 12 日，由于产品质量问题，本批货物被退回。甲公司于 2×17 年 2 月 28 日完成 2×16 年所得税汇算清缴。甲公司适用的所得税税率为 25%。

[分析] 销售退回业务发生在资产负债表日后事项涵盖期间内，属于资产负债表日后调整事项。由于销售退回发生在甲公司报告年度所得税汇算清缴之前，因此，在所得税汇算清缴时，应扣除该部分销售退回所实现的应纳税所得额。

甲公司的账务处理如下。

① 2×17 年 1 月 12 日，调整销售收入：

借：以前年度损益调整　　　　　　　　　　　　　　　1 200 000
　　应交税费——应交增值税（销项税额）　　　　　　　204 000
　　　贷：应收账款　　　　　　　　　　　　　　　　　　　　1 404 000

② 调整销售成本：

借：库存商品　　　　　　　　　　　　　　　　　　　1 000 000
　　　贷：以前年度损益调整　　　　　　　　　　　　　　　　1 000 000

③ 调整应缴纳的所得税：

借：应交税费——应交所得税　　　　　　　　　　　　　50 000
　　　贷：以前年度损益调整　　　　　　　　　　　　　　　　　50 000

④ 将"以前年度损益调整"科目的余额转入利润分配：

借：利润分配——未分配利润　　　　　　　　　　　　　150 000
　　　贷：以前年度损益调整　　　　　　　　　　　　　　　　　150 000

⑤ 调整盈余公积：

借：盈余公积　　　　　　　　　　　　　　　　　　　　15 000
　　　贷：利润分配——未分配利润　　　　　　　　　　　　　　15 000

⑥ 调整相关财务报表（略）。

2. 资产负债表日后事项中涉及报告年度所属期间的销售退回发生于报告年度所得税汇算清缴之后，应调整报告年度会计报表的收入、成本等，但按照税法规定在此期间的销售退回所涉及的应交所得税，应作为本年的纳税调整事项。

【例 8-8】 沿用【例 8-7】，假定销售退回的时间改为 2×17 年 3 月 10 日。

甲公司的账务处理如下。

① 2×17 年 3 月 10 日，调整销售收入：

借：以前年度损益调整　　　　　　　　　　　　　　　1 200 000
　　应交税费——应交增值税（销项税额）　　　　　　　204 000
　　　贷：应收账款　　　　　　　　　　　　　　　　　　　　1 404 000

② 调整销售成本：

借：库存商品　　　　　　　　　　　　　　　　　　　1 000 000

         贷：以前年度损益调整   1 000 000
③将"以前年度损益调整"科目的余额转入利润分配：
    借：利润分配——未分配利润   200 000
         贷：以前年度损益调整   200 000
④调整盈余公积：
    借：盈余公积   20 000
         贷：利润分配——未分配利润   20 000
⑤调整相关财务报表（略）。

（四）资产负债表日后发现了财务报表舞弊或差错

这一事项是指资产负债表日后发现报告期或以前期间存在的财务报表舞弊或差错。企业发生这一事项后，应当将其作为资产负债表日后调整事项，调整报告期间的财务报告相关项目的数字。具体会计处理可以参见本教材第九章"会计政策、会计估计变更和差错更正"。

第三节 资产负债表日后非调整事项的会计处理

一、资产负债表日后非调整事项的处理原则

资产负债表日后发生的非调整事项，是表明资产负债表日后发生的情况的事项，与资产负债表日存在状况无关，不应当调整资产负债表日的财务报表。但有的非调整事项对财务报告使用者具有重大影响，如不加以说明，将不利于财务报告使用者做出正确估计和决策，因此，应在附注中加以披露。

二、资产负债表日后非调整事项的具体会计处理办法

资产负债表日后发生的非调整事项，应当在报表附注中披露每项重要的资产负债表日后非调整事项的性质、内容及其对财务状况和经营成果的影响。无法做出估计的，应当说明原因。资产负债表日后非调整事项的主要例子具体如下。

（一）资产负债表日后发生重大诉讼、仲裁、承诺

资产负债表日后发生的重大诉讼等事项，对企业影响较大，为防止误导投资者及其他财务报告使用者，应当在报表附注中披露。

（二）资产负债表日后资产价格、税收政策、外汇汇率发生重大变化

资产负债表日后发生的资产价格、税收政策和外汇汇率的重大变化，虽然不

会影响资产负债表日财务报表相关项目的数据,但对企业资产负债表日后的财务状况和经营成果有重大影响,应当在报表附注中予以披露。

【例8-9】甲公司2×16年8月采用融资租赁方式从美国购入某重型机械设备,租赁合同规定,该重型机械设备的租赁期为15年,年租金为40万美元。甲公司在编制2×16年度财务报表时已按2×16年12月31日的汇率对该笔长期应付款进行折算(假设2×16年12月31日的汇率为1美元兑7.85元人民币)。假设国家规定从2×17年1月1日起进行外汇管理体制改革,外汇管理体制改革后,人民币对美元的汇率发生重大变化。

[分析]甲公司在资产负债表日已经按照当天的资产计量方式进行处理,或按规定的汇率对有关账户进行调整,因此,无论资产负债表日后汇率如何变化,均不影响资产负债表日的财务状况和经营成果。但是,如果资产负债表日后外汇汇率发生重大变化,应对由此产生的影响在报表附注中进行披露。

(三)资产负债表日后因自然灾害导致资产发生重大损失

【例8-10】甲公司2×16年12月购入商品一批,共计8 000万元,至2×16年12月31日该批商品已全部验收入库,货款也已通过银行支付。2×17年1月7日,甲公司所在地发生水灾,该批商品全部被冲毁。

[分析]自然灾害导致资产重大损失,对企业资产负债表日后财务状况的影响较大,如果不加以披露,有可能使财务报告使用者做出错误的决策,因此,应作为非调整事项在报表附注中进行披露。本例中水灾发生于2×17年1月7日,属于资产负债表日后才发生或存在的事项,应当作为非调整事项在2×16年度报表附注中进行披露。

(四)资产负债表日后发行股票和债券以及其他巨额举债

企业发行股票、债券以及向银行或非银行金融机构举借巨额债务都是比较重大的事项,虽然这一事项与企业资产负债表日的存在状况无关,但这一事项的披露能使财务报告使用者了解与此有关的情况以及可能带来的影响,因此,应当在报表附注中进行披露。

(五)资产负债表日后资本公积转增资本

企业以资本公积转增资本将会改变企业的资本(或股本)结构,影响较大,应当在报表附注中进行披露。

(六)资产负债表日后发生巨额亏损

企业资产负债表日后发生巨额亏损将会对企业报告期以后的财务状况和经营成果产生重大影响,应当在报表附注中及时披露该事项,以便为投资者或其他财务报告使用者做出正确决策提供信息。

（七）资产负债表日后发生企业合并或处置子公司

企业合并或处置子公司的行为可以影响股权结构、经营范围等方面，对企业未来的生产经营活动能产生重大影响，应当在报表附注中进行披露。

（八）资产负债表日后，企业利润分配方案中拟分配的以及经审议批准宣告发放的股利或利润

资产负债表日后，企业制订利润分配方案，拟分配或经审议批准宣告发放股利或利润的行为，并不会导致企业在资产负债表日形成现时义务，虽然该事项的发生可导致企业负有支付股利或利润的义务，但支付义务在资产负债表日尚不存在，不应该调整资产负债表日的财务报告，因此，该事项为非调整事项。不过，该事项对企业资产负债表日后的财务状况有较大影响，可能导致现金大规模流出、企业股权结构变动等，为便于财务报告使用者更充分地了解相关信息，企业需要在财务报告中适当披露该信息。

练 习 题

一、单项选择题

1. 下列有关资产负债表日后事项的表述中，不正确的是（　　）。
   A. 调整事项是对报告年度资产负债表日已经存在的情况提供了进一步证据的事项
   B. 非调整事项是报告年度资产负债表日及之前其状况不存在的事项
   C. 调整事项均应通过"以前年度损益调整"科目进行账务处理
   D. 重要的非调整事项只需在报告年度财务报表附注中披露

2. 某公司 2×16 年的年度会计报告经董事会批准于 2×17 年 3 月 28 日报出。则该公司在 2×17 年 1 月 1 日至 3 月 28 日发生的下列事项中，属于资产负债表日后事项的调整事项的是（　　）。
   A. 2×17 年 3 月 10 日取得确凿证据，表明某项资产在资产负债表日发生了减值或者需要调整该项资产原先确认的减值金额
   B. 2×17 年 2 月 10 日销售的产品被退回
   C. 2×17 年 2 月 18 日董事会提出资本公积转增资本方案
   D. 2×17 年 3 月 18 日董事会成员发生变动

3. 资产负债表日至财务会计报告批准报出日之间发生的调整事项在进行调整处理时，下列不能调整的项目是（　　）。
   A. 货币资金收支项目　　　　　　B. 涉及应收账款的事项
   C. 涉及所有者权益的事项　　　　D. 涉及损益调整的事项

4. 甲公司 2×17 年 1 月 10 日向乙公司销售一批商品并确认收入实现，2×17 年 2 月 20 日，乙公司因产品质量原因将上述商品退货。甲公司 2×16 年财务会计报告批准报出日为 2×17 年 3 月 31 日。甲公司对此项退货业务正确的处理方法是（　　）。
   A. 作为资产负债表日后事项中的调整事项处理
   B. 作为资产负债表日后事项中的非调整事项处理

C. 冲减 2×17 年 1 月份相关收入、成本和税金等相关项目
D. 冲减 2×17 年 2 月份相关收入、成本和税金等相关项目

5. 资产负债表日至财务会计报告批准报出日之间发生的下列事项，属于资产负债表日后调整事项的是（　　）。
   A. 为子公司的银行借款提供担保
   B. 对资产负债表日存在的债务签订债务重组协议
   C. 法院判决赔偿的金额与资产负债表日预计的相关负债的金额不一致
   D. 债务单位遭受自然灾害导致资产负债表日存在的应收账款无法收回

6. 资产负债表日至财务会计报告批准报出日之间发生的下列事项，属于资产负债表日后调整事项的是（　　）。
   A. 火灾造成重大损失
   B. 对资产负债表日存在的债务签订债务重组协议
   C. 发生以前年度销售商品的退回
   D. 债务单位遭受自然灾害导致资产负债表日存在的应收账款无法收回

7. 股份有限公司自资产负债表日至财务会计报告批准报出日之间发生的下列事项中，属于调整事项的是（　　）。
   A. 资产负债表日后发生重大诉讼
   B. 发生资产负债表所属期间销售商品的退回
   C. 资产负债表日后发生巨额亏损
   D. 一幢厂房因地震发生倒塌，造成公司重大损失

8. 某零售企业在年度资产负债表日至财务报告批准报出日之间发生的下列事项中，不属于资产负债表日后事项的是（　　）。
   A. 销售名牌商品　　　　　　　　B. 出售重要的子公司
   C. 火灾造成重大损失　　　　　　D. 发生重大的诉讼案件

9. 2×17 年 3 月 10 日，甲公司发现 2×16 年一项重大会计差错，在 2×16 年度财务会计报告批准报出前，甲公司应（　　）。
   A. 无须调整，只将其作为 2×17 年 3 月份的业务进行处理
   B. 调整 2×16 年会计报表期初数和上年数
   C. 调整 2×17 年会计报表期初数和上年数
   D. 调整 2×16 年会计报表期末数和本年数

10. 甲企业 2×16 年 12 月 20 日向乙企业销售一批商品，已进行收入确认的有关账务处理。2×17 年 2 月 1 日，乙企业收到货物后验收发现存在质量问题，要求退货，经协商 2 月 10 日甲企业给予折让 300 万元。甲企业年度资产负债表批准报出日是 4 月 30 日。甲企业对此业务的处理是（　　）。
    A. 作为 2×16 年资产负债表日后事项的调整事项
    B. 作为 2×16 年资产负债表日后事项的非调整事项
    C. 作为 2×17 年差错更正事项
    D. 作为 2×17 年当期正常事项

11. 甲公司 2×16 年 2 月 2 日应收 B 企业账款 500 万元，双方约定在当年的 12 月 2 日偿还，但 12 月 20 日 B 企业宣告破产无法偿付欠款，则在甲公司当年 12 月 31 日的资产负债表中，对这笔 500 万元款项（　　）。
    A. 应作为非调整事项处理　　　　B. 应作为调整事项处理

C. 不需要反映 D. 作为2×16年发生的业务反映

12. 下列属于资产负债表日后事项中调整事项的是（　　）。
    A. 资产负债表日后发生的销货并退回的事项
    B. 在资产负债表日后事项期间，外汇汇率发生较大变动
    C. 已确定将要支付赔偿额大于该赔偿在资产负债表日的估计金额
    D. 发行债券

13. 在资产负债表日后期间，发现报告年度以前的重大会计差错属于（　　）。
    A. 调整事项　　　B. 非调整事项　　　C. 或有事项　　　D. 当期事项

14. "以前年度损益调整"科目用来核算（　　）。
    A. 本年度发现的以前年度非重大差错涉及损益调整的事项
    B. 资产负债表日后事项中的非调整事项涉及损益调整的事项
    C. 本年度发现的以前年度重大差错涉及损益调整的事项
    D. 本年度发现的以前年度重大差错涉及利润分配调整的事项

15. A公司2×16年财务会计报告批准报出日为2×17年4月30日。A公司2×17年1月6日向乙公司销售一批商品并确认收入。2×17年2月20日，乙公司因产品质量原因将上述商品退货。A公司对此项退货业务正确的处理方法是（　　）。
    A. 冲减2×17年度相关收入、成本和税金等项目
    B. 冲减2×17年2月份相关收入、成本和税金等项目
    C. 作为2×16年资产负债表日后事项中的调整事项处理
    D. 作为2×16年资产负债表日后事项中的非调整事项处理

二、多项选择题

1. 甲股份有限公司2×16年度财务报告经董事会批准对外公布的日期为2×17年3月30日，实际对外公布的日期为2×17年4月3日。该公司2×17年1月1日至4月3日发生的下列事项中，应当作为资产负债表日后事项中的调整事项的有（　　）。
    A. 3月1日发现2×16年10月接受捐赠获得的一项固定资产尚未入账
    B. 3月11日外汇汇率发生重大变化
    C. 4月2日经批准将资本公积转增资本
    D. 3月10日甲公司被法院判决败诉并要求支付赔款1 000万元，对此项诉讼甲公司已于2×16年年末确认预计负债800万元

2. 在报告年度资产负债表日至财务报告批准报出日之间发生的下列事项中，属于资产负债表日后调整事项的有（　　）。
    A. 已确定将要支付赔偿额大于该赔偿在资产负债表日的预计金额
    B. 发现报告年度会计处理存在重大差错
    C. 国家发布对企业经营业绩将产生重大影响的产业政策
    D. 发现某商品销售合同在报告年度资产负债表日已成为亏损合同的证据

3. 资产负债表日后非调整事项的特点有（　　）。
    A. 在资产负债表日或以前已经存在
    B. 在资产负债表日并未发生或存在
    C. 对理解和分析报告年度的财务报告产生重大影响
    D. 期后发生的事项

4. 下列发生于报告年度资产负债表日至财务报告批准报出日之间的各事项中，应调整报告年度财务报表相关项目金额的有（　　）。

A. 董事会通过报告年度利润分配预案

B. 发现报告年度财务报告存在重要会计差错

C. 资产负债表日未决诉讼结案,实际判决金额与已确认预计负债不同

D. 新证据表明存货在报告年度资产负债表日的可变现净值与原估计不同

5. 甲股份有限公司在报告年度资产负债表日至财务报告批准报出日之间发生的下列事项中,属于非调整事项的有（　　）。

A. 增发股票
B. 出售子公司
C. 发生洪涝灾害导致存货严重毁损
D. 报告年度销售的部分产品被退回

6. 下列在年度资产负债表日至财务会计报告批准报出日之间发生的事项中,属于资产负债表日后事项的有（　　）。

A. 支付生产工人工资
B. 固定资产和投资发生严重减值
C. 股票和债券的发行
D. 火灾造成重大损失

7. 上市公司在其年度资产负债表日后至财务会计报告批准报出日前发生的下列事项中,属于非调整事项的有（　　）。

A. 因发生火灾导致存货严重损失
B. 因市场汇率变动导致外币存款严重贬值
C. 董事会提出股票股利分配方案
D. 董事会提出现金股利分配方案

8. 某公司2×16年度财务报告批准报出日为2×17年3月30日,该公司2×17年1月1日至3月30日之前发生的下列事项,需要对2×16年度会计报表进行调整的有（　　）。

A. 2×17年2月25日发生火灾导致存货损失100万元

B. 2×17年1月29日得到法院通知,因2×16年度银行贷款担保应向银行支付贷款及罚息等计95万元（2×16年年末已确认预计负债80万元）

C. 2×17年1月25日完成了2×16年12月20日销售的必须安装设备的安装工作,并收到销售款100万元

D. 2×17年2月15日收到了被退回的于2×16年12月15日销售的设备1台

9. 甲公司在资产负债表日至财务会计报告批准报出日之间发生的下列事项中,属于资产负债表日后非调整事项的有（　　）。

A. 发生重大仲裁
B. 甲公司的股东A公司将持有甲公司51%的股份转让给B公司
C. 外汇汇率发生较大变动
D. 新的证据表明,在资产负债表日对长期合同应计收益的估计存在重大误差

10. 自年度资产负债表日至财务会计报告批准报出日之间发生的下列事项中,属于调整事项的有（　　）。

A. 发行可转换公司债券
B. 资产负债表日以前销售的商品被退回
C. 在资产负债表日后发生并确定支付的巨额赔偿
D. 证实某项资产在资产负债表日已减值

三、判断题

1. 对资产负债表日后事项中的调整事项,涉及损益的事项,通过"以前年度损益调整"科目核算,然后将"以前年度损益调整"科目的余额转入"本年利润"科目。（　　）

2. 资产负债表日后发生重大债务重组,属于非调整事项。（　　）

3. 资产负债表日后事项中的调整事项,除调整会计报表相关项目的数字外,还应在会计报表附注中披露。（　　）

4. 2×17年1月20日,即2×16年度财务会计报告尚未报出,甲企业的股东将其60%的普通股以溢价出售给丁企业。这一交易对甲企业来说,属于调整事项。（　　）

5. 对于资产负债表日后事项中的调整事项,应当视同会计报表所属期间的交易或事项进行会计处理。（　　）

6. 企业在资产负债表日至财务会计报告批准报出日之间发生的对外巨额投资,应在会计报表附注中披露,但不需要对报告期的会计报表进行调整。（　　）

7. 资产负债表日后事项所指资产负债表日是指年度资产负债表日,年度资产负债表日则是指每年的12月31日。（　　）

8. 某公司2×16年的年度财务会计报告于2×17年3月30日编制完成,注册会计师于4月20日审计完成,4月26日经董事会批准报出,4月27日实际对外公告,则资产负债表日后事项的涵盖期为2×17年1月1日至4月27日。（　　）

9. 资产负债表日后期间发生的以前年度销售退回,属于非调整事项。（　　）

10. 资产负债表日后事项中的调整事项,无论是有利事项还是不利事项,均应当调整报告年度会计报表相关项目数字。（　　）

四、计算及账务处理题

1. 甲公司为一般纳税企业,适用的增值税税率为17%,所得税采用债务法核算,适用的所得税税率为25%。甲公司按净利润的10%提取法定盈余公积,假定甲公司计提的各种资产减值准备和因或有事项确认的负债均作为暂时性差异处理。甲公司2×16年度的财务会计报告于2×17年4月30日批准报出,汇算清缴日为4月30日。自2×17年1月1日至4月30日会计报表公布日前发生如下事项：

（1）1月30日,接到通知,某一债务企业乙公司宣告破产,其所欠应收账款200万元确定只能收回40%。甲公司在2×16年12月31日以前已被告知该债务企业资不抵债,面临破产,并已经计提坏账准备20万元。

（2）3月4日,收到丙公司一批200万元退货的产品以及退回的增值税发票联、抵扣联,该产品系甲公司2×16年12月销售给丙公司的产品,成本160万元,丙公司验收货物时发现不符合合同要求需要退货,甲公司收到丙公司的通知后希望再与丙公司协商,因此,甲公司编制2×16年12月31日资产负债表时,仍确认了收入,将此应收账款234万元（含增值税）列入资产负债"应收账款"项目,对此项未到期应收账款年末没有计提坏账准备。

（3）3月20日,甲公司发现在2×16年12月31日计算A库存产品的可变现净值时发生差错,该库存产品的成本为1 500万元,预计可变现净值应为1 200万元。2×16年12月31日,甲公司误将A库存产品的可变现净值预计为1 000万元。

（4）甲公司与丁公司签订供销合同,合同规定甲公司在2×16年11月供应给丁公司一批货物,由于甲公司未能按照合同发货,致使丁公司发生重大经济损失。丁公司通过法律要求甲公司赔偿经济损失200万元,该诉讼案在12月31日尚未判决,甲公司已确认预计负债120万元。2×17年3月25日,经法院一审判决,甲公司需要赔偿丁公司经济损失150万元,甲公司不再上诉,并且赔偿款已经支付。

（5）3月31日,因自然灾害导致资产发生重大损失1 000万元。

（6）3月31日,甲公司发现2×16年12月1日取得的一项交易性金融资产,其期末公允价值变动计入资本公积。该交易性金融资产取得时成本为500万元,2×16年12月31日其公允价值为520万元。

假定上述业务发生前,甲公司已计算2×16年应交所得税和递延所得税。

要求：

(1) 指出上述事项中哪些属于资产负债表日后调整事项，哪些属于非调整事项，注明序号即可；

(2) 对资产负债表日后调整事项，编制相关调整会计分录。

2. 甲公司系上市公司，属于增值税一般纳税企业，适用的增值税税率为17%，适用的所得税税率为25%，所得税采用债务法核算。不考虑除增值税、所得税以外的其他相关税费。甲公司按当年实现净利润的10%提取法定盈余公积。

甲公司2×16年度所得税汇算清缴于2×17年4月30日完成，在此之前发生的2×16年度纳税调整事项均可进行纳税调整。甲公司2×16年度财务报告于2×17年3月31日经董事会批准对外报出。2×17年1月1日至3月31日甲公司发生如下交易或事项。

(1) 1月14日，甲公司收到乙公司退回的2×16年10月4日从其购入的一批商品以及税务机关开具的进货退出证明单。当日，甲公司向乙公司开具红字增值税专用发票。该批商品的销售价格（不含增值税）为100万元，增值税为17万元，销售成本为80万元。假定甲公司销售该批商品时销售价格是公允的，也符合收入确认条件。至2×17年1月14日，该批商品的应收账款尚未收回。甲公司对该项应收账款计提了8万元的坏账准备，假定企业计提的坏账准备不得计入应纳税所得额。

(2) 2月20日，甲公司办公楼因电线短路引发火灾，造成办公楼严重损坏，直接经济损失300万元。

(3) 2月26日，甲公司获知丙公司被法院依法宣告破产，预计应收丙公司账款200万元（含增值税）收回的可能性极小，应按全额计提坏账准备。甲公司在2×16年12月31日已被告知丙公司资金周转困难无法按期偿还债务，因而按应收丙公司账款余额的40%计提了坏账准备。

(4) 3月5日，甲公司发现2×16年度漏记某项生产设备折旧费用200万元，金额较大。至2×16年12月31日，该生产设备生产的已完工产品全部对外销售。

(5) 3月15日，甲公司决定以1 000万元收购丁上市公司股权。该项股权收购完成后，甲公司将拥有丁上市公司有表决权股份的10%。

(6) 3月28日，甲公司董事会提议的利润分配方案为：提取法定盈余公积500万元，分配现金股利200万元。甲公司根据董事会提议的利润分配方案，将提取的法定盈余公积作为盈余公积，将拟分配的现金股利作为应付股利，并进行账务处理，同时调整2×16年12月31日资产负债表相关项目。

要求：

(1) 指出甲公司发生的上述事项哪些属于调整事项。

(2) 对于甲公司的调整事项，编制有关调整会计分录。

(3) 填列甲公司2×16年12月31日资产负债表相关项目调整表中各项目的调整金额。

（调增数以"＋"表示，调减数以"－"表示；"应交税费"科目要求写出明细科目及专栏名称，"利润分配"科目要求写出明细科目）

第九章　会计政策、会计估计变更和差错更新

> **学习指南**
>
> 本章是关于会计政策、会计估计变更和差错更正的会计处理介绍。本章的主要内容包括：一是会计政策及其变更的概念和会计处理；二是会计估计及其变更的概念和会计处理；三是会计差错更正的概念和会计处理。通过本章的学习，要求熟悉会计政策、会计估计变更和会计差错更正的概念及判断方法；掌握会计政策变更与会计估计变更的划分；掌握会计政策及其变更的会计处理方法，即追溯调整法和未来适用法；掌握会计估计及其变更的会计处理；掌握会计差错更正的会计处理。

第一节　会计政策及其变更

一、会计政策概述

（一）会计政策的概念和特点

会计政策，是指企业在会计确认、计量和报告中所采用的原则、基础和会计处理方法。其中，原则，是指按照企业会计准则规定的、适用于企业会计核算所采用的具体会计原则；基础，是指为了将会计原则应用于交易或者事项而采用的基础，主要是计量基础（即计量属性），包括历史成本、重置成本、可变现净值、现值和公允价值等；会计处理方法，是指企业在会计核算中按照法律、行政法规或者国家统一的会计制度等规定采用或者选择的、适用于本企业的具体会计处理方法。会计政策具有以下特点。

1. 会计政策的选择性。会计政策是在允许的会计原则、计量基础和会计处理方法中做出指定或具体选择。由于企业经济业务的复杂性和多样化，某些经济业务在符合会计原则和计量基础的要求下，可以有多种会计处理方法，即存在不止一种可供选择的会计政策。例如，确定发出存货的实际成本时可以在先进先出法、加权平均法或者个别计价法中进行选择。

2. 会计政策的强制性。在我国，会计准则和会计制度属于行政法规，会计政策所包括的具体会计原则、计量基础和具体会计处理方法由会计准则或会计制度规定，具有一定的强制性。企业必须在法规所允许的范围内选择适合本企业实际情况的会计政策。即企业在发生某项经济业务时，必须从允许的会计原则、计量基础和会计处理方法中选择适合本企业特点的会计政策。

3. 会计政策的层次性。会计政策包括会计原则、计量基础和会计处理方法三个层次。其中，会计原则是指导企业会计核算的具体原则，例如，《企业会计准则第13号——或有事项》规定的以该义务是企业承担的现实义务、履行该义务很可能导致经济利益流出企业、该义务的金额能够可靠地计量作为预计负债的确认条件就是预计负债确认的具体会计原则；会计基础是为了将会计原则体现在会计核算中而采用的基础，例如，《企业会计准则第8号——资产减值》中涉及的公允价值就是计量基础；会计处理方法是按照会计原则和计量基础的要求，由企业在会计核算中采用或者选择的、适合于本企业的具体会计处理方法，例如，企业按照《企业会计准则第14号——收入》的规定采用时点法或时段法就是会计处理方法。

（二）会计政策的判断

会计原则、会计基础和会计处理方法构成了会计政策相互关联的有机整体，对会计政策的判断通常应当考虑从会计要素角度出发，根据各项资产、负债、所有者权益、收入、费用等会计确认条件、计量属性以及两者相关的处理方法、列报要求等确定相应的会计政策。比如，在资产方面，存货的取得、发出和期末计价的处理方法，长期投资的取得及后续计量中的成本法和权益法，投资性房地产的确认及后续计量模式，固定资产、无形资产的确认条件及其减值政策，金融资产的分类等，属于资产要素的会计政策。在负债方面，借款费用资本化的条件、债务重组的确认和计量、预计负债的确认条件、应付职工薪酬和股份支付的确认和计量、金融负债的分类等，属于负债要素的会计政策。在所有者权益方面，权益工具的确认和计量、混合金融工具的分析等，属于所有者权益要素的会计政策。在收入方面，商品销售收入和提供劳务的确认条件，建造合同、租赁合同、保险合同、贷款合同等合同收入的确认与计量方法，属于收入要素的会计政策。在费用方面，商品销售成本及劳务成本的结转、期间费用的划分等，属于费用要素的会计政策。除会计要素相关会计政策外，财务报表列报方面所设计的编制现金流量表的直接法和间接法、合并财务报表合并范围的判断、分部报告中报告分部的确定，也属于会计政策。

二、会计政策变更概述

会计政策变更，是指企业对相同的交易或者事项由原来采用的会计政策改用另一会计政策的行为。为保证会计信息的可比性，使财务报表使用者在比较企业

第九章 会计政策、会计估计变更和差错更正

一个以上期间的财务报表时能够正确判断企业的财务状况、经营成果和现金流量的趋势。一般情况下，企业采用的会计政策，在每一会计期间和前后各期应当保持一致，不得随意变更。否则，势必削弱会计信息的可比性。但是，在下述两种情形下，企业可以变更会计政策：

第一，法律、行政法规或者国家统一的会计制度等要求变更。这种情况是指，按照法律、行政法规以及国家统一的会计制度的规定，要求企业采用新的会计政策，则企业应当按照法律、行政法规以及国家统一的会计制度的规定改变原会计政策，按照新的会计政策执行。例如，《企业会计准则第1号——存货》对发出存货实际成本的计价排除了后进先出法，这就要求执行企业会计准则体系的企业按照新规定，将原来以后进先出法核算发出存货成本改为准则规定可以采用的会计政策。

第二，会计政策变更能够提供更可靠、更相关的会计信息。由于经济环境、客观情况的改变，使企业原采用的会计政策所提供的会计信息已不能恰当地反映企业的财务状况、经营成果和现金流量等情况。在这种情况下，应改变原有会计政策，按变更后新的会计政策进行会计处理，以便对外提供更可靠、更相关的会计信息。例如，企业一直采用成本模式对投资性房地产进行后续计量，如果企业能够从房地产交易市场上持续地取得同类或类似房地产的市场价格及其他相关信息，从而能够对投资性房地产的公允价值做出合理的估计，此时，企业可以将投资性房地产的后续计量方法由成本模式变更为公允价值模式。

对会计政策变更的认定，直接影响会计处理方法的选择。因此，在会计实务中，企业应当正确认定属于会计政策变更的情形。下列两种情况不属于会计政策变更：

第一，本期发生的交易或者事项与以前相比具有本质差别而采用新的会计政策。这是因为，会计政策是针对特定类型的交易或事项，如果发生的交易或事项与其他交易或事项有本质区别，那么，企业实际上是为新的交易或事项选择适当的会计政策，并没有改变原有的会计政策。例如，企业以往租入的设备均为临时需要而租入的，企业按经营租赁会计处理方法核算，但自本年度起租入的设备均采用融资租赁方式，则该企业自本年度起对新租赁的设备采用融资租赁会计处理方法核算。由于该企业原租入的设备均为经营性租赁，本年度起租赁的设备均改为融资租赁，经营租赁和融资租赁有着本质差别，因而改变会计政策不属于会计政策变更。

第二，对初次发生的或不重要的交易或者事项采用新的会计政策。对初次发生的某类交易或事项采用适当的会计政策，并未改变原有的会计政策。例如，企业以前没有建造合同业务，当年签订一项建造合同为另一企业建造三栋厂房，对该项建造合同采用完工百分比法确认收入，不是会计政策变更。至于对不重要的交易或事项采用新的会计政策，不按会计政策变更做出会计处理，并不影响会计信息的可比性，所以也不作为会计政策变更。例如，企业原在生产经营过程中使用少量的低值易耗品，并且价值较低，故企业在领用低值易耗品时一次计入费

用；该企业于近期投产新产品，所需低值易耗品比较多，且价值较大，企业对领用的低值易耗品处理方法改为五五摊销法。该企业低值易耗品在企业生产经营中所占的费用比例并不大，改变低值易耗品处理方法后，对损益的影响也不大，属于不重要的事项，会计政策在这种情况下的改变不属于会计政策变更。

三、会计政策变更与会计估计变更的划分

企业应当正确划分会计政策变更与会计估计变更，并按照不同的方法进行相关会计处理。企业应当以变更事项的会计确认、计量基础和列报项目是否发生变更，作为判断该变更是会计政策变更还是会计估计变更的划分基础。

1. 以会计确认是否发生变更作为判断基础。《企业会计准则——基本准则》规定了资产、负债、所有者权益、收入、费用和利润六项会计要素的确认标准，这是会计处理的首要环节。一般来说，对会计确认的指定或选择是会计政策，其相应的变更是会计政策变更。会计确认的变更一般会引起列报项目的变更。例如，企业在前期将某项内部研究开发项目开发阶段的支出计入当期损益，而当期按照《企业会计准则第6号——无形资产》的规定，该项支出符合无形资产的确认条件，应当确认为无形资产。该事项的会计确认发生变更，即前期将研发费用确认为一项费用，而当期将其确认为一项资产。该事项中会计确认发生了变化，所以该变更是会计政策变更。

2. 以计量基础是否发生变更作为判断基础。《企业会计准则——基本准则》规定了历史成本、重置成本、可变现净值、现值和公允价值五项会计计量属性，这是会计处理的计量基础。一般来说，对计量基础的判定或选择是会计政策，其相应的变更是会计政策变更。例如，企业在前期对购入的价款超过正常信用条件延期支付的固定资产初始计量采用历史成本，而当期按照《企业会计准则第4号——固定资产》的规定，该类固定资产的初始成本应以购买价款的现值为基础确定。该事项的计量基础发生了变化，所以该变更是会计政策变更。

3. 以列报项目是否发生变更作为判断基础。《企业会计准则第30号——财务报表列报》规定了财务报表项目应采用的列报原则。一般来说，对列报项目的指定或选择是会计政策，其相应的变更是会计政策变更。例如，某商业企业在前期将商品采购费用列入销售费用，当期根据《企业会计准则第1号——存货》的规定，将采购费用列入存货成本。因为列报项目发生了变化，所以该变更是会计政策变更。

4. 根据会计确认、计量基础和列报项目所选择的为取得与资产负债表项目有关的金额或数值（如预计使用寿命、净残值等）所采用的处理方法，不是会计政策，而是会计估计，其相应的变更是会计估计变更。例如，企业需要对某项资产采用公允价值进行计量，而公允价值的确定需要根据市场情况选择不同的处理方法。在不存在销售协议和资产活跃市场的情况下，需要根据同行业类似资产的近期交易价格对该项资产进行估计；在不存在销售协议但存在资产活

跃市场的情况下,其公允价值应当以该项资产的市场价格为基础进行估计。因为企业所确定的公允价值是与该项资产有关的金额,所以为确定公允价值所采用的处理方法是会计估计,不是会计政策。相应地,当企业面对的市场情况发生变化时,其采用的确定公允价值的方法变更是会计估计变更,不是会计政策变更。

企业可以采用以下具体方法划分会计政策变更与会计估计变更:分析并判断该事项是否涉及会计确认、计量基础选择或列报项目的变更,当至少涉及上述一项划分基础变更时,该事项是会计政策变更;不涉及上述划分基础变更时,该事项可以判断为会计估计变更。例如,企业在前期将购建固定资产相关的一般借款利息计入当期损益,当期根据会计准则的规定将其予以资本化,企业因此将对该事项进行变更。该事项的计量基础未发生变更,即都是以历史成本作为计量基础;该事项的会计确认发生变更,即前期将借款费用确认为一项费用,而当期将其确认为一项资产;同时,会计确认的变更导致该事项在资产负债表和利润表中相关项目的列报也发生变更。该事项涉及会计确认和列报的变更,所以属于会计政策变更。又如,企业原采用双倍余额递减法计提固定资产折旧,根据固定资产使用的实际情况,企业决定改用直线法计提固定资产折旧。该事项前后采用的两种计提折旧方法都是以历史成本作为计量基础,对该事项的会计确认和列报项目也未发生变更,只是固定资产折旧、固定资产净值等相关金额发生了变化,因此,该事项属于会计估计变更。

四、会计政策变更的会计处理

发生会计政策变更时,有两种会计处理方法,即追溯调整法和未来适用法,两种方法适用于不同情形。

(一) 追溯调整法

追溯调整法,是指对某项交易或事项变更会计政策,视同该项交易或事项初次发生时即采用变更后的会计政策,并以比对财务报表相关项目进行调整的方法。采用追溯调整法时,对于比较财务报表期间的会计政策变更,应调整各期间净损益各项目和财务报表其他相关项目,视同该政策在比较财务报表期间一直采用。对于比较财务报表可比期间以前的会计政策变更的累积影响数,应调整比较财务报表最早期间的期初留存收益,财务报表其他相关项目的数字也应一并调整。追溯调整法通常由以下步骤构成:

第一步,计算会计政策变更的累积影响数;
第二步,编制相关项目的调整分录;
第三步,调整列报前期最早期初财务报表相关项目及其金额;
第四步,附注说明。

其中,会计政策变更累积影响数,是指按照变更后的会计政策对以前各期追溯计算的列报前期最早期初留存收益应有金额与现有金额之间的差额。根据上述定义的表述，会计政策变更的累积影响数可以分解为以下两个金额之间的差额：（1）在变更会计政策当期，按变更后的会计政策对以前各期追溯计算，所得到列报前期最早期初留存收益金额；（2）在变更会计政策当期，列报前期最早期初留存收益金额。上述留存收益金额，包括盈余公积和未分配利润等项目，不考虑由于损益的变化而应当补分的利润或股利。例如，由于会计政策变化，增加了以前期间可供分配的利润，该企业通常按净利润的20%分派股利。但在计算调整会计政策变更当期期初留存收益时，不应考虑由于以前期间净利润的变化而需要分派的股利。

在财务报表只提供列报项目上一个可比会计期间比较数据的情况下，上述第二项，在变更会计政策当期，列报前期最早期初留存收益金额，即为上期资产负债表所反映的期初留存收益，可以从上年资产负债表项目中获得；需要计算确定的是第一项，即按变更后的会计政策对以前各期追溯计算，所得到的上期期初留存收益金额。

累积影响数通常可以通过以下步骤计算获得：

第一步，根据新会计政策重新计算受影响的前期交易或事项；

第二步，计算两种会计政策下的差异；

第三步，计算差异的所得税影响金额；

第四步，确定前期中的每一期的税后差异；

第五步，计算会计政策变更的累积影响数。

需要注意的是，对以前年度损益进行追溯调整或追溯重述的，应当重新计算各列报期间的每股收益。

【例9-1】甲公司2×15年、2×16年分别以4 500 000元和1 100 000元的价格从股票市场购入A、B两只以交易为目的的股票（假设不考虑购入股票发生的交易费用），市价一直高于购入成本。公司采用成本与市价孰低法对购入股票进行计量。公司从2×17年起对其以交易为目的购入的股票由成本与市价孰低改为公允价值计量，公司保存的会计资料比较齐备，可以通过会计资料追溯计算。假设所得税税率为25%，公司按净利润的10%提取法定盈余公积，按净利润的5%提取任意盈余公积。公司发行股票份额为4 500万股。两种方法计量的交易性金融资产账面价值如表9-1所示。

表9-1　　　　两种方法计量的交易性金融资产账面价值　　　　单位：元

股票	成本与市价孰低	2×15年年末公允价值	2×16年年末公允价值
A股票	4 500 000	5 100 000	5 100 000
B股票	1 100 000	—	1 300 000

根据上述资料，甲公司的会计处理如下。

①计算改变交易性金融资产计量方法后的累积影响数,如表9-2所示。

表9-2　　　　改变交易性金融资产计量方法后的累积影响数　　　　单位:元

时　间	公允价值	成本与市价孰低	税前差异	所得税影响	税后差异
2×15年年末	5 100 000	4 500 000	600 000	150 000	450 000
2×16年年末	1 300 000	1 100 000	200 000	50 000	150 000
合　计	6 400 000	5 600 000	800 000	200 000	600 000

甲公司2×17年12月31日的比较财务报表列报前期最早期初为2×16年1月1日。

甲公司在2×15年年末按公允价值计量的账面价值为5 100 000元,按成本与市价孰低计量的账面价值为4 500 000元,两者的所得税影响合计为150 000元,两者差异的税后净影响额为450 000元,即为该公司2006年期初由成本与市价孰低改为公允价值的累积影响数。

甲公司在2×16年年末按公允价值计量的账面价值为6 400 000元,按成本与市价孰低计量的账面价值为5 600 000元,两者的所得税影响合计为200 000元,两者差异的税后净影响额为600 000元,其中,450 000元是调整2×16年累积影响数,150 000元是调整2×16年当期金额。

甲公司按照公允价值重新计量2×16年年末B股票账面价值,其结果为公允价值变动收益少计了200 000元,所得税费用少计了50 000元,净利润少计了150 000元。

②编制有关项目的调整分录。

第一,对2×15年有关事项的调整分录。

调整分录:

借:交易性金融资产——公允价值变动　　　　　　　　　600 000
　　贷:利润分配——未分配利润　　　　　　　　　　　　450 000
　　　　递延所得税负债　　　　　　　　　　　　　　　　150 000

调整利润分配:

按照净利润的10%提取法定盈余公积,按照净利润的5%提取任意盈余公积,共计提取盈余公积为450 000×15% = 67 500(元)。

借:利润分配——未分配利润　　　　　　　　　　　　　67 500
　　贷:盈余公积　　　　　　　　　　　　　　　　　　　67 500

第二,对2×16年有关事项的调整分录。

调整交易性金融资产:

借:交易性金融资产——公允价值变动　　　　　　　　　200 000
　　贷:利润分配——未分配利润　　　　　　　　　　　　150 000
　　　　递延所得税负债　　　　　　　　　　　　　　　　 50 000

· 193 ·

调整利润分配：

按照净利润的10%提取法定盈余公积，按照净利润的5%提取任意盈余公积，共计提取盈余公积为150 000×15% =22 500（元）。

借：利润分配——未分配利润　　　　　　　　　　　22 500
　　贷：盈余公积　　　　　　　　　　　　　　　　　　　22 500

③财务报表调整和重述（财务报表略）。甲公司在列报2×17年财务报表时，应调整2×17年资产负债表有关项目的年初余额、利润表有关项目的上年金额，所有者权益变动表有关项目的上年金额和本年金额也应进行调整。

第一，资产负债表项目的调整：调增交易性金融资产年初余额800 000元；调增递延所得税负债年初余额200 000元；调增盈余公积年初余额90 000元；调增未分配利润年初余额510 000元。

第二，利润表项目的调整：调增公允价值变动收益上年金额200 000元；调增所得税费用上年金额50 000元；调增净利润上年金额150 000元；调增基本每股收益上年金额0.0033元。

第三，所有者权益变动表项目的调整：

调增会计政策变更项目中盈余公积上年金额67 500元，调增未分配利润上年金额382 500元，调增所有者权益合计上年金额450 000元。

调增会计政策变更项目中盈余公积本年金额22 500元，调增未分配利润本年金额127 500元，调增所有者权益合计本年金额150 000元。

（二）未来适用法

未来适用法，是指将变更后的会计政策应用于变更日及以后发生的交易或者事项，或者在会计估计变更当期和未来期间确认会计估计变更影响数的方法。在未来适用法下，不需要计算会计政策变更产生的累积影响数，也无须重编以前年度的财务报表。企业会计账簿记录及财务报表中反映的金额，变更之日仍保留原有的金额，不因会计政策变更而改变以前年度的既定结果，并在现有金额的基础上再按新的会计政策进行核算。

【例9-2】乙公司原对发出存货采用后进先出法，由于采用新会计准则，按其规定，公司从2×17年1月1日起改用先进先出法。2×17年1月1日存货的价值为2 500 000元，公司当年购入存货的实际成本为18 000 000元，2×17年12月31日按先进先出法计算确定的存货价值为4 500 000元，当年销售额为25 000 000元，假设该年度其他费用为1 200 000元，所得税税率为25%。2×17年12月31日按后进先出法计算的存货价值为2 200 000元。乙公司由于法律环境变化而改变会计政策，假定对其采用未来适用法进行处理，即对存货采用先进先出法从2×17年及以后才适用，不需要计算2×17年1月1日以前按先进先出法计算存货应有的余额以及对留存收益的影响金额。

计算确定会计政策变更对当期净利润的影响数如表9-3所示。

表 9-3   当期净利润的影响数计算表   单位：元

项 目	先进先出法	后进先出法
营业收入	25 000 000	25 000 000
减：营业成本	16 000 000	18 300 000
减：其他费用	1 200 000	1 200 000
利润总额	7 800 000	5 500 000
减：所得税费用	1 950 000	1 375 000
净利润	5 850 000	4 125 000
差额	1 725 000	

乙公司由于会计政策变更使当期净利润增加了 1 725 000 元。其中，采用先进先出法的销售成本 = 期初存货 + 购入存货实际成本 − 期末存货 = 2 500 000 + 18 000 000 − 4 500 000 = 16 000 000（元）；采用后进先出法的销售成本 = 期初存货 + 购入存货实际成本 − 期末存货 = 2 500 000 + 18 000 000 − 2 200 000 = 18 300 000（元）。

（三）会计政策变更的会计处理方法的选择

对于会计政策变更，企业应当根据具体情况，分别采用不同的会计处理方法。

1. 法律、行政法规或者国家统一的会计制度等要求变更的情况下，企业应当分别以下情况进行处理：（1）国家发布相关的会计处理办法，则按照国家发布的相关会计处理规定进行处理；（2）国家没有发布相关的会计处理办法，则采用追溯调整法进行会计处理。

2. 会计政策变更能够提供更可靠、更相关的会计信息的情况下，企业应当采用追溯调整法进行会计处理，将会计政策变更累积影响数调整列报前期最早期初留存收益，其他相关项目的期初余额和列报前期披露的其他比较数据也应当一并调整。

3. 确定会计政策变更对列报前期影响数不切实可行的，应当从可追溯调整的最早期间期初开始应用变更后的会计政策；在当期期初确定会计政策变更对以前各期累积影响数不切实可行的，应当采用未来适用法处理。

其中，不切实可行，是指企业在采取所有合理的方法后，仍然不能获得采用某项规定所必需的相关信息，导致无法采用该项规定，则该项规定在此时是不切实可行的。

对于以下特定前期，对某项会计政策变更应用追溯调整法或进行追溯重述以更正一项前期差错是不切实可行的：（1）应用追溯调整法或追溯重述法的累积影响数不能确定；（2）应用追溯调整法或追溯重述法要求对管理层在该期当时的意图做出假定；（3）应用追溯调整法或追溯重述法要求对有关金额进行重大估计，并且不可能将提供有关交易发生时存在状况的证据（例如，有关金额确认、计量或披露日期存在事实的证据，以及在受变更影响的当期和未来期间确认会计估计变更的影响的证据）和该期间财务报表批准报出时能够取得的信息这两类信息与其他信息客观地加以区分。

在某些情况下，调整一个或者多个前期比较信息以获得与当期会计信息的可比性是不切实可行的。例如，企业因账簿、凭证超过法定保存期限而销毁，或因不可抗力而毁坏、遗失，如火灾、水灾等，或因人为因素，如盗窃、故意毁坏等，可能使当期期初确定会计政策变更对以前各期累积影响数无法计算，即不切实可行，此时，会计政策变更应当采用未来适用法进行处理。

对根据某项交易或者事项确认、披露的财务报表项目应用会计政策时常常需要进行估计。本质上，估计是主观行为，而且可能在资产负债表日后才做出。当追溯调整会计政策变更或者追溯重述前期差错更正时，要做出切实可行的估计更加困难，因为有关交易或者事项已经发生较长一段时间，要获得做出切实可行的估计所需要的相关信息往往比较困难。

当在前期采用一项新会计政策或者更正前期金额时，无论是对管理层在某个前期的意图做出假定，还是估计在前期确认、计量或者披露的金额，都不应当使用"后见之明"。例如，按照《企业会计准则第22号——金融工具确认和计量》的规定，企业对原先划归为债权投资的金融资产计量的前期差错，即便管理层随后决定不将这些投资持有至到期，也不能改变它们在前期的计量基础，即该项金融资产应当仍然按照债权投资进行计量。

五、会计政策变更的披露

企业应当在附注中披露与会计政策变更有关的下列信息。

1. 会计政策变更的性质、内容和原因。包括：对会计政策变更的简要阐述、变更的日期、变更前采用的会计政策和变更后采用的新会计政策及会计政策变更的原因。

2. 当期和各个列报前期财务报表中受影响的项目名称和调整金额。包括：采用追溯调整法时，计算出的会计政策变更的累积影响数；当期和各个列报前期财务报表中需要调整的净损益及其影响金额，以及其他需要调整的项目名称和调整金额。

3. 无法进行追溯调整的，说明该事实和原因以及开始应用变更后的会计政策的时点、具体应用情况。包括：无法进行追溯调整的事实；确定会计政策变更对列报前期影响数不切实可行的原因；在当期期初确定会计政策变更对以前各期累积影响数不切实可行的原因；开始应用新会计政策的时点和具体应用情况。需要注意的是，在以后期间的财务报表中，不需要重复披露在以前期间的附注中已披露的会计政策变更的信息。

【例9-3】沿用〖例9-1〗，应在财务报表附注中作如下说明：

本公司 2×17 年按照会计准则规定,对交易性金融资产计量由成本与市价孰低改为以公允价值计量。此项会计政策变更采用追溯调整法,2×17 年比较财务报表已重新表述。2×16 年期初运用新会计政策追溯计算的会计政策变更累积影响数为 450 000 元,调增 2×16 年的期初留存收益 450 000 元,其中,调增未分配利润 382 500 元,调增盈余公积 67 500 元。会计政策变更对 2×17 年度财务报表本年金额的影响为调增未分配利润 127 500 元,调增盈余公积 22 500 元,调增净利润 150 000 元。

【例 9-4】沿用〖例 9-2〗,应在财务报表附注中作如下说明:

本公司对存货原采用后进先出法计价,由于施行新会计准则,改用先进先出法计价。按照《企业会计准则第 38 号——首次执行企业会计准则》的规定,对该项会计政策变更应当采用未来适用法。由于该项会计政策变更,当期净利润增加 1 725 000 元。

第二节 会计估计及其变更

一、会计估计概述

(一)会计估计的概念和特征

会计估计,是指企业对结果不确定的交易或者事项以最近可利用的信息为基础所作的判断。会计估计具有如下特点:

第一,会计估计的存在是由于经济活动中内在的不确定性因素的影响。在会计核算中,企业总是力求保持会计核算的准确性,但有些经济业务本身具有不确定性,例如坏账、固定资产折旧年限、固定资产残余价值、无形资产摊销年限等,因而需要根据经验做出估计。可以说,在进行会计核算和相关信息披露的过程中,会计估计是不可避免的。

第二,进行会计估计时,往往以最近可利用的信息或资料为基础。企业在会计核算中,由于经营活动中内在的不确定性,不得不经常进行估计。一些估计的主要目的是为了确定资产或负债的账面价值,例如坏账准备、担保责任引起的负债;另一些估计的主要目的是确定将在某一期间记录的收益或费用的金额,例如某一期间折旧、摊销的金额。企业在进行会计估计时,通常应根据当时的情况和经验,以一定的信息或资料为基础进行。但是,随着时间的推移、环境的变化,进行会计估计的基础可能会发生变化。因此,进行会计估计所依据的信息或者资料不得不经常发生变化。由于最新的信息是最接近目标的信息,以其为基础所作的估计最接近实际,所以进行会计估计时应以最近可利用的信息或资料为基础。

第三,进行会计估计并不会削弱会计确认和计量的可靠性。企业为了定期、及时地提供有用的会计信息,将持续不断的经营活动人为地划分为一定的期间并在权责发生制的基础上对企业的财务状况和经营成果进行定期确认和计量。例如,在会计分期的情况下,许多企业的交易跨越若干会计年度,以至于需要在一定程度上做出决定:某一年度发生的开支,哪些可以合理地预期能够产生其他年度以收益形式表示的利益,从而全部或部分向后递延;哪些可以合理地预期在当期能够得到补偿,从而确认为费用。由于会计分期和货币计量的前提,在确认和计量过程中,不得不对许多尚在延续中、其结果尚未确定的交易或事项予以估计入账。

（二）会计估计的判断

会计估计的判断,应当考虑与会计估计相关项目的性质和金额。通常情况下,下列属于会计估计:

1. 存货可变现净值的确定。
2. 采用公允价值模式下的投资性房地产公允价值的确定。
3. 固定资产的预计使用寿命与净残值；固定资产的折旧方法、弃置费用的确定。
4. 消耗性生物资产可变现净值的确定、生物资产的预计使用寿命、预计净残值和折旧方法。
5. 使用寿命有限的无形资产的预计使用寿命、残值、摊销方法。
6. 非货币性资产公允价值的确定。
7. 固定资产、无形资产、长期股权投资等非流动资产可回收金额的确定。
8. 职工薪酬金额的确定。
9. 与股份支付相关的公允价值的确定。
10. 与债务重组相关的公允价值的确定。
11. 预计负债金额的确定。
12. 收入金额的确定、提供劳务完工进度的确定。
13. 建造合同完工进度的确定。
14. 与政府补助相关的公允价值的确定。
15. 一般借款资本化金额的确定。
16. 应纳税暂时性差异和可抵扣暂时性差异的确定。
17. 与非同一控制下的企业合并相关的公允价值的确定。
18. 租赁资产公允价值的确定、最低租赁付款额现值的确定、承租人融资租赁折现率的确定、融资费用和融资收入的确定、未担保余值的确定。
19. 与金融工具相关的公允价值的确定、摊余成本的确定、金融减值损失的确定。
20. 继续涉入所转移金融资产程度的确定、金融资产所有权上风险和报酬转移程度的确定。
21. 套期工具和被套期项目公允价值的确定。

22. 保险合同准备金的计算及充足性测试。

23. 探明矿区权益、井及相关设施的折耗计提方法；与油气开采活动相关的辅助设备及设施的折旧方法，弃置费用的确定。

二、会计估计变更

会计估计变更，是指由于资产或负债的当前状况及预期经济利益和义务发生变化，从而对资产或负债的账面价值或者资产的定期消耗金额进行调整。由于企业经营活动中内在的不确定因素，许多财务报表项目不能准确地计量，只能加以估计，估计过程涉及以最近可以得到的信息为基础所作的判断。但是，估计毕竟是就现有资料对未来所作的判断，随着时间的推移，如果赖以进行估计的基础发生变化，或者由于取得了新的信息、积累了更多的经验或后来的发展变化，可能不得不对原来的估计进行修订，但会计估计变更的依据应当真实、可靠。会计估计变更的情形包括：

第一，赖以进行估计的基础发生了变化。企业进行会计估计，总是依赖于一定的基础，如果其所依赖的基础发生了变化，则会计估计也应相应发生变化。例如，企业的某项无形资产摊销年限原定为10年，以后发生的情况表明，该资产的受益年限已不足10年，相应调减摊销年限。

第二，取得了新的信息、积累了更多的经验。企业进行会计估计是就现有资料对未来所作的判断，随着时间的推移，企业有可能取得新的信息、积累更多的经验，在这种情况下，企业可能不得不对会计估计进行修订，即发生会计估计变更。例如，企业原根据当时能够得到的信息，对应收账款每年按其余额的5%计提坏账准备，现在掌握了新的信息，判定不能收回的应收账款比例已达15%，企业改按15%的比例计提坏账准备。

会计估计变更，并不意味着以前期间会计估计是错误的，只是由于情况发生变化，或者掌握了新的信息、积累了更多的经验，使得变更会计估计能够更好地反映企业的财务状况和经营成果。如果以前期间的会计估计是错误的，则属于会计差错，按会计差错更正的会计处理办法进行处理。

三、会计估计变更的会计处理

企业对会计估计变更应当采用未来适用法处理，即：在会计估计变更当期及以后期间采用新的会计估计，不改变以前期间的会计估计，也不调整以前期间的报告结果。

1. 会计估计变更仅影响变更当期的，其影响数应当在变更当期予以确认。例如，企业原按应收账款余额的5%提取坏账准备，由于企业不能收回应收账款的比例已达10%，则企业改按应收账款余额的10%提取坏账准备。这类会计估计的变更，只影响变更当期，因此，应于变更当期确认。

2. 既影响变更当期又影响未来期间的,其影响数应当在变更当期和未来期间予以确认。例如,企业的某项可计提折旧的固定资产,其有效使用年限或预计净残值的估计发生的变更,常常影响变更当期及资产以后使用年限内各个期间的折旧费用,这类会计估计的变更应于变更当期及以后各期确认。

会计估计变更的影响数应计入变更当期与前期相同的项目中。为了保证不同期间的财务报表具有可比性,如果以前期间的会计估计变更的影响数计入企业日常经营活动损益,则以后期间也应计入日常经营活动损益;如果以前期间的会计估计变更的影响数计入特殊项目,则以后期间也应计入特殊项目。

【例9-5】丙公司有一台管理用设备,原始价值为84 000元,预计使用寿命为8年,净残值为4 000元,自2×14年1月1日起按直线法计提折旧。2×18年1月,由于新技术的发展等原因,需要对原预计使用寿命和净残值做出修正,修改后的预计使用寿命为6年,净残值为2 000元。丙公司适用的所得税税率为25%。假定税法允许按变更后的折旧额在税前扣除。

[分析] 丙公司对上述会计估计变更的处理如下:第一,不调整以前各期折旧,也不计算累积影响数;第二,变更日以后发生的经济业务改按新估计使用寿命提取折旧。

按原估计,每年折旧额为10 000元,已提折旧4年,共计40 000元,固定资产净值为44 000元,则第5年相关科目的年初余额如表9-4所示。

表9-4　　　　　　　　　相关科目年初余额　　　　　　　　　单位:元

项　目	金　额
固定资产	84 000
减:累计折旧	40 000
固定资产净值	44 000

改变估计使用寿命后,从2×18年1月1日起每年计提的折旧费用为21 000元[(44 000 - 2 000)÷(6 - 4)]。2×18年不必对以前年度已提折旧进行调整,只需按重新预计的尚可使用寿命和净残值计算确定年折旧费用。

编制如下会计分录:
借:管理费用　　　　　　　　　　　　　　　　　　　　21 000
　　贷:累计折旧　　　　　　　　　　　　　　　　　　　　　21 000

3. 企业应当正确划分会计政策变更和会计估计变更,并按不同的方法进行相关会计处理。企业通过判断会计政策变更和会计估计变更划分基础仍然难以对某项变更进行区分的,应当将其作为会计估计变更处理。

四、会计估计变更的披露

企业应当在附注中披露与会计估计变更有关的下列信息:(1)会计估计变更

的内容和原因，包括变更的内容、变更日期以及为什么要对会计估计进行变更。（2）会计估计变更对当期和未来期间的影响数，包括会计估计变更对当期和未来期间损益的影响金额以及对其他各项目的影响金额。（3）会计估计变更的影响数不能确定的，披露这一事实和原因。

【例9-6】沿用【例9-5】，应在财务报表附注中作如下说明：

本公司一台管理用设备，原始价值为84 000元，原预计使用寿命为8年，预计净残值为4 000元，按直线法计提折旧。由于新技术的发展，该设备已不能按原预计使用寿命计提折旧，本公司于2×18年年初变更该设备的使用寿命为6年，预计净残值为2 000元，以反映该设备的真实耐用寿命和净残值。此估计变更影响本年度净利润减少数为8 250元［(21 000 – 10 000) × (1 – 25%)］。

第三节　前期差错及其更正

一、前期差错概述

前期差错，是指由于没有运用或错误运用下列两种信息而对前期财务报表造成省略或错报：①编报前期财务报表时预期能够取得并加以考虑的可靠信息；②前期财务报告批准报出时能够取得的可靠信息。前期差错通常包括计算错误、应用会计政策错误、疏忽或曲解事实以及舞弊产生的影响以及存货、固定资产盘盈等。

没有运用或错误运用上述两种信息而形成前期差错的情形主要有：

（1）计算以及账户分类错误。例如，企业购入的5年期国债，意图长期持有，但在记账时记入了交易性金融资产，导致账户分类上的错误，并导致在资产负债表中流动资产和非流动资产的分类也有误。

（2）采用法律、行政法规或者国家统一的会计制度等不允许的会计政策。例如，按照《企业会计准则第17号——借款费用》的规定，为购建固定资产的专门借款而发生的借款费用，满足一定条件的，在固定资产达到预定可使用状态前发生的，应予资本化，计入所购建固定资产的成本；在固定资产达到预定可使用状态后发生的，计入当期损益。如果企业固定资产已达到预定可使用状态后发生的借款费用也计入该固定资产的价值，予以资本化，则属于采用法律或会计准则等行政法规、规章所不允许的会计政策。

（3）对事实的疏忽或曲解，以及舞弊。例如，企业对某项建造合同应按建造合同规定的方法确认营业收入，但该企业却按确认商品销售收入的原则确认收入。

（4）在期末对应计项目与递延项目未予调整。例如，企业应在本期摊销的费用在期末未予摊销。

（5）漏记已完成的交易。例如，企业销售一批商品，商品已经发出，开出增值税专用发票，商品销售收入确认条件均已满足，但企业在期末时未将已实现的销售收入入账。

（6）提前确认尚未实现的收入或不确认已实现的收入。例如，在采用委托代销商品的销售方式下，应在收到代销单位的代销清单时确认商品销售收入的实现，如企业在发出委托代销商品时即确认为收入，则为提前确认尚未实现的收入。

（7）资本性支出与收益性支出划分差错等。例如，企业发生的管理人员的工资一般作为收益性支出，而发生的在建工程人员工资一般作为资本性支出。如果企业将发生的在建工程人员工资计入了当期损益，则属于资本性支出与收益性支出的划分差错。

需要注意的是，就会计估计的性质来说，它是个近似值，随着更多信息的获得，估计可能需要进行修正，但是，会计估计变更不属于前期差错更正。

二、前期差错更正的会计处理

如果财务报表项目的遗漏或错误表述可能影响财务报表使用者根据财务报表所做出的经济决策，则该项目的遗漏或错误是重要的。重要的前期差错，是指足以影响财务报表使用者对企业财务状况、经营成果和现金流量做出正确判断的前期差错。不重要的前期差错，是指不足以影响财务报表使用者对企业财务状况、经营成果和现金流量做出正确判断的会计差错。前期差错的重要性取决于在相关环境下对遗漏或错误表述的规模和性质的判断。前期差错所影响的财务报表项目的金额或性质，是判断该前期差错是否具有重要性的决定性因素。一般来说，前期差错所影响的财务报表项目的金额越大、性质越严重，其重要性水平越高。

企业应当采用追溯重述法更正重要的前期差错，但确定前期差错累积影响数不切实可行的除外。追溯重述法，是指在发现前期差错时，视同该项前期差错从未发生过，从而对财务报表相关项目进行更正的方法。

（一）不重要的前期差错的会计处理

对于不重要的前期差错，企业无须调整财务报表相关项目的期初数，但应调整发现当期与前期相同的相关项目。属于影响损益的，应直接计入本期与上期相同的净损益项目。属于不影响损益的，应调整本期与前期相同的相关项目。

【例9-7】A公司在2×16年12月31日发现，一台价值9 600元的管理用设备，应计入固定资产，并于2×15年2月1日开始计提折旧，在2×15年计入了当期费用。该公司固定资产折旧采用直线法，该资产估计使用年限为4年。假设不考虑净残值因素。则在2×16年12月31日更正此差错的会计分录为：

借：固定资产　　　　　　　　　　　　　　　　　9 600
　　贷：管理费用　　　　　　　　　　　　　　　　　　5 000

累计折旧　　　　　　　　　　　　　　　　　　　　　　　　4 600

假设该项差错直到 2×19 年 2 月后才发现，则不需要编制任何分录，因为该项差错已经抵销了。

(二) 重要的前期差错的会计处理

对于重要的前期差错，企业应当在其发现当期的财务报表中调整前期比较数据。具体来说，企业应当在重要的前期差错发现当期的财务报表中通过下述处理对其进行追溯更正：

(1) 追溯重述差错发生期间列报的前期比较金额；

(2) 如果前期差错发生在列报的最早前期之前，则追溯重述列报的最早前期的资产、负债和所有者权益相关项目的期初余额。

对于发生的重要的前期差错，如影响损益，应将其对损益的影响数调整发现当期的期初留存收益，财务报表其他相关项目的期初数也应一并调整；如不影响损益，应调整财务报表相关项目的期初数。

在编制比较财务报表时，对于比较财务报表期间的重要的前期差错，应调整各该期间的净损益和其他相关项目，视同该差错在产生的当期已经更正；对于比较财务报表期间以前的重要的前期差错，应调整比较财务报表最早期间的期初留存收益，财务报表其他相关项目的数字也应一并调整。

确定前期差错影响数不切实可行的，可以从可追溯重述的最早期间开始调整留存收益的期初余额，财务报表其他相关项目的期初余额也应当一并调整，也可以采用未来适用法。当企业确定前期差错对列报的一个或者多个前期比较信息的特定期间的累积影响数不切实可行时，应当追溯重述切实可行的最早期间的资产、负债和所有者权益相关项目的期初余额（可能是当期）；当企业在当期期初确定前期差错对所有前期的累积影响数不切实可行时，应当从确定前期差错影响数切实可行的最早日期开始采用未来适用法追溯重述比较信息。

需要注意的是，为了保证经营活动的正常进行，企业应当建立健全内部稽核制度，保证会计资料的真实、完整。对于年度资产负债表日至财务报告批准报出日之间发现的报告年度的会计差错及报告年度前不重要的前期差错，应按照《企业会计准则第 29 号——资产负债表日后事项》的规定进行处理。

【例 9-8】B 公司在 2×17 年发现，2×16 年漏记一项固定资产的折旧费用 150 000 元，所得税申报表中未扣除该项费用。假设 2×16 年适用的所得税税率为 25%，无其他纳税调整事项。该公司分别按净利润的 10%、5% 提取法定盈余公积和任意盈余公积。该公司发行股票份额为 1 800 000 股。假定税法允许调整应交所得税。

①分析前期差错的影响数。2×16 年少计提折旧费用 150 000 元；多计所得税费用 37 500 元（150 000×25%）；多计净利润 112 500 元；多计应交税费 37 500 元（150 000×25%）；多提法定盈余公积和任意盈余公积 11 250 元（112 500×10%）和 5 625 元（112 500×5%）。

②编制有关项目的调整分录。

补提折旧：

借：以前年度损益调整 150 000
    贷：累计折旧 150 000

调整应交所得税：

借：应交税费——应交所得税 37 500
    贷：以前年度损益调整 37 500

将"以前年度损益调整"科目余额转入利润分配：

借：利润分配——未分配利润 112 500
    贷：以前年度损益调整 112 500

调整利润分配有关数字：

借：盈余公积 16 875
    贷：利润分配——未分配利润 16 875

③财务报表调整和重述（财务报表略）。B公司在列报2×17年财务报表时，应调整2×17年资产负债表有关项目的年初余额，利润表有关项目及所有者权益变动表中的上年金额也应进行调整。

第一，资产负债表项目的调整：调增累计折旧150 000元；调减应交税费37 500元；调减盈余公积16 875元；调减未分配利润95 625元。

第二，利润表项目的调整：调增营业成本上年金额150 000元；调减所得税费用上年金额37 500元；调减净利润上年金额112 500元；调减基本每股收益上年金额0.0625元。

第三，所有者权益变动表项目的调整：调减前期差错更正项目中盈余公积上年金额16 875元，调减未分配利润上年金额95 625元，调减所有者权益合计上年金额112 500元。

三、前期差错更正的披露

企业应当在附注中披露与前期差错更正有关的下列信息：

1. 前期差错的性质。

2. 各个列报前期财务报表中受影响的项目名称和更正金额。

3. 无法进行追溯重述的，说明该事实和原因以及对前期差错开始进行更正的时点、具体更正情况。

在以后期间的财务报表中，不需要重复披露在以前期间的附注中已披露的前期差错更正的信息。

【例9-9】沿用〖例9-8〗，应在财务报表附注中作如下说明：

本年度发现2×16年漏记固定资产折旧150 000元，在编制2×16年与2×17年比较财务报表时，已对该项差错进行了更正。更正后，调减2×16年净利润及留存收益112 500元，调增累计折旧150 000元。

第九章　会计政策、会计估计变更和差错更正

练 习 题

一、单项选择题

1. 下列项目中，属于会计估计变更的是（　　）。
   A. 分期付款取得的固定资产由购买价款计价改为购买价款现值计价
   B. 商品流通企业采购费用由计入销售费用改为计入取得存货的成本
   C. 将内部研发项目开发阶段的支出由计入当期损益改为符合规定条件的计入无形资产
   D. 固定资产折旧方法由年限平均法改为双倍余额递减法

2. 甲公司发出存货按先进先出法计价，期末存货按成本与可变现净值孰低法计价。2×17年1月1日将发出存货由先进先出法改为加权平均法。2×17年年初存货账面余额等于账面价值40 000元，数量为50千克，2×17年1月、2月分别购入材料600千克、350千克，单价分别为850元、900元，3月5日领用400千克，用未来适用法处理该项会计政策的变更，则2×17年第一季度末该存货的账面余额为（　　）元。
   A. 540 000   B. 467 500   C. 510 000   D. 519 000

3. 2×17年年末，某上市公司发现所使用的甲设备技术更新淘汰速度加速，决定从下年起将设备预计折旧年限由原来的8年改为4年，该经济事项属于（　　）。
   A. 会计政策变更　　　　　　　　B. 会计差错更正
   C. 会计估计变更　　　　　　　　D. 以前年度损益调整事项

4. 关于会计估计变更的会计处理方法，下列说法中正确的是（　　）。
   A. 企业对会计估计变更应当采用未来适用法处理
   B. 企业对会计估计变更应当采用追溯调整法处理
   C. 企业对会计估计变更，既可以采用追溯调整法处理，也可以采用未来适用法处理
   D. 企业对会计估计变更，既不能采用追溯调整法处理，也不能采用未来适用法处理

5. 下列交易或事项中，属于会计政策变更的是（　　）。
   A. 固定资产预计使用年限由8年改为5年
   B. 无形资产费用化的开发支出在研发结束时转为资本化
   C. 坏账准备计提方法的变更
   D. 对投资性房地产由成本计量模式改为公允价值计量模式

6. 甲公司2×17年3月在上年度财务会计报告批准报出后，发现2×15年9月购入并开始使用的一台管理用固定资产一直未计提折旧。该固定资产2×15年应计提折旧20万元，2×16年应计提折旧80万元。甲公司对此重大会计差错采用追溯调整法进行会计处理。假定甲公司按净利润的10%提取法定盈余公积，不考虑其他因素。甲公司2×17年度利润分配表"本年实际"栏中的"年初未分配利润"项目应调减的金额为（　　）万元。
   A. 72   B. 80   C. 90   D. 100

7. 下列事项中，应采取追溯调整法进行会计处理的是（　　）。
   A. 会计政策变更　B. 会计估计变更　C. 本期差错更正　D. 前期差错更正

8. 下列各项中，不属于会计政策变更的是（　　）。
   A. 缩短固定资产预计可使用年限
   B. 所得税核算由应付税款法改为债务法
   C. 建造合同的收入确认由完成合同法改为完工百分比法

D. 投资性房地产后续计量由成本计量模式改为公允价值计量模式

9. 当很难区分某种会计变更是属于会计政策变更还是会计估计变更的情况下，通常将这种会计变更（　　）。
   A. 视为会计估计变更处理　　　　B. 视为会计政策变更处理
   C. 视为会计差错处理　　　　　　D. 视为资产负债表日后事项处理

10. 会计政策变更的累积影响数是指（　　）。
    A. 会计政策变更对当期税后净利润的影响数
    B. 会计政策变更对当期投资收益、累计折旧等相关项目的影响数
    C. 会计政策变更对以前各期追溯计算的变更年度期初留存收益应有金额与原有金额之间的差额
    D. 会计政策变更对以前各期追溯计算后各有关项目的调整数

11. 甲公司2×17年3月在上年度财务会计报告批准报出后，发现2×15年10月购入的专利权摊销金额错误。该专利权2×15年应摊销的金额为120万元，2×16年应摊销的金额为480万元。2×15年、2×16年实际摊销金额均为480万元。甲公司对此重要前期差错采用追溯重述法进行会计处理，适用的所得税税率为25%，按净利润的10%提取法定盈余公积。甲公司2×17年年初未分配利润应调增的金额是（　　）万元。
    A. 270　　　　B. 243　　　　C. 360　　　　D. 90

12. 下列关于会计估计变更的说法中，不正确的是（　　）。
    A. 会计估计变更应采用未来适用法
    B. 如果会计估计的变更仅影响变更当期，有关估计变更的影响应于当期确认
    C. 如果会计估计的变更既影响变更当期又影响未来期间，有关估计变更的影响在当期及以后期间确认
    D. 会计估计变更应采用追溯调整法进行会计处理

13. 甲公司2×12年12月1日购入管理部门使用的设备一台，原价为1 500 000元，预计使用年限为10年，预计净残值为100 000元，采用年限平均法计提折旧。2×17年1月1日，考虑到技术进步因素，将原估计的使用年限改为8年，净残值改为60 000元，该公司的所得税税率为25%，采用资产负债表债务法进行所得税核算。则由于上述会计估计变更对2×17年净利润的影响金额为减少净利润（　　）元。
    A. 46 900　　　B. 60 000　　　C. -80 000　　　D. -70 000

14. 某公司2×15年12月投入使用一项固定资产，账面原价为800 000元，预计使用年限为5年，预计净残值为50 000元，按双倍余额递减法计提折旧。2×18年年底检查该固定资产，首次计提了减值准备40 000元，并预计其尚可使用年限为2年，预计净残值为20 000元，从2×19年起选用年限平均法计提折旧。则2×19年该项固定资产应计提的折旧额为（　　）元。
    A. 53 120　　　B. 56 400　　　C. 60 800　　　D. 76 000

15. 以前年度对存货发出采用先进先出法核算，从2×17年度起改按加权平均法核算，属于（　　）。
    A. 会计估计变更　　B. 一般会计差错　　C. 重大会计差错　　D. 会计政策变更

二、多项选择题

1. 下列各项中，属于会计估计变更的有（　　）。
   A. 固定资产折旧年限由10年改为15年
   B. 发出存货计价方法由先进先出法改为加权平均法

C. 因或有事项确认的预计负债根据最新证据进行调整
D. 根据新的证据，将使用寿命不确定的无形资产转为使用寿命有限的无形资产

2. 下列不属于会计政策变更的情形有（　　）。
   A. 本期发生的交易或事项与以前相比具有本质差别而采用新的会计政策
   B. 第一次签订建造合同，采用完工百分比法确认收入
   C. 对价值为 200 元的低值易耗品摊销方法由分次摊销法改为一次摊销法
   D. 由于持续通货膨胀，企业将存货发出的计价方法由先进先出法改为加权平均法

3. 下列各项中，属于会计政策变更的有（　　）。
   A. 应收账款计提坏账准备由余额百分比法变更为账龄分析法
   B. 固定资产折旧方法由年限平均法变更为年数总和法
   C. 投资性房地产的后续计量由成本模式变更为公允价值模式
   D. 发出存货的计价方法由先进先出法变更为加权平均法

4. 下列各项中，可以变更会计政策的有（　　）。
   A. 因更换了董事长而改变会计政策
   B. 投资企业因被投资单位发生亏损而改变股权投资的核算方法
   C. 因原采用的会计政策不能可靠地反映企业的真实情况而改变会计政策
   D. 国家法律法规要求变更会计政策

5. 下列事项中，符合会计准则规定的会计政策变更的有（　　）。
   A. 按照会计准则、规章的要求采用新的会计政策
   B. 为提供更可靠、更相关的信息采用新的会计政策
   C. 对不重要的事项采用新的会计政策
   D. 对初次发生的事项采用新的会计政策

6. 下列关于会计估计变更的说法中，正确的有（　　）。
   A. 会计估计变更应采用未来适用法
   B. 如果会计估计变更仅影响变更当期，有关估计变更的影响应于当期确认
   C. 如果会计估计变更既影响变更当期又影响未来期间，有关估计变更的影响在当期及以后期间确认
   D. 会计估计变更应采用追溯调整法进行会计处理

7. 下列各项中，无须采用追溯调整法进行会计处理的有（　　）。
   A. 无形资产预计使用年限发生变化而改变摊销年限
   B. 期末存货计价方法改变
   C. 固定资产经济利益实现方式发生变化而改变折旧方法
   D. 长期股权投资因不再具有重大影响由权益法改为成本法

8. 下列各项中，属于会计估计变更的有（　　）。
   A. 将建造合同的收入确认由完成合同法改为完工百分比法
   B. 固定资产的折旧年限由 12 年改为 10 年
   C. 无形资产的摊销年限由 8 年改为 5 年
   D. 投资性房地产由成本计量模式改为公允价值计量模式

9. 下列各项中，属于会计估计变更的有（　　）。
   A. 固定资产折旧年限由 10 年改为 15 年
   B. 投资性房地产由成本计量模式改为公允价值计量模式
   C. 第一次签订建造合同，采用完工百分比法确认收入

D. 根据新的证据，将使用寿命不确定的无形资产转为使用寿命有限的无形资产

10. 下列各项中，属于会计政策的有（　　）。
   A. 建造合同收入确认方法
   B. 存货的期末计价方法
   C. 长期股权投资核算的权益法
   D. 投资性房地产后续计量采用公允价值计量模式

11. 对于前期差错，应在会计报表附注中披露的内容有（　　）。
   A. 前期差错的性质
   B. 各个列报前期财务报表中受影响的项目名称
   C. 各个列报前期财务报表中受影响的更正金额
   D. 无法进行追溯重述的，说明该事实和原因以及对前期差错开始进行更正的时点、具体更正情况

12. 下列各项目中，属于会计政策变更的有（　　）。
   A. 将固定资产折旧方法由双倍余额递减法改为年数总和法
   B. 将建造合同的收入确认由完成合同法改为完工百分比法
   C. 将存货的期末计价由成本法改为成本与可变现净值孰低法
   D. 因出现相关新技术，将某专利权的摊销年限由10年改为6年

13. 下列各项中，应采用未来适用法进行会计处理的有（　　）。
   A. 会计估计变更
   B. 滥用会计政策变更
   C. 本期发现的以前年度重大会计差错
   D. 无法合理确定累积影响数的会计政策变更

14. 前期差错通常包括（　　）。
   A. 舞弊产生的影响   B. 应用会计政策错误
   C. 疏忽或曲解事实   D. 固定资产盘盈

15. 下列事项中，不属于会计政策变更的项目有（　　）。
   A. 固定资产计提折旧的方法由平均年限法改为双倍余额递减法
   B. 投资性房地产后续计量由成本计量模式改为公允价值计量模式
   C. 以前固定资产租赁业务均为经营租赁，本年度发生了融资租赁业务，两种租赁业务会计核算方法发生了改变
   D. 对初次承接的建造合同采用完工百分比法核算

三、判断题

1. 企业对于本期发现的、属于以前年度影响损益的重大前期差错，应调整本期利润表相关项目的金额。（　　）
2. 将经营性租赁的固定资产通过变更合同转为融资租赁固定资产，在会计上应当作为会计政策变更处理。（　　）
3. 企业对会计估计变更应当采用未来适用法或追溯调整法进行会计处理。（　　）
4. 会计政策，是指企业在会计确认、计量和记录中所采用的原则、基础和会计处理方法。（　　）
5. 由于经济环境的改变而变更会计政策的，无论会计政策变更的影响数是否能合理确定，均应采用未来适用法进行会计处理。（　　）
6. 会计政策变更累积影响数，是指按照变更后的会计政策对以前各期追溯计算的变更年

度期初留存收益应有金额与现有金额之间的差额。   (   )

7. 追溯重述法,是指在发现前期差错时,视同该项前期差错从未发生过,从而对财务报表相关项目进行更正的方法。   (   )

8. 未来适用法,是指将变更后的会计政策应用于变更日及以后发生的交易或者事项,或者在会计估计变更当期和未来期间确认会计估计变更影响数的方法。   (   )

9. 前期差错通常包括计算错误、应用会计政策错误、疏忽或曲解事实以及舞弊产生的影响以及固定资产盘盈等。   (   )

10. 企业根据法律、行政法规或者国家统一的会计制度等要求变更会计政策的,应当按照未来适用法进行会计处理。   (   )

四、计算及账务处理题

1. 长江公司系上市公司,所得税采用债务法核算,适用的所得税税率为25%。该公司于2×16年12月建造完工的办公楼作为投资性房地产对外出租,至2×19年1月1日,该办公楼的原价为3 000万元,预计使用年限为25年,采用年限平均法计提折旧,无残值。假定税法规定的折旧方法、使用年限和净残值与会计相同。2×19年1月1日,长江公司决定采用公允价值对出租的办公楼进行后续计量。该办公楼2×19年1月1日的公允价值为3 200万元,该公司按净利润的10%提取盈余公积,2×19年12月31日,该办公楼的公允价值为3 300万元。假定2×19年1月1日前无法取得该办公楼的公允价值。

要求:

(1) 编制长江公司2×19年1月1日会计政策变更的会计分录。

(2) 将2×19年1月1日资产负债表部分项目的调整数填入下表。

2×19年1月1日资产负债表部分项目的调整数　　　　　　单位:万元

项　　目	调增(+)	调减(-)
投资性房地产累计折旧(摊销)		
投资性房地产		
递延所得税负债		
盈余公积		
未分配利润		

(3) 编制2×19年12月31日投资性房地产公允价值变动及确认递延所得税的会计分录。

2. 甲股份有限公司2×16年度实现净利润1 000 000元,适用的所得税税率为25%,按净利润的10%计提法定盈余公积。该公司所得税采用债务法核算。有关事项如下。

(1) 考虑到技术进步因素,自2×16年1月1日起将一套办公自动化设备的使用年限改为5年。该套设备系2×13年12月28日购入并投入使用,原价为810 000元,预计使用年限为8年,预计净残值为10 000元,采用年限平均法计提折旧。按照税法规定,该套设备的使用年限为8年,并按年限平均法计提折旧。

(2) 2×16年年底发现如下差错:

①2×16年2月购入一批管理用低值易耗品,价款6 000元,误记为固定资产,至年底已提折旧600元计入管理费用。甲公司对低值易耗品采用领用时一次摊销的方法,至年底该批低值易耗品已被管理部门领用50%。

②2×15年3月3日购入的一项专利权,价款15 000元,会计和税法规定的摊销期均为10

年,但 2×16 年未予摊销。

③2×15 年 11 月 3 日销售的一批产品,符合销售收入确认条件,已经确认收入 300 000 元,但销售成本 250 000 元尚未结转,在计算 2×15 年度应纳税所得额时也未扣除该项销售成本。假定此项销售成本可计入 2×16 年应纳税所得额。

要求:

(1) 计算 2×16 年该套办公自动化设备应计提的折旧额,以及上述会计估计变更对 2×16 年度所得税费用和净利润的影响额,并列出计算过程。

(2) 编制上述会计差错更正相关的会计分录(不考虑期末结转损益类科目的影响。涉及应交税费的,应写出明细科目)。

第十章 租 赁

> **学习指南**
>
> 本章是关于租赁会计处理的介绍。租赁是指在一定期间内,出租人将资产的使用权让与承租人以获取对价的合同。本章的主要内容包括:一是租赁相关概念和租赁的识别、分拆和合并;二是承租人对租赁的会计处理;三是出租人对租赁的会计处理;四是售后租回交易的会计处理。通过本章的学习,要求熟悉租赁相关概念,能够识别租赁合同;掌握承租人对租赁的会计处理;掌握短期租赁和低价值租赁的会计处理;熟悉出租人对租赁的会计处理;了解租赁的分拆、合并和售后租回交易的会计处理。

第一节 租赁概述

一、租赁相关概念

1. 租赁,是指在一定期间内,出租人将资产的使用权让与承租人以获取对价的合同。租赁合同的主要特征是出租人转移资产的使用权,而不是转移资产的所有权,并且这种转移是有偿的,承租人取得使用权以支付租金为代价。租赁合同有别于资产购置和不把资产的使用权从合同的一方转移给另一方的服务性合同,例如购销合同和劳务合同、运输合同、保管合同、仓储合同等,以及无偿提供资产使用权的借用合同。

需要说明的是,新修订的租赁准则中承租人不再将租赁区分为经营租赁或融资租赁,而是采用统一的会计处理模型,对除短期租赁和低价值资产租赁以外的其他所有租赁均确认使用权资产和租赁负债,并分别计提折旧和利息费用。短期租赁,是指在租赁期开始日,租赁期不超过 12 个月的租赁。低价值资产租赁,是指单项租赁资产为全新资产时价值较低的租赁。承租人对于短期租赁和低价值资产租赁可以选择不确认使用权资产和租赁负债,而是采用简化方式进行会计处理,即承租人在经营租赁下发生的租金应当在租赁期内的各个期间按直线法确认为费用;如果其他方法更合理,也可以采用其他方法。但是,出租人仍应将租赁区分为融资租赁和经营租赁两大类,并分别采用不同的会计处理方法。

2. 租赁期,是指承租人有权使用租赁资产且不可撤销的期间。承租人有续租选择权,即有权选择续租该资产,且合理确定将行使该选择权的,租赁期还应当包含续租选择权涵盖的期间。承租人有终止租赁选择权,即有权选择终止租赁该资产,但合理确定将不会行使该选择权,租赁期应当包含终止租赁选择权涵盖的期间。例如,承租人签订了一份房屋租赁合同,包括4年不可撤销期限和2年按照市价行使的续租选择权。在搬入该房屋之前,承租人花费了大量资金对租赁建筑进行了改良,预计在4年结束时租赁资产改良仍将具有重大价值,且该价值仅可通过继续使用租赁资产实现。在此情况下,承租人合理确定将行使续租选择权,因为如果在4年结束时放弃该租赁资产改良,将蒙受重大经济损失。因此,在租赁开始时,承租人应当确定租赁期为6年,即包含续租选择权涵盖的期间。

3. 租赁开始日,是指租赁协议日与租赁各方就主要条款作出承诺日中的较早者。租赁开始日可能早于租赁期开始日,也可能与租赁期开始日重合。出租人应当在租赁开始日将租赁区分为融资租赁和经营租赁。

4. 租赁期开始日,是指出租人提供租赁资产使其可供承租人使用的起始日期。如果承租人在租赁协议约定的起租日或租金起付日之前,已获得对租赁资产使用权的控制,则表明租赁期已经开始。租赁协议中对起租日或租金支付时间的约定,并不影响租赁期开始日的判断。例如,在某商铺的租赁合同中,出租人于2×20年1月1日将房屋钥匙交付承租人,承租人在收到钥匙后,就可以自主安排对商铺的装修布置和搬迁。合同约定有3个月的免租期,起租日为2×20年4月1日,承租人自起租日开始支付租金。此交易中,由于承租人自2×20年1月1日起就已拥有对商铺使用权的控制,因此,租赁期开始日为2×20年1月1日,即租赁期包含出租人给予承租人的免租期。

在租赁期开始日,承租人应当对租赁确认使用权资产和租赁负债,并确定在租赁期开始日应确认的金额。在租赁期开始日,出租人应当对融资租赁确认应收融资租赁款,并终止确认融资租赁资产。

【例10-1】假设2×19年12月10日甲公司与乙公司签订了一份装卸设备租赁合同。合同主要约定如下:

①租赁期:2×20年1月1日至2×20年8月31日。

②租金支付:于每月末支付100 000元。

③租赁合同中没有涉及续租选择权和优先购买权等条款,合同到期后承租方归还设备。

根据上述资料,租赁期开始日是2×20年1月1日,租赁期为8个月,即2×20年1月1日至2×20年8月31日,属于短期租赁合同。

5. 使用权资产,是指承租人可在租赁期内使用租赁资产的权利。对于短期租赁和低价值资产租赁,承租人可以选择不确认使用权资产和租赁负债。

6. 租赁激励,是指出租人为达成租赁向承租人提供的优惠,包括出租人向承租人支付的与租赁有关的款项、出租人为承租人偿付或承担的成本等。存在租赁激励的,承租人在确定租赁付款额时,应扣除租赁激励相关金额。

7. 初始直接费用，是指为达成租赁所发生的增量成本。增量成本是指若企业不取得该租赁，则不会发生的成本，例如佣金、手续费、印花税等。无论是否实际取得租赁合同都会发生的支出，不属于初始直接费用，例如为评估是否签订租赁而发生的差旅费、法律费用等，此类费用应当在发生时计入当期损益（管理费用）。

8. 租赁付款额，是指承租人向出租人支付的与在租赁期内使用租赁资产的权利相关的款项，包括：

（1）固定付款额及实质固定付款额。存在租赁激励的，扣除租赁激励相关金额。实质固定付款额，是指在形式上可能包含变量但实质上无法避免的付款额。

（2）取决于指数或比率的可变租赁付款额，该款项在初始计量时根据租赁期开始日的指数或比率确定。可变租赁付款额，是指承租人为取得在租赁期内使用租赁资产的权利，向出租人支付的因租赁期开始日后的事实或情况发生变化（而非时间推移）而变动的款项。取决于指数或比率的可变租赁付款额包括与消费者价格指数挂钩的款项、与基准利率挂钩的款项和为反映市场租金费率变化而变动的款项等。

（3）购买选择权的行权价格，前提是承租人合理确定将行使该选择权。

（4）行使终止租赁选择权需支付的款项，前提是租赁期反映出承租人将行使终止租赁选择权。

（5）根据承租人提供的担保余值预计应支付的款项。

9. 担保余值，是指与出租人无关的一方向出租人提供担保，保证在租赁结束时租赁资产的价值至少为某指定的金额。如果承租人提供了余值担保，则其租赁付款额应包含该担保下预计支付的金额。例如，承租人甲公司与出租人乙公司签订了一项汽车租赁合同，租赁期为4年。双方就余值担保达成协议，如果汽车的公允价值在租赁期结束时低于400万元，则甲公司向乙公司支付400万元与汽车公允价值之间的差额就是承租人提供的担保余值。

10. 未担保余值，是指租赁资产余值中，出租人无法保证能够实现或仅由与出租人有关的一方予以担保的部分。

二、租赁的识别、分拆和合并

（一）租赁的识别

在合同开始日，企业应当评估合同是否为租赁或者包含租赁。一项合同要被分类为租赁，必须同时满足三个要素：一是存在一定期间；二是存在已识别资产；三是资产供应方向客户转移对已识别资产使用权的控制，如图10-1所示。如果合同中一方让渡了在一定期间内控制一项或多项已识别资产使用的权利以换取对价，则该合同为租赁或者包含租赁。除非合同条款和条件发生变化，企业无须重新评估合同是否为租赁或者包含租赁。

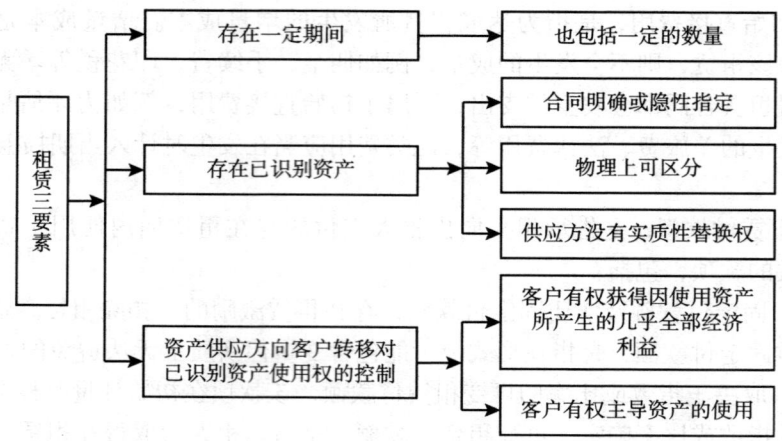

图 10-1 租赁三要素

为确定合同是否让渡了在一定期间内控制已识别资产使用的权利，企业应当评估合同中的客户是否有权获得在使用期间内因使用已识别资产所产生的几乎全部经济利益，并有权在该使用期间主导已识别资产的使用。已识别资产通常由合同明确指定，也可以在资产可供客户使用时隐性指定。但是，即使合同已对资产进行指定，如果资产的供应方在整个使用期间拥有对该资产的实质性替换权，则该资产不属于已识别资产。

同时符合下列条件时，表明供应方拥有资产的实质性替换权。

1. 资产供应方拥有在整个使用期间替换资产的实际能力。
2. 资产供应方通过行使替换资产的权利将获得经济利益。

企业难以确定供应方是否拥有对该资产的实质性替换权的，应当视为供应方没有对该资产的实质性替换权。

如果资产的某部分产能或其他部分在物理上不可区分，则该部分不属于已识别资产，除非其实质上代表该资产的全部产能，从而使客户获得因使用该资产所产生的几乎全部经济利益。在评估是否有权获得因使用已识别资产所产生的几乎全部经济利益时，企业应当在约定的客户可使用资产的权利范围内考虑其所产生的经济利益。

存在下列情况之一的，可视为客户有权主导对已识别资产在整个使用期间内的使用。

1. 客户有权在整个使用期间主导已识别资产的使用目的和使用方式。
2. 已识别资产的使用目的和使用方式在使用期开始前已预先确定，并且客户有权在整个使用期间自行或主导他人按照其确定的方式运营该资产，或者客户设计了已识别资产并在设计时已预先确定了该资产在整个使用期间的使用目的和使用方式。

【例 10-2】乙公司和甲公司签订了一份 3 年期的车辆使用合同。合同对车辆进行了指定。甲公司不得以其他类型车辆替代指定车辆，除非指定车辆不可用

（例如发生故障等）。根据合同，乙公司运营该车辆（即自行驾驶该车辆）或主导他人运营该车辆（如聘请司机）。乙公司决定该车辆的使用方式，例如，乙公司决定该车辆在整个使用期间内的行驶目的地、使用时间或使用与否，以及使用目的。乙公司还可在整个使用期间内改变上述决定。甲公司禁止该车辆的某些使用行为（如行驶移动至国外）以及对该车辆的私自改装，目的在于保护其对该资产的权益。请问：乙公司能否主导该车辆的使用？

［分析］乙公司有权在整个使用期间内主导被识别资产的使用。乙公司之所以有权主导该车辆的使用，原因在于其有权改变该车辆的使用方式、使用时间或使用与否、行驶目的地以及使用目的。甲公司对该车辆的某些使用行为和改装的限制被视为保护性权利，该权利明确了乙公司对该资产的使用范围，但不影响有关乙公司是否主导该资产使用的评估。

【例10-3】乙公司与甲公司签订为期5年、使用指定船舶的租赁合同。在船舶整个使用期间，乙公司有权决定是否运货和运什么货物，以及船只何时航行和驶往哪个港口，但须受到合同中限制条款的约束。这些限制条款禁止甲公司将船只驶往海盗出没风险较高的水域或运输易燃易爆、非法走私等货物。甲公司操作并维护船舶并负责安全通航。请问：乙公司是否有权主导该船只的使用？

［分析］乙公司有权主导该船只的使用。合同的限制条款属于保护性权利，目的是保护甲公司的船只资产以及船员安全。在使用权范围内，乙公司可在5年合同期内决定船只的使用方式和目的，因为乙公司可以决定是否出航、出航地点、出航时间以及运输的货物。乙公司有权在使用期间改变这些决定。

（二）租赁的分拆

合同中同时包含多项单独租赁的，承租人和出租人应当将合同予以分拆，并分别对各项单独租赁进行会计处理，如图10-2所示。合同中同时包含租赁和非租赁部分的，承租人和出租人应当将租赁和非租赁部分进行分拆，除非企业适用租赁准则第十二条的规定进行会计处理，租赁部分应当分别按照租赁准则进行会计处理，非租赁部分应当按照其他适用的企业会计准则进行会计处理。

同时符合下列条件的，使用已识别资产的权利构成合同中的一项单独租赁。

1. 承租人可从单独使用该资产或将其与易于获得的其他资源一起使用中获利。

2. 该资产与合同中的其他资产不存在高度依赖或高度关联关系。

在分拆合同包含的租赁和非租赁部分时，承租人应当按照各租赁部分单独价格及非租赁部分的单独价格之和的相对比例分摊合同对价，出租人应当根据《企业会计准则第14号——收入》关于交易价格分摊的规定分摊合同对价。为简化处理，承租人可以按照租赁资产的类别选择是否分拆合同包含的租赁和非租赁部分。承租人选择不分拆的，应当将各租赁部分及与其相关的非租赁部分合并为租赁，按照租赁准则进行会计处理。

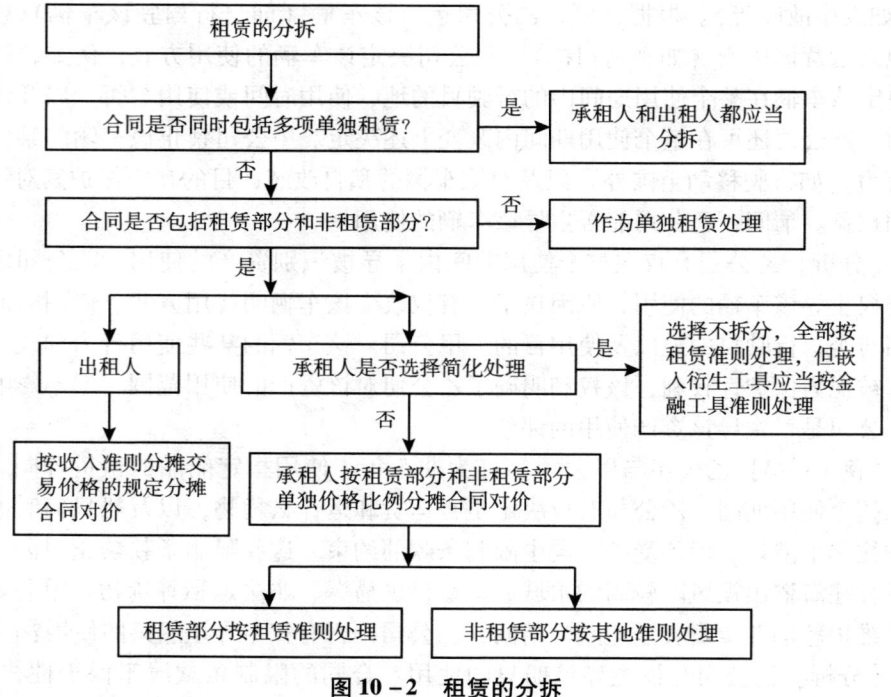

图 10-2 租赁的分拆

(三) 租赁的合并

企业与同一交易方或其关联方在同一时间或相近时间订立的两份或多份包含租赁的合同，在符合下列条件之一时，应当合并为一份合同进行会计处理，如图 10-3 所示。

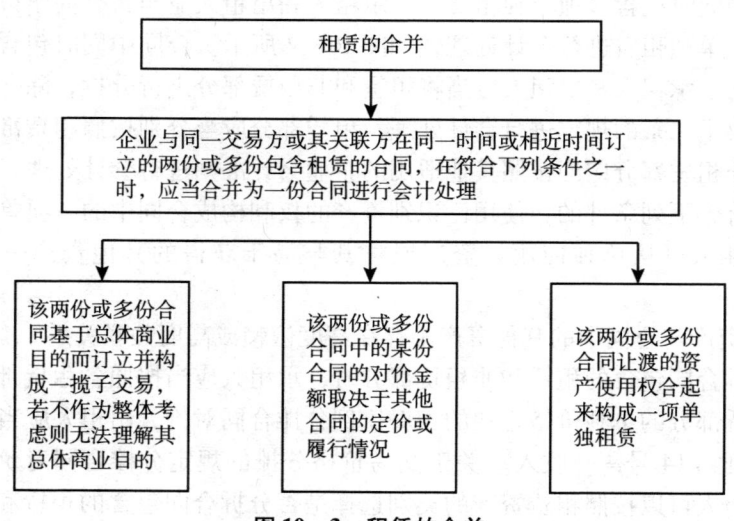

图 10-3 租赁的合并

1. 该两份或多份合同基于总体商业目的而订立并构成一揽子交易，若不作为整体考虑则无法理解其总体商业目的。

2. 该两份或多份合同中的某份合同的对价金额取决于其他合同的定价或履行情况。
3. 该两份或多份合同让渡的资产使用权合起来构成一项单独租赁。

第二节 承租人的会计处理

一、承租人应设置的相关会计科目和主要账务处理

1. "使用权资产"科目和主要账务处理。
（1）本科目核算承租人持有的使用权资产的原价。
（2）本科目可按租赁资产的类别和项目进行明细核算。
（3）主要账务处理。
①在租赁期开始日，承租人应当按成本借记本科目，按尚未支付的租赁付款额的现值贷记"租赁负债"科目；对于租赁期开始日之前支付租赁付款额的（扣除已享受的租赁激励），贷记"预付账款"等科目；按发生的初始直接费用，贷记"银行存款"等科目；按预计将发生的为拆卸及移除租赁资产、复原租赁资产所在场地或将租赁资产恢复至租赁条款约定状态等成本的现值，贷记"预计负债"科目。
②在租赁期开始日后，承租人按变动后的租赁付款额的现值重新计量租赁负债的，当租赁负债增加时，应当按增加额借记本科目，贷记"租赁负债"科目；除下述③中的情形外，当租赁负债减少时，应当按减少额借记"租赁负债"科目，贷记本科目；若使用权资产的账面价值已调减至零，应当按仍需进一步调减的租赁负债金额，借记"租赁负债"科目，贷记"制造费用""销售费用""管理费用""研发支出"等科目。
③租赁变更导致租赁范围缩小或租赁期缩短的，承租人应当按缩小或缩短的相应比例，借记"租赁负债""使用权资产累计折旧""使用权资产减值准备"科目，贷记本科目，差额借记或贷记"资产处置损益"科目。
④企业转租使用权资产形成融资租赁的，应当借记"应收融资租赁款""使用权资产累计折旧""使用权资产减值准备"科目，贷记本科目，差额借记或贷记"资产处置损益"科目。
（4）本科目期末借方余额，反映承租人使用权资产的原价。
（5）承租人应当在资产负债表中单独列示"使用权资产"项目。
2. "使用权资产累计折旧"科目和主要账务处理。
（1）本科目核算使用权资产的累计折旧。
（2）本科目可按租赁资产的类别和项目进行明细核算。
（3）主要账务处理。

①承租人通常应当自租赁期开始日起按月计提使用权资产的折旧，借记"主营业务成本""其他业务成本""制造费用""销售费用""管理费用""研发支出"等科目，贷记本科目。当月计提确有困难的，也可从下月起计提折旧，并在附注中予以披露。

②因租赁范围缩小、租赁期缩短或转租等原因减记或终止确认使用权资产时，承租人应同时结转相应的使用权资产累计折旧。

（4）本科目期末贷方余额，反映使用权资产的累计折旧额。

3. "使用权资产减值准备"科目和主要账务处理。

（1）本科目核算使用权资产的减值准备。

（2）本科目可按租赁资产的类别和项目进行明细核算。

（3）主要账务处理。

①使用权资产发生减值的，按应减记的金额，借记"资产减值损失"科目，贷记本科目。

②因租赁范围缩小、租赁期缩短或转租等原因减记或终止确认使用权资产时，承租人应同时结转相应的使用权资产累计减值准备。

（4）使用权资产减值准备一旦计提，不得转回。

（5）本科目期末贷方余额，反映使用权资产的累计减值准备金额。

4. "租赁负债"科目和主要账务处理。

（1）本科目核算承租人尚未支付的租赁付款额的现值。

（2）本科目可分别设置"租赁付款额""未确认融资费用"等进行明细核算。

（3）主要账务处理。

①在租赁期开始日，承租人应当按尚未支付的租赁付款额，贷记"租赁负债——租赁付款额"科目；按尚未支付的租赁付款额的现值，借记"使用权资产"科目；按尚未支付的租赁付款额与其现值的差额，借记"租赁负债——未确认融资费用"科目。

②承租人在确认租赁期内各个期间的利息时，应当借记"财务费用——利息费用""在建工程"等科目，贷记"租赁负债——未确认融资费用"科目。

③承租人支付租赁付款额时，应当借记"租赁负债——租赁付款额"等科目，贷记"银行存款"等科目。

④在租赁期开始日后，承租人按变动后的租赁付款额的现值重新计量租赁负债的，当租赁负债增加时，应当按租赁付款额现值的增加额，借记"使用权资产"科目，按租赁付款额的增加额，贷记"租赁负债——租赁付款额"科目，按其差额，借记"租赁负债——未确认融资费用"科目；除下述⑤中的情形外，当租赁负债减少时，应当按租赁付款额的减少额，借记"租赁负债——租赁付款额"科目，按租赁付款额现值的减少额，贷记"使用权资产"科目，按其差额，贷记"租赁负债——未确认融资费用"科目；若使用权资产的账面价值已调减至零，应当按仍需进一步调减的租赁付款额借记"租赁负债——租赁付款额"科

目，按仍需进一步调减的租赁付款额现值贷记"主营业务成本""其他业务成本""制造费用""销售费用""管理费用""研发支出"等科目，按其差额，贷记"租赁负债——未确认融资费用"科目。

⑤租赁变更导致租赁范围缩小或租赁期缩短的，承租人应当按缩小或缩短的相应比例，借记"租赁负债——租赁付款额""使用权资产累计折旧""使用权资产减值准备"科目，贷记"租赁负债——未确认融资费用""使用权资产"科目，差额借记或贷记"资产处置损益"科目。

（4）本科目的期末贷方余额，反映承租人尚未支付的租赁付款额的现值。

二、承租人对使用权资产的会计处理

新修订的租赁准则中，承租人不再将租赁区分为经营租赁或融资租赁，而是采用统一的会计处理模型，即对除短期租赁和低价值资产租赁以外的其他所有租赁均确认使用权资产和租赁负债，并分别计提折旧和利息费用。

（一）使用权资产的初始计量

使用权资产应当按照成本进行初始计量。该成本包括以下四项。

1. 租赁负债的初始计量金额。
2. 在租赁期开始日或之前支付的租赁付款额，存在租赁激励的，扣除已享受的租赁激励相关金额。
3. 承租人发生的初始直接费用。
4. 承租人为拆卸及移除租赁资产、复原租赁资产所在场地或将租赁资产恢复至租赁条款约定状态预计将发生的成本。前述成本属于为生产存货而发生的，适用《企业会计准则第 1 号——存货》。承租人应当按照《企业会计准则第 13 号——或有事项》对上述第 4 项所述成本进行确认和计量。

（二）租赁负债的初始计量

租赁负债应当按照租赁期开始日尚未支付的租赁付款额的现值进行初始计量。在计算租赁付款额的现值时，承租人应当采用租赁内含利率作为折现率；租赁内含利率，是指使出租人的租赁收款额的现值与未担保余值的现值之和等于租赁资产公允价值与出租人的初始直接费用之和的利率。无法确定租赁内含利率的，应当采用承租人增量借款利率作为折现率。承租人增量借款利率，是指承租人在类似经济环境下为获得与使用权资产价值接近的资产，在类似期间以类似抵押条件借入资金须支付的利率。

【例10-4】承租人甲公司就某栋建筑物的某一层楼与出租人乙公司签订了为期 10 年的房屋租赁协议，并拥有 5 年的续租选择权。有关资料如下：（1）初始租赁期内的不含增值税租金为每年 50 000 元，续租期间为每年 55 000 元，所有款项应于每年初支付；（2）为获得该项租赁，甲公司发生的初始直接费用为

20 000 元，其中，15 000 元为向该楼层前任租户支付的款项，5 000 元为向促成此租赁交易的房地产中介支付的佣金；（3）作为对甲公司的激励，乙公司同意补偿甲公司 5 000 元的佣金；（4）在租赁期开始日，甲公司评估后认为，不能合理确定将行使续租选择权，因此，将租赁期确定为 10 年；（5）甲公司无法确定租赁内含利率，其增量借款利率为每年 5%，该利率反映的是甲公司以类似抵押条件借入期限为 10 年、与使用权资产等值的相同币种的借款而必须支付的利率。假设该不动产租金按照 9% 的增值税税率计算缴纳的增值税每年为 4 500 元，已取得增值税专用发票并确认用途抵扣。

[分析] 承租人甲公司的会计处理如下。

第一步，计算租赁期开始日租赁付款额的现值，并确认租赁负债和使用权资产。

在租赁期开始日，甲公司支付第 1 年的租金 50 000 元，并以剩余 9 年租金（每年 50 000 元）按 5% 的年利率折现后的现值计量租赁负债。计算租赁付款额现值的过程如下：

剩余 9 期租赁付款额 = 50 000 × 9 = 450 000（元）

租赁负债 = 剩余 9 期租赁付款额的现值 = 50 000 × (P/A, 5%, 9)
　　　　 = 355 391（元）

未确认融资费用 = 剩余 9 期租赁付款额 − 剩余 9 期租赁付款额的现值
　　　　　　　 = 450 000 − 355 391 = 94 609（元）

借：使用权资产　　　　　　　　　　　　　　　　　　　405 391
　　应交税费——应交增值税（进项税额）　　　　　　　　4 500
　　租赁负债——未确认融资费用　　　　　　　　　　　　94 609
　　贷：租赁负债——租赁付款额　　　　　　　　　　　　450 000
　　　　银行存款（第 1 年的租赁付款额和增值税）　　　　54 500

第二步，将初始直接费用计入使用权资产的初始成本：

借：使用权资产　　　　　　　　　　　　　　　　　　　20 000
　　贷：银行存款　　　　　　　　　　　　　　　　　　　20 000

第三步，将已收的租赁激励相关金额从使用权资产入账价值中扣除：

借：银行存款　　　　　　　　　　　　　　　　　　　　5 000
　　贷：使用权资产　　　　　　　　　　　　　　　　　　5 000

综上所述，甲公司使用权资产的初始成本为：
405 391 + 20 000 − 5 000 = 420 391（元）

（三）使用权资产后续计量

1. 计量基础。在租赁期开始日后，承租人应当采用成本模式对使用权资产进行后续计量，即以成本减累计折旧及累计减值损失计量使用权资产。承租人按照租赁准则有关规定重新计量租赁负债的，应当相应调整使用权资产的账面价值。

2. 使用权资产的折旧。承租人应当参照《企业会计准则第 4 号——固定资产》有关折旧规定，自租赁期开始日起对使用权资产计提折旧。使用权资产通常应自租赁期开始的当月计提折旧，当月计提确有困难的，为便于实务操作，企业也可以选择自租赁期开始的下月计提折旧，但应对同类使用权资产采取相同的折旧政策。计提的折旧金额应根据使用权资产的用途，计入相关资产的成本或者当期损益。

承租人在确定使用权资产的折旧方法时，应当根据与使用权资产有关的经济利益的预期实现方式作出决定。通常，承租人按直线法对使用权资产计提折旧，其他折旧方法更能反映使用权资产有关经济利益预期实现方式的，应采用其他折旧方法。

承租人在确定使用权资产的折旧年限时，应遵循以下原则：承租人能够合理确定租赁期届满时取得租赁资产所有权的，应当在租赁资产剩余使用寿命内计提折旧；承租人无法合理确定租赁期届满时能够取得租赁资产所有权的，应当在租赁期与租赁资产剩余使用寿命两者孰短的期间内计提折旧。如果使用权资产的剩余使用寿命短于前两者，则应在使用权资产的剩余使用寿命内计提折旧。

3. 使用权资产的减值。在租赁期开始日后，承租人应当按照《企业会计准则第 8 号——资产减值》的规定，确定使用权资产是否发生减值，并对已识别的减值损失进行会计处理。使用权资产发生减值的，按应减记的金额，借记"资产减值损失"科目，贷记"使用权资产减值准备"科目。使用权资产减值准备一旦计提，以后期间不得转回。承租人应当按照扣除减值损失之后的使用权资产的账面价值，进行后续折旧计算。

【例 10 - 5】承租人甲公司签订了一份为期 10 年的机器租赁合同，用于甲公司生产经营。相关使用权资产的初始账面价值为 100 000 元，按直线法在 10 年内计提折旧，年折旧费为 10 000 元。在第 5 年年末，确认该使用权资产发生的减值损失 20 000 元，计入当期损益。该使用权资产在减值前的账面价值为 50 000 元（100 000 × 5/10）。计提减值损失之后，该使用权资产的账面价值减至 30 000 元（50 000 - 20 000），之后每年的折旧费也相应减至 6 000 元（30 000 ÷ 5）。

【例 10 - 6】2×19 年 12 月 28 日，A 公司与 B 公司签订了一份租赁合同。合同主要条款如下。

①租赁标的物：全新程控生产线。
②租赁期：从租赁期开始日算起 36 个月（2×20 年 1 月 1 日至 2×22 年 12 月 31 日）。
③租赁期开始日：2×20 年 1 月 1 日。
④租金支付方式：自租赁期开始日起每年年末支付租金 1 000 000 元。
⑤该生产线在 2×20 年 1 月 1 日 B 公司的公允价值为 2 600 000 元。
⑥租赁合同规定的租赁内含利率为 8%（年利率）。
⑦该生产线为出租人当月购入的全新设备，估计使用年限为 5 年。
⑧2×21 年和 2×22 年两年，A 公司每年按该生产线所生产的产品——微波

炉的年销售收入的1%向B公司支付经营分享收入（或有租金）。

A公司有关资料如下。

①采用实际利率法确认本期应分摊的未确认融资费用。

②采用年限平均法计提固定资产折旧。

③2×21年、2×22年A公司分别实现微波炉销售收入10 000 000元和15 000 000元。

④2×22年12月31日，将该生产线退还B公司。

⑤A公司在租赁谈判和签订租赁合同过程中发生可归属于租赁项目的手续费、差旅费10 000元。

[分析] A公司的会计处理如下。

第一步，在租赁期开始日，承租人应当对租赁确认使用权资产和租赁负债，并确定在租赁期开始日应确认的金额。使用权资产应当按照成本进行初始计量。租赁开始日计算租赁负债的现值，确定使用权资产的入账价值。本例中，选择租赁合同规定的租赁内含利率8%作为租赁付款额的折现率。

计算租赁付款额的现值过程如下：

每期租金1 000 000元的年金现值 = 1 000 000 × (P/A, 3, 8%)

查表得知 (P/A, 3, 8%) = 2.5771，则：

每期租金的现值之和2 577 100元（1 000 000 × 2.5771），使用权资产的入账价值应包括租赁负债的现值2 577 100元。

第二步，计算未确认融资费用。

未确认融资费用 = 租赁负债 − 租赁负债现值 = 3 000 000 − 2 577 100 = 422 900（元）

第三步，承租人发生的初始直接费用10 000元应当计入使用权资产初始成本。

第四步，确认使用权资产初始计量成本 = 2 577 100 + 10 000 = 2 587 100（元），2×20年1月1日，租入程控生产线账务处理如下：

借：使用权资产　　　　　　　　　　　　　　　　2 587 100
　　租赁负债——未确认融资费用　　　　　　　　　422 900
　　贷：租赁负债——租赁付款额　　　　　　　　　　3 000 000
　　　　银行存款　　　　　　　　　　　　　　　　　　10 000

承租人应当按照固定的周期性利率计算租赁负债在租赁期内各期间的利息费用，并计入当期损益。

第一步，确定租赁负债在租赁期内的利息费用分摊率即租赁内含利率。由于使用权资产的入账价值为其租赁负债（尚未支付的租赁付款额）的现值，因此，该租赁内含利率就是其融资费用分摊率，即年利率8%。

第二步，在租赁期内采用实际利率法确认租赁负债在租赁期内的利息费用（见表10−1）。

表 10 – 1　　　　　　租赁负债在租赁期内的利息费用分摊表

2×20 年 1 月 1 日　　　　　　　　　　　　　　　　单位：元

日期	租金	确认融资利息费用	应付租赁负债本金减少额	应付本金余额
A	B	C = 期初 E×8%	D = B – C	期末 E = 期初 E – D
2×20 年 1 月 1 日				2 577 100.00
2×20 年 12 月 31 日	1 000 000	205 168.00	793 832.00	1 783 258.00
2×21 年 12 月 31 日	1 000 000	142 661.44	857 338.56	925 929.44
2×22 年 12 月 31 日	1 000 000	74 070.56*	925 929.44*	0.00
合计	3 000 000	422 900.00	2 577 100.00	—

注：*尾差调整：74 070.56 = 1 000 000 – 925 929.44，925 929.44 = 925 929.44 – 0。

第三步，账务处理为：

2×20 年 12 月 31 日，支付第一期租金：

借：租赁负债——租赁付款额　　　　　　　　　　　　1 000 000
　　贷：银行存款　　　　　　　　　　　　　　　　　　　　1 000 000

2×20 年 1~12 月，每月分摊未确认融资费用时，计入当期财务费用为：206 168÷12 = 17 180.67（元）。

借：财务费用　　　　　　　　　　　　　　　　　　　17 180.67
　　贷：租赁负债——未确认融资费用　　　　　　　　　　　17 180.67

2×21 年 12 月 31 日，支付第二期租金：

借：租赁负债——租赁付款额　　　　　　　　　　　　1 000 000
　　贷：银行存款　　　　　　　　　　　　　　　　　　　　1 000 000

2×21 年 1~12 月，每月分摊未确认融资费用时，计入当期财务费用为：142 661.44÷12 = 11 888.45（元）。

借：财务费用　　　　　　　　　　　　　　　　　　　11 888.45
　　贷：租赁负债——未确认融资费用　　　　　　　　　　　11 888.45

2×22 年 12 月 31 日，支付第三期租金：

借：租赁负债——租赁付款额　　　　　　　　　　　　1 000 000
　　贷：银行存款　　　　　　　　　　　　　　　　　　　　1 000 000

2×22 年 1~12 月，每月分摊未确认融资费用时，计入当期财务费用为：74 070.56÷12 = 6 172.55（元）。

借：财务费用　　　　　　　　　　　　　　　　　　　6 172.55
　　贷：租赁负债——未确认融资费用　　　　　　　　　　　6 172.55

4. 计提使用权资产折旧的会计处理。

第一步，租赁准则规定，承租人能够合理确定租赁期届满时取得租赁资产所有权的，应当在租赁资产剩余使用寿命内计提折旧。无法合理确定租赁期届满时能够取得租赁资产所有权的，应当在租赁期与租赁资产剩余使用寿命两者孰短的期间内计提折旧。本例中，根据租赁合同规定，由于 A 公司无法合理确定在租赁期届满时能够取得租赁资产的所有权，因此，应当在租赁期与使用权资产尚可使用年限两者中的较短的期间内计提折旧。

本例中，租赁期为 3 年，短于使用权资产尚可使用年限 5 年，因此，使用权资产应按 3 年计提折旧。使用权资产通常应自租赁期开始的当月计提折旧，该租赁合同于使用权资产按照 36 个月计提折旧。本例中使用权资产折旧的计算见表 10-2。

表 10-2　　　　　　　使用权资产折旧计算表（年限平均法）

2×20 年 1 月 31 日

日期	使用权资产原值（元）	估计余值（元）	折旧率（%）	当年折旧费（元）	累计折旧（元）	使用权资产净值（元）
2×20 年 1 月 1 日	2 587 100	0				2 587 100.00
2×20 年 12 月 31 日			33.33	862 366.67	862 366.67	1 724 733.33
2×21 年 12 月 31 日			33.33	862 366.67	1 724 733.34	862 366.66
2×22 年 12 月 31 日			33.34	862 366.66	2 587 100.00	0
合　计	2 587 100	0	100.00	2 587 100.00	—	

第二步，账务处理。

2×20 年 1 月，计提本月折旧 = 862 366.67 ÷ 12 = 71 863.89（元）。

借：制造费用——折旧费　　　　　　　　　　　　71 863.89
　　贷：使用权资产累计折旧　　　　　　　　　　　　71 863.89

2×20 年 2 月至 2×20 年 12 月的会计分录，同上。

5. 或有租金的会计处理。

2×21 年 12 月 31 日，根据合同规定应向 B 公司确认并支付可变租赁付款额经营（分享收入）100 000 元。

借：销售费用　　　　　　　　　　　　　　　　　100 000
　　贷：银行存款　　　　　　　　　　　　　　　　　100 000

2×22 年 12 月 31 日，根据合同规定应向 B 公司确认并支付可变租赁付款额经营（分享收入）150 000 元。

借：销售费用　　　　　　　　　　　　　　　　　150 000
　　贷：银行存款　　　　　　　　　　　　　　　　　150 000

6. 租赁期届满时的会计处理。2×22 年 12 月 31 日，将该程控生产线退还 B 公司，将"使用权资产"科目余额与"使用权资产累计折旧"科目余额进行对冲。

借：使用权资产累计折旧　　　　　　　　　　　　2 587 100
　　贷：使用权资产　　　　　　　　　　　　　　　　2 587 100

三、短期租赁和低价值资产租赁

短期租赁,是指在租赁期开始日,租赁期不超过 12 个月的租赁。包含购买选择权的租赁不属于短期租赁。低价值资产租赁,是指单项租赁资产为全新资产时价值较低的租赁。低价值资产租赁的判定仅与资产的绝对价值有关,不受承租人规模、性质或其他情况影响。承租人转租或预期转租租赁资产的,原租赁不属于低价值资产租赁。

对于短期租赁和低价值资产租赁,承租人可以选择不确认使用权资产和租赁负债。作出该选择的,承租人应当将短期租赁和低价值资产租赁的租赁付款额,在租赁期内各个期间按照直线法或其他系统合理的方法计入相关资产成本或当期损益。其他系统合理的方法能够更好地反映承租人的受益模式的,承租人应当采用该方法。

对于短期租赁,承租人应当按照租赁资产的类别作出上述会计处理选择。如果承租人对某类租赁资产作出了简化会计处理的选择,未来该类资产下所有的短期租赁都应采用简化会计处理。某类租赁资产是指企业运营中具有类似性质和用途的一组租赁资产。

对于低价值资产租赁,承租人可根据每项租赁的具体情况作出上述会计处理选择。低价值资产租赁的标准应该是一个绝对金额,即仅与资产全新状态下的绝对价值有关,不受承租人规模、性质等影响,也不考虑该资产对于承租人或相关租赁交易的重要性。常见的低价值资产的例子包括平板电脑、普通办公家具、电话等小型资产。

【例 10-7】承租人与出租人签订了一份租赁合同,约定不可撤销期间为 9 个月,且承租人拥有 4 个月的续租选择权。在租赁期开始日,承租人判断可以合理确定将行使续租选择权,因为续租期的月租赁付款额明显低于市场价格。在此情况下,承租人确定租赁期为 13 个月,不属于短期租赁,承租人不能选择上述简化会计处理。

【例 10-8】假设 2×19 年 12 月 27 日甲公司与乙公司正式签订了一份租赁合同,租赁一台办公用速印机。合同规定:

①租赁期开始日:2×20 年 1 月 1 日。
②租赁期:2×20 年 1 月 1 日至 2×20 年 3 月 31 日,共 3 个月。
③租金支付:每月租金 50 000 元,承租人 2×20 年 1 月 1 日一次性支付 100 000 元,待租赁期结束时再支付 50 000 元,假设不考虑相关税费。

根据上述资料,分析如下。

本例中,租赁期 3 个月且不超过 12 个月,承租人可以选择作为短期租赁处理,不确认使用权资产和租赁负债,应当将短期租赁的租赁付款额 150 000 元(50 000×3),在租赁期内各个期间按照直线法计入相关资产成本或当期损益,即每月确认的租金 = 150 000÷3 = 50 000(元)。

甲公司账务处理如下。

①2×20年1月1日：
借：预付账款　　　　　　　　　　　　　　　　　　　100 000
　　贷：银行存款　　　　　　　　　　　　　　　　　　　100 000

②2×20年1月末：
借：管理费用　　　　　　　　　　　　　　　　　　　　50 000
　　贷：预付账款　　　　　　　　　　　　　　　　　　　50 000

③2×20年2月末：
借：管理费用　　　　　　　　　　　　　　　　　　　　50 000
　　贷：预付账款　　　　　　　　　　　　　　　　　　　50 000

④2×20年3月末：
借：管理费用　　　　　　　　　　　　　　　　　　　　50 000
　　贷：银行存款　　　　　　　　　　　　　　　　　　　50 000

四、承租人对使用权资产和租赁负债的列报

1. 承租人应当在资产负债表中单独列示使用权资产和租赁负债，其中，租赁负债通常分别非流动负债和一年内到期的非流动负债列示。新修订的《2019年度一般企业财务报表格式》资产负债表格式中专门增加了"使用权资产"项目和"租赁负债"项目。

在利润表中，承租人应当分别列示租赁负债的利息费用与使用权资产的折旧费用。租赁负债的利息费用在财务费用项目列示。

在现金流量表中，偿还租赁负债本金和利息所支付的现金应当计入筹资活动现金流出，支付的按租赁准则简化处理的短期租赁付款额和低价值资产租赁付款额以及未纳入租赁负债计量的可变租赁付款额应当计入经营活动现金流出。

2. 承租人应当在附注中披露与租赁有关的下列信息。

（1）各类使用权资产的期初余额、本期增加额、期末余额以及累计折旧额和减值金额；

（2）租赁负债的利息费用；

（3）计入当期损益的按租赁准则简化处理的短期租赁费用和低价值资产租赁费用；

（4）未纳入租赁负债计量的可变租赁付款额；

（5）转租使用权资产取得的收入；

（6）与租赁相关的总现金流出；

（7）售后租回交易产生的相关损益；

（8）其他按照《企业会计准则第37号——金融工具列报》应当披露的有关租赁负债的信息；

（9）承租人应用对短期租赁和低价值资产租赁进行简化处理的，应当披露这

一事实。

3. 承租人应当根据理解财务报表的需要，披露有关租赁活动的其他定性和定量信息。此类信息包括以下五种：

（1）租赁活动的性质，如对租赁活动基本情况的描述；
（2）未纳入租赁负债计量的未来潜在现金流出；
（3）租赁导致的限制或承诺；
（4）售后租回交易信息；
（5）其他相关信息。

第三节 出租人的会计处理

一、出租人对租赁的分类

（一）出租人对租赁分类的原则

出租人应当在租赁开始日将租赁分为融资租赁和经营租赁。融资租赁，是指实质上转移了与租赁资产所有权有关的几乎全部风险和报酬的租赁。其所有权最终可能转移，也可能不转移。经营租赁，是指除融资租赁以外的其他租赁。一项租赁属于融资租赁还是经营租赁取决于交易的实质，而不是合同的形式。如果一项租赁实质上转移了与租赁资产所有权有关的几乎全部风险和报酬，出租人应当将该项租赁分类为融资租赁。出租人应当将除融资租赁以外的其他租赁分类为经营租赁。这项规定充分体现了"实质重于形式"的会计信息质量要求。

在租赁开始日后，出租人无须对租赁的分类进行重新评估，除非发生租赁变更。租赁资产预计使用寿命、预计余值等会计估计变更或发生承租人违约等情况变化的，出租人不对租赁的分类进行重新评估。

（二）出租人对融资租赁的判断条件

当一项租赁存在下列一种或多种情形的，通常分类为融资租赁。

1. 在租赁期届满时，租赁资产的所有权转移给承租人。即：如果在租赁协议中已经约定，或者根据其他条件在租赁开始日就可以合理地判断，租赁期届满时出租人会将资产的所有权转移给承租人，那么该项租赁应当认定为融资租赁。

2. 承租人有购买租赁资产的选择权，所订立的购买价款与预计行使选择权时租赁资产的公允价值相比足够低，因而在租赁开始日就可以合理确定承租人将行使该选择权。

例如，出租人和承租人签订了一项租赁协议，租赁期限为3年，租赁期届满时承租人有权以10 000元的价格购买租赁资产，在签订租赁协议时估计该租赁资产租赁期届满时的公允价值为 40 000 元，由于购买价格仅为公允价值的 25%（远低于公允价值 40 000 元），如果没有特别的情况，承租人在租赁期届满时将会购买该项资产。在这种情况下，在租赁开始日即可判断该项租赁应当认定为融资租赁。

3. 资产的所有权虽然不转移，但租赁期占租赁资产使用寿命的大部分。这里的"大部分"是指在租赁期占租赁开始日租赁资产使用寿命的 75% 以上（含 75%，下同）。

需要注意的是，这条标准强调的是租赁期占租赁资产使用寿命的比例，而非租赁期占该项资产全部可使用年限的比例。如果租赁资产是旧资产，在租赁前已使用年限超过资产自全新时起算可使用年限的 75% 以上时，则这条判断标准不适用，不能使用这条标准确定租赁的分类。

例如，某项租赁设备全新时可使用年限为 10 年，已经使用了 3 年，从第 4 年开始租出，租赁期为 6 年，由于租赁开始时该设备使用寿命为 7 年，租赁期占使用寿命的 85.7%（6 年/7 年），符合上述标准，因此，该项租赁应当归类为融资租赁；如果从第 4 年开始，租赁期为 3 年，租赁期占使用寿命的 42.9%，就不符合上述标准，因此，该项租赁不应认定为融资租赁（假定也不符合其他判断标准）。假如该项设备已经使用了 8 年，从第 9 年开始租赁，租赁期为 2 年，此时，该设备使用寿命为 2 年，虽然租赁期为使用寿命的 100%（2 年/2 年），但由于在租赁前该设备的已使用年限超过了可使用年限（10 年）的 75%（8 年/10 年 = 80% > 75%），因此，也不能采用这条标准来判断租赁的分类。

4. 在租赁开始日，租赁收款额的现值几乎相当于租赁资产的公允价值。就承租人而言，租赁开始日最低租赁付款额的现值几乎相当于租赁开始日租赁资产公允价值；就出租人而言，租赁开始日最低租赁收款额的现值几乎相当于租赁开始日租赁资产公允价值。这里的"几乎相当于"是指在 90%（含 90%）以上。

5. 租赁资产性质特殊，如果不作较大改造，只有承租人才能使用。这条标准是指租赁资产是出租人根据承租人对资产型号、规格等方面的特殊要求专门购买或建造的，具有专购、专用性质。这些租赁资产如果不作较大的重新改制，其他企业通常难以使用。这种情况下，该项租赁也应当认定为融资租赁。

当一项租赁存在下列一项或多项迹象的，也可能分类为融资租赁。

1. 若承租人撤销租赁，撤销租赁对出租人造成的损失由承租人承担；
2. 资产余值的公允价值波动所产生的利得或损失归属于承租人；
3. 承租人有能力以远低于市场水平的租金继续租赁至下一期间。

转租出租人应当基于原租赁产生的使用权资产，而不是原租赁的标的资产，对转租赁进行分类。但是，原租赁为短期租赁，且转租出租人应用对原租赁进行简化处理的，转租出租人应当将该转租赁分类为经营租赁。

二、出租人应设置的相关会计科目和主要账务处理

1. "融资租赁资产"科目和主要账务处理。

（1）本科目核算租赁企业作为出租人为开展融资租赁业务取得资产的成本。租赁业务不多的企业，也可通过"固定资产"等科目核算。租赁企业和其他企业对于融资租赁资产在未融资租赁期间的会计处理遵循固定资产准则或其他适用的会计准则。

（2）本科目可按租赁资产类别和项目进行明细核算。

（3）主要账务处理。

①出租人购入和以其他方式取得融资租赁资产的，借记本科目，贷记"银行存款"等科目。②在租赁期开始日，出租人应当按尚未收到的租赁收款额，借记"应收融资租赁款——租赁收款额"科目，按预计租赁期结束时的未担保余值，借记"应收融资租赁款——未担保余值"科目，按已经收取的租赁款，借记"银行存款"等科目，按融资租赁方式租出资产的账面价值，贷记本科目；融资租赁方式租出资产的公允价值与账面价值的差额，借记或贷记"资产处置损益"科目；按发生的初始直接费用，贷记"银行存款"等科目；差额贷记"应收融资租赁款——未实现融资收益"科目。

（4）本科目期末借方余额，反映企业融资租赁资产的成本。

2. "应收融资租赁款"科目和主要账务处理。

（1）本科目核算出租人融资租赁产生的租赁投资净额。

（2）本科目可分别设置"租赁收款额""未实现融资收益""未担保余值"等进行明细核算。租赁业务较多的，出租人还可以在"租赁收款额"明细科目下进一步设置明细科目核算。

（3）主要账务处理。

①在租赁期开始日，出租人应当按尚未收到的租赁收款额，借记"应收融资租赁款——租赁收款额"科目，按预计租赁期结束时的未担保余值，借记"应收融资租赁款——未担保余值"科目，按已经收取的租赁款，借记"银行存款"等科目，按融资租赁方式租出资产的账面价值，贷记"融资租赁资产"等科目，按融资租赁方式租出资产的公允价值与其账面价值的差额，借记或贷记"资产处置损益"科目，按发生的初始直接费用，贷记"银行存款"等科目，差额贷记"应收融资租赁款——未实现融资收益"科目。

企业认为有必要对发生的初始直接费用进行单独核算的，也可以按照发生的初始直接费用的金额，借记"应收融资租赁款——初始直接费用"科目，贷记"银行存款"等科目；然后借记"应收融资租赁款——未实现融资收益"科目，贷记"应收融资租赁款——初始直接费用"科目。

②出租人在确认租赁期内各个期间的利息收入时，应当借记"应收融资租赁款——未实现融资收益"科目，贷记"租赁收入——利息收入""其他业务收

入"等科目。

③出租人收到租赁收款额时，应当借记"银行存款"科目，贷记"应收融资租赁款——租赁收款额"科目。

（4）本科目的期末借方余额，反映未担保余值和尚未收到的租赁收款额的现值之和。

（5）本科目余额在"长期应收款"项目中填列，其中，自资产负债表日起一年内（含一年）到期的，在"一年内到期的非流动资产"中填列。出租业务较多的出租人，也可在"长期应收款"项目下单独列示为"其中：应收融资租赁款"。

3. "应收融资租赁款减值准备"科目和主要账务处理。

（1）本科目核算应收融资租赁款的减值准备。

（2）主要账务处理。应收融资租赁款的预期信用损失，按应减记的金额，借记"信用减值损失"科目，贷记本科目。转回已计提的减值准备时，作相反的会计分录。

（3）本科目期末贷方余额，反映应收融资租赁款的累计减值准备金额。

4. "租赁收入"科目。

（1）本科目核算租赁企业作为出租人确认的融资租赁和经营租赁的租赁收入。一般企业根据自身业务特点确定租赁收入的核算科目，例如"其他业务收入"等。

（2）本科目可按租赁资产类别和项目进行明细核算。

（3）主要账务处理。

①出租人在经营租赁下，将租赁收款额采用直线法或其他系统合理的方法在租赁期内进行分摊确认时，应当借记"银行存款""应收账款"等科目，贷记"租赁收入——经营租赁收入"科目。

出租人在融资租赁下，在确认租赁期内各个期间的利息收入时，应当借记"应收融资租赁款——未实现融资收益"科目，贷记"租赁收入——利息收入""其他业务收入"等科目。出租人为金融企业的，在融资租赁下，在确认租赁期内各个期间的利息收入时，应当借记"应收融资租赁款——未实现融资收益"科目，贷记"利息收入"等科目。

②出租人确认未计入租赁收款额的可变租赁付款额时，应当借记"银行存款""应收账款"等科目，贷记"租赁收入——可变租赁付款额"科目。

（4）期末，应将本科目余额转入"本年利润"科目，结转后本科目无余额。

对于日常经营活动为租赁的企业，其利息收入和租赁收入可以作为营业收入列报。

三、出租人对经营租赁的会计处理

1. 租金的处理。在租赁期内各个期间，出租人应采用直线法或者其他系统合理的方法将经营租赁的租赁收款额确认为租金收入。如果其他系统合理的方法能够更好地反映因使用租赁资产所产生经济利益的消耗模式的，则出租人应采用该方法。

2. 出租人对经营租赁提供激励措施。出租人提供免租期的，出租人应将租金总额在不扣除免租期的整个租赁期内，按直线法或其他合理的方法进行分配，免租期内应当确认租金收入。出租人承担了承租人某些费用的，出租人应将该费用自租金收入总额中扣除。按扣除后的租金收入余额在租赁期内进行分配。

3. 初始直接费用。出租人发生的与经营租赁有关的初始直接费用应当资本化至租赁标的资产的成本，在租赁期内按照与租金收入相同的确认基础分期计入当期损益。

4. 折旧和减值。对于经营租赁资产中的固定资产，出租人应当采用类似资产的折旧政策计提折旧；对于其他经营租赁资产，应当根据该资产适用的企业会计准则，采用系统合理的方法进行摊销。出租人应当按照《企业会计准则第8号——资产减值》的规定，确定经营租赁资产是否发生减值，并对已识别的减值损失进行会计处理。

5. 可变租赁付款额。出租人取得的与经营租赁有关的可变租赁付款额，如果是与指数或比率挂钩的，应在租赁期开始日计入租赁收款额；除此之外的，应当在实际发生时计入当期损益。

【例10-9】沿用〖例10-8〗相关资料。

[分析] 由于不符合融资租赁的任何一项条件，出租人按照经营租赁处理。确认租金收入时，不能依据各期实际收到的租金的金额确定，一般应采用直线法分配确认各期的租赁收入。此项租赁租金收入总额为150 000元，按直线法计算，每月应分配的租金收入为50 000元。相应的账务处理为：

① 2×20年1月1日：
借：银行存款　　　　　　　　　　　　　　100 000
　　贷：预收账款　　　　　　　　　　　　　　　100 000

② 2×20年1月末：
借：预收账款　　　　　　　　　　　　　　50 000
　　贷：租赁收入/其他业务收入　　　　　　　　50 000

③ 2×20年2月末：
借：预收账款　　　　　　　　　　　　　　50 000
　　贷：租赁收入/其他业务收入　　　　　　　　50 000

④ 2×20年3月末：
借：银行存款　　　　　　　　　　　　　　50 000
　　贷：租赁收入/其他业务收入　　　　　　　　50 000

四、出租人对融资租赁的会计处理

在租赁期开始日,出租人应当对融资租赁确认应收融资租赁款,并终止确认融资租赁资产。出租人对应收融资租赁款进行初始计量时,应当以租赁投资净额作为应收融资租赁款的入账价值。租赁投资净额为未担保余值和租赁期开始日尚未收到的租赁收款额按照租赁内含利率折现的现值之和。租赁内含利率,是指使出租人的租赁收款额的现值与未担保余值的现值之和(即租赁投资净额)等于租赁资产公允价值与出租人的初始直接费用之和的利率。因此,出租人发生的初始直接费用包括在租赁投资净额中,也即包括在应收融资租赁款的初始入账价值中。

【例10-10】沿用〖例10-6〗相关资料,B公司的有关资料如下。

①该程控生产线公允价值为2 600 000元且与其账面价值相等。

②发生租赁初始直接费用100 000元。

③采用实际利率法确认本期应分配的未实现融资收益。

④2×21年、2×22年A公司分别实现微波炉销售收入10 000 000元和15 000 000元,根据合同规定,这两年应向A公司取得的经营分享收入分别为100 000元和150 000元。

⑤2×23年12月31日,从A公司收回该生产线。

[分析]B公司与A公司的合同属于租赁合同,因为合同中明确了可识别资产,并且B公司获得了租赁期的使用权的全部经济利益,A公司没有实质替换权,符合租赁判断三要素。

租赁开始日的会计处理如下。

第一步,判断租赁类型。

本例中,租赁期(3年)占租赁资产尚未可使用年限(5年)的60%,没有满足融资租赁的第3条标准;租赁收款额的现值为2 700 000元,大于租赁资产原账面价值的90%,即2 340 000元(2 600 000×90%),满足融资租赁的第4条标准。同时,综合考虑其他各种情形和迹象,认为该租赁实质上转移了与该设备所有权有关的几乎全部风险和报酬,因此,B公司应当将该项租赁认定为融资租赁。

第二步,确认租赁投资总额和计算租赁内含利率。

租赁投资总额 = 在融资租赁下出租人应收的租赁收款额 + 未担保余值 = 1 000 000×3 = 3 000 000(元)

租赁投资净额 = 租赁资产在租赁期开始日公允价值 + 出租方发生的初始直接费用 = 1 000 000×(P/A, R, 3) + 100 000 = 2 700 000(元)

经查表,可知:

年金系数　　　　　　　利率
2.7232　　　　　　　　5%
2.7　　　　　　　　　　R
2.6730　　　　　　　　6%

$$\frac{2.7232-2.7}{2.7232-2.6730}=\frac{5\%-R}{5\%-6\%}$$

采用内插法计算 R=5.46%，即租赁内含利率为5.46%。

第三步，账务处理如下。

①在租赁期开始日，2×20年1月1日，租出程控生产线，出租人应当对融资租赁确认应收融资租赁款，并终止确认融资租赁资产：

借：应收融资租赁款——租赁收款额　　　　　　　　3 100 000
　　贷：融资租赁资产　　　　　　　　　　　　　　　　　2 600 000
　　　　应收融资租赁款——未实现融资收益　　　　　　　　400 000
　　　　银行存款　　　　　　　　　　　　　　　　　　　　100 000

由于在计算内含利率时已经考虑了初始直接费用的因素，为了避免高估租赁收款额和未实现融资收益，在初始确认时应对未实现融资收益进行调整：

借：应收融资租赁款——未实现融资收益　　　　　　　100 000
　　贷：应收融资租赁款——租赁收款额　　　　　　　　　 100 000

②出租人应当按照固定的周期性利率计算并确认租赁期内各个期间的利息收入。计算租赁期内各租金收取期应确认的利息收入（见表10-3）。

表10-3　　　　　　　租赁期内各个期间利息收入计算表

2×20年1月1日　　　　　　　　　　　　　　　　　　单位：元

日期	租金	确认的利息收入	租赁投资净额减少额	租赁投资净额余额
A	B	C=期初E×5.46%	D=B-C	期末E=期初E-D
2×20年1月1日				2 700 000.00
2×20年12月31日	1 000 000	147 420.00	852 580.00	1 847 420.00
2×21年12月31日	1 000 000	100 869.13	899 130.87	948 289.13
2×22年12月31日	1 000 000	51 710.87*	948 289.13*	0.00
合计	3 000 000	300 000.00	2 700 000.00	

注：* 做尾数调整 51 710.87=1 000 000-948 289.13，948 289.13=948 289.13-0。

2×20年12月31日，收到第一期租金：

借：银行存款　　　　　　　　　　　　　　　　　　1 000 000
　　贷：应收融资租赁款——租赁收款额　　　　　　　　1 000 000

2×20年1～12月，每月确认融资收入时：

借：应收融资租赁款——未实现融资收益（147 420÷12） 12 285
　　贷：租赁收入 12 285

2×21年12月31日，收到第二期租金：

借：银行存款 1 000 000
　　贷：应收融资租赁款——租赁收款额 1 000 000

2×21年1～12月，每月确认融资收入时：

借：应收融资租赁款——未实现融资收益（100 869.13÷12）
　　　　　　　　　　　　　　　　　　　　　　　　8 405.76
　　贷：租赁收入 8 405.76

2×22年12月31日，收到第三期租金：

借：银行存款 1 000 000
　　贷：应收融资租赁款——租赁收款额 1 000 000

2×22年1～12月，每月确认融资收入时：

借：应收融资租赁款——未实现融资收益（51 710.87÷12）
　　　　　　　　　　　　　　　　　　　　　　　　4 309.24
　　贷：租赁收入 4 309.24

③或有租金的账务处理如下。

2×21年12月31日，根据合同规定应向A公司收取经营分享收入100 000元：

借：应收账款——A公司 100 000
　　贷：租赁收入 100 000
借：银行存款 100 000
　　贷：应收账款——A公司 100 000

2×22年12月31日，根据合同规定应向A公司收取经营分享收入150 000元：

借：应收账款——A公司 150 000
　　贷：租赁收入 150 000
借：银行存款 150 000
　　贷：应收账款——A公司 150 000

④租赁期届满时的账务处理如下。

2×22年12月31日，将该生产线从A公司收回，作备查登记。

⑤财务报告中的列示与披露（略）。

五、出租人对租赁的列报

出租人应当根据资产的性质，在资产负债表中列示经营租赁资产。出租人应当在附注中披露与融资租赁有关的下列信息。

1. 销售损益、租赁投资净额的融资收益以及与未纳入租赁投资净额的可变租赁付款额相关的收入；

2. 资产负债表日后连续五个会计年度每年将收到的未折现租赁收款额，以

及剩余年度将收到的未折现租赁收款额总额;

3. 未折现租赁收款额与租赁投资净额的调节表。

出租人应当在附注中披露与经营租赁有关的下列信息。

1. 租赁收入,单独披露与未计入租赁收款额的可变租赁付款额相关的收入;

2. 将经营租赁固定资产与出租人持有自用的固定资产分开,并按经营租赁固定资产的类别提供《企业会计准则第4号——固定资产》要求披露的信息;

3. 资产负债表日后连续五个会计年度每年将收到的未折现租赁收款额,以及剩余年度将收到的未折现租赁收款额总额。

出租人应当根据理解财务报表的需要,披露有关租赁活动的其他定性和定量信息。此类信息包括以下三种。

1. 租赁活动的性质,如对租赁活动基本情况的描述;

2. 对其在租赁资产中保留的权利进行风险管理的情况;

3. 其他相关信息。

第四节 售后租回交易的会计处理

一、售后租回交易概述

售后租回交易是一种特殊形式的租赁业务,是指卖主(即承租人)将一项自制或外购的资产出售后,又将该项资产从买主(即出租人)租回。通过售后租回交易,资产的原所有者(即承租人)在保留对资产的控制权的前提下,将固定资本转化为货币资本,在出售时可取得全部价款的现金,而租金则是分期支付的,从而获得了所需的资金;而资产的新所有者(即出租人)通过售后租回交易,找到了一个风险较小且回报有保障的投资机会。

若企业(卖方兼承租人)将资产转让给其他企业(买方兼出租人),并从买方兼出租人租回该项资产,则卖方兼承租人和买方兼出租人均应按照售后租回交易的规定进行会计处理。企业应当按照《企业会计准则第14号——收入》的规定,评估确定售后租回交易中的资产转让是否属于销售,并区别进行会计处理。

在标的资产的法定所有权转移给出租人并将资产租赁给承租人之前,承租人可能会先获得标的资产的法定所有权。但是,是否具有标的资产的法定所有权本身并非会计处理的决定性因素。如果承租人在资产转移给出租人之前已经取得对标的资产的控制,则该交易属于售后租回交易。然而,如果承租人未能在资产转移给出租人之前取得对标的资产的控制,那么即便承租人在资产转移给出租人之前先获得标的资产的法定所有权,该交易也不属于售后租回交易。

二、售后租回交易中的资产转让属于销售

卖方兼承租人应当按原资产账面价值中与租回获得的使用权有关的部分,计量售后租回所形成的使用权资产,并仅就转让至买方兼出租人的权利确认相关利得或损失。买方兼出租人根据其他适用的《企业会计准则》对资产购买进行会计处理,并根据本准则对资产出租进行会计处理。如果销售对价的公允价值与资产的公允价值不同,或者出租人未按市场价格收取租金,企业应当进行以下调整。

1. 销售对价低于市场价格的款项作为预付租金进行会计处理;
2. 销售对价高于市场价格的款项作为买方兼出租人向卖方兼承租人提供的额外融资进行会计处理。

同时,承租人按照公允价值调整相关销售利得或损失,出租人按市场价格调整租金收入。

在进行上述调整时,企业应当按以下两者中较易确定者进行。

1. 销售对价的公允价值与资产的公允价值的差异;
2. 合同付款额的现值与按市场租金计算的付款额的现值的差异。

【例10-11】甲公司(卖方兼承租人)以银行存款40 000 000元的价格向乙公司(买方兼出租人)出售一栋建筑物,交易前该建筑物的账面原值是24 000 000元,累计折旧是4 000 000元。与此同时,甲公司与乙公司签订了合同,取得了该建筑物18年的使用权(全部剩余使用年限为40年),年租金为2 400 000元,于每年年末支付。根据交易的条款和条件,甲公司转让建筑物符合《企业会计准则第14号——收入》中关于销售成立的条件。假设不考虑初始直接费用和各项税费的影响。该建筑物销售当日的公允价值为36 000 000元。

[分析] 由于该建筑物的销售对价并非公允价值,甲公司和乙公司分别进行了调整,以按照公允价值计量销售收益和租赁应收款。超额售价4 000 000元(40 000 000 - 36 000 000)作为乙公司向甲公司提供的额外融资进行确认。

甲、乙公司均确定租赁内含年利率为4.5%。年付款额现值为29 183 980元(年付款额2 400 000元,共18期,按每年4.5%进行折现),其中,4 000 000元与额外融资相关,25 183 980元与租赁相关(分别对应年付款额328 948元和2 071 052元),具体计算过程如下:年付款额现值 = 2 400 000 × (P/A, 4.5%, 18) = 29 183 980(元),额外融资年付款额 = 4 000 000 ÷ 29 183 980 × 2 400 000 = 328 948(元),租赁相关年付款额 = 2 400 000 - 328 948 = 2 071 052(元)。

1. 在租赁期开始日,甲公司对该交易的会计处理如下。

第一步,按与租回获得的使用权部分占该建筑物的原账面金额的比例计算售后租回所形成的使用权资产:

使用权资产 = (24 000 000 - 4 000 000)(注1) × [25 183 980(注2) ÷ 36 000 000(注3)] = 13 991 100(元)

注1:该建筑物的账面价值;

注2：18年使用权资产的租赁付款额现值；

注3：该建筑物的公允价值。

第二步，计算与转让至乙公司的权利相关的利得：

出售该建筑物的全部利得＝36 000 000－20 000 000＝16 000 000（元），其中：

（1）与该建筑物使用权相关的利得＝16 000 000×（25 183 980÷36 000 000）

＝11 192 880（元）；

（2）与转让至乙公司的权利相关的利得＝16 000 000－11 192 880

＝4 807 120（元）。

第三步，会计分录如下。

（1）与额外融资相关：

借：银行存款　　　　　　　　　　　　　　　　　4 000 000

　　贷：长期应付款　　　　　　　　　　　　　　　　　4 000 000

（2）与租赁相关：

借：银行存款　　　　　　　　　　　　　　　　　36 000 000

　　使用权资产　　　　　　　　　　　　　　　　13 991 100

　　累计折旧　　　　　　　　　　　　　　　　　4 000 000

　　租赁负债——未确认融资费用　　　　　　　　12 094 956

　　贷：固定资产　　　　　　　　　　　　　　　　　24 000 000

　　　　租赁负债——租赁付款额（注）　　　　　　　37 278 936

　　　　资产处置损益　　　　　　　　　　　　　　　4 807 120

注：该金额为甲公司年付款2 400 000元中的2 071 052元×18。

后续甲公司支付的年付款额2 400 000元中的2 071 052元作为租赁付款额处理；328 948元作为以下两项进行会计处理：一是结算金融负债4 000 000元而支付的款项；二是利息费用。以第一年年末为例：

借：租赁负债——租赁付款额　　　　　　　　　　2 071 052

　　长期应付款（注1）　　　　　　　　　　　　　148 948

　　财务费用——利息费用（注2）　　　　　　　　1 313 279

　　贷：租赁负债——未确认融资费用（注）　　　　　1 133 279

　　　　银行存款　　　　　　　　　　　　　　　　　2 400 000

注1：利息费用＝25 183 980×4.5%＋4 000 000×4.5%＝1 133 279＋180 000＝1 313 279（元）。

注2：长期应付款减少额＝328 948－180 000＝148 948（元）。

2. 综合考虑租期占该建筑物剩余使用年限的比例等因素，乙公司将该建筑物的租赁分类为经营租赁。

在租赁期开始日，乙公司对该交易的会计处理如下：

借：固定资产　　　　　　　　　　　　　　　　　36 000 000

　　长期应收款　　　　　　　　　　　　　　　　4 000 000

　　贷：银行存款　　　　　　　　　　　　　　　　　40 000 000

租赁期开始日之后,乙公司将从甲公司处年收款额 2 400 000 元中的 2 071 052 元作为租赁收款额进行会计处理。从甲公司处年收款额中的其余 328 948 元作为以下两项进行会计处理:一是结算金融资产 4 000 000 元而收到的款项;二是利息收入。以第一年年末为例:

借:银行存款　　　　　　　　　　　　　　　　　　　　2 400 000
　　贷:租赁收入　　　　　　　　　　　　　　　　　　　　2 071 052
　　　　利息收入　　　　　　　　　　　　　　　　　　　　　180 000
　　　　长期应收款　　　　　　　　　　　　　　　　　　　　148 948

三、售后租回交易中的资产转让不属于销售

卖方兼承租人不终止确认所转让的资产,而应当将收到的现金作为金融负债,并按照《企业会计准则第 22 号——金融工具确认和计量》进行会计处理。买方兼出租人不确认被转让资产,而应当将支付的现金作为金融资产,并按照《企业会计准则第 22 号——金融工具确认和计量》进行会计处理。

【例 10 - 12】甲公司(卖方兼承租人)以银行存款 24 000 000 元的价格向乙公司(买方兼出租人)出售一栋建筑物,交易前该建筑物的账面原值是 24 000 000 元,累计折旧是 4 000 000 元。与此同时,甲公司与乙公司签订了合同,取得了该建筑物 18 年的使用权(全部剩余使用年限为 40 年),年租金为 2 000 000 元,于每年年末支付,租赁期满时,甲公司将以 100 元购买该建筑物。根据交易的条款和条件,甲公司转让建筑物不满足《企业会计准则第 14 号——收入》中关于销售成立的条件。假设不考虑初始直接费用和各项税费的影响。该建筑物在销售当日的公允价值为 36 000 000 元。

[分析] 在租赁期开始日,甲公司对该交易的会计处理如下:
借:银行存款　　　　　　　　　　　　　　　　　　　　24 000 000
　　贷:长期应付款　　　　　　　　　　　　　　　　　　24 000 000
在租赁期开始日,乙公司对该交易的会计处理如下:
借:长期应收款　　　　　　　　　　　　　　　　　　　　24 000 000
　　贷:银行存款　　　　　　　　　　　　　　　　　　　　24 000 000

练 习 题

一、单项选择题

1. 甲企业采用租赁方式租入设备一台。租赁合同主要内容为:(1)该设备租赁期为 5 年,每年年末支付租金 5 万元,折现率为 6%,年金现值系数为 4.212;(2)或有租金 4 万元;(3)初始直接费用 3 万元。甲企业该设备的使用权资产初始入账成本为(　　)万元。
　　A. 26.06　　　　B. 25　　　　C. 24.06　　　　D. 32
2. 租赁是指在一定期间内,出租人将资产的(　　)让与承租人以获取对价的合同。

A. 使用权　　　　B. 控制权　　　　C. 所有权　　　　D. 保管权

3. 短期租赁，是指在租赁期开始日，租赁期不超过（　　）个月的租赁。

　　A. 3　　　　　B. 6　　　　　　C. 9　　　　　　D. 12

4. 承租人对租赁负债应当按照租赁期开始日尚未支付的租赁付款额的（　　）进行初始计量。

　　A. 现值　　　　　　　　　　　B. 可变现净值
　　C. 公允价值　　　　　　　　　D. 历史成本

5. 甲公司采用租赁方式租入一台大型设备，该设备的使用权资产入账价值为 1 200 万元，租赁期为 10 年。该设备的预计使用年限为 12 年，预计净残值为 120 万元。甲公司采用年限平均法对该租入设备计提折旧。甲公司每年对该租入使用权计提的折旧额为（　　）万元。

　　A. 105　　　　B. 108　　　　C. 113　　　　D. 120

6. （　　）是指出租人提供租赁资产使其可供承租人使用的起始日期。

　　A. 租赁开始日　　　　　　　　B. 租赁期开始日
　　C. 租赁期　　　　　　　　　　D. 租赁合同签订日

7. 使用权资产应当按照成本进行初始计量。该成本不包括（　　）。

　　A. 租赁负债的初始计量金额
　　B. 承租人发生的初始直接费用
　　C. 承租人为拆卸及移除租赁资产、复原租赁资产所在场地或将租赁资产恢复至租赁条款约定状态预计将发生的成本
　　D. 租赁激励相关金额

8. A 公司将一台固定资产以短期租赁方式租赁给乙企业，租赁期为 10 个月，租金总额为 120 000 元，该租金在租赁期开始日一次性支付，出租人给予承租人 2 个月的免租期，则 A 公司按照直线法每月应分摊的租金为（　　）元。

　　A. 12 000　　　B. 15 000　　　C. 10 000　　　D. 8 000

9. 承租人应当按照固定的周期性利率计算租赁负债在租赁期内各期间的利息费用，应计入（　　）。按照《企业会计准则第 17 号——借款费用》等其他准则规定应当计入相关资产成本的，从其规定。

　　A. 使用权资产成本　　　　　　B. 租赁负债
　　C. 财务费用　　　　　　　　　D. 管理费用

10. 承租人甲公司签订了一份为期 10 年的机器租赁合同，用于甲公司生产经营。相关使用权资产的初始账面价值为 10 000 万元，按直线法在 10 年内计提折旧，年折旧费为 1 000 万元。第 5 年年末，该使用权资产可收回金额为 3 000 万元，应确认该使用权资产减值损失（　　）万元。

　　A. 3 000　　　B. 5 000　　　C. 2 000　　　D. 600

11. 计算租赁付款额的现值时，承租人应当采用（　　）作为折现率；无法确定的，应当采用承租人增量借款利率作为折现率。

　　A. 租赁内含利率　　　　　　　B. 同类同期贷款利率
　　C. 同类同期存款利率　　　　　D. 租赁投资收益率

12. 承租人应当按照（　　）的规定，确定使用权资产是否发生减值，并对已识别的减值损失进行会计处理。

　　A.《企业会计准则第 13 号——或有事项》
　　B.《企业会计准则第 21 号——租赁》

C. 《企业会计准则第 4 号——固定资产》
D. 《企业会计准则第 8 号——资产减值》

13. 出租人应当在（　　）将租赁分为融资租赁和经营租赁。
    A. 租赁期开始日	B. 租赁开始日
    C. 租赁合同签署日	D. 租赁各方就主要租赁条款作出承诺日

14. 一项租赁属于融资租赁还是经营租赁取决于交易的实质，而不是合同的形式。如果一项租赁实质上转移了与租赁资产所有权有关的几乎全部风险和报酬，出租人应当将该项租赁分类为融资租赁。这项规定体现了（　　）会计信息质量要求。
    A. 相关性	B. 可靠性
    C. 实质重于形式	D. 谨慎性

15. 出租人对应收融资租赁款进行初始计量时，应当以租赁投资净额作为应收融资租赁款的入账价值。租赁投资净额为（　　）。
    A. 未担保余值和租赁期开始日尚未收到的租赁收款额按照租赁内含利率折现的现值之和
    B. 未担保余值和租赁期开始日尚未收到的租赁收款额之和
    C. 租赁期开始日尚未收到的租赁收款额
    D. 未担保余值

二、多项选择题

1. 承租人确认使用权资产的初始计量的成本包括（　　）。
   A. 租赁负债的初始计量金额
   B. 在租赁期开始日或之前支付的租赁付款额，存在租赁激励的，扣除已享受的租赁激励相关金额
   C. 承租人发生的初始直接费用
   D. 承租人为拆卸及移除租赁资产、复原租赁资产所在场地或将租赁资产恢复至租赁条款约定状态预计将发生的成本

2. 以下关于承租人的会计处理表述正确的有（　　）。
   A. 承租人不再将租赁区分为经营租赁或融资租赁
   B. 对所有租赁均确认使用权资产和租赁负债，并分别计提折旧和利息费用
   C. 对短期租赁和低价值资产租赁不确认使用权资产和租赁负债
   D. 租赁负债应当按照租赁期开始日尚未支付的租赁付款额进行初始计量

3. 以下关于出租人融资租赁判断的表述正确的有（　　）。
   A. 在租赁期届满时，租赁资产的所有权转移给承租人
   B. 承租人有购买租赁资产的选择权，所订立的购买价款与预计行使选择权时租赁资产的公允价值相比足够低，因而在租赁开始日就可以合理确定承租人将行使该选择权
   C. 资产的所有权虽然不转移，但租赁期占租赁资产使用寿命的大部分
   D. 在租赁开始日，租赁收款额的现值几乎相当于租赁资产的公允价值

4. 出租人对经营租赁的会计处理，下列表述中正确的有（　　）。
   A. 在租赁期内各个期间，出租人应当采用直线法或其他系统合理的方法，将经营租赁的租赁收款额确认为租金收入
   B. 出租人发生的与经营租赁有关的初始直接费用应当费用化
   C. 对于经营租赁资产中的固定资产，出租人应当采用类似资产的折旧政策计提折旧
   D. 出租人取得的与经营租赁有关的未计入租赁收款额的可变租赁付款额，应当在预计

发生时计入当期损益

5. 出租人对融资租赁的会计处理，下列表述中正确的有（　　）。
   A. 在租赁期开始日，出租人应当对融资租赁确认应收融资租赁款，并终止确认融资租赁资产
   B. 出租人对应收融资租赁款进行初始计量时，应当以租赁投资净额作为应收融资租赁款的入账价值
   C. 出租人取得的未纳入租赁投资净额计量的可变租赁付款额应当在实际发生时计入当期损益
   D. 生产商或经销商出租人为取得融资租赁发生的成本，应当在租赁期开始日计入应收融资租赁款

6. 一项合同要被分类为租赁，必须同时满足（　　）。
   A. 存在一定期间
   B. 存在已经识别的资产
   C. 客户取得该资产所有权
   D. 资产供应方向客户转移对已识别资产使用权的控制

7. 对于低价值租赁，以下说法正确的有（　　）。
   A. 承租人可以选择不确认使用权资产和租赁负债
   B. 短期租赁是指在租赁期开始日，租赁期不超过12个月的租赁。包含购买选择权的租赁也可能属于短期租赁
   C. 承租人可以按照租赁资产的类别作出采用简化会计处理的选择
   D. 如果承租人对某类租赁资产作出了简化会计处理的选择，未来该类资产下所有的短期租赁都应采用简化会计处理

8. 关于使用权资产的后续计量，以下说法正确的有（　　）。
   A. 在租赁期开始日后，承租人应当采用成本模式对使用权资产进行后续计量，即，以成本减累计折旧及累计减值损失计量使用权资产
   B. 承租人应当参照固定资产有关折旧规定，自租赁期开始日起对使用权资产计提折旧
   C. 承租人在确定使用权资产的折旧方法时，应当根据与使用权资产有关的经济利益的预期实现方式作出决定
   D. 承租人应当按照扣除减值损失之后的使用权资产的账面价值进行后续折旧

9. 甲公司与乙公司就4 000平方米的办公场所签订了一项为期10年的租赁合同。租赁期开始日为2×20年1月1日，年租赁付款额为1 000万元，在每年年末支付。甲公司无法确定租赁内含利率，在租赁期开始日，中华公司的增量借款利率为6%。以下说法正确的有（　　）。
   A. 租赁期开始日确认使用权资产为7 360.1万元
   B. 租赁期开始日确认租赁负债——租赁付款额为10 000万元
   C. 租赁期开始日确认租赁负债——未确认融资费用为2 639.9万元
   D. 2×20年12月31日摊销租赁负债——未确认融资费用441.61万元

10. （　　）承租人可以选择不确认使用权资产和租赁负债。
    A. 短期租赁　　　　　　　　　　B. 低价值租赁
    C. 融资租赁　　　　　　　　　　D. 经营租赁

三、判断题
1. 甲公司为一家生产石油化工产品的企业（客户）与乙铁路局（供应方）签订了使用乙

铁路局 10 节火车车皮（将火车的货用车厢称为车皮，一车皮就是一节车厢拉的货物量）的 5 年期合同。该车皮为罐车，载重量为 40 吨，专为运输甲公司生产化工产品而设计，未经重大改造不适合其他客户使用。合同中没有明确指定车皮的序列编号，但是乙铁路局仅拥有 10 节适合客户甲公司使用的火车车皮。如果车皮不能正常工作，合同要求乙铁路局修理或更换车厢。该 10 节火车车皮属于已识别资产。（　　）

2. 甲公司为网络通信公司（客户）与乙公用设施公司（供应方）签订了一份为期 15 年的合同，以取得连接北京与上海城市光缆中三条指定的物理上可区分的光纤使用权。若光纤损坏，乙公司应负责修理和维护。乙公司拥有额外的光纤，但仅可因修理、维护或故障等原因替换指定给甲公司使用的光纤。三条光纤不属于已识别资产。（　　）

3. 甲公司是一家生产销售烤鸭的企业，与某机场运营商签订了使用机场内某处不确定商业区域销售烤鸭的 3 年期合同。合同规定了商业区域的面积，商业区域可以位于机场内的任一登机区域，机场有权在整个使用期间随时调整分配给甲公司的商业区域位置。甲公司使用易于移动的自有售货亭销售烤鸭。机场有很多符合合同规定的区域可供甲公司使用。合同中不存在已识别资产。（　　）

4. 甲公司为国内航空公司（客户）与乙飞机租赁公司（供应方）签订了使用一架指定飞机的 4 年期合同，合同详细规定了飞机的内、外部规格。合同规定，乙公司在 4 年合同期内可以随时替换飞机，在飞机出现故障时则必须替换飞机；无论哪种情况下，所替换的飞机必须符合合同中规定的内、外部规格。在乙公司的机队中配备符合甲公司要求规格的飞机仅有一架，如果需替换所需成本高昂。合同存在已识别资产。（　　）

5. 承租人甲公司在某商铺的租赁安排中，出租人乙公司于 2×20 年 1 月 1 日将商铺钥匙交付承租人，承租人在收到钥匙后，就可以自主安排对商铺的装修布置，并安排搬迁。合同约定有 3 个月的免租期，起租日为 2×20 年 4 月 1 日，承租人自起租日开始支付租金。则租赁期开始日是 2×20 年 4 月 1 日。（　　）

6. 租赁负债应当按照租赁期开始日尚未支付的租赁付款额的终值进行初始计量。（　　）

7. 在租赁期开始日或之前支付的租赁付款额；存在租赁激励的，应扣除已享受的租赁激励相关金额。（　　）

8. 使用权资产通常应自租赁期开始的当月计提折旧，当月计提确有困难的，为便于实务操作，企业也可以选择自租赁期开始的下月计提折旧，但应对同类使用权资产采取相同的折旧政策。（　　）

9. 低价值资产租赁的标准应该是一个绝对金额，即仅与资产全新状态下的绝对价值有关，不受承租人规模、性质等影响，也不考虑该资产对于承租人或相关租赁交易的重要性。（　　）

10. 出租人应当在租赁期开始日将租赁分为融资租赁和经营租赁。（　　）

四、计算及账务处理题

1. 甲公司于 2×20 年 1 月 1 日从乙公司租入一台全新设备，租赁合同的主要条款如下。

（1）租赁期开始日：2×20 年 1 月 1 日。

（2）租赁期限：2×20 年 1 月 1 日至 2×20 年 10 月 31 日。甲公司应在租赁期满后将设备归还给乙公司。

（3）租金总额：200 万元。

（4）租金支付方式：在租赁期开始日预付租金 80 万元，2×20 年 6 月末支付租金 60 万元，租赁期满时支付租金 60 万元。假定不考虑在租赁过程中发生的其他相关税费，承租人选择短期租赁方式。

要求：
（1）编制甲公司与租金支付和确认租金费用有关的会计分录。
（2）编制乙公司与租金收取和确认租金收入有关的会计分录。

2. 甲公司于 2×20 年 12 月与乙公司签署租赁协议，租入管理用固定资产，当月达到预定可使用状态。合同规定，自 2×21 年 1 月 1 日起，承租人甲公司在每年年初支付 1 000 万元的租赁付款额，租赁期限为 4 年。由于租赁的内含利率不易确定，承租人甲公司的增量借款年利率为 10%，这反映承租人为借入与使用权资产价值接近的、以相同货币计价的且期限为 3 年及具有类似担保品的资金而须支付的固定利率。承租人甲公司预计将在租赁期内平均地消耗使用权资产的未来经济利益，因此采用直线法对使用权资产进行折旧。已知：（P/F, 10%, 1）= 0.90909，（P/F, 10%, 2）= 0.82645，（P/F, 10%, 3）= 0.75131，（P/F, 10%, 4）= 0.68301。

要求：编制甲公司 2×21 年与租赁相关的会计分录。

3. 甲公司于 2×18 年 12 月与乙公司签署租赁协议，甲公司租入乙公司管理用的固定资产以用于甲公司的内部管理。合同规定，自 2×19 年 1 月 1 日起，承租人甲公司在每年年末支付 1 000 万元的租赁付款额，租赁期限为 4 年。固定资产的剩余使用寿命为 4 年。该固定资产的账面价值 2 000 万元，其公允价值为 3 000 万元，未担保余值为 0；乙公司为该租赁支付的初始直接费用为 170 万元。（P/A, 9%, 4）= 3.2397，（P/A, 11%, 4）= 3.1024。

要求：编制乙公司 2×21 年与租赁相关的会计分录。

第十一章 股份支付

> **学习指南**
>
> 本章是关于股份支付的会计处理介绍。股份支付是指企业为获取职工和其他方提供服务而授予权益工具或者承担以权益工具为基础确定的负债的交易。本章的主要内容包括：一是股份支付的概念、特征、交易环节和类型；二是股份支付的确认和计量原则；三是股份支付的会计处理。通过本章的学习，要求熟悉股份支付的概念、特征、交易环节和类型；掌握股份支付的确认和计量原则；掌握权益结算中涉及职工的股份支付会计处理；掌握现金结算中涉及职工的股份支付的会计处理。

第一节 股份支付概述

一、股份支付的概念和特征

股份支付，又称以股份为基础的支付，是指企业为获取职工和其他方提供服务而授予权益工具或者承担以权益工具为基础确定的负债的交易。企业向其雇员支付期权等作为薪酬或奖励措施的行为，是目前具有代表性的股份支付交易。我国部分企业目前实行的职工期权激励计划即属于这一范畴。2005 年 12 月 31 日，中国证监会发布《上市公司股权激励管理办法（试行）》，并在上市公司范围实施；2006 年 9 月 30 日，国务院国有资产监督管理委员会和财政部发布《国有控股上市公司（境内）实施股权激励试行办法》。这些法规的出台，为企业实施股权激励创造了条件。这里的其他方是指除本企业以外的各方，可以是自然人，也可以是企业法人或者事业单位。证监会统计报告（2007 年度）显示，1 570 家上市公司中，41 家上市公司在 2007 年度实施了股份支付计划。股份支付的授予对象多为公司董事、监事、高管及业务骨干。

股份支付具有以下特征：第一，股份支付是企业与职工或其他方之间发生的交易。以股份为基础的支付可能发生在企业与股东之间、合并交易中的合并方与被合并方之间或者企业与其职工之间，只有发生在企业与其职工或向企业提供服务的其他方之间的交易才可能符合股份支付的定义。第二，股份支付是以获取职工或其他方服务为目的的交易。企业在股份支付交易中意在获取其职工或其他方提供的服务或取得这些服务的权利。企业获取这些服务或权利的目的是用于其正常生产经营，不是转手获利等。第三，股份支付交易的对价或其定价与企业自身权益工具未来的价值密切相关。股份支付交易同企业与其职工间其他类型交易的最大不同是，交易对价或其定价与企业自身权益工具未来的价值密切相关。在股份支付中，企业要么向职工支付其自身权益工具，要么向职工支付一笔现金，而其金额高低取决于结算时企业自身权益工具的公允价值。对价的特殊性可以说是股份支付中最突出的特征。

二、股份支付的主要环节

以薪酬性股票期权为例，典型的股份支付通常涉及四个主要环节：授予、可行权、行权和出售。四个环节如图 11-1 所示。

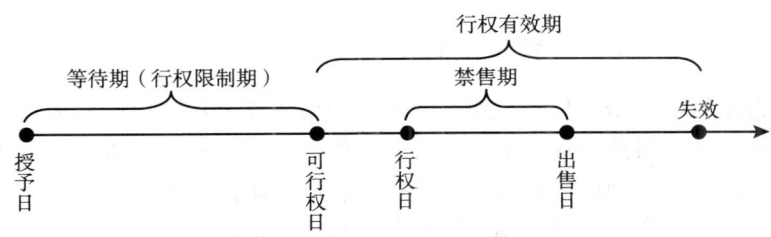

图 11-1 典型的股份支付交易环节

授予日是指股份支付协议获得批准的日期。其中，"获得批准"是指企业与职工或其他方就股份支付的协议条款和条件已达成一致，该协议获得股东大会或类似机构的批准。这里的"达成一致"是指，在双方对该计划或协议内容充分形成一致理解的基础上，均接受其条款和条件。如果按照相关法规的规定，在提交股东大会或类似机构之前存在必要程序或要求，则应履行该程序或满足该要求。

可行权日是指可行权条件得到满足、职工或其他方具有从企业取得权益工具或现金权利的日期。有的股份支付协议是一次性可行权，有的则是分批可行权。只有已经可行权的股票期权才是职工真正拥有的"财产"，才能去择机行权。从授予日至可行权日的时段，是可行权条件得到满足的期间，因而称为"等待期"，又称"行权限制期"。

行权日是指职工和其他方行使权利、获取现金或权益工具的日期。行权是按期权的约定价格实际购买股票，一般是在可行权日之后到期权到期日之前的可选择时段内行权。例如，持有股票期权的职工行使了以特定价格购买一定数量公司股票的权利，该日期即为行权日。

出售日是指股票持有人将行使期权所取得的期权股票出售的日期。按照我国法规的规定，用于期权激励的股份支付协议，应在行权日与出售日之间设立禁售期,其中,国有控股上市公司的禁售期不得低于2年。

三、股份支付工具的主要类型

按照股份支付的方式和工具类型主要可划分为两大类和四小类。

(一)以权益结算的股份支付

以权益结算的股份支付,是指企业为获取服务而以股份或其他权益工具作为对价进行结算的交易。以权益结算的股份支付最常用的工具有两类:限制性股票和股票期权。限制性股票是指职工或其他方按照股份支付协议规定的条款和条件从企业获得一定数量的本企业股票。企业授予职工一定数量的股票,在一个确定的等待期内或在满足特定业绩指标之前,职工出售股票要受到持续服务期限条款或业绩条件的限制。股票期权是指企业授予职工或其他方在未来一定期限内以预先确定的价格和条件购买本企业一定数量股票的权利。

(二)以现金结算的股份支付

以现金结算的股份支付,是指企业为获取服务而承担的以股份或其他权益工具为基础计算的交付现金或其他资产的义务的交易。以现金结算的股份支付最常用的工具有两类:模拟股票和现金股票增值权。模拟股票和现金股票增值权,是用现金支付模拟的股权激励机制,即与股票挂钩,但用现金支付。除不需实际授予股票和持有股票之外,模拟股票的运作原理与限制性股票是一样的。除不需实际行权和持有股票之外,现金股票增值权的运作原理与股票期权是一样的,都是一种增值权形式的与股票价值挂钩的薪酬工具。

第二节 股份支付的确认和计量

一、股份支付的确认和计量原则

(一)权益结算的股份支付的确认和计量原则

1. 换取职工服务的股份支付的确认和计量原则。对于换取职工服务的股份支付,企业应当以股份支付所授予的权益工具的公允价值计量。企业应在等待期内的每个资产负债表日,以对可行权权益工具数量的最佳估计为基础,按照权益工具在授予日的公允价值,将当期取得的服务计入相关资产成本或当期费用,同时计入资本公积中的其他资本公积。对于授予后立即可行权的换取职工提供服务的权益结算的股份支付(例如授予限制性股票的股份支付),应在授予日按照权益工具的公允价值，将取得的服务计入相关资产成本或当期费用，同时计入资本公积中的股本溢价。

2. 换取其他方服务的股份支付的确认和计量原则。对于换取其他方服务的股份支付，企业应当以股份支付所换取的服务的公允价值计量。企业应当按照其他方服务在取得日的公允价值，将取得的服务计入相关资产成本或费用。如果其他方服务的公允价值不能可靠计量，但权益工具的公允价值能够可靠计量，企业应当按照权益工具在服务取得日的公允价值，将取得的服务计入相关资产成本或费用。

3. 权益工具公允价值无法可靠确定时的处理。在极少数情况下，授予权益工具的公允价值无法可靠计量，企业应在获取服务的时点、后续的每个资产负债表日和结算日，以内在价值计量该权益工具，内在价值的变动应计入当期损益。同时，企业应以最终可行权或实际行权的权益工具数量为基础，确认取得服务的金额。内在价值是指交易双方有权认购或取得的股份的公允价值与其按照股份支付协议应当支付的价格间的差额。

企业对上述以内在价值计量的已授予权益工具进行结算，应当遵循以下要求：第一，结算发生在等待期内的，企业应当将结算作为加速可行权处理，即立即确认本应于剩余等待期内确认的服务金额。第二，结算时支付的款项应当作为回购该工具处理，即减少所有者权益，结算支付的款项高于该权益工具在回购日内在价值的部分，计入当期损益。

（二）现金结算的股份支付的确认和计量原则

企业应当在等待期内的每个资产负债表日，以对可行权情况的最佳估计为基础，按照企业承担负债的公允价值，将当期取得的服务计入相关资产成本或当期费用，同时计入负债（应付职工薪酬），并在结算前的每个资产负债表日和结算日对负债的公允价值重新计算，将其变动计入损益。

对于授予后立即可行权的现金结算的股份支付（例如授予虚拟股票或业绩股票的股份支付），企业应当在授予日按照企业承担负债的公允价值计入相关资产成本或费用，同时计入负债（应付职工薪酬），并在结算前的每个资产负债表日和结算日对负债的公允价值重新计算，将其变动计入损益。

二、可行权条件的种类、处理和变更

（一）市场条件和非市场条件及其处理

股份支付中通常涉及可行权条件，具体包括服务期限条件和业绩条件。在满足这些条件之前，职工无法获得股份。业绩条件是指企业达到特定业绩目标的条件，具体包括市场条件和非市场条件。

市场条件是指行权价格、可行权条件以及行权可能性与权益工具的市场价格相关的业绩条件,如股份支付协议中关于股价上升至何种水平职工可相应取得多少股份的规定。企业确定权益工具在授予日的公允价值时,应考虑市场条件的影响,而不考虑非市场条件的影响;市场条件是否得到满足,不影响企业对预计可行权情况的估计。

非市场条件是指除市场条件之外的其他业绩条件,如股份支付协议中关于达到最低盈利目标或销售目标才可行权的规定。非市场条件是否得到满足,影响企业对预计可行权情况的估计。

对于可行权条件为业绩条件的股份支付,只要职工满足了其他所有非市场条件(如利润增长率、服务期限等),企业就应当确认已取得的服务。

市场条件与非市场条件处理的比较如图 11-2 所示。

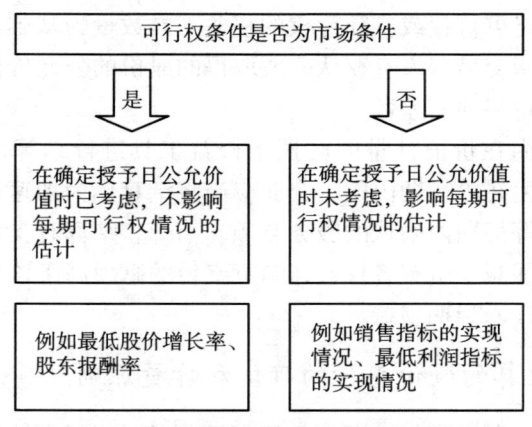

图 11-2 市场条件与非市场条件处理的比较

【例 11-1】 2×17 年 1 月,为奖励并激励高管,上市公司 A 公司与其管理层成员签署股份支付协议,规定如果管理层成员在其后 3 年中都在公司中任职服务,并且公司股价每年均提高 10% 以上,管理层成员即可以低于市价的价格购买一定数量的本公司股票。

同时,作为协议的补充,公司把全体管理层成员的年薪提高了 50 000 元,但公司将这部分年薪按月存入公司专门建立的内部基金,3 年后,管理层成员可用属于其个人的部分抵减未来行权时支付的购买股票款项。如果管理层成员决定退出这项基金,可随时全额提取。A 公司以期权定价模型估计授予的此项期权在授予日的公允价值为 6 000 000 元。

在授予日,A 公司估计 3 年内管理层离职的比例为每年 10%;第二年年末,A 公司调整其估计离职率为 5%;到第三年年末,公司实际离职率为 6%。

在第一年中,公司股价提高了 10.5%,第二年提高了 11%,第三年提高了 6%。公司在第一年年末、第二年年末均预计下年能实现当年股价增长 10% 以上的目标。

请问:此例中涉及哪些条款和条件?A 公司应如何处理?

[分析] 如果不同时满足服务 3 年和公司股价年增长 10% 以上的要求，管理层成员就无权行使其股票期权，因此，两者都属于可行权条件，其中服务满 3 年是一项服务期限条件，10% 的股价增长要求是一项市场业绩条件。虽然公司要求管理层成员将部分薪金存入统一账户保管，但不影响其可行权，因此统一账户条款不是可行权条件。

按照《企业会计准则第 11 号——股份支付》的规定，第一年年末确认的服务费用为：

$6\,000\,000 \times 1/3 \times 90\% = 1\,800\,000$（元）

第二年年末累计确认的服务费用为：

$6\,000\,000 \times 2/3 \times 95\% = 3\,800\,000$（元）

第三年年末累计应确认的服务费用为：

$6\,000\,000 \times 94\% = 5\,640\,000$（元）

由此，第二年应确认的费用为：

$3\,800\,000 - 1\,800\,000 = 2\,000\,000$（元）

第三年应确认的费用为：

$5\,640\,000 - 3\,800\,000 = 1\,840\,000$（元）

最后，94% 的管理层成员满足了市场条件之外的全部可行权条件。尽管股价年增长 10% 以上的非市场条件未得到满足，但 A 公司在 3 年的年末也均确认了收到的管理层提供的服务，并相应确认了费用。

（二）可行权条件的修改

通常情况下，股份支付协议生效后，不应对其条款和条件随意修改。但在某些情况下可能需要修改授予权益工具的股份支付协议中的条款和条件。例如，股票除权、除息或者其他原因需要调整行权价格或股票期权数量。此外，为取得更佳的激励效果，有关法规也允许企业依据股份支付协议的规定调整行权价格或股票期权数量，但应当由董事会做出决议并经股东大会审议批准，或者由股东大会授权董事会决定。《上市公司股权激励管理办法（试行）》对此做出了严格的限定，必须按照批准股份支付计划的原则和方式进行调整。

在会计核算上，无论已授予的权益工具的条款和条件如何修改，甚至取消权益工具的授予或结算该权益工具，企业都应至少确认按照所授予的权益工具在授予日的公允价值来计量获取的相应服务。除非因不能满足权益工具的可行权条件（除市场条件外）而无法行权。

1. 条款和条件的有利修改。企业应分情况确认导致股份支付公允价值总额上升以及其他对职工有利的修改的影响。

（1）如果修改增加了所授予的权益工具的公允价值，企业应按照权益工具公允价值的增加相应地确认取得服务的增加。权益工具公允价值的增加，是指修改前后的权益工具与修改日的公允价值之间的差额。

（2）如果修改增加了所授予的权益工具的数量，企业应将增加的权益工具的公允价值相应地确认为取得服务的增加。

（3）如果企业按照有利于职工的方式修改可行权条件，如缩短等待期、变更或取消业绩条件（非市场条件），企业在处理可行权条件时，应当考虑修改后的可行权条件。

2. 条款和条件的不利修改。如果企业以减少股份支付公允价值总额的方式或其他不利于职工的方式修改条款和条件，企业仍应继续对取得的服务进行会计处理，如同该变更从未发生，除非企业取消了部分或全部已授予的权益工具。具体包括如下三种情况：

（1）如果修改减少了授予的权益工具的公允价值，企业应当继续以权益工具在授予日的公允价值为基础，确认取得服务的金额，而不应考虑权益工具公允价值的减少。

（2）如果修改减少了授予的权益工具的数量，企业应当将减少部分作为已授予的权益工具的取消来进行处理。

（3）如果企业以不利于职工的方式修改了可行权条件，如延长等待期、增加或变更业绩条件（非市场条件），企业在处理可行权条件时，不应考虑修改后的可行权条件。

3. 取消或结算。如果企业在等待期内取消了所授予的权益工具或结算了所授予的权益工具（因未满足可行权条件而被取消的除外），企业应当：

（1）将取消或结算作为加速可行权处理，立即确认原本应在剩余等待期内确认的金额。

（2）在取消或结算时支付给职工的所有款项均应作为权益的回购处理，回购支付的金额高于该权益工具在回购日公允价值的部分，计入当期费用。

（3）如果向职工授予新的权益工具，并在新权益工具授予日认定所授予的新权益工具是用于替代被取消的权益工具的，企业应以与处理原权益工具条款和条件修改相同的方式，对所授予的替代权益工具进行处理。权益工具公允价值的增加，是指在替代权益工具的授予日，替代权益工具公允价值与被取消的权益工具净公允价值之间的差额。被取消的权益工具的净公允价值，是指其在被取消前立即计量的公允价值减去因取消原权益工具而作为权益回购支付给职工的款项。如果企业未将新授予的权益工具认定为替代权益工具，则应将其作为一项新授予的股份支付进行处理。

企业如果回购其职工已行权的权益工具，应当计入所有者权益，回购支付的金额高于该权益工具在回购日公允价值的部分，计入当期费用。

三、权益工具公允价值的确定

股份支付中权益工具的公允价值的确定应当以市场价格为基础。一些股份和股票期权并没有一个活跃的交易市场，在这种情况下，应当考虑估值技术。通常情况下，企业应当按照《企业会计准则第22号——金融工具确认和计量》的有关规定确定权益工具的公允价值,并根据股份支付协议的条款的条件进行调整。

(一) 股份

对于授予员工的股份,企业应按照其股份的市场价格计量。如果其股份未公开交易,则应考虑其条款和条件估计其市场价格。例如,如果股份支付协议规定了期权股票的禁售期,则会对可行权日后市场参与者愿意为该股票支付的价格产生影响,并进而影响该股票期权的公允价值。

(二) 股票期权

对于授予职工的股票期权,因其通常受到一些不同于交易期权的条款和条件的限制,因而在许多情况下难以获得其市场价格。如果不存在条款和条件相同的交易期权,就应通过期权定价模型来估计所授予的期权的公允价值。

在选择适用的期权定价模型时,企业应考虑熟悉情况和资源的市场参与者将会考虑的因素。所有适用于估计授予职工期权的定价模型至少应考虑以下因素:(1) 期权的行权价格;(2) 期权期限;(3) 基础股份的现行价格;(4) 股价的预计波动率;(5) 股份的预计股利;(6) 期权期限内的无风险利率。此外,企业选择的期权定价模型还应考虑熟悉情况和自愿的市场参与者在确定期权价格时会考虑的其他因素,但不包括那些在确定期权公允价值时不考虑的可行权条件和再授予特征因素。确定授予职工的股票期权的公允价值,还需要考虑提早行权的可能性。

四、股份支付的会计处理

(一) 授予日

股份支付的会计处理必须以完整、有效的股份支付协议为基础。除了立即可行权的股份支付外,无论权益结算的股份支付还是现金结算的股份支付,企业在授予日均不进行会计处理。

(二) 等待期内的每个资产负债表日

企业应当在等待期内的每个资产负债表日,将取得职工或其他方提供的服务计入成本费用(管理费用等),同时确认所有者权益(资本公积——其他资本公积)或负债(应付职工薪酬——股份支付)。对于附有市场条件的股份支付,只要职工满足了其他所有非市场条件,企业就应当确认已取得的服务。

在等待期内,业绩条件为非市场条件的,如果后续信息表明需要调整对可行权情况的估计的,应对前期估计进行修改。在等待期内每个资产负债表日,企业应将取得的职工提供的服务计入成本费用,计入成本费用的金额应当按照权益工具的公允价值计量。

对于权益结算的涉及职工的股份支付，应当按照授予日权益工具的公允价值计入成本费用和资本公积（其他资本公积），不确认其后续公允价值变动；对于现金结算的涉及职工的股份支付，应当按照每个资产负债表日权益工具的公允价值重新计量，确定成本费用和应付职工薪酬。

对于授予的存在活跃市场的期权等权益工具，应当按照活跃市场中的报价确定其公允价值。对于授予的不存在活跃市场的期权等权益工具，应当采用期权定价模型等估值技术确定其公允价值。

在等待期内每个资产负债表日，企业应当根据最新取得的可行权职工人数变动等后续信息做出最佳估计，修正预计可行权的权益工具数量。在可行权日，最终预计可行权权益工具的数量应当与实际可行权工具的数量一致。根据上述权益工具的公允价值和预计可行权的权益工具数量，计算截至当期累计应确认的成本费用金额，再减去前期累计已确认金额作为当期应确认的成本费用金额。

（三）可行权日之后

1. 对于权益结算的股份支付，在可行权日之后不再对已确认的成本费用和所有者权益总额进行调整。企业应在行权日根据行权情况确定股本和股本溢价，同时结转等待期内确认的资本公积（其他资本公积）。会计分录为：

借：银行存款
　　资本公积——其他资本公积
　　贷：股本
　　　　资本公积——股本溢价

2. 对于现金结算的股份支付，企业在可行权日之后不再确认成本费用，负债（应付职工薪酬）公允价值的变动应当计入当期损益（公允价值变动损益）。会计分录为：

借：公允价值变动损益
　　贷：应付职工薪酬——股份支付
借：应付职工薪酬——股份支付
　　贷：银行存款

（四）回购股份进行职工期权激励

企业以回购股份形式奖励本企业职工的，属于权益结算的股份支付。企业回购股份时，应按回购股份的全部支出作为库存股处理，同时进行备查登记。按照《企业会计准则第11号——股份支付》对职工权益结算股份支付的规定，企业应当在等待期内每个资产负债表日按照权益工具在授予日的公允价值，将取得的职工服务计入成本费用，同时增加资本公积（其他资本公积）。在职工行权购买本企业股份时，企业应转销交付职工的库存股成本和等待期内资本公积（其他资本公积）累计金额，同时，按照其差额调整资本公积（股本溢价）。

五、附服务年限条件的权益结算股份支付

【例11-2】A上市公司2×17年1月1日向其200名管理人员每人授予100股股票期权,这些职员从2×17年1月1日起在该公司连续服务3年,即可以5元每股购买100股A公司股票,从而获益。公司估计该期权在授予日的公允价值为18元。

第一年有20名职员离开A公司,A公司估计3年中离开的职员的比例将达到20%;第二年又有10名职员离开A公司,A公司将估计的职员离开比例修正为15%;第三年又有15名职员离开。

①费用和资本公积计算过程如表11-1所示。

表11-1 单位:元

年份	计算	当期费用	累计费用
2×17	200×100×(1-20%)×18×1/3	96 000	96 000
2×18	200×100×(1-15%)×18×2/3-96 000	108 000	204 000
2×19	155×100×11-204 000	75 000	279 000

②会计处理如下。

2×17年1月1日:
授予日不作账务处理。

2×17年12月31日:
借:管理费用　　　　　　　　　　　　　　　　96 000
　　贷:资本公积——其他资本公积　　　　　　　　96 000

2×18年12月31日:
借:管理费用　　　　　　　　　　　　　　　　108 000
　　贷:资本公积——其他资本公积　　　　　　　　108 000

2×19年12月31日:
借:管理费用　　　　　　　　　　　　　　　　75 000
　　贷:资本公积——其他资本公积　　　　　　　　75 000

假设155名职员都在2×20年12月31日行权,A公司股份面值为1元:
借:银行存款　　　　　　　　　　　　　　　　77 500
　　资本公积——其他资本公积　　　　　　　　279 000
　　贷:股本　　　　　　　　　　　　　　　　　15 500
　　　　资本公积——资本溢价　　　　　　　　　341 000

六、附非市场业绩条件的权益结算股份支付

【例11-3】2×17年1月1日,A公司为其100名管理人员每人授予100份股票期权:第一年年末的可行权条件为企业净利润增长率达到20%;第二年年末的可行权条件为企业净利润两年平均增长15%;第三年年末的可行权条件为企业净利润三年平均增长10%。每份期权在2×17年1月1日的公允价值为24元。

2×17年12月31日,权益净利润增长了18%,同时有8名管理人员离开,A公司预计2×18年将以同样速度增长,因此,预计将于2×18年12月31日可行权。另外,A公司预计2×18年12月31日又将有8名管理人员离开。

2×18年12月31日,A公司净利润仅增长了10%,因此,无法达到可行权状态。另外,实际有10名管理人员离开,预计第三年将有12名管理人员离开。

2×19年12月31日,A公司净利润增长了8%,三年平均增长率为12%,因此,达到可行权状态。当年有8名管理人员离开。

[分析]按照《企业会计准则第11号——股份支付》的规定,本例中的可行权条件是一项非市场业绩条件。

第一年年末,虽然没能实现净利润增长20%的要求,但公司预计下年将以同样速度增长,因此,能实现两年平均年增长15%的要求。所以公司将其预计等待期调整为2年。由于有8名管理人员离开,公司同时调整了期满(2年)后预计可行权期权的数量84名(100-8-8)。

第二年年末,虽然两年实现15%增长的目标再次落空,但公司仍然估计能够在第三年取得较理想的业绩,从而实现3年平均增长10%的目标。所以公司将其预计等待期调整为3年。由于第二年有10名管理人员离开,高于预计数字,因此,公司相应调增了第三年预计离开的人数为70名(100-8-10-12)。

第三年年末,目标实现,实际有8名管理人员离开。公司根据实际情况确定累计费用,并据此确认了第三年的费用和调整。

费用和资本公积计算过程如表11-2所示。

表11-2 单位:元

年份	计算	当期费用	累计费用
2×17	(100-8-8)×100×24×1/2	100 800	100 800
2×18	(100-8-10-12)×100×24×2/3-100 800	11 200	112 000
2×19	(100-8-10-8)×100×24-112 000	65 600	177 600

会计处理同〖例11-2〗,此处略。

七、现金结算的股份支付

【例 11-4】 2×17 年年初，A 公司为其 200 名中层以上职员每人授予 100 份现金股票增值权，这些职员从 2×17 年 1 月 1 日起在 A 公司连续服务 3 年，即可按照当时股价的增长幅度获得现金，该增值权应在 2×21 年 12 月 31 日之前行使。A 公司估计，该增值权在负债结算之前的每一资产负债表日以及结算日的公允价值和可行权后的每份增值权现金支出额如表 11-3 所示。

表 11-3   单位：元

年份	公允价值	支付现金
2×17	14	
2×18	15	
2×19	18	16
2×20	21	20
2×21		25

第一年有 20 名职员离开 A 公司，A 公司估计 3 年中还将有 15 名职员离开；第二年又有 10 名职员离开公司，公司估计还将有 10 名职员离开；第三年又有 15 名职员离开。第三年年末，有 70 人行使股份增值权取得了现金。第四年年末，有 50 人行使了股份增值权。第五年年末，剩余 35 人也行使了股份增值权。

费用和资本公积计算过程如表 11-4 所示。

表 11-4   单位：元

年份	负债计算（A）	支付现金计算（B）	负债（C）	支付现金（D）	当期费用（E）
2×17	(200-35)×100×14×1/3		77 000		77 000
2×18	(200-40)×100×15×2/3		160 000		83 000
2×19	(200-45-70)×100×18	70×100×16	153 000	112 000	105 000
2×20	(200-45-70-50)×100×21	50×100×20	73 500	100 000	20 500
2×21	0	35×100×25	0	87 500	14 000
总额				299 500	299 500

注：(A) 计算得 (C)，(B) 计算得 (D)；当期 (C) - 前期 (C) + 当期 (D) = 当期 (E)。

会计处理如下。

① 2×17 年 12 月 31 日：

借：管理费用　　　　　　　　　　　　　　　　　　　　　77 000
　　贷：应付职工薪酬——股份支付　　　　　　　　　　　　　　77 000

② 2×18 年 12 月 31 日：

借：管理费用　　　　　　　　　　　　　　　　　　　　83 000
　　贷：应付职工薪酬——股份支付　　　　　　　　　　　　　83 000

③ 2×19 年 12 月 31 日：

借：管理费用　　　　　　　　　　　　　　　　　　　　105 000
　　贷：应付职工薪酬——股份支付　　　　　　　　　　　　105 000

借：应付职工薪酬——股份支付　　　　　　　　　　　　112 000
　　贷：银行存款　　　　　　　　　　　　　　　　　　　　112 000

④ 2×20 年 12 月 31 日：

借：公允价值变动损益　　　　　　　　　　　　　　　　20 500
　　贷：应付职工薪酬——股份支付　　　　　　　　　　　　　20 500

借：应付职工薪酬——股份支付　　　　　　　　　　　　100 000
　　贷：银行存款　　　　　　　　　　　　　　　　　　　　100 000

⑤ 2×21 年 12 月 31 日：

借：公允价值变动损益　　　　　　　　　　　　　　　　14 000
　　贷：应付职工薪酬——股份支付　　　　　　　　　　　　　14 000

借：应付职工薪酬——股份支付　　　　　　　　　　　　87 500
　　贷：银行存款　　　　　　　　　　　　　　　　　　　　87 500

练 习 题

一、单项选择题

1. 下列情况中属于股份支付的是（　　）。
   A. 企业与其职工之间以股份为基础的支付
   B. 甲公司用股份对乙公司进行投资
   C. 非同一控制下的企业合并中，发生在投资单位与被投资单位之间以股份为基础进行的支付
   D. 同一控制下的企业合并中，发生在投资单位与被投资单位之间以股份为基础进行的支付

2. 关于权益结算的股份支付的计量，下列说法中错误的是（　　）。
   A. 应按授予日权益工具的公允价值计量，不确认其后续公允价值变动
   B. 对于换取职工服务的股份支付，企业应当按照权益工具在授予日的公允价值，将当期取得的服务计入相关资产成本或当期费用，同时计入资本公积中的其他资本公积
   C. 对于授予后立即可行权的换取职工提供服务的权益结算的股份支付，应在授予日按照权益工具的公允价值计量
   D. 对于换取职工服务的股份支付，企业应当按在等待期内的每个资产负债表日的公允价值计量

3. 2×17 年 1 月 1 日，甲公司为其 100 名中层以上管理人员每人授予 100 份现金股票增值权，这些人员从 2×17 年 1 月 1 日起必须在该公司连续服务 4 年，即可自 2×20 年 12 月 31 日起根据股价的增长幅度获得现金，该增值权应在 2×21 年 12 月 31 日之前行使完毕。2×17 年

12月31日"应付职工薪酬"科目期末余额为100 000元。2×18年12月31日每份现金股票增值权公允价值为50元,至2×18年年末有20名管理人员离开甲公司,甲公司估计2年中还将有9名管理人员离开。则2×18年12月31日"应付职工薪酬"贷方发生额为（　　）元。

  A. 177 500   B. 100 000   C. 150 000   D. 77 500

  4. 2×17年1月1日,甲公司为其50名中层以上管理人员每人授予500份股票增值权,2×20年12月31日起根据股价的增长幅度获得现金,该增值权应在2×22年12月31日之前行使完毕。截至2×18年年末累积确认负债150 000元,在2×19年有5人离职,预计2×20年没有人离职,2×19年年末该股票增值权的公允价值为12元,该项股份支付对2×19年当期管理费用的影响金额和2×19年年末该项负债的累积金额分别是（　　）元。

  A. 18 750,120 000   B. 52 500,202 500
  C. 75 000,125 000   D. 22 050,225 000

  5. 对于以现金结算的股份支付,企业在可行权日之后至结算日前的每个资产负债表日因负债公允价值的变动应计入（　　）。

  A. 管理费用   B. 制造费用   C. 资本公积   D. 公允价值变动损益

  6. 长江公司为一家上市公司,2×17年1月1日公司向其100名管理人员每人授予200股股票期权。这些员工自2×17年1月1日起在公司连续服务3年,即可以每股10元的价格购买200股股票从而获益。公司估计,此项期权在授予日的公允价值为15元。第一年有10名员工离开公司,公司估计3年中总的离职人数将达到30%。2×17年年末,长江公司应按取得的服务贷记"资本公积——其他资本公积"的金额是（　　）元。

  A. 70 000   B. 90 000   C. 100 000   D. 130 000

  7. 甲公司授予其管理层的股份支付协议规定,今后3年中,公司股价每年提高5%以上,则可获得一定数量的该公司股票。到第三年年末,该目标未实现。则甲公司在第三年年末已经确认了收到的管理层提供的服务,因为业绩增长是一个市场条件,因此,这些费用正确的会计处理是（　　）。

  A. 不应再转回   B. 应再转回计入管理费用
  C. 应再转回计入资本公积   D. 应再转回计入公允价值变动损益

  8. 关于以现金结算的股份支付,下列说法中正确的是（　　）。

  A. 指企业为获取服务交付的现金的交易
  B. 指企业为获取服务承担以股份或其他权益工具为基础计算确定的交付现金或其他资产义务的交易
  C. 指企业为获取服务承担以股份或其他权益工具为基础计算确定的交付现金而不包括其他资产的交易
  D. 指企业为获取服务交付现金或其他资产义务的交易

  9. 关于股份支付,下列表述中不正确的是（　　）。

  A. 除了立即可行权的股份支付外,无论权益结算的股份支付或者现金结算的股份支付,企业在授予日都不进行会计处理
  B. 股份支付分为以权益结算的股份支付和以现金结算的股份支付
  C. 授予后立即可行权的换取职工服务的以权益结算的股份支付,应当在授予日按照权益工具的公允价值计入相关成本或费用,并增加应付职工薪酬
  D. 在行权日,企业根据实际行权的权益工具数量,计算确定应转入实收资本或股本的金额,将其转入实收资本或股本

  10. 甲上市公司2×17年7月1日向其50名高级管理人员每人授予1 000份认购权证,该

认购权证将于 2×21 年年末期满时行权，行权时高级管理人员将以 3 元/股购入该公司股票，该公司股票在授予日的公允价值为 4 元，2×17 年和 2×18 年 12 月 31 日该股票公允价值均为 6 元，2×19 年和 2×20 年 12 月 31 日该股票公允价值均为 8 元，2×21 年 12 月 31 日该股票公允价值为 10 元。假设股票面值为 1 元，预计有 10% 离职，甲公司因该项股份支付计入 2×17 年管理费用的金额是（　　）万元。

  A. 4.5　　　　　　B. 3　　　　　　C. 2　　　　　　D. 1.8

二、多项选择题

1. 下列关于等待期内每个资产负债表日的处理，正确的有（　　）。
   A. 企业应当在等待期内每个资产负债表日，将取得职工或其他方提供的服务计入成本费用，同时确认所有者权益或负债
   B. 对于附有市场条件的股份支付，只要职工满足了其他所有非市场条件，企业就应当确认已取得的服务
   C. 等待期长度确定后，业绩条件为非市场条件的，如果后续信息表明需要调整对可行权情况的估计的，应对前期估计进行修改
   D. 在等待期内每个资产负债表日，企业应将取得的职工提供的服务计入成本费用，计入成本费用的金额应当按照权益工具的公允价值计量

2. 下列表述中正确的有（　　）。
   A. 以股份支付形式进行激励或补偿实质上属于薪酬
   B. 股份支付与职工薪酬遵循不同的准则规定
   C. 以权益结算的股份支付，等待期内每个资产负债表日应确认权益工具的公允价值变动
   D. 股份支付可以以权益结算

3. 下列关于条款和条件的取消或结算，正确的有（　　）。
   A. 将取消或结算作为加速可行权处理，立即确认原本应在剩余等待期内确认的金额
   B. 在取消或结算时支付给职工的所有款项均应作为权益的回购处理，回购支付的金额高于该权益工具在回购日公允价值的部分，计入当期损益
   C. 如果向职工授予新的权益工具，并在新权益工具授予日认定所授予的新权益工具是用于替代被取消的权益工具的，企业应以与处理原权益工具条款和条件修改相同的方式，对所授予的替代权益工具进行处理
   D. 在取消或结算时支付给职工的所有款项均应作为权益的回购处理，回购支付的金额高于该权益工具在回购日公允价值的部分，计入所有者权益

4. 下列关于市场条件和非市场条件的说法中正确的有（　　）。
   A. 市场条件是否得到满足，不影响企业对预计可行权情况的估计
   B. 企业确定权益工具在授予日的公允价值时，应考虑市场条件的影响，而不考虑非市场条件的影响
   C. 企业确定权益工具在授予日的公允价值时，应考虑非市场条件的影响，而不考虑市场条件的影响
   D. 非市场条件是否得到满足，不影响企业对预计可行权情况的估计

5. 关于以权益结算的股份支付，下列说法中正确的有（　　）。
   A. 以权益结算的股份支付换取职工提供服务的，应当以授予日权益工具的账面价值计量
   B. 以权益结算的股份支付换取职工提供服务的，应当以授予日权益工具的公允价值

计量

　　C. 在资产负债表日，后续信息表明可行权权益工具的数量与以前估计不同的，应当进行调整，并在可行权日调整至实际可行权的权益工具数量

　　D. 授予后立即可行权的换取职工服务的以权益结算的股份支付，应当在授予日按照权益工具的公允价值计入相关成本或费用

6. 下列表述中正确的有（　　）。

　　A. 以库存股对股份支付结算时应转销交付职工的库存股

　　B. 以库存股对股份支付结算时应注销支库存股并减少股本

　　C. 对于权益结算的股份支付在可行权日之后不再对已确认的成本费用和所有者权益总额进行调整

　　D. 现金结算的股份支付在可行权日之后不再确认成本费用

7. 企业以回购股份形式奖励本企业职工的，属于权益结算的股份支付，其会计处理正确的有（　　）。

　　A. 企业回购股份时，应当将回购股份的全部支出作为库存股处理，记入"库存股"科目，同时进行备查登记

　　B. 对于权益结算的股份支付，企业应当在等待期内每个资产负债表日按照权益工具在授予日的公允价值，将取得的职工服务计入成本费用，同时增加资本公积（其他资本公积）

　　C. 企业回购股份时，应当按照回购股份的全部支出冲减股本

　　D. 企业应按职工行权购买本企业股份时收到的价款，借记"银行存款"等科目，同时转销等待期内在资本公积（其他资本公积）中累计的金额，借记"资本公积——其他资本公积"科目，按回购的库存股成本，贷记"库存股"科目，按照上述借贷方差额，借记"资本公积——股本溢价"科目

8. 关于股份支付，下列说法中正确的有（　　）。

　　A. 股份支付分为以权益结算的股份支付和以现金结算的股份支付

　　B. 股份支付只涉及以权益结算的股份支付

　　C. 股份支付，是指企业为获取职工和其他方提供服务而授予权益工具或者承担以权益工具为基础确定的负债的交易

　　D. 股份支付，是指企业为获取职工和其他方提供服务而授予权益工具的交易

9. 以权益结算的股份支付换取其他方服务的，下列会计处理中正确的有（　　）。

　　A. 其他方服务的公允价值不能可靠计量但权益工具公允价值能够可靠计量的，应当按照权益工具在服务取得日的公允价值，计入相关成本或费用，相应增加所有者权益

　　B. 其他方服务的公允价值能够可靠计量的，应当按照其他方服务在取得日的公允价值，计入相关成本或费用，相应增加所有者权益

　　C. 其他方服务的公允价值能够可靠计量的，应当按照其他方服务在取得日的公允价值，计入相关成本或费用，相应增加负债

　　D. 对于换取其他方服务的股份支付，企业应当以股份支付所换取的服务的公允价值计量

10. 下列关于以现金结算的股份支付表述中正确的有（　　）。

　　A. 除了立即可行权的股份支付外授予日不进行会计处理

　　B. 等待期内按照每个资产负债表日权益工具的公允价值和预计行权数量为基础计算或修正成本费用和应付职工薪酬

C. 等待期内每个资产负债表日应确认权益工具的公允价值变动

D. 等待期内每个资产负债表日应确认权益工具的预计行权数量变动

E. 等待期内每个资产负债表日不需要确认权益工具的预计行权数量变动

三、判断题

1. 权益结算的股份支付是对职工或其他方最终要授予股份或支付现金结算方式。（ ）
2. 无论是权益结算的股份支付还是现金结算的股份支付，除了立即可行权的股份支付外，企业在授予日均不进行会计处理。（ ）
3. 权益结算的股份支付，应按授予日的权益工具的公允价值计量，此外发生的公允价值变动还需要通过公允价值变动损益来核算。（ ）
4. 股份支付协议生效后，其协议条款和条件是不得修改的。（ ）
5. 在通常情况下，对于未来波动率、股利和行权行为的预期存在一个合理的区间。（ ）
6. 预计波动率是对预期股份价格在一个期间内可能发生的波动金额的度量。（ ）
7. 对于现金结算的股份支付，企业在可行权日之后不再确认成本费用，也无须对应付职工薪酬进行调整。（ ）
8. 企业以回购股份形式奖励本企业职工的，属于现金结算的股份支付。（ ）
9. 对于现金结算的股份支付，在等待期内的每个资产负债表日，应按资产负债表日当日权益工具的公允价值将取得职工或其他方提供的服务计入成本费用，同时确认负债。（ ）
10. 对于权益结算的股份支付，在可行权日之后不再对已确认的成本费用和所有者权益总额进行调整。（ ）

四、计算及账务处理题

1. 2×17年1月1日，时代公司董事会批准了一项股份支付协议。协议规定，2×17年1月1日，公司向其200名管理人员每人授予100份股票期权，这些管理人员必须从2×17年1月1日起在公司连续服务3年，服务期满时才能够以每股4元购买100股时代公司股票。时代公司估计该期权在授予日（2×17年1月1日）的公允价值为15元。第一年有20名管理人员离开时代公司，时代公司估计3年中离开的管理人员比例将达到20%；第二年又有10名管理人员离开，时代公司将估计的管理人员离开比例修正为15%；第三年又有15名管理人员离开。

要求：对时代公司这3年的相关账务进行处理。

2. 2×17年1月1日，深远公司为其100名中层以上管理人员每人授予100份现金股票增值权，这些人员从2×17年1月1日起必须在该公司连续服务3年，即可自2×19年12月31日起根据股价的增长幅度获得现金，该增值权应在2×21年12月31日之前行使完毕。深远公司估计，该增值权在负债结算之前的每一资产负债表日以及结算日的公允价值和可行权后的每份增值权现金支出额如下表所示。

每份增值权现金支出额

单位：元

年份	公允价值	现金支出
2×17	12	
2×18	14	
2×19	15	16
2×20	20	18
2×21		22

2×17年有10名管理人员离开深远公司,深远公司估计3年中还将有8名管理人员离开;2×18年又有6名管理人员离开,深远公司估计还将有6名管理人员离开;2×19年又有4名管理人员离开,有40人行使股票增值权取得了现金;2×20年有30人行使股票增值权取得了现金;2×21年有10人行使股票增值权取得了现金。

要求:计算2×17~2×21年每年应确认的费用(或损益)、应付职工薪酬余额和支付的现金,并编制有关会计分录。

第十二章 企业合并

> **学习指南**
>
> 　　本章是关于企业合并事项会计处理介绍。企业合并是将两个或两个以上单独的企业主体合并形成一个报告主体的交易或事项。企业合并的结果通常是一个企业取得了对另一个或多个业务的控制权。本章的主要内容包括：一是企业合并的概念、方式和合并类型；二是同一控制下企业合并的会计处理的原则和会计处理方法；三是非同一控制下企业合并的会计处理的原则和会计处理方法。通过本章的学习，要求掌握企业合并的概念、方式和合并类型的划分；掌握同一控制下企业合并的会计处理；掌握非同一控制下企业合并的会计处理。

第一节　企业合并概述

一、企业合并的概念

　　企业合并是将两个或两个以上单独的企业主体合并形成一个报告主体的交易或事项。企业合并的结果通常是一个企业取得了对另一个或多个业务的控制权。业务是指企业内部某些生产经营活动或资产负债的组合，该组合具有投入、加工处理过程和产出能力，能够独立计算其成本费用或所产生的收入，但一般不构成一个企业、不具有独立的法人资格，如企业的分公司、独立的生产车间、不具有独立法人资格的分部等。如果一个企业取得了对另一个或多个业务的控制权，而被购买方（或被合并方）并不构成业务，则该交易或事项不形成企业合并。企业取得了不形成业务的一组资产或是净资产时，应将购买成本基于购买日所取得各项可辨认资产、负债的相对公允价值基础上进行分配，不按照企业合并进行处理。

　　从企业合并的定义来看，是否形成企业合并，除要看取得的企业是否构成业务之外，关键要看有关交易或事项发生前后是否引起报告主体的变化。报告主体的变化产生于控制权的变化。在交易或事项发生以后，一方能够对另一方的生产经营决策实施控制，形成母子公司关系，就涉及控制权的转移，该交易或事项发生以后，子公司需要纳入母公司合并财务报表的范围，从合并财务报告角度形成报告主体的变化；交易或事项发生以后，一方能够控制另一方的全部净资产，被合并的企业在合并后失去其法人资格，也涉及控制权的变化及报告主体的变化，形成企业合并。

假定在企业合并前 A、B 两个企业为各自独立的法律主体，且构成业务（在合并交易发生前，不存在任何投资关系），《企业会计准则第 20 号——企业合并》中所界定的企业合并，包括但不限于以下情形：

1. 企业 A 通过增发自身的普通股自企业 B 原股东处取得企业 B 的全部股权，该交易事项发生后，企业 B 仍持续经营。

2. 企业 A 支付对价取得企业 B 的全部净资产，该交易或事项发生后，撤销企业 B 的法人资格。

3. 企业 A 以自身持有的资产作为出资投入企业 B，取得对企业 B 的控制权，该交易事项发生后，企业 B 仍维持其独立法人资格继续经营。

二、企业合并的方式

企业合并从合并方式划分，包括控股合并、吸收合并和新设合并。

（一）控股合并

合并方（或购买方，下同）通过企业合并交易或事项取得对被合并方（或被购买方，下同）的控制权，企业合并后能够通过所取得的股权等主导被合并方的生产经营决策并自被合并方的生产经营活动中获益，被合并方在企业合并后仍维持其独立法人资格继续经营的，为控股合并。该类企业合并中，因合并方通过企业合并交易或事项取得了对被合并方的控制权，被合并方成为其子公司，在企业合并发生后，被合并方应当纳入合并方合并财务报表的编制范围，从合并财务报表角度，形成报告主体的变化。

（二）吸收合并

合并方在企业合并中取得被合并方的全部净资产，并将有关资产、负债并入合并方自身的账簿和报表进行核算。企业合并后，注销被合并方的法人资格，由合并方持有合并中取得的被合并方的资产、负债，在新的基础上继续经营，该类合并为吸收合并。

吸收合并中因被合并方（或被购买方）在合并发生以后被注销，从合并方（或购买方）的角度需要解决的问题是，其在合并日（或购买日）取得的被合并方有关资产、负债入账价值的确定，以及为了进行企业合并支付的对价与所取得被合并方资产、负债的入账价值之间存在差额的处理。企业合并以后期间，合并方应将合并中取得的资产、负债作为本企业的资产、负债核算。

(三) 新设合并

参与合并的各方在企业合并后法人资格均被注销，重新注册成立一家新的企业，由新注册成立的企业持有参与合并企业的资产、负债在新的基础上经营，为新设合并。

三、企业合并类型的划分

我国《企业会计准则第20号——企业合并》中将企业合并按照一定的标准划分为两大基本类型——同一控制下的企业合并与非同一控制下的企业合并。企业合并的类型划分不同，所遵循的会计处理原则也不同。

(一) 同一控制下的企业合并

同一控制下的企业合并，是指参与合并的企业在合并前后均受同一方或相同的多方最终控制且该控制并非暂时性的。

1. 能够对参与合并各方在合并前后均实施最终控制的一方通常指企业集团的母公司。同一控制下的企业合并一般发生于企业集团内部，如集团内母子公司之间、子公司与子公司之间等。因为该类合并从本质上是集团内部企业之间的资产或权益的转移，不涉及自集团外购入子公司或是向集团外其他企业出售子公司的情况，能够对参与合并企业在合并前后均实施最终控制的一方为集团的母公司。

2. 能够对参与合并的企业在合并前后均实施最终控制的相同多方，是指根据合同或协议的约定，拥有最终决定参与合并企业的财务和经营政策并从中获取利益的投资者群体。

3. 实施控制的时间性要求，是指参与合并各方在合并前后较长时间内为最终控制方所控制。具体是指，在企业合并之前（即合并日之前），参与合并各方在最终控制方的控制时间一般在1年以上（含1年），企业合并后所形成的报告主体在最终控制方的控制时间也应达到1年以上（含1年）。

4. 企业之间的合并是否属于同一控制下的企业合并，应综合构成企业合并交易的各方面情况，按照实质重于形式的原则进行判断。通常情况下，同一控制下的企业合并是指发生在同一企业集团内部企业之间的合并。同受国家控制的企业之间发生的合并，不应仅仅因为参与合并各方在合并前后均受国家控制而将其作为同一控制下的企业合并。

(二) 非同一控制下的企业合并

非同一控制下的企业合并，是指参与合并各方在合并前后不受同一方或相同的多方最终控制的合并交易，即除判断属于同一控制下企业合并的情况以外其他的企业合并。

第二节 同一控制下企业合并的会计处理

同一控制下的企业合并,是从合并方出发,确定合并方在合并日对于企业合并事项应进行的会计处理。合并方,是指取得对其他参与合并企业控制权的一方;合并日,是指合并方实际取得对被合并方控制权的日期。

一、同一控制下企业合并的会计处理原则

同一控制下的企业合并,在合并中不涉及自少数股东手中购买股权的情况下,合并方应遵循以下原则进行相关的会计处理。

1. 同一控制下的企业合并,从最终控制方的角度来看,其在企业合并发生前后能够控制的净资产价值量并没有发生变化,因此,合并方在合并中确认取得的被合并方的资产、负债仅限于被合并方账面上原已确认的资产和负债,合并中不产生新的资产和负债。但被合并方在企业合并前账面上原已确认的商誉应作为合并中取得的资产确认。

2. 合并方在合并中取得的被合并方各项资产、负债应维持其在被合并方的原账面价值不变,即初始计量以账面价值为准。合并方在同一控制下企业合并,从最终控制方的角度,其在企业合并交易或者事项发生前控制的资产、负债,在该交易或事项发生后仍在其控制之下,因此,该交易或事项原则上不应引起所涉及资产、负债的计价基础发生变化。

在确定合并中取得各项资产、负债的入账价值时,应予注意的是,被合并方在企业合并前采用的会计政策与合并方不一致的,应基于重要性原则,首先统一会计政策,即合并方应当按照本企业会计政策对被合并方资产、负债的账面价值进行调整,并以调整后的账面价值作为有关资产、负债的入账价值。

3. 合并方在合并中取得的净资产的入账价值相对于为进行企业合并支付的对价账面价值之间的差额,不作为资产的处置损益,不影响合并当期利润表,有关差额应调整所有者权益相关项目。在根据合并差额调整合并方的所有者权益时,应首先调整资本公积(资本溢价或股本溢价),资本公积(资本溢价或股本溢价)的余额不足冲减的,应冲减留存收益。

4. 对于同一控制下的控股合并,合并方在编制合并财务报表时,应视同合并后形成的报告主体自最终控制方开始实施控制时一直是一体化存续下来的,参与合并各方在合并以前期间实现的留存收益应体现为合并财务报表中的留存收益。合并财务报表中,应以合并方的资本公积(或经调整后的资本公积中的资本溢价部分)为限,在所有者权益内部进行调整,将被合并方在合并日以前实现的留存收益中按照持股比例计算归属于合并方的部分自资本公积转入留存收益。

二、同一控制下企业合并的具体会计处理

同一控制下的企业合并，视合并方式不同，应当分别按照以下规定进行会计处理。

（一）同一控制下的控股合并

同一控制下的企业合并中，合并方在合并后取得对被合并方生产经营决策的控制权，并且被合并方在企业合并后仍然继续经营的，合并方在合并日涉及两个方面的问题：一是对于因该项企业合并形成的对被合并方的长期股权投资的确认和计量问题；二是合并日合并财务报表的编制问题。

1. 长期股权投资的确认和计量。按照《企业会计准则第 2 号——长期股权投资》的规定，同一控制下企业合并形成的长期股权投资，合并方以支付现金、转让非现金资产或承担债务方式作为合并对价的，应当在合并日按照所取得的被合并方在最终控制方合并财务报表中的净资产的账面的份额作为长期股权投资的初始投资成本借记"长期股权投资"科目，按享有被合并方已宣告但尚未发放的现金股利或利润借记"应收股利"科目，按支付的合并对价的账面价值贷记有关资产或借记有关负债科目。以支付现金、非现金资产方式进行的，该初始投资成本与支付的现金、非现金资产的差额，相应调整资本公积（资本溢价或股本溢价），资本公积（资本溢价或股本溢价）的余额不足冲减的，相应调整盈余公积和未分配利润；以发行权益性证券方式进行的，长期股权投资的初始投资成本与所发行股份的面值总额之间的差额，应调整资本公积（资本溢价或股本溢价），资本公积（资本溢价或股本溢价）的余额不足冲减的，相应调整盈余公积和未分配利润。应予以关注的是，该账面价值（账面净资产）并非是指被合并方个别财务报表中体现的有关资产、负债的账面价值，而是从最终控制方的角度，被合并方自其被最终控制方开始控制时开始，其所持有的资产负债确定对于最终控制方的价值持续计算至合并日的账面价值。

2. 合并日合并财务报表的编制。同一控制下的企业合并形成母子公司关系的，合并方一般应在合并日编制合并财务报表，反映合并日形成的报告主体的财务状况、视同该主体一直存在产生的经营成果等。考虑有关因素的影响，编制合并日的合并财务报表存在困难的，下列有关原则同样适用于合并当期期末合并财务报表的编制。编制合并日的合并财务报表时，一般包括合并资产负债表、合并利润表及合并现金流量表。

（1）合并资产负债表。被合并方的有关资产、负债应以其账面价值并入合并财务报表（合并方与被合并方采用的会计政策不同的，应按照合并方的会计政策对被合并方有关资产、负债进行调整后确定其账面价值）。合并方与被合并方在合并日及以前期间发生的交易，应作为内部交易进行抵销。

同一控制下企业合并的基本处理原则是：视同合并后形成的报告主体在合并

日及以前期间一直存在,在合并资产负债表中,对于被合并方在企业合并前实现的留存收益(盈余公积和未分配利润之和)中归属于合并方的部分,应按以下规定自合并方的资本公积转入留存收益(盈余公积和未分配利润):

第一,确认企业合并形成的长期股权投资后,合并方账面资本公积(资本溢价或股本溢价)贷方余额大于被合并方在合并前实现的留存收益中归属于合并方的部分,在合并资产负债表中,应将被合并方在合并前实现的留存收益中归属于合并方的部分自"资本公积"转入"盈余公积"和"未分配利润"。在合并工作底稿中,借记"资本公积"项目,贷记"盈余公积"和"未分配利润"项目。

第二,确认企业合并形成的长期股权投资后,合并方账面资本公积(资本溢价或股本溢价)贷方余额小于被合并方在合并前实现的留存收益中归属于合并方的部分,在合并资产负债表中,应以合并方资本公积的贷方余额为限,将被合并方在合并前实现的留存收益中归属于合并方的部分自"资本公积"转入"盈余公积"和"未分配利润"。在合并工作底稿中,借记"资本公积"项目,贷记"盈余公积"和"未分配利润"项目。因合并方的资本公积(资本溢价或股本溢价)余额不足,被合并方在合并前实现的留存收益在合并资产负债表中未予全额恢复的,合并方应当在会计报表附注中对这一情况进行说明。

【例 12-1】A、B 公司分别为甲公司控制下的两家子公司。A 公司于 2×21 年 3 月 10 日自母公司甲处取得 B 公司 80% 的股权,合并后 B 公司仍维持其独立法人资格继续经营。为进行该项企业合并,A 公司发行了 6 000 万股本公司普通股(每股面值 1 元)作为对价。假定 A、B 公司采用的会计政策相同。合并日,A 公司和 B 公司的所有者权益构成如表 12-1 所示。B 公司所有者权益在最终控制方合并财务报表中的账面价值的份额为 28 000 万元(包含商誉 8 000 万元)。

表 12-1   单位:万元

A 公司		B 公司	
项 目	金 额	项 目	金 额
股本	36 000	股本	6 000
资本公积	10 000	资本公积	2 000
盈余公积	8 000	盈余公积	4 000
未分配利润	20 000	未分配利润	8 000
合计	74 000	合计	20 000

要求:编制取得长期股权投资的账务处理,以及合并日在合并工作底稿中的抵销分录和调整分录(单位:万元)。

①编制 A 公司在合并日的会计分录:
  借:长期股权投资(28 000×80%)   22 400
    贷:股本   6 000

    资本公积——股本溢价   16 400

②编制合并日在合并工作底稿中的抵销分录和调整分录：

  借：股本   6 000
    资本公积   2 000
    盈余公积   4 000
    未分配利润   8 000
    商誉   8 000
   贷：长期股权投资   22 400
     少数股东权益（28 000×20%）   5 600

  同时，A 公司在合并日编制合并资产负债表时，对于企业合并前 B 公司实现的留存收益中归属于合并方的部分 12 000 万元（8 000 + 4 000）应自资本公积（股本溢价）转入盈余公积和未分配利润。本例中 A 公司在确认对 B 公司的长期股权投资以后，其资本公积的账面余额为 20 000 万元（10 000 + 10 000）。假定其中资本溢价或股本溢价的金额为 18 000 万元。在合并工作底稿中，应编制以下调整分录：

  借：资本公积（12 000×80%）   9 600
   贷：盈余公积（4 000×80%）   3 200
     未分配利润（8 000×80%）   6 400

（2）合并利润表。合并方在编制合并日的合并利润表时，应包含合并方及被合并方自合并当期期初至合并日实现的净利润，双方在当期所发生的交易应当按照合并财务报表的有关原则进行抵销。例如，同一控制下的企业合并发生于 2×21 年 3 月 31 日，合并方当日编制合并利润表时，应包括合并方及被合并方自 2×21 年 1 月 1 日至 2×21 年 3 月 31 日实现的净利润。为了帮助会计信息使用者了解合并利润表中净利润的构成，发生同一控制下企业合并的当期，合并方在合并利润表中的"净利润"项下应单列"其中：被合并方在合并前实现的净利润"项目，反映因同一控制下企业合并规定的编表原则导致由于该项企业合并自被合并方在合并当期带来的损益情况。

（3）合并现金流量表。合并方在编制合并日的合并现金流量表时，应包含合并方及被合并方自合并当期期初至合并日产生的现金流量。涉及双方当期发生内部交易产生的现金流量，应按照《企业会计准则第 33 号——合并财务报表》规定的有关原则进行抵销。

  【例 12 - 2】2×20 年 1 月 1 日前，甲公司仅有一家子公司 A 公司。2×20 年 1 月 1 日，甲公司以银行存款 24 600 万元从本集团外部购入 B 公司 80% 股权（属于非同一控制下企业合并）并能够控制 B 公司的财务和经营政策。购买日，B 公司可辨认资产、负债的账面价值为 28 000 万元（股本 8 000 万元、资本公积 18 000 万元、盈余公积 200 万元、未分配利润 1 800 万元），公允价值为 30 000 万元（包括一项无形资产评估增值 2 000 万元，尚可使用年限为 10 年，采用直线法摊销，不考虑净残值）。

假定 2×20 年 1 月初至 2×21 年 12 月底，B 公司按照购买日净资产账面价值计算实现的净利润为 9 800 万元；无其他所有者权益变动。不考虑所得税因素。2×22 年 1 月 1 日，A 公司自母公司甲公司处取得 B 公司的 80%股权，形成同一控制下的企业合并，为进行该项合并，A 公司发行了 12 000 万股本公司普通股（每股面值 1 元）作为对价。

[分析]

（1）编制 2×20 年 1 月 1 日甲公司投资 B 公司的会计分录（单位：万元）：

借：长期股权投资　　　　　　　　　　　　　　　　　24 600
　　贷：银行存款　　　　　　　　　　　　　　　　　　24 600

（2）计算 2×20 年 1 月 1 日甲公司在合并财务报表中确认的商誉 = 24 600 - 30 000×80% = 600（万元）。

（3）计算 2×22 年 1 月 1 日合并日 B 公司的净资产相对于最终控制方（甲公司）而言的账面价值 = 30 000 + 9 800 - 2 000÷10×2 + 600 = 40 000（万元）。

需要注意的是，会计准则强调的是按照被合并方所有者权益在最终控制方合并财务报表中的账面价值的份额作为长期股权投资的初始投资成本，所以这里是按照 B 公司的净资产相对于甲公司而言的账面价值，这里强调的是所有者权益，不是可辨认净资产，所以要加上商誉的金额，这里商誉就是在合并财务报表中的商誉，因为站在集团最终控制方来看，商誉的金额是一直不变的。集团角度确认的商誉，即在合并财务报表中确认的商誉金额都是 600 万元，不是 480 万元（600×80%）。

（4）计算 A 公司购入 B 公司的长期股权投资初始投资成本 = 40 000×80% = 32 000（万元）。

借：长期股权投资　　　　　　　　　　　　　　　　　32 000
　　贷：股本　　　　　　　　　　　　　　　　　　　　12 000
　　　　资本公积——股本溢价　　　　　　　　　　　　20 000

（5）合并日 2×22 年 1 月 1 日在合并工作底稿中的抵销分录如下：

借：股本　　　　　　　　　　　　　　　　　　　　　 8 000
　　资本公积（18 000 + 2 000）　　　　　　　　　　　20 000
　　盈余公积（200 + 9 800×10%）　　　　　　　　　　 1 180
　　未分配利润（1 800 + 9 800 - 2 000÷10×2 - 9 800×10%）
　　　　　　　　　　　　　　　　　　　　　　　　　　10 220
　　商誉　　　　　　　　　　　　　　　　　　　　　　　600
　　贷：长期股权投资（40 000×80%）　　　　　　　　　32 000
　　　　少数股东权益（40 000×20%）　　　　　　　　　 8 000

同时，对于被合并方 B 公司合并前实现的留存收益，应归属于合并方 A 公司，要在合并资产负债表上反映为集团整体的留存收益，必然要增加"盈余公积"和"未分配利润"，在合并工作底稿中，应编制以下调整分录：

借：资本公积　　　　　　　　　　　　　　　　　　　 9 120

贷：盈余公积（1 180×80%）　　　　　　　　　　　　　　944
　　未分配利润（10 220×80%）　　　　　　　　　　　8 176

（二）同一控制下的吸收合并

同一控制下的吸收合并中，合并方主要涉及合并日取得被合并方资产、负债入账价值的确定，以及合并中取得有关净资产的入账价值与支付的合并对价账面价值之间差额的处理。

1. 合并中取得资产、负债入账价值的确定。合并方对同一控制下吸收合并中取得的资产、负债应当按照相关资产、负债在被合并方的原账面价值入账。

2. 合并差额的处理。合并方在确认了合并中取得的被合并方的资产和负债的入账价值后，以发行权益性证券方式进行的该类合并，所确认的净资产入账价值与发行股份面值总额的差额应计入资本公积（资本溢价或股本溢价），资本公积（资本溢价或股本溢价）的余额不足冲减的，相应冲减盈余公积和未分配利润；以支付现金、非现金资产方式进行的该类合并，所确认的净资产入账价值与支付的现金、非现金资产账面价值的差额，相应调整资本公积（资本溢价或股本溢价），资本公积的余额不足冲减的，应冲减盈余公积和未分配利润。

【例12-3】2×21年6月30日，P公司向S公司的股东定向增发1 000万股普通股（每股面值为1元，市价为10.85元）对S公司进行吸收合并，并于当日取得S公司净资产。当日，P公司、S公司资产和负债情况如表12-2所示。

表12-2　　　　　　　　　　　资产负债表（简表）
2×21年6月30日　　　　　　　　　　　　　　　单位：万元

项　　目	P公司		S公司	
	账面价值	公允价值	账面价值	公允价值
资产：				
货币资金	4 312.50		450	450
存货	6 200		255	450
应收账款	3 000		2 000	2 000
长期股权投资	5 000		2 150	3 800
固定资产：				
固定资产原价	10 000		4 000	5 500
减：累计折旧	3 000		1 000	0
固定资产净值	7 000		3 000	
无形资产	4 500		500	1 500
商誉	0		0	0
资产总计	30 012.50		8 355	13 700

续表

项 目	P公司		S公司	
	账面价值	公允价值	账面价值	公允价值
负债和所有者权益:				
短期借款	2 500		2 250	2 250
应付账款	3 750		300	300
其他负债	375		300	300
负债合计	6 625		2 850	2 850
实收资本（股本）	7 500		2 500	
资本公积	5 000		1 500	
盈余公积	5 000		500	
未分配利润	5 887.50		1 005	
所有者权益合计	23 387.50		5 505	10 850
负债和所有者权益总计	30 012.50		8 355	

本例中，假定P公司和S公司为同一集团内两家全资子公司，合并前其共同的母公司为A公司。该项合并中参与合并的企业在合并前及合并后均为A公司最终控制，为同一控制下企业合并。自6月30日开始，P公司能够对S公司净资产实施控制，该日即为合并日。

因合并后S公司失去其法人资格，P公司应确认合并中取得的S公司的各项资产和负债，假定P公司与S公司在合并前采用的会计政策相同。P公司对该项合并应进行的会计处理为：

借：货币资金　　　　　　　　　　　　　　　　　4 500 000
　　库存商品　　　　　　　　　　　　　　　　　　2 550 000
　　应收账款　　　　　　　　　　　　　　　　　　20 000 000
　　长期股权投资　　　　　　　　　　　　　　　　21 500 000
　　固定资产　　　　　　　　　　　　　　　　　　30 000 000
　　无形资产　　　　　　　　　　　　　　　　　　5 000 000
　　贷：短期借款　　　　　　　　　　　　　　　　22 500 000
　　　　应付账款　　　　　　　　　　　　　　　　3 000 000
　　　　其他应付款　　　　　　　　　　　　　　　3 000 000
　　　　股本　　　　　　　　　　　　　　　　　　10 000 000
　　　　资本公积　　　　　　　　　　　　　　　　45 050 000

（三）合并方为进行企业合并发生的有关费用的处理

合并方为进行企业合并发生的有关费用，指合并方为进行企业合并发生的各项直接相关费用，如为进行企业合并支付的审计费用、进行资产评估的费用以及有关的法律咨询费用等增量费用。同一控制下企业合并进行过程中发生的各项直接相关的费用,应于发生时费用化,计入当期损益,借记"管理费用"等科目,贷记"银行存款"等科目。但以下两种情况除外:

1. 以发行债券方式进行的企业合并,其发行债券相关的佣金、手续费等应直接计入负债的初始计量金额中。其中,债券如为折价发行的,该部分费用应增加折价的金额;债券如为溢价发行的,该部分费用应减少溢价的金额。

2. 以发行权益性证券作为合并对价的,其发行权益性证券相关的佣金、手续费应自所发行权益性证券的发行收入中扣减,在权益性证券发行无溢价或溢价金额不足以扣减的情况下,应当冲减盈余公积和未分配利润。

企业专设的购并部门发生的日常管理费用,如果该部门的设置并不是与某项企业合并直接相关,而是企业的一个常设部门,其设置的目的是为了寻找相关的购并机会等,维持该部门日常运转的有关费用不属于与企业合并直接相关的费用,应当于发生时费用化,计入当期损益。

第三节 非同一控制下企业合并的会计处理

非同一控制下的企业合并,主要涉及:购买方及购买日的确定;企业合并成本的确定;合并中取得各项可辨认资产、负债的确认和计量;合并差额的处理等。

一、非同一控制下企业合并的会计处理原则

非同一控制下的企业合并,是参与合并的一方购买另一方或多方的交易,基本处理原则是购买法。购买法是从购买方的角度出发,该项交易中购买方取得了被购买方的净资产或是对净资产的控制权,应确认所取得的资产以及应当承担的债务,包括被购买方原来未予确认的资产和负债。就购买方自身而言,其原持有的资产及负债的计量不受该交易事项的影响。

(一) 确定购买方

采用购买法核算企业合并的首要前提是确定购买方,购买方是指在企业合并中取得对另一方或多方控制权的一方。合并中一方取得了另一方半数以上有表决权股份的,除非有明确的证据表明该股份不能形成控制,一般认为取得控股权的一方为购买方。某些情况下,即使一方没有取得另一方半数以上有表决权股份,但存在以下情况时,一般也可认为其获得了对另一方的控制:

1. 通过与其他投资者签订协议实质上拥有被购买企业半数以上表决权。例如,A 公司拥有 B 公司 40% 的表决权资本,C 公司拥有 B 公司 30% 的表决权资本。A 公司与 C 公司达成协议,C 公司在 B 公司的权益由 A 公司代表。在这种情

况下，A 公司实质上拥有 B 公司 70% 表决权资本的控制权，B 公司的章程等没有特别规定的情况下，表明 A 公司实质上控制 B 公司。

2. 按照法律或协议等的规定，具有主导被购买企业财务和经营决策的权力。例如，A 公司拥有 B 公司 45% 的表决权资本，同时，根据法律或协议规定，A 公司可以决定 B 公司的财务和生产经营等政策，达到对 B 公司的财务和经营政策实施控制。

3. 有权任免被购买企业董事会或类似权力机构绝大多数成员。这种情况是指虽然拥有被购买企业 50% 或以下表决权资本，但根据章程、协议等有权任免被购买企业董事会或类似机构的绝大多数成员，以达到实质上控制的目的。

4. 在被购买企业董事会或类似权力机构具有绝大多数投票权。这种情况是指虽然拥有被购买企业 50% 或以下表决权资本，但能够控制被购买企业董事会等类似权力机构的会议，从而能够控制其财务和经营政策，达到对被购买企业的控制。

（二）确定购买日

购买日是购买方获得对被购买方控制权的日期，即企业合并交易进行过程中，发生控制权转移的日期。同时满足了以下条件时，一般可认为实现了控制权的转移，形成购买日：

1. 企业合并合同或协议已获股东大会等内部权力机构通过，如对于股份有限公司，其内部权力机构一般指股东大会。

2. 按照规定，合并事项需要经过国家有关主管部门审批的，已获得相关部门的批准。

3. 参与合并各方已办理了必要的财产权交接手续。作为购买方，其通过企业合并无论是取得对被购买方的股权还是被购买方的全部净资产，能够形成与取得股权或净资产相关的风险和报酬的转移，一般需办理相关的财产权交接手续，从而从法律上保障有关风险和报酬的转移。

4. 购买方已支付了购买价款的大部分（一般应超过 50%），并且有能力支付剩余款项。

5. 购买方实际上已经控制了被购买方的财务和经营政策，并享有相应的收益和风险。

企业合并涉及一次以上交换交易的，例如通过逐次取得股份分阶段实现合并，企业应于每一交易日确认对被合并企业的各单项投资。"交易日"是指合并方或购买方在自身的账簿和报表中确认对被合并方或被购买方的日期。分步实现的企业合并中，购买日是指按照有关标准判断购买方最终取得对被购买方控制权的日期。例如，A 企业于 2×21 年 10 月 20 日取得 B 公司 35% 的股权（假定能够对 B 公司施加重大影响），在与取得股权相关的风险和报酬发生转移的情况下，A 企业应确认对 B 公司的长期股权投资。在已经拥有 B 公司 35% 股权的基础上，A 企业又于 2×22 年 12 月 8 日取得 B 公司 35% 的股权，在其持股比例达到 70%

的情况下，假定于当日开始能够对 B 公司实施控制，则 2×22 年 12 月 8 日为第二次购买股权的交易日，同时因在当日能够对 B 公司实施控制。形成企业合并的购买日。

（三）确定企业合并成本

企业合并成本包括购买方为进行企业合并支付的现金或非现金资产、发行或承担的债务、发行的权益性证券等在购买日的公允价值。通过多次交换交易分步实现的企业合并，其企业合并成本为每一单项交换交易的成本之和。企业合并成本包括购买方在购买日支付的下列项目的合计金额：

1. 作为合并对价的现金及非现金资产的公允价值。以非货币性资产作为合并对价的，其合并成本为所支付对价的公允价值，该公允价值与作为合并对价的非货币性资产账面价值的差额，作为资产的处置损益，记入合并当期的利润表。有关资产公允价值的确定参见《企业会计准则第 20 号——企业合并》应用指南中的相关规定。

2. 发行的权益性证券的公允价值。确定所发行权益性证券的公允价值时，对于购买日存在公开报价的权益性证券，其公开报价提供了确定公允价值的依据，除非在非常特殊的情况下，购买方能够证明权益性证券在购买日的公开报价不能可靠地代表其公允价值，并且用其他的证据和估价方法能够更好地计量公允价值时，可以考虑其他的证据和估价方法。如果购买日权益性证券的公开报价不可靠，或者购买方发行的权益性证券不存在公开报价，则该权益性证券的公允价值可以参照其在购买方公允价值中所占权益份额，或者参照在被购买方公允价值中获得的权益份额，按两者当中有明确证据支持的一个进行估价。

3. 因企业合并发生或承担的债务的公允价值。因企业合并而承担的各项负债，应采用按照适用利率计算的未来现金流量的现值作为其公允价值。预期因企业合并可能发生的未来损失或其他成本不是购买方为取得对被购买方的控制权而承担的负债，不构成企业合并成本。

4. 当企业合并合同或协议中提供了根据未来或有事项的发生而对合并成本进行调整时符合《企业会计准则第 13 号——或有事项》规定的确认条件的，应确认的支出也应作为企业合并成本的一部分。某些情况下，合并各方可能在合并合同或协议中约定根据未来一项或多项或有事项的发生对合并成本进行一定的调整，例如，企业合并合同中规定，如果被购买方在未来特定期间实现利润达到既定水平，购买方需要在已经支付的企业合并对价基础上支付额外的对价。如果在购买日预计被购买方的盈利水平很可能会达到合同规定的标准，应将按照合同或协议约定需支付的金额计入企业合并成本。

企业在购买日对于可能需要支付的企业合并成本调整金额进行预计并且计入企业合并成本后，未来期间有关涉及调整成本的事项未实际发生或发生后需要对原估计计入企业合并成本的金额进行调整的，或者在购买日因未来事项发生的可能性较小、金额无法可靠计量等原因导致有关调整金额未包括在企业合并成本中，未来期间因合并合同或协议中约定的事项很可能发生、金额能够可靠计量，符合有关确认条件的，应对企业合并成本进行相应调整。

非同一控制下企业合并中发生的与企业合并直接相关的费用，包括为进行合并而发生的会计审计费用、法律服务费用、咨询费用等，应当计入当期损益（管理费用）。这里所称合并中发生的各项直接相关费用，不包括与为进行企业合并发行的权益性证券或发行的债务相关的手续费、佣金等，该部分费用应抵减权益性证券的溢价发行收入或是计入所发行债务的初始确认金额。

（四）企业合并成本在取得的可辨认资产和负债之间的分配

非同一控制下的企业合并中，通过企业合并交易，购买方无论是取得对被购买方生产经营决策的控制权还是取得被购买方的全部净资产，从本质上看，取得的均是对被购买方净资产的控制权，视合并方式的不同，控股合并的情况下，购买方在其个别财务报表中应确认所形成的对被购买方的长期股权投资，该长期股权投资所代表的是购买方在合并中取得的对被购买方各项资产、负债中享有的份额，具体体现在合并财务报表中应列示的有关资产、负债的价值；吸收合并的情况下，合并中取得的被购买方各项可辨认资产、负债等直接体现为购买方账簿及个别财务报表中的资产、负债项目。

1. 购买方在企业合并中取得的被购买方各项可辨认资产和负债，要作为本企业的资产、负债（或合并财务报表中的资产、负债）进行确认，在购买日，应当满足资产、负债的确认条件。有关的确认条件包括：

（1）合并中取得的被购买方的各项资产（无形资产除外），其所带来的未来经济利益预期能够流入企业且公允价值能够可靠计量的，应单独作为资产确认。

（2）合并中取得的被购买方的各项负债（或有负债除外），履行有关的义务预期会导致经济利益流出企业且公允价值能够可靠计量的，应单独作为负债确认。

2. 企业合并中取得的无形资产在其公允价值能够可靠计量的情况下应单独予以确认。企业合并中取得的需要区别于商誉单独确认的无形资产一般是按照合同或法律产生的权利，某些并非产生于合同或法律规定的无形资产，需要区别于商誉单独确认的条件是能够对其进行区分，即能够区别于被购买企业的其他资产并且能够单独出售、转让、出租等。公允价值能够可靠计量的情况下，应区别于商誉单独确认的无形资产一般包括：商标、版权及与其相关的许可协议、特许权、分销权等类似权利、专利技术、专有技术等。

3. 对于购买方在企业合并时可能需要代被购买方承担的或有负债，在其公允价值能够可靠计量的情况下，应作为合并中取得的负债单独确认。企业合并中对于或有负债的确认条件，与企业在正常经营过程中因或有事项需要确认负债的条件不同，在购买日，可能相关的或有事项导致经济利益流出企业的可能性还比较小，但其公允价值能够合理确定的情况下，即需要作为合并中取得的负债确认。

4. 企业合并中取得的资产、负债在满足确认条件后,应以其公允价值计量。对于被购买方在企业合并之前已经确认的商誉和递延所得税项目,购买方在对企业合并成本进行分配、确认合并中取得可辨认资产和负债时不应予以考虑。在按照规定确定了合并中应予确认的各项可辨认资产、负债的公允价值后,其计税基础与账面价值不同形成暂时性差异的,应当按照《企业会计准则第 18 号——所得税》的规定确认相应的递延所得税资产或递延所得税负债。

(五) 企业合并成本与合并中取得的被购买方可辨认净资产公允价值份额差额的处理

购买方对于企业合并成本与确认的可辨认净资产公允价值份额的差额,应视情况分别处理。

1. 企业合并成本大于合并中取得的被购买方可辨认净资产公允价值份额的差额应确认为商誉。视企业合并方式的不同,控股合并的情况下,该差额是指在合并财务报表中应予列示的商誉,即长期股权投资的成本与购买日按照持股比例计算确定应享有被购买方可辨认净资产公允价值份额之间的差额;吸收合并的情况下,该差额是购买方在其账簿及个别财务报表中应确认的商誉。商誉代表的是合并中取得的由于不符合确认条件未确认的资产以及被购买方有关资产产生的协同效应或合并盈利能力。商誉在确认以后,持有期间不要求摊销,应当按照《企业会计准则第 8 号——资产减值》的规定对其价值进行测试,按照账面价值与可收回金额孰低的原则计量,对于可收回金额低于账面价值的部分,计提减值准备,有关减值准备在提取以后不能够转回。

2. 企业合并成本小于合并中取得的被购买方可辨认净资产公允价值份额的部分,应计入合并当期损益。该种情况下,购买方首先要对合并中取得的资产、负债的公允价值以及作为合并对价的非现金资产或发行的权益性证券等的公允价值进行复核,如果复核结果表明所确定的各项资产和负债的公允价值确定是恰当的,应将企业合并成本低于取得的被购买方可辨认净资产公允价值份额之间的差额,计入合并当期的营业外收入,并在会计报表附注中予以说明。

在吸收合并的情况下,上述企业合并成本小于合并中取得的被购买方可辨认净资产公允价值份额的差额,应记入购买方的合并当期的个别利润表;在控股合并的情况下,上述差额应体现在合并当期的合并利润表中,不影响购买方的个别利润表。

(六) 购买日合并财务报表的编制

非同一控制下的企业合并中形成母子公司关系的,购买方一般应于购买日编制合并资产负债表,反映其于购买日开始能够控制的经济资源情况。在合并资产负债表中,合并中取得的被购买方各项可辨认资产、负债应以其在购买日的公允价值计量,长期股权投资的成本大于合并中取得的被购买方可辨认净资产公允价值份额的差额，体现为合并财务报表中的商誉；长期股权投资的成本小于合并中取得的被购买方可辨认净资产公允价值份额的差额，应记入合并利润表中作为合并当期损益。因购买日不需要编制合并利润表，该差额体现在合并资产负债表中，应调整合并资产负债表的盈余公积和未分配利润。

二、非同一控制下企业合并的具体会计处理

（一）非同一控制下的控股合并

非同一控制下的控股合并方式下，购买方所涉及的会计处理问题主要有两个方面：一是购买日因进行企业合并形成的对被购买方的长期股权投资初始投资成本的确定，该成本与作为合并对价支付的有关资产账面价值之间差额的处理；二是购买日合并财务报表的编制。

非同一控制下的企业合并中，购买方取得对被购买方控制权的，在购买日应当按照确定的企业合并成本（不包括应自被购买方收取的现金股利或利润），作为形成的对被购买方长期股权投资的初始投资成本，借记"长期股权投资"科目，按享有被购买方已宣告但尚未发放的现金股利或利润借记"应收股利"科目，按支付合并对价的账面价值贷记有关资产或借记有关负债科目，按发生的直接相关费用贷记"银行存款"等科目，按其差额贷记"资产处置损益"或借记"资产处置损益"等科目。

购买方为取得对被购买方的控制权，以支付非货币性资产为对价的，有关非货币性资产在购买日的公允价值与其账面价值的差额，应作为资产的处置损益，记入合并当期的利润表。其中，以库存商品等作为合并对价的，应按库存商品的公允价值，贷记"主营业务收入"科目，并同时结转相关的成本。具体会计处理如下。

（1）长期股权投资的初始投资成本确定。

企业合并成本 ＝ 支付的现金或非现金资产的公允价值 ＋ 发行或承担债务的公允价值 ＋ 发行的权益性证券的公允价值

借：长期股权投资　　　　　　　　　　（企业合并成本）
　　　应收股利
　　　　　（享有被购买方已宣告但尚未发放的现金股利或利润）
　　贷：资产类科目　　　　　　（支付合并对价资产的账面价值）
　　　　资产处置损益（或借记资产处置损益）
　　　　　　　　　（固定资产的公允价值与账面价值的差额）
　　　　投资收益（或借记"投资收益"）
　　　　　　　　　（投资的公允价值与账面价值的差额）
　　　　主营业务收入
　　　　　　　（以库存商品作为合并对价的，应按库存商品的公允价值）

借：管理费用　　　　　　　　　　　　　　　　　　（直接相关费用）
　　　贷：银行存款　　　　　　　　　　　　　　　　　（直接相关费用）

（2）购买日计算合并商誉。

$$合并商誉 = 企业合并成本 - 合并中取得被购买方可辨认净资产公允价值的份额$$

（3）购买日编制合并财务报表。

第一，调整分录（将子公司的账面价值调整为公允价值）：

借：存货
　　长期股权投资
　　固定资产
　　无形资产
　　贷：资本公积

第二，抵销分录：

借：实收资本
　　资本公积
　　盈余公积
　　未分配利润
　　商誉
　　贷：长期股权投资
　　　　少数股东权益

【例12-4】沿用〖例12-3〗中的有关资料，P公司在该项合并中发行1 000万股普通股（每股面值1元），市场价格为8.75元，取得了S公司70%的股权。编制购买方在购买日的合并资产负债表（单位：万元）。

①确认长期股权投资：

借：长期股权投资　　　　　　　　　　　　　　　　　　　　　　8 750
　　贷：股本　　　　　　　　　　　　　　　　　　　　　　　　1 000
　　　　资本公积——股本溢价　　　　　　　　　　　　　　　　7 750

②计算确定商誉。假定S公司除已确认资产外，不存在其他需要确认的资产及负债，则P公司首先计算合并中应确认的合并商誉：

合并商誉 = 企业合并成本 - 合并中取得被购买方可辨认净资产公允价值的份额
　　　　 = 8 750 - 10 850 × 70% = 1 155（万元）

资本公积 = 10 850 - (2 500 + 500 + 1 005) = 6 845（万元）

③编制抵销分录（单位：万元）：

借：存货（450 - 255）　　　　　　　　　　　　　　　　　　　　195
　　长期股权投资（3 800 - 2 150）　　　　　　　　　　　　　　1 650
　　固定资产（5 500 - 3 000）　　　　　　　　　　　　　　　　2 500
　　无形资产（1 500 - 500）　　　　　　　　　　　　　　　　　1 000
　　贷：资本公积　　　　　　　　　　　　　　　　　　　　　　5 345

借：实收资本 2 500
　　资本公积 6 845
　　盈余公积 500
　　未分配利润 1 005
　　商誉（8 750 - 10 850 × 70%） 1 155
　　贷：长期股权投资 8 750
　　　　少数股东权益（10 850 × 30%） 3 255

④编制合并资产负债表，如表 12-3 所示。

表 12-3　　　　　　　　合并资产负债表（简表）
2×21年6月30日　　　　　　　　　　　　　　　单位：万元

项目	P公司	S公司	抵销分录 借方	抵销分录 贷方	合并金额
资产：					
货币资金	4 312.50	450			4 762.50
存货	6 200	255		195	6 650
应收账款	3 000	2 000			5 000
长期股权投资	13 750	2 150	1 650	8 750	8 800
固定资产：					
固定资产原价	10 000	4 000	2 500		16 500
减：累计折旧	3 000	1 000			4 000
无形资产	4 500	500	1 000		6 000
商誉	0	0	1 155		1 155
资产总计	38 762.50	8 355			44 867.50
负债和所有者权益：					
短期借款	2 500	2 250			4 750
应付账款	3 750	300			4 050
其他负债	375	300			675
负债合计	6 625	2 850			9 475
实收资本（股本）	8 500	2 500	2 500		8 500
资本公积	12 750	1 500	6 845	5 345	12 750
盈余公积	5 000	500	500		5 000
未分配利润	5 887.50	1 005	1 005		5 887.50
少数股东权益				3 255	3 255
所有者权益合计	32 137.50	5 505			35 392.50
负债和所有者权益总计	38 762.50	8 355			44 867.50

（二）非同一控制下的吸收合并

非同一控制下的吸收合并方式下，购买方在购买日应当将合并中取得的符合确认条件的各项资产、负债，按其公允价值确认为本企业的资产和负债；作为合并对价的有关非货币性资产在购买日的公允价值与其账面价值的差额，应作为资产的处置损益，记入合并当期的利润表；确定的企业合并成本与所取得的被购买方可辨认净资产公允价值的差额，视情况分别确认为商誉或是作为企业合并当期的损益记入利润表。其具体处理原则与非同一控制下的控股合并类似，不同点在于，在非同一控制下的吸收合并中，合并中取得的可辨认资产和负债是作为个别报表中的项目列示，合并中产生的商誉也是作为购买方账簿及个别财务报表中的资产列示。

三、通过多次交易分步实现的企业合并

如果企业合并并非通过一次交换交易实现，而是通过多次交换交易分步实现的，则企业在每一单项交易发生时应确认对被购买方的投资。投资企业在持有被投资单位的部分股权后，通过增加持股比例等达到对被投资单位形成控制的，应分别每一单项交易的成本与该交易发生时被投资单位可辨认净资产公允价值的份额进行比较，确定每一单项交易中产生的商誉。达到企业合并时点应确认的商誉（或合并财务报表中应确认的商誉）为每一单项交易中应确认的商誉之和。对于通过多次交易分步实现的企业合并，实务操作中，应按以下顺序进行处理：

1. 对长期股权投资的账面余额进行调整。达到企业合并前长期股权投资采用成本法核算的，其账面余额一般无须调整；达到企业合并前长期股权投资采用权益法核算的，应进行调整，将其账面价值调整至取得投资时的初始投资成本，相应调整留存收益等。

2. 比较达到企业合并时每一单项交易的成本与交易时应享有被投资单位可辨认净资产公允价值的份额，确定每一单项交易应予确认的商誉或是应计入发生当期损益的金额。购买方在购买日确认的商誉（或计入损益的金额）应为每一单项交易产生的商誉（或应予确认损益的金额）之和。

3. 对于被购买方在购买日与交易日之间可辨认净资产公允价值的变动，相对于原持股比例的部分，在合并财务报表（吸收合并是指购买方个别财务报表）中应调整所有者权益相关项目，其中属于原取得投资后被投资单位实现净损益增加的资产价值量，应调整留存收益等，差额调整资本公积。

【例12–5】A公司于2×21年以5 000万元取得B公司10%的股份，取得投资时B公司净资产的公允价值为45 000万元。因未以任何方式参与B公司的生产经营决策，A公司对持有的该投资采用成本法核算。2×22年，A公司另支付25 000万元取得B公司50%的股份，能够对B公司实施控制。购买日B公司可辨认净资产公允价值为47 500万元。B公司自2×21年A公司取得投资后至

2×22 年进一步购买股份前实现的留存收益为 1 500 万元,未进行利润分配。

①购买日 A 公司首先应确认取得的对 B 公司的投资:

借:长期股权投资   250 000 000
  贷:银行存款等   250 000 000

②计算达到企业合并时点应确认的商誉:

原持有 10% 股份应确认的商誉 = 5 000 - 45 000 × 10% = 500(万元)

进一步取得 50% 股份应确认的商誉 = 25 000 - 47 500 × 50% = 1 250(万元)

合并财务报表中应确认的商誉 = 500 + 1 250 = 1 750(万元)

③资产增值的处理:

原持有 10% 股份在购买日对应的可辨认净资产公允价值 = 47 500 × 10%
                     = 4 750(万元)

原取得投资时应享有 B 公司净资产公允价值的份额 = 45 000 × 10%
                     = 4 500(万元)

两者之间差额 250 万元在合并财务报表中属于 B 公司在投资以后实现留存收益的部分 150 万元(1 500 × 10%),调整合并财务报表中的盈余公积和未分配利润,剩余部分 100 万元调整资本公积。

四、购买子公司少数股权的处理

企业在取得对子公司的控制权,形成企业合并后,自子公司的少数股东处取得少数股东拥有的对该子公司全部或部分少数股权,该类交易或事项发生以后,应当遵循以下原则分别母公司个别财务报表以及合并财务报表两种情况进行处理。

1. 从母公司个别财务报表角度,其自子公司少数股东处新取得的长期股权投资应当按照《企业会计准则第 2 号——长期股权投资》的相关规定确定其入账价值。即:以支付现金取得的长期股权投资,应当按照实际支付的购买价款作为初始投资成本,其初始投资成本包括与取得长期股权投资直接相关的费用、税金及其他必要支出;以发行权益性证券取得的长期股权投资,应当按照发行权益性证券的公允价值作为初始投资成本。投资者投入的长期股权投资,应当按照投资合同或协议约定的价值作为初始投资成本,但合同或协议约定的价值不公允的除外。通过非货币性资产交换取得的长期股权投资,其初始投资成本应当按照《企业会计准则第 7 号——非货币性资产交换》确定。通过债务重组取得的长期股权投资,其初始投资成本应当按照《企业会计准则第 12 号——债务重组》确定。

2. 在合并财务报表中,子公司的资产、负债应以购买日(或合并日)开始持续计算的金额反映。母公司新取得的长期股权投资与按照新增持股比例计算应享有子公司自购买日(或合并日)开始持续计算的可辨认净资产份额之间的差额,应当调整合并财务报表中的资本公积(资本溢价或股本溢价),资本公积(资本溢价或股本溢价)的余额不足冲减的,调整留存收益。按此处理后新增持股比例部分在合并财务报表中不确认商誉。

【例 12-6】 A 公司于 2×20 年 12 月 29 日以 20 000 万元取得对 B 公司 70% 的股权，能够对 B 公司实施控制，形成非同一控制下的企业合并。2×21 年 12 月 25 日 A 公司又出资 7 500 万元自 B 公司的其他股东处取得 B 公司 20% 的股权。A 公司、B 公司及 B 公司的少数股东在交易前不存在任何关联方关系。

2×20 年 12 月 29 日，A 公司在取得 B 公司 70% 的股权时，B 公司可辨认净资产公允价值总额为 25 000 万元。

2×21 年 12 月 25 日，B 公司有关资产和负债的账面价值、以购买日开始持续计算的金额（对母公司的价值）以及在交易日的公允价值情况如表 12-4 所示。

表 12-4   单位：万元

项　目	B 公司的账面价值	B 公司资产、负债对母公司的价值
存货	1 250	1 250
应收款项	6 250	6 250
固定资产	10 000	11 500
无形资产	2 000	3 000
其他资产	5 500	8 000
应付款项	1 500	1 500
其他负债	1 000	1 000
净资产	22 500	27 500

①确定 A 公司对 B 公司长期股权投资的成本。

2×20 年 12 月 29 日为该非同一控制下企业合并的购买日，A 公司取得对 B 公司长期股权投资的成本为 20 000 万元。

2×21 年 12 月 25 日，A 公司在进一步取得 B 公司 20% 的少数股权时，支付价款 7 500 万元。该项长期股权投资在 2×21 年 12 月 25 日的账面余额为 27 500 万元。

②编制合并财务报表时的处理。

第一，商誉的计算。

A 公司取得对 B 公司 70% 的股权时产生的商誉 = 20 000 - 25 000 × 70%
$$= 2\ 500（万元）$$

在合并财务报表中应体现的商誉为 2 500 万元。

第二，所有者权益的调整。

合并财务报表中，B 公司的有关资产、负债应以其对母公司 A 的价值进行合并，即与新取得的 20% 股权相对应的被合并方可辨认资产、负债的金额 = 27 500 × 20% = 5 500（万元）。

因购买少数股权新增加的长期股权投资成本 7 500 万元与按照新取得的股权

比例（20%）计算确定应享有子公司自购买日开始持续计算的可辨认净资产份额5 500万元之间的差额2 000万元，在合并资产负债表中应当调整所有者权益相关项目，首先调整资本公积（资本溢价或股本溢价），在资本公积（资本溢价或股本溢价）的金额不足冲减的情况下，调整留存收益。

五、被购买方的会计处理

非同一控制下的企业合并中，被购买方在企业合并后仍持续经营的，如购买方取得被购买方100%股权，被购买方可以按合并中确定的有关资产、负债的公允价值调账，其他情况下被购买方不应因企业合并改记资产、负债的账面价值。

练 习 题

一、单项选择题

1. A企业于2×17年6月20日取得B公司10%的股权，于2×17年12月20日取得B公司10%的股权并有重大影响，于2×18年12月20日又取得B公司40%的股权，假定于当日开始能够对B公司实施控制，则企业合并的购买日为（ ）。
   A. 2×17年6月20日 B. 2×17年12月20日
   C. 2×18年12月20日 D. 2×19年1月1日

2. 甲公司和乙公司同为A集团的子公司，2×17年1月1日甲公司以银行存款760万元取得乙公司所有者权益的80%，同日乙公司所有者权益的账面价值为1 000万元，可辨认净资产公允价值为1 100万元。2×17年1月1日甲公司应确认的资本公积为（ ）万元。
   A. 40（借方） B. 40（贷方） C. 0 D. 120（贷方）

3. 甲公司和乙公司同为A集团的子公司，2×17年8月1日甲公司发行600万股普通股（每股面值1元）作为对价取得乙公司60%的股权，普通股每股市价为1.5元，同日乙公司账面净资产总额为1 300万元，公允价值为1 500万元。2×17年8月1日甲公司取得的长期股权投资的入账价值为（ ）万元。
   A. 900 B. 750 C. 780 D. 600

4. 甲公司发行1 000万股普通股（每股面值1元，市价5元）作为合并对价取得乙公司100%的股权，合并后乙公司维持法人资格继续经营，合并双方合并前无关联关系，购买日乙企业的可辨认资产公允价值总额为5 000万元，可辨认负债公允价值总额为2 000万元，则合并成本与享有被购买方可辨认净资产公允价值份额的差额应（ ）。
   A. 计入商誉3 000万元
   B. 计入资本公积3 000万元
   C. 个别报表不作账务处理，编制合并财务报表时确认合并商誉2 000万元
   D. 个别报表不作账务处理，编制合并财务报表时确认资本公积2 000万元

5. 非同一控制下企业合并中，以发行权益性证券取得的长期股权投资，其初始投资成本应当按照（ ）确定。
   A. 发行权益性证券的公允价值

· 283 ·

B. 发行权益性证券的账面价值

C. 发行权益性证券的面值总额

D. 取得原投资单位长期股权投资的账面价值

6. 甲公司2×17年4月1日与乙公司原投资者A公司签订协议，甲公司以存货和承担A公司的短期还贷款义务换取A持有的乙公司股权，2×17年7月1日合并日乙公司可辨认净资产公允价值为2 000万元，所有者权益账面价值为1 800万元，甲公司取得70%的份额。甲公司投出存货的公允价值为1 000万元，增值税170万元，账面成本800万元，承担归还贷款义务400万元。甲公司和乙公司不属于同一控制下的公司。甲公司取得乙公司长期股权投资的入账价值为（   ）万元。

  A. 1 400   B. 1 260   C. 1 570   D. 1 117

7. 非同一控制下企业合并中，关于一次交换交易实现的企业合并，其合并成本为（   ）。

  A. 购买方在购买日为取得对被购买方的控制权而付出的资产、发生或承担的负债以及发行的权益性证券的公允价值

  B. 被合并方可辨认净资产公允价值

  C. 被合并方可辨认净资产账面价值

  D. 购买方在购买日为取得对被购买方的控制权而付出的资产、发生或承担的负债以及发行的权益性证券的账面价值

8. 非同一控制下企业合并，购买方对于企业合并成本大于合并中取得的被购买方可辨认净资产公允价值份额的差额，下列会计处理方法不正确的表述是（   ）。

  A. 应确认为商誉，控股合并情况下，该差额是指合并财务报表中应列示的商誉

  B. 应确认为商誉，吸收合并情况下，该差额是购买方在其账簿及个别财务报表中应确认的商誉

  C. 商誉在确认以后，持有期间不要求摊销，每一会计年度末，企业应当按照《企业会计准则第8号——资产减值》的规定对其进行减值测试，按照账面价值与可收回金额孰低的原则计量，对于可收回金额低于账面价值的部分计提减值准备，有关减值准备在提取以后不能够转回

  D. 商誉在确认以后，应在规定的10年内摊销，同时在每一会计年度末，企业应当按照《企业会计准则第8号——资产减值》的规定对其进行减值测试，按照账面价值与可收回金额孰低的原则计量，对于可收回金额低于账面价值的部分计提减值准备，有关减值准备在提取以后，可以转回

9. 企业合并后仍维持其独立法人资格继续经营的企业合并形式为（   ）。

  A. 控股合并   B. 吸收合并

  C. 换股合并   D. 新设合并

10. 甲公司以一台固定资产和一项专利权作为对价取得同一集团内乙公司100%的股权。固定资产为一台原价1 000万元、累计折旧400万元的设备；专利权的原价为600万元、累计摊销为150万元。合并日乙公司账面所有者权益总额为1 300万元，甲公司在确认对乙公司的长期股权投资时，确认的资本公积为（   ）。

  A. 贷记250万元   B. 借记250万元

  C. 不产生资本公积   D. 贷记300万元

11. 甲公司和乙公司不属于同一控制下的公司，2×17年1月1日甲公司以一台固定资产投资取得乙公司所有者权益的60%，该固定资产的公允价值为2 000万元，账面价值为1 800万元，同日乙公司所有者权益的账面价值为3 100万元，可辨认净资产的公允价值为3 500万

元。2×17年1月1日甲公司应确认的合并成本为（　　）万元。

  A. 1 860   B. 1 800   C. 2 000   D. 2 100

12. 2×17年1月1日，甲公司以一台固定资产和银行存款400万元向乙公司投资（甲公司和乙公司不属于同一控制下的两个公司），占乙公司注册资本的60%，该固定资产的账面原价为8 000万元，已计提折旧500万元，已计提固定资产减值准备200万元，公允价值为7 600万元。同日，乙公司可辨认净资产公允价值为13 000万元。不考虑其他相关税费。甲公司2×17年1月1日应确认的合并成本为（　　）万元。

  A. 8 000   B. 7 600   C. 7 800   D. 13 000

13. A公司于2×17年7月1日以2 000万元取得B公司30%的股权，因能够派人参与B公司的生产经营决策，对所取得的长期股权投资按照权益法核算，并于2×17年确认对B公司的投资收益200万元（该项投资的初始投资成本与投资时应享有被投资单位的可辨认净资产公允价值的份额相等）。2×18年7月1日，A公司又斥资2 500万元取得B公司另外30%的股权。假定A公司在取得B公司的长期股权投资后，B公司并未宣告发放现金股利或利润。A公司按净利润的10%提取法定盈余公积。2×18年7月1日A公司的合并成本为（　　）万元。

  A. 2 500   B. 2 000   C. 4 500   D. 4 700

14. A公司于2×17年7月1日以账面价值7 000万元、公允价值9 000万元的资产交换甲公司对B公司100%的股权，使B公司成为A公司的全资子公司，另发生直接相关税费40万元，为控股合并，购买日B公司可辨认净资产公允价值为8 000万元。假如合并各方没有关联关系，A公司合并成本和长期股权投资的初始确认金额为（　　）万元。

  A. 7 000和8 000   B. 9 000和8 000

  C. 9 040和9 040   D. 7 000和8 040

15. 甲公司和乙公司不属于同一控制下的公司。甲公司2×17年4月1日与乙公司原投资者A公司签订协议，甲公司以存货和承担A公司的短期贷款归还义务换取A持有的乙公司股权，2×17年7月1日合并日乙公司可辨认净资产公允价值为1 100万元，甲公司取得70%的份额。甲公司投出存货的公允价值为500万元，增值税为85万元，账面成本为400万元，承担归还贷款义务200万元。甲公司2×17年7月1日应确认的合并成本为（　　）万元。

  A. 700   B. 785   C. 770   D. 585

二、多项选择题

1. 为进行企业合并发生的各项直接相关费用，下列说法中正确的有（　　）。

  A. 非同一控制下的企业合并，购买方为进行企业合并发生的各项直接相关费用应当计入企业合并成本

  B. 非同一控制下的企业合并，购买方为进行企业合并发生的各项直接相关费用应当计入当期损益

  C. 非同一控制下的企业合并，购买方为进行企业合并发生的各项直接相关费用应当计入所有者权益

  D. 同一控制下的企业合并，合并方为进行企业合并发生的各项直接相关费用，应当于发生时计入当期损益

  E. 同一控制下的企业合并，合并方为进行企业合并发生的各项直接相关费用，应当于发生时计入所有者权益

2. 同一控制下吸收合并在合并日的会计处理正确的有（　　）。

  A. 合并方取得的资产和负债应当按照合并日被合并方的账面价值计量

B. 合并方取得的资产和负债应当按照合并日被合并方的公允价值计量
C. 以支付现金、非现金资产作为合并对价的，发生的各项直接相关费用计入管理费用
D. 合并方取得净资产账面价值与支付的合并对价账面价值的差额调整资本公积
E. 合并方取得净资产账面价值与支付的合并对价账面价值的差额调整未分配利润

3. 对非同一控制下的企业合并时的合并成本，下列说法中正确的有（　　）。
   A. 一次交换交易实现的企业合并，合并成本为购买方在购买日为取得对被购买方的控制权而付出的资产、发生或承担的负债以及发行的权益性证券的公允价值
   B. 通过多次交换交易分步实现的企业合并，合并成本为每一单项交易成本之和
   C. 购买方为进行企业合并发生的各项直接相关费用应当计入企业合并成本
   D. 购买方为进行企业合并发生的各项直接相关费用应当计入当期损益
   E. 在合并合同或协议中对可能影响合并成本的未来事项做出约定的，购买日如果估计未来事项很可能发生并且对合并成本的影响金额能够可靠计量的，购买方应当将其计入合并成本

4. 确定购买日的基本原则是控制权转移的时点。企业在实务操作中，同时满足以下条件时，一般可认为实现了控制权的转移，形成购买日。包括（　　）。
   A. 企业合并合同或协议已获股东大会等内部权力机构通过
   B. 按照规定，合并事项需要经过国家有关主管部门审批的，已获得相关部门的批准
   C. 参与合并各方已办理了必要的财产产权交接手续
   D. 购买方已支付了购买价款的大部分（一般应超过50%），并且有能力支付剩余款项
   E. 购买方实际上已经控制了被购买方的财务和经营政策，并享有相应的收益和风险

5. 下列有关同一控制下的企业合并表述中，正确的有（　　）。
   A. 合并方在合并中确认取得的被合并方的资产、负债仅限于被合并方账面上原已确认的资产和负债，合并中不产生新的资产和负债
   B. 合并方在合并中确认取得的被合并方的资产时，不包括被合并方在企业合并前账面上原已确认的商誉
   C. 合并方在合并中确认取得的被合并方的资产、负债时，不确认商誉
   D. 合并方在合并中确认取得的被合并方的资产时，不包括被合并方在企业合并前账面上原已确认的递延所得税资产和递延所得税负债
   E. 合并方在合并中取得的被合并方各项资产、负债应维持其在被合并方的原账面价值不变

6. 下列有关同一控制下的企业合并表述，正确的有（　　）。
   A. 合并方在合并中取得的净资产的入账价值相对于为进行企业合并支付的对价账面价值之间的差额，不作为资产的处置损益，不影响合并当期利润表，有关差额应调整所有者权益相关项目
   B. 合并方在企业合并中取得的价值量相对于所放弃价值量之间存在差额的，调整合并方的所有者权益时，应首先调整资本公积（资本溢价或股本溢价），资本公积（资本溢价或股本溢价）的余额不足冲减的，应冲减留存收益
   C. 合并方在企业合并中取得的价值量相对于所放弃价值量之间存在差额的，调整合并方的商誉或计入营业外收入
   D. 对于同一控制下的控股合并，合并方在编制合并财务报表时，参与合并各方在合并以前期间实现的留存收益应体现为合并财务报表中的留存收益
   E. 合并方在编制合并财务报表时，应以合并方的资本公积（资本溢价或股本溢价）贷

方余额为限，在所有者权益内部进行调整，将被合并方在合并日以前实现的留存收益中按照持股比例计算归属于合并方的部分自资本公积转入留存收益

7. 下列关于非同一控制下企业合并确定的合并成本表述，正确的有（　　）。
   A. 企业合并成本包括购买方为进行企业合并支付的现金或非现金资产、发行或承担的债务、发行的权益性证券等在购买日的公允价值以及企业合并中发生的各项直接相关费用
   B. 参与合并各方在企业合并合同或协议中规定，如果被购买方连续两年净利润超过一定水平，购买方需支付额外对价的，如果合并方在购买日预计被购买方的盈利水平很可能会达到合同或协议规定的标准，则应将按照合同或协议约定需支付的金额并入企业合并成本一并考虑
   C. 对于购买方在企业合并时可能需要代被购买方承担的或有负债，在其公允价值能够可靠计量的情况下，应作为合并中取得的负债单独确认
   D. 非同一控制下企业合并中发生的与企业合并直接相关的费用，应当计入企业合并成本
   E. 为进行企业合并发行的权益性证券或发行的债务相关的手续费、佣金等，应当计入企业合并成本

8. 非同一控制下的企业合并中，购买方的合并成本与合并中取得的被购买方可辨认净资产公允价值份额的差额，下列说法中正确的有（　　）。
   A. 购买方对合并成本大于合并中取得的被购买方可辨认净资产公允价值份额的差额，应当确认为商誉
   B. 购买方对合并成本大于合并中取得的被购买方可辨认净资产公允价值份额的差额，应当计入当期损益
   C. 购买方对合并成本小于合并中取得的被购买方可辨认净资产公允价值份额的差额，应当确认为商誉
   D. 购买方对合并成本小于合并中取得的被购买方可辨认净资产公允价值份额的差额，首先对取得的被购买方各项可辨认资产、负债及或有负债的公允价值以及合并成本的计量进行复核，经复核后合并成本仍小于合并中取得的被购买方可辨认净资产公允价值份额的，其差额应当计入当期损益
   E. 购买方对合并成本小于合并中取得的被购买方可辨认净资产公允价值份额的差额，应当直接计入所有者权益

9. 下列关于购买方确认的表述中正确的有（　　）。
   A. 以支付现金、转让非现金资产或承担负债的方式进行的企业合并，一般支付现金、转让非现金资产或是承担负债的一方为购买方
   B. 考虑参与合并各方的股东在合并后主体的相对投票权，其中股东在合并后主体具有相对较高投票比例的一方一般为购买方
   C. 参与合并各方的管理层对合并后主体生产经营决策的主导能力，如果合并导致参与合并一方的管理层能够主导合并后主体生产经营政策的制定，其管理层能够实施主导作用的一方一般为购买方
   D. 参与合并一方的公允价值远远大于另一方的，公允价值较大的一方很可能为购买方
   E. 企业合并是通过以有表决权的股份换取另一方的现金及其他资产的，则付出现金或其他资产的一方很可能为购买方

三、计算及账务处理题

1. A 公司以一项账面价值为 2 800 万元的固定资产（原价 4 000 万元，累计折旧 1 200 万元）、一项账面价值为 1 200 万元的无形资产（原价 3 000 万元，累计摊销 1 800 万元）以及一项账面价值为 2 000 万元的交易性金融资产为对价取得同一集团内另一家全资企业 B 公司 100% 的股权。对价的账面价值为 6 000 万元。合并日，A 公司和 B 公司所有者权益构成如下表所示。

所有者权益构成　　　　　　　　　　　　　　　　　　　　　　　　　单位：万元

A 公司		B 公司	
项目	金额	项目	金额
股本	36 000	股本	2 000
资本公积（资本溢价）	1 000	资本公积	2 000
盈余公积	8 000	盈余公积	3 000
未分配利润	20 000	未分配利润	3 000
合计	65 000	合计	10 000

要求：编制取得长期股权投资的账务处理，以及合并日在合并工作底稿中的抵销分录和调整分录。

2. 2×17 年 6 月 30 日，A 公司向 B 公司的股东定向增发 1 500 万股普通股（每股面值为 1 元）对 B 公司进行控股合并，市场价格为每股 3.5 元，取得了 B 公司 70% 的股权。假定该项合并为非同一控制下的企业合并，被购买方 B 公司 2×17 年 6 月 30 日有关资产、负债情况如下表所示。

资产负债表（简表）

2×17 年 6 月 30 日　　　　　　　　　　　　　　　　　　　　　　　　单位：万元

项目	B 公司	
	账面价值	公允价值
资产：		
货币资金	270	270
应收账款	1 200	1 200
存货	153	270
长期股权投资	1 290	2 280
固定资产	1 800	3 300
无形资产	300	900
商誉	0	0
资产总计	5 013	8 220
负债和所有者权益：		
短期借款	1 350	1 350
应付账款	180	180

续表

项　　目	B 公司	
	账面价值	公允价值
其他应付款	180	180
负债合计	1 710	1 710
股本	1 500	
资本公积	900	
盈余公积	300	
未分配利润	603	
所有者权益合计	3 303	6 510

B 公司的股东对出售 B 公司股权选择采用免税处理。B 公司各项可辨认资产、负债在合并前账面价值与其计税基础相同。各公司适用的所得税税率均为 25%。

要求：

（1）编制购买日的有关会计分录；

（2）编制 A 公司在购买日合并资产负债表中的调整分录；

（3）编制 A 公司在购买日合并资产负债表中的抵销分录。

第十三章 合并财务报表

> **学习指南**
>
> 本章是关于合并财务报表编制的介绍。合并财务报表是指反映母公司和其全部子公司形成的企业集团整体财务状况、经营成果和现金流量的财务报表。本章的主要内容包括：一是合并财务报表概述；二是合并资产负债表的编制；三是合并利润表的编制；四是合并现金流量表的编制；五是合并所有者权益变动表的编制。通过本章的学习，要求掌握合并财务报表的编制范围和编制程序；掌握合并资产负债表的编制；掌握合并利润表的编制；掌握合并现金流量表的编制；熟悉合并所有者权益变动表的编制。

第一节 合并财务报表概述

一、合并财务报表的概念和特点

按照《财政部关于印发修订〈企业会计准则第33号——合并财务报表〉的通知》的规定，合并财务报表是指反映母公司和其全部子公司形成的企业集团整体财务状况、经营成果和现金流量的财务报表。与个别财务报表相比，合并财务报表具有下列特点：第一，合并财务报表反映的对象是由母公司和其全部子公司组成的会计主体。第二，合并财务报表由母公司编制，但所对应的会计主体是由母公司及其控制的所有子公司所构成的合并财务报表主体（以下简称合并集团）。第三，合并财务报表是站在合并财务报表主体的立场上，以纳入合并范围的企业个别财务报表为基础，根据其他有关资料，抵销母公司与子公司、子公司相互之间发生的内部交易（以下简称内部交易），考虑了特殊交易事项对合并财务报表的影响后编制的旨在反映合并财务报表主体作为一个整体的财务状况、经营成果和现金流量。但如果母公司是投资性主体，且不存在为其投资活动提供相关服务的子公司，则不应编制合并财务报表。除上述情况外，不允许有其他情况的豁免。

二、合并范围的确定

合并财务报表的合并范围应当以控制为基础予以确定,不仅包括根据表决权(或类似权利)本身或者结合其他安排确定的子公司,也包括基于一项或多项合同安排决定的结构化主体。控制,是指投资方拥有对被投资方的权力,通过参与被投资方的相关活动而享有可变回报,并且有能力运用对被投资方的权力影响其回报金额。控制的定义包含三项基本要素:一是投资方拥有对被投资方的权力;二是因参与被投资方的相关活动而享有可变回报;三是有能力运用对被投资方的权力影响其回报金额。在判断投资方是否能够控制被投资方时,当且仅当投资方具备上述三要素时,才能表明投资方能够控制被投资方。

(一)投资方拥有对被投资方的权力

投资方拥有对被投资方的权力是判断控制的第一要素,这要求投资方需要识别被投资方并评估其设立目的和设计、识别被投资方的相关活动以及对相关活动进行决策的机制,确定投资方及涉入被投资方的其他方拥有的与被投资方相关的权力等,以确定投资方当前是否有能力主导被投资方的相关活动。

1. 评估被投资方的设立目的和设计。被投资方可能是一个有限责任公司、股份有限公司、尚未进行公司制改建的国有企业,也可能是一个合伙企业或信托、专项资产管理计划等。在少数情况下,也可能包括被投资方的一个可分割部分。在判断投资方对被投资方是否拥有权力时,通常要结合被投资方的设立目的和设计。评估被投资方的设立目的和设计,有助于识别被投资方的哪些活动是相关活动、相关活动的决策机制、被投资方相关活动的主导方以及涉入被投资方的哪一方能从相关活动中取得可变回报。

(1)被投资方的设计安排表明表决权是判断控制的决定因素。当对被投资方的控制是通过持有其一定比例表决权或是潜在表决权的方式时,在不存在其他改变决策的安排的情况下,主要根据通过行使表决权来决定被投资方的财务和经营政策的情况判断控制。例如,在不存在其他因素时,通常持有半数以上表决权的投资方控制被投资方,但是,当章程或者其他协议存在某些特殊约定(如被投资方相关活动的决策需要2/3以上表决权比例通过)时,拥有半数以上但未达到约定比例等并不意味着能够控制被投资方。

(2)被投资方的设计安排表明表决权不是判断控制的决定因素。当表决权仅与被投资方的日常行政管理活动有关,不能作为判断控制被投资方的决定性因素,被投资方的相关活动可能由其他合同安排规定时,投资方应结合被投资方设计产生的风险和收益、被投资方转移给其他投资方的风险和收益,以及投资方面临的风险和收益等,一并判断是否控制被投资方。需要强调的是,在判断控制的各环节都需要考虑被投资方的设立目的和设计。

【例13-1】A企业为有限合伙企业,经营期限为3年。A企业将全部资金用于对非关联方 B 公司的全资子公司 C 增资，增资完成后，A 企业持有 C 公司 60% 有表决权的股份，B 公司持有 C 公司 40% 有表决权的股份。根据协议，B 公司将在 3 年后以固定价格回购 A 企业持有的 C 公司股份。C 公司是专门建造某大型资产并用于租赁的项目公司，建造期为 5 年，A 企业增资时，该资产已经建造了 2 年。

本例中，被投资方 C 公司的相关活动是用 5 年的时间建造某大型资产，之后以租金的方式取得回报。A 企业增资时，C 公司的资产建造已经开始，大多与建造事项有关的决策很可能已完成，当 A 企业的经营期限结束并将持有的 C 公司股份以固定价格出售给 B 公司时，C 公司刚刚完成建造活动，尚未开始产生回报。因此，A 企业并不能主导 C 公司的相关活动，而且 A 企业也无法通过参与 C 公司的相关活动取得可变回报，A 企业是通过 B 公司回购股份的方式收回其投资成本并取得收益的，因此，即使 A 企业拥有半数以上的表决权，也不能控制被投资方 C 公司。

2. 识别被投资方的相关活动及其决策机制。

（1）被投资方的相关活动。被投资方为经营目的而从事众多活动，但这些活动并非都是相关活动，相关活动是对被投资方的回报产生重大影响的活动。识别被投资方相关活动的目的是确定投资方对被投资方是否拥有权力。不同企业的相关活动可能是不同的，应当根据企业的行业特征、业务特点、发展阶段、市场环境等具体情况来进行判断，这些活动可能包括但不限于下列活动：商品或劳务的销售和购买；金融资产的管理；资产的购买和处置；研究与开发；融资活动。对许多企业而言，经营和财务活动通常对其回报产生重大影响。

【例 13-2】B 投资公司由 A 资产管理公司设立，A 公司持有 B 公司 30% 有表决权的股份，剩余 70% 的股份由与 A 公司无关联关系的公众投资者持有，这些投资者的持股比例十分分散。此外，B 公司还向其他公众投资者发行债务工具。B 公司使用发行债务工具和权益工具所筹集的资金进行金融资产组合投资，并均投资于债务工具，这样，B 公司将可能面临投资本金和利息不能收回的信用风险。为此，双方在协议中明确规定，当所持金融资产组合投资出现违约事项时，B 公司的权益工具持有人首先承担由违约带来的损失，在违约事项带来的损失超过权益工具金额之后，剩余损失由债务工具持有人承担；在违约事项带来的损失超过权益工具金额之前，A 公司管理 B 公司的投资组合；在违约事项带来的损失超过权益工具金额之后，由债务工具持有人指定的其他方管理 B 公司存在违约事项的资产及剩余金融资产的投资。

本例中，在未发生违约事项或违约事项带来的损失小于权益工具金额的情况下，B 公司的相关活动是金融资产投资组合的管理，而在违约事项带来的损失超过权益工具的金额后，B 公司的相关活动转变为对存在违约事项的资产及剩余金融资产投资的管理。同一公司不同时间的相关活动不同，需要进一步判断哪一相关活动为最显著影响其可变回报的相关活动。

（2）被投资方相关活动的决策机制。投资方是否拥有权力，不仅取决于被投资方的相关活动，还取决于对相关活动进行决策的方式，例如，对被投资方的经营、融资等活动做出决策（包括编制预算）的方式，任命被投资方的关键管理人员、给付薪酬及终止劳动合同关系的决策方式等。相关活动一般由企业章程、协议中约定的权力机构（例如股东会、董事会）来决策，特殊情况下，相关活动也可能根据合同协议约定等由其他主体决策，如专门设置的管理委员会等。有限合伙企业的相关活动可能由合伙人大会决策，也可能由普通合伙人或者投资管理公司等决策。

被投资方通常从事若干相关活动，并且这些活动可能不是同时进行。当两个或两个以上投资方能够分别单方面主导被投资方的不同相关活动时，能够主导对被投资方回报产生最重大影响的活动的一方拥有对被投资方的权力，此时，通常需要考虑的因素包括：第一，被投资方的设立目的和设计；第二，影响被投资方利润率、收入和企业价值的决定因素；第三，每一投资方有关上述因素的决策职权范围及其对被投资方回报的影响程度；第四，投资方承担可变回报风险的大小。

【例13-3】A公司和B公司共同投资设立C公司。C公司的主营业务活动为药品研发和销售。根据C公司章程和合资协议的约定，在所研发药品获得相关监管部门的生产批准前，A公司可以单方面主导C公司药品研发活动，而在获得相关监管部门的生产批准后，则由B公司单方面主导该药品的生产和营销决策。

本例中，C公司的药品研发、生产和营销活动均会对C公司的回报产生重大影响。投资方在判断是否对C公司拥有权力时，除了需要结合上述四点进行综合分析以外，还需要考虑下列因素：获得监管部门批准的不确定性和难易程度、被投资方成功开发药品并获取生产批准的历史纪录、产品定位、当前药品所处的开发阶段、所需开发时间、同类药品开发的难易程度、取得同类药品营销渠道的难易程度、开发完成后可实际控制该药品相关经营活动的投资方等。

3. 确定投资方拥有的与被投资方相关的权力。通常情况下，当被投资方从事一系列对其回报产生显著影响的经营及财务活动，且需要就这些活动连续地进行实质性决策时，表决权或类似权利本身或者结合其他安排，将赋予投资方拥有权力。但在一些情况下，表决权不能对被投资方回报产生重大影响（例如，表决权可能仅与日常行政活动有关），被投资方的相关活动由一项或多项合同安排决定。

（1）投资方拥有多数表决权的权力。表决权是对被投资方经营计划、投资方案、年度财务预算方案和决算方案、利润分配方案和弥补亏损方案、内部管理机构的设置、聘任或解聘公司经理及确定其报酬、公司的基本管理制度等事项进行表决而持有的权力。表决权比例通常与其出资比例或持股比例是一致的，但公司章程另有规定的除外。

通常情况下，当被投资方的相关活动由持有半数以上表决权的投资方决定，或者主导被投资方相关活动的管理层多数成员（管理层决策由多数成员表决通过）由持有半数以上表决权的投资方聘任时，无论该表决权是否行使，持有被投

资方过半数表决权的投资方拥有对被投资方的权力,但下述两种情况除外:

一是存在其他安排赋予被投资方的其他投资方拥有对被投资方的权力。例如,存在赋予其他方拥有表决权或实质性潜在表决权的合同安排,且该其他方不是投资方的代理人时,投资方不拥有对被投资方的权力。

二是投资方拥有的表决权不是实质性权利。例如,有确凿证据表明,由于客观原因无法获得必要的信息或存在法律法规的障碍,投资方虽持有半数以上表决权但无法行使该表决权时,该投资方不拥有对被投资方的权力。投资方在判断是否拥有对被投资方的权力时,应当仅考虑与被投资方相关的实质性权利,包括自身所享有的实质性权利以及其他方所享有的实质性权利。

实质性权利是持有人在对相关活动进行决策时有实际能力行使的可执行权利。判断一项权利是否为实质性权利,应当综合考虑所有相关因素,包括:权利持有人行使该项权利是否存在财务、价格、条款、机制、信息、运营、法律法规等方面的障碍;当权利由多方持有或者行权需要多方同意时,是否存在实际可行的机制使得这些权利持有人在其愿意的情况下能够一致行权;权利持有人是否可从行权中获利等。实质性权利通常是当前可执行的权利,但某些情况下,当前不可行使的权利也可能是实质性权利。

【例13-4】投资方持有一份将于25天后结算的远期股权购买合同,该合同赋予投资方行权后能够持有被投资方的多数表决权股份。另外,能够对被投资方相关活动进行决策的最早时间是30天后才能召开的特别股东大会。其他投资方不能对被投资方相关活动现行的政策做出任何改变。

本例中,虽然投资方持有的远期股权购买合同25天后才能结算,不是当前可执行的权利,但是,由于股东大会最早召开的时间在30天后,晚于远期合同的可行权日(25天后),在投资方执行远期合同之前,没有其他任何一方可以改变与被投资方的相关活动有关的决策。因此,虽然该权利当前不可执行,但仍然为一项实质性权利。对于投资方拥有的实质性权利,即便投资方并未实际行使,也应在评估投资方是否对被投资方拥有权力时予以考虑。

有时,其他投资方也可能拥有可行使的实质性权利,使得投资方不能控制被投资方。其他投资方拥有的可行使的实质性权利包括提出议案的主动性权利和对议案予以批准或否定的被动性权利,当这些权利不仅仅是保护性权利时,其他投资方拥有的这些权利可能导致投资方不能控制被投资方。

保护性权利仅为了保护权利持有人利益却没有赋予持有人对相关活动的决策权。通常包括应由股东大会(或股东会,下同)行使的修改公司章程,增加或减少注册资本,发行公司债券,公司合并、分立、解散或变更公司形式等事项持有的表决权。例如,少数股东批准超过正常经营范围的资本性支出或发行权益工具、债务工具的权利。再如,贷款方限制借款方从事损害贷款方权利的活动的权利,这些活动将对借款方信用风险产生不利影响从而损害贷款方权利,以及贷款方在借款方发生违约行为时扣押其资产的权利等。保护性权利通常只能在被投资方发生根本性改变或某些例外情况发生时才能够行使,它既没有赋予其持有人对被投资方拥有权利，也不能阻止被投资方的其他投资方对被投资方拥有权利。仅享有保护性权利的投资方不拥有对被投资方的权利。

保护性权利通常只能在被投资方发生根本性改变或某些例外情况发生时才能够行使，但并不是所有在例外情况下行使的权利或在不确定事项发生时才能行使的权利都是保护性权利。例如，当被投资方的活动和回报已被预先设定，只有在发生某些特定事项时才需要进行决策，且这些决策将对被投资方的回报产生重大影响时，这些特定事项引发的活动才属于相关活动，就此行使的权利就不是保护性权利。对于有权主导这些相关活动的投资者，在判断其对被投资方是否拥有权力时，不需要考虑这些特定事项是否已经发生。

投资方持有被投资方半数以上表决权的情况通常包括如下三种：一是投资方直接持有被投资方半数以上表决权；二是投资方间接持有被投资方半数以上表决权；三是投资方以直接和间接方式合计持有被投资方半数以上表决权。

（2）投资方持有被投资方半数或以下表决权，但通过与其他表决权持有人之间的协议能够控制半数以上表决权。投资方自己持有的表决权虽然只有半数或以下，但通过与其他表决权持有人之间的协议使其可以持有足以主导被投资方相关活动的表决权，从而拥有对被投资方的权力。该类协议安排需确保投资方能够主导其他表决权持有人的表决，即：其他表决权持有人按照投资方的意愿进行表决，而不是投资方与其他表决权持有人协商并根据双方协商一致的结果进行表决。

（3）投资方拥有多数表决权但没有权力。确定持有半数以上表决权的投资方是否拥有权力，关键在于该投资方现时是否有能力主导被投资方的相关活动。当其他投资方现时有权力能够主导被投资方的相关活动，且其他投资方不是投资方的代理人时，投资方就不拥有对被投资方的权力。当表决权不是实质性权利时，即使投资方持有被投资方多数表决权，也不拥有对被投资方的权力。例如，被投资方相关活动被政府、法院、管理人、接管人、清算人或监管人等其他方主导时，投资方虽然持有多数表决权，但也不可能主导被投资方的相关活动。被投资方自行清算的除外。

（4）持有被投资方半数或半数以下表决权。持有半数或半数以下表决权的投资方（或者虽持有半数以上表决权，但表决权比例仍不足以主导被投资方相关活动的投资方，本部分以下同），应综合考虑下列事实和情况，以判断其持有的表决权与相关事实和情况相结合是否赋予投资方拥有对被投资方的权力。

①投资方持有的表决权份额相对于其他投资方持有的表决权份额的大小，以及其他投资方持有表决权的分散程度。投资方持有的绝对表决权比例或相对于其他投资方持有的表决权比例越高，其现时能够主导被投资方相关活动的可能性越大；为否决投资方意见而需要联合的其他投资方越多，投资方现时能够主导被投资方相关活动的可能性越大。

【例13-5】A公司持有B公司48%有表决权股份，剩余股份由分散的小股东持有，所有小股东单独持有的有表决权股份均未超过1%，且他们之间或其中一部分股东均未达成进行集体决策的协议。

本例中，在判断 A 公司是否拥有对 B 公司的权力时，由于 A 公司虽然持有的 B 公司有表决权的股份（48%）不足 50%，但是，根据其他股东持有股份的相对规模及其分散程度，且其他股东之间未达成集体决策协议等情况，可以判断 A 公司拥有对 B 公司的权力。

②投资方和其他投资方持有的潜在表决权。潜在表决权是获得被投资方表决权的权利，例如，可转换工具、可执行认股权证、远期股权购买合同或其他期权所产生的权利。确定潜在表决权是否赋予其持有者权力时需要考虑下列三方面：第一，潜在表决权工具的设立目的和设计，以及投资方涉入被投资方其他方式的目的和设计；第二，潜在表决权是否为实质性权利，判断控制仅考虑满足实质性权利要求的潜在表决权；第三，投资方是否持有其他表决权或其他与被投资方相关的表决权，这些权利与投资方持有的潜在表决权结合后是否赋予投资方拥有对被投资方的权力。

【例 13 -6】A 公司与 B 公司分别持有被投资方 70% 和 30% 有表决权的股份。A 公司与 B 公司签订的期权合同规定，B 公司可以在当前及未来两年内以固定价格购买 A 公司持有的被投资方 50% 有表决权股份，该期权在当前及预计未来两年内都是深度价外期权（即依据期权合约的条款设计，使得买方 B 公司到期前行权的可能性极小）。历史上，A 公司一直通过表决权主导被投资方的相关活动。

本例中，B 公司当前持有购买 A 公司有表决权股份的可行使期权，如果行使该期权，将使 B 公司持有被投资方 80% 有表决权的股份。但由于这些期权在当前及预计未来两年内都是深度价外期权，B 公司无法从该期权的行使中获利，因此，这些期权并不构成实质性权利，在评估 B 公司是否拥有对被投资方的权力时应不予以考虑。

【例 13 -7】A 公司与其他两个投资方各自持有被投资方 1/3 的表决权。除了权益工具外，A 公司同时持有被投资方发行的可转换债券，这些可转换债券可以在当前及未来两年内任何时间以固定价格转换为被投资方的普通股。按照该价格，当前该期权为价外期权，但非深度价外期权。被投资方的经营活动与 A 公司密切相关（例如，降低 A 公司的运营成本、确保稀缺产品的供应等）。如可转换债券全部转换为普通股，A 公司将持有被投资方 60% 的表决权。

本例中，可转换债券到期可转换为普通股且全部转换为普通股后，A 公司将持有被投资方 60% 的表决权，而其他两个投资方各持有被投资方 20% 的表决权，据此可以判断 A 公司能够主导被投资方的相关活动并从中获益。因此，A 公司持有的潜在表决权为实质性权利。

A 公司持有的表决权与实质性潜在表决权相结合，使得 A 公司拥有对被投资方的权力。

③其他合同安排产生的权利。投资方可能通过持有的表决权和其他决策权相结合的方式使其当前能够主导被投资方的相关活动。例如，合同安排赋予投资方

能够聘任被投资方董事会或类似权力机构多数成员，这些成员能够主导董事会或类似权力机构对相关活动的决策。但是，在不存在其他权利时，仅仅是被投资方对投资方的经济依赖（如供应商和其主要客户的关系）不会导致投资方对被投资方拥有权力。

【例13-8】A公司持有B公司40%有表决权股份，其他12个投资方各持有B公司5%有表决权股份，且他们之间或其中一部分股东之间不存在进行集体决策的协议。根据全体股东协议，A公司有权聘任或解聘董事会多数成员，董事会主导被投资者的相关活动。

本例中，A公司持有的B公司有表决权股份40%不足50%，且其他12个投资方各持有B公司5%有表决权股份，根据A公司自身持有股份的绝对规模和其他股东的相对规模，难以得出A公司对B公司拥有权力。但是，综合考虑全体股东协议授予A公司聘任或解聘董事会多数成员，以及其他股东之间不存在集体决策的协议，可以判断A公司对B公司拥有权力。

④其他相关事实或情况。如果根据上述第①至③项所列因素尚不足以判断投资方是否控制被投资方，应综合考虑投资方享有的权利、被投资方以往表决权行使情况及以下事实或情况进行判断：一是投资方是否能够任命或批准被投资方的关键管理人员，这些关键管理人员能够主导被投资方的相关活动，投资方是否能够出于自身利益决定或者否决被投资方的重大交易；二是投资方是否能够控制被投资方董事会等类似权力机构成员的任命程序，或者从其他表决权持有人手中获得代理投票权；三是投资方与被投资方的关键管理人员或董事会等类似权力机构中的多数成员是否存在关联关系（例如，被投资方首席执行官与投资方首席执行官为同一人）；四是投资方与被投资方之间是否存在特殊关系；五是在评价投资方是否拥有对被投资方的权力时，应适当考虑这种特殊关系的影响，这种特殊关系可能为投资方享有权力提供了证据。

特殊关系通常包括：被投资方的关键管理人员是投资方的现任或前任职工，被投资方的经营活动依赖于投资方（例如，被投资方依赖于投资方提供经营活动所需的大部分资金，投资方为被投资方的大部分债务提供了担保，被投资方在关键服务、技术、供应或原材料方面依赖于投资方，投资方掌握了诸如专利权、商标等对被投资方经营而言至关重要的资产，被投资方依赖于投资方为其提供具备与被投资方经营活动相关专业知识等的关键管理人员等），被投资方活动的重大部分有投资方参与其中或者是以投资方的名义进行，投资方自被投资方承担可变回报的风险（或享有可变回报的收益）的程度远超过其持有的表决权或其他类似权利的比例（例如，投资方承担或有权获得被投资方回报的比例为70%但仅持有不到半数的表决权）等。

投资方持有被投资方表决权比例越低，否决投资方提出的关于相关活动的议案所需一致行动的其他投资者数量越少，投资者就越需要在更大程度上运用上述证据，以判断是否拥有主导被投资方相关活动的权力。在被投资方的相关活动是通过表决权进行决策的情况下，当投资方持有的表决权比例不超过半数时，投资方在考虑了所有相关情况和事实后仍不能确定投资方是否拥有被投资方的权力的，投资方不控制被投资方。

【例13-9】A公司持有B公司45%有表决权股份，其他11个投资方各持有B公司5%有表决权股份。

本例中，根据A公司持有股份的绝对规模和与其他股东股份的相对规模难以判断A公司对B公司拥有权力。需要考虑其他事实和情况提供的证据，以判断A公司是否拥有对B公司的权力。

(5) 权力来自表决权之外的其他权利。投资方对被投资方的权力通常来自表决权，但有时，投资方对一些主体的权力不是来自表决权，而是由一项或多项合同安排决定。例如，证券化产品、资产支持融资工具、部分投资基金等结构化主体。结构化主体，是指在确定其控制方时没有将表决权或类似权利作为决定因素而设计的主体。

(二) 因参与被投资方的相关活动而享有可变回报

判断投资方是否控制被投资方的第二项基本要素是，因参与被投资方的相关活动而享有可变回报。可变回报是不固定的并可能随被投资方业绩而变动的回报，可能是正数，也可能是负数，或者有正有负。投资方在判断其享有被投资方的回报是否变动以及如何变动时，应当根据合同安排的实质，而不是法律形式。例如，投资方持有固定利率的交易性债券投资时，虽然利率是固定的，但该利率取决于债券违约风险及债券发行方的信用风险，因此，固定利率也可能属于可变回报。再如，管理被投资方资产获得的固定管理费也属于可变回报，因为管理者是否能获得此回报依赖于被投资方是否能够产生足够的收益用于支付该固定管理费。其他可变回报的例子包括：

1. 股利、被投资方经济利益的其他分配（例如被投资方发行的债务工具产生的利息）、投资方对被投资方投资的价值变动。

2. 因向被投资方的资产或负债提供服务而得到的报酬、因提供信用支持或流动性支持收取的费用或承担的损失、被投资方清算时在其剩余净资产中所享有的权益、税务利益，以及因涉入被投资方而获得的未来流动性。

3. 其他利益持有方无法得到的回报。例如，投资方将自身资产与被投资方的资产一并使用，以实现规模经济，达到节约成本、为稀缺产品提供资源、获得专有技术或限制某些运营或资产，从而提高投资方其他资产的价值。

投资方的可变回报通常体现为从被投资方获取股利。受法律法规的限制，投资方有时无法通过分配被投资方利润或盈余的形式获得回报，例如，当被投资方的法律形式为信托机构时，其盈利可能不是以股利形式分配给投资者。此时，需要根据具体情况，以投资方的投资目的为出发点，综合分析投资方是否获得除股利以外的其他可变回报，被投资方不能进行利润分配并不必然代表投资方不能获取可变回报。另外，即使只有一个投资方控制被投资方，也不能说明只有该投资方才能获取可变回报。例如，少数股东可以分享被投资方的利润。

（三）有能力运用对被投资方的权力影响其回报金额

判断控制的第三项基本要素是，有能力运用对被投资方的权力影响其回报金额。只有当投资方不仅拥有对被投资方的权力、通过参与被投资方的相关活动而享有可变回报，并且有能力运用对被投资方的权力来影响其回报的金额时，投资方才控制被投资方。因此，拥有决策权的投资方在判断是否控制被投资方时，需要考虑其决策行为是以主要责任人（即实际决策人）的身份进行还是以代理人的身份进行。此外，在其他方拥有决策权时，投资方还需要考虑其他方是否是以代理人的身份代表该投资方行使决策权。

（四）控制的持续评估

控制的评估是持续的，当环境或情况发生变化时，投资方需要评估控制的三项基本要素中的一项或多项是否发生了变化。如果有任何事实或情况表明控制的三项基本要素中的一项或多项发生了变化，投资方应重新评估对被投资方是否具有控制。

1. 如果对被投资方的权力的行使方式发生变化，该变化必须反映在投资方对被投资方权力的评估中。例如，决策机制的变化可能意味着投资方不再通过表决权主导相关活动，而是由协议或者合同等其他安排赋予其他方主导相关活动的现时权利。

2. 某些事件即使不涉及投资方，也可能导致该投资方获得或丧失对被投资方的权力。例如，其他方以前拥有的能阻止投资方控制被投资方的决策权到期失效，则可能使投资方因此而获得权力。

3. 投资方应考虑因其参与被投资方相关活动而承担的可变回报风险敞口的变化带来的影响。例如，如果拥有权力的投资方不再享有可变回报（如与业绩相关的管理费合同到期），则该投资方将由于不满足控制三要素的第二要素而丧失对被投资方的控制。

4. 投资方还应考虑其作为代理人或主要责任人的判断是否发生了变化。投资方与其他方之间整体关系的变化可能意味着原为代理人的投资方不再是代理人；反之亦然。例如，如果投资方或其他方的权利发生了变化，投资方应重新评估其代理人或主要责任人的身份。投资方有关控制的判断结论，或者初始评估其是主要责任人或代理人的结果，不会仅因为市场情况的变化（如因市场情况的变化导致被投资方的可变回报发生变化）而变化，除非市场情况的变化导致控制三要素的一项或多项发生了变化，或导致主要责任人与代理人之间的关系发生变化。

（五）母公司与子公司的定义

合并集团由母公司和其全部子公司构成。如图13-1所示，假定P公司能够控制S公司，P公司和S公司构成了企业集团。如图13-2所示，假定P公司能够同时控制 S1 公司、S2 公司、S3 公司和 S4 公司，P 公司和 S1 公司、S2 公司、S3 公司、S4 公司构成了企业集团。母公司和子公司是相互依存的，有母公司必然存在子公司；同样，有子公司必然存在母公司。

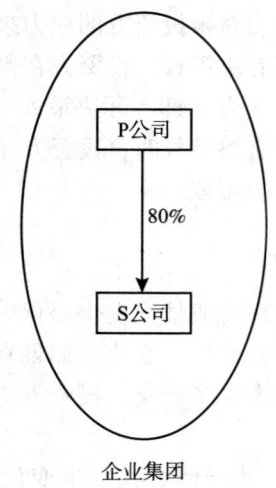

企业集团

图 13-1　母子公司直接控制

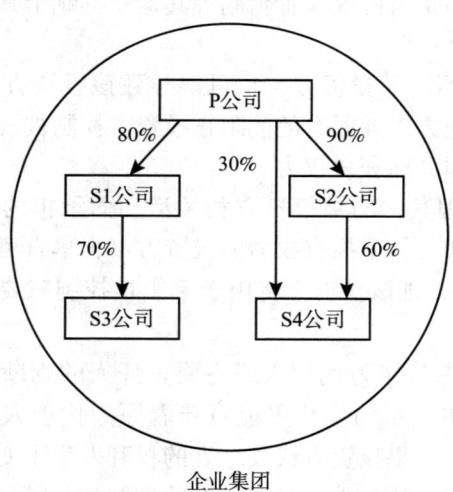

企业集团

图 13-2　母子公司间接控制

1. 母公司的定义。母公司是指有一个或一个以上子公司的企业（或主体，下同）。从母公司的定义可以看出，母公司要求同时具备两个条件：第一，必须有一个或一个以上的子公司，即必须满足控制的要求，能够决定另一个企业的财务和经营政策，并有据以从另一个企业的经营活动中获取利益的权力。母公司可以只控制一个子公司，也可以同时控制多个子公司。第二，母公司可以是企业，如《公司法》所规范的股份有限公司、有限责任公司，也可以是主体，如非企业形式的但形成会计主体的其他组织,如基金等。

如图13-1所示,假定P公司能够控制S公司,P公司是S公司的母公司。

如图13-2所示,假定P公司能够同时控制S1公司、S2公司、S3公司和S4公司,P公司是S1公司、S2公司、S3公司和S4公司的母公司。

2. 子公司的定义。子公司是指被母公司控制的企业。从子公司的定义可以看出,子公司也要求同时具备两个条件:第一,作为子公司必须被母公司控制,并且只能由一个母公司控制,不可能也不允许被两个或多个母公司同时控制。被两个或多个公司共同控制的被投资单位是合营企业,而不是子公司。第二,子公司可以是企业,如《公司法》所规范的股份有限公司、有限责任公司,也可以是主体,如非企业形式的但形成会计主体的其他组织,如基金以及信托项目等特殊目的主体等。

如图13-1所示,假定P公司能够控制S公司,S公司是P公司的子公司。

如图13-2所示,假定P公司能够同时控制S1公司、S2公司、S3公司和S4公司,S1公司、S2公司、S3公司和S4公司均为P公司的子公司。

(六) 所有子公司都应纳入母公司的合并财务报表的合并范围

母公司应当将其全部子公司纳入合并财务报表的合并范围。即:只要是由母公司控制的子公司,不论子公司的规模大小、子公司向母公司转移资金能力是否受到严格限制,也不论子公司的业务性质与母公司或企业集团内其他子公司是否有显著差别,都应当纳入合并财务报表的合并范围。受所在国外汇管制及其他管制,资金调度受到限制的境外子公司,在这种情况下,如果该被投资单位的财务和经营政策仍然由本公司决定,资金调度受到限制并不妨碍本公司对其实施控制,应将其纳入合并财务报表的合并范围。但下列被投资单位不是母公司的子公司,不应当纳入母公司的合并财务报表的合并范围:已宣告被清理整顿的原子公司、已宣告破产的原子公司、母公司不能控制的其他被投资单位。

三、合并财务报表的编制原则和程序

(一) 合并财务报表的编制原则

合并财务报表作为财务报表,必须符合财务报表编制的一般原则和基本要求,这些基本要求包括真实可靠、内容完整、重要性等。合并财务报表的编制除了遵循财务报表编制的一般原则和要求外,还应遵循一体性原则,即:合并财务报表反映的是由多个主体组成的企业集团的财务状况、经营成果和现金流量。在编制合并财务报表时应当将母公司和所有子公司作为整体来看待,视为一个会计主体,母公司和子公司发生的经营活动都应当从企业集团这一整体的角度进行考虑,包括对项目重要性的判断。

在编制合并财务报表时,对于母公司与子公司、子公司相互之间发生的经济业务，应当视为同一会计主体的内部业务处理，对合并财务报表的财务状况、经营成果和现金流量不产生影响。另外，对于某些特殊交易，如果站在企业集团角度的确认和计量与个别财务报表角度的确认和计量不同，还需要站在企业集团角度就同一交易或事项予以调整。

（二）编制合并财务报表的前期准备工作

合并财务报表的编制涉及多个子公司，为了使编制的合并财务报表准确、全面反映企业集团的真实情况，必须做好一系列的前期准备工作，主要包括以下四个方面。

1. 统一母子公司的会计政策。会计政策是编制财务报表的基础。统一母公司和子公司的会计政策是保证母子公司财务报表各项目反映内容一致的基础。只有在财务报表各项目反映的内容一致的情况下，才能对其进行加总，编制合并财务报表。因此，在编制合并财务报表前，应统一要求子公司所采用的会计政策与母公司保持一致。对一些境外子公司，由于所在国或地区法律、会计政策等方面的原因，确实无法使其采用的会计政策与母公司所采用的会计政策保持一致，则应当要求其按照母公司所采用的会计政策重新编报财务报表，也可以由母公司根据自身所采用的会计政策对境外子公司报送的财务报表进行调整，以重编或调整编制的境外子公司的财务报表作为编制合并财务报表的基础。

需要注意的是，中国境内企业设在境外的子公司在境外发生的交易或事项，因受法律法规限制等境内不存在或交易不常见，企业会计准则未做出规范的，可以将境外子公司已经进行的会计处理结果，在符合基本准则的原则下，按照国际财务报告准则进行调整后，并入境内母公司合并财务报表的相关项目。

2. 统一母子公司的资产负债表日及会计期间。母公司和子公司的个别财务报表只有在反映财务状况的日期和反映经营成果的会计期间都一致的情况下才能进行合并。为了编制合并财务报表，必须统一企业集团内母公司和所有子公司的资产负债表日和会计期间，使子公司的资产负债表日和会计期间与母公司的资产负债表日和会计期间保持一致，以便于子公司提供相同资产负债表日和会计期间的财务报表。

对于境外子公司，由于当地法律限制确实不能与母公司财务报表决算日和会计期间一致的，母公司应当按照自身的资产负债表日和会计期间对子公司的财务报表进行调整，以调整后的子公司财务报表为基础编制合并财务报表，也可以要求子公司按照母公司的资产负债表日和会计期间另行编制报送其个别财务报表。

3. 对子公司以外币表示的财务报表进行折算。对母公司和子公司的财务报表进行合并，其前提必须是母子公司个别财务报表所采用的货币计量单位一致。外币业务比较多的企业应该遵循外币折算准则有关选择记账本位币的相关规定，在符合准则规定的基础上，确定是否采用某一种外币作为记账本位币。在将境外经营纳入合并范围时，应该按照外币折算准则的相关规定进行处理。

4. 收集编制合并财务报表的相关资料。合并财务报表以母公司和其子公司的财务报表以及其他有关资料为依据,由母公司合并有关项目的数额编制。为编制合并财务报表,母公司应当要求子公司及时提供下列有关资料:(1)子公司相应期间的财务报表;(2)采用的与母公司不一致的会计政策及其影响金额;(3)与母公司不一致的会计期间的说明;(4)与母公司及与其他子公司之间发生的所有内部交易的相关资料,包括但不限于内部购销交易、债权债务、投资及其产生的现金流量和未实现内部销售损益的期初、期末余额及变动情况等资料;(5)子公司所有者权益变动和利润分配的有关资料;(6)编制合并财务报表所需要的其他资料。

四、合并财务报表的基本内容和要求

合并财务报表至少包括合并资产负债表、合并利润表、合并所有者权益变动表和合并现金流量表。其中,一般企业、商业银行、保险公司和证券公司等的合并资产负债表、合并利润表和合并所有者权益变动表以《企业会计准则第30号——财务报表列报》应用指南(2014)(以下简称财务报表列报应用指南)的相关报表为基础,增加下列项目。

1. 合并资产负债表中:(1)在所有者权益项目下增加"归属于母公司所有者权益合计",用于反映企业集团的所有者权益中归属于母公司所有者权益的部分,包括实收资本(或股本)、资本公积、库存股、其他综合收益、盈余公积、专项储备、一般风险准备、未分配利润、其他等项目的金额。(2)在所有者权益项目下增加"少数股东权益"项目,用于反映非全资子公司的所有者权益中不属于母公司的份额。

2. 合并利润表中:(1)在"净利润"项目下增加"归属于母公司所有者的净利润"和"少数股东损益"两个项目,分别反映净利润中由母公司所有者享有的份额和非全资子公司当期实现的净利润中归属于少数股东的份额。同一控制下企业合并增加子公司的,当期合并利润表中还应在"净利润"项目下增加"其中:被合并方在合并前实现的净利润"项目,用于反映同一控制下企业合并中取得的被合并方在合并日前实现的净利润。(2)在"综合收益总额"项目下增加"归属于母公司所有者的综合收益总额"和"归属于少数股东的综合收益总额"两个项目,分别反映综合收益总额中由母公司所有者享有的份额和非全资子公司当期综合收益总额中归属于少数股东的份额。

3. 合并所有者权益变动表中,应增加"少数股东权益"栏目,反映少数股东权益变动的情况。另外,参照合并资产负债表中的"专项储备""一般风险准备""资本公积""其他综合收益"等项目的列示,合并所有者权益变动表中应单列上述各栏目反映。

4. 合并现金流量表的格式与《企业会计准则第31号——现金流量表》应用指南(2006)中现金流量报表的格式基本相同。

对于纳入合并财务报表的子公司既有一般工商企业又有金融企业等的,如果

母公司在企业集团经营中权重较大,以母公司主业是一般企业还是金融企业确定其报表类别,根据集团其他业务适当增加其他报表类别的相关项目;如果母公司在企业集团经营中权重不大,以企业集团的主业确定其报表类别,根据集团其他业务适当增加其他报表类别的相关项目;对于不符合上述情况的,合并财务报表采用一般企业报表格式,根据集团其他业务适当增加其他报表类别的相关项目。

五、合并财务报表的编制程序

合并财务报表编制的一般程序主要如下。

(一) 设置合并工作底稿

合并工作底稿的作用是为合并财务报表的编制提供基础。在合并工作底稿中,对母公司和纳入合并范围的子公司的个别财务报表各项目的数据进行汇总、调整和抵销处理,最终计算得出合并财务报表各项目的合并数。

(二) 将个别财务报表的数据过入合并工作底稿

将母公司和纳入合并范围的子公司的个别资产负债表、个别利润表、个别现金流量表及个别所有者权益变动表各项目的数据过入合并工作底稿,并在合并工作底稿中对母公司和子公司个别财务报表各项目的数据进行加总,计算得出个别资产负债表、个别利润表、个别现金流量表及个别所有者权益变动表各项目合计数额。

(三) 编制调整分录和抵销分录

根据合并财务报表准则编制调整分录与抵销分录,进行调整抵销处理,是合并财务报表编制的关键和主要内容。其目的在于将因会计政策及计量基础的差异对个别财务报表的影响进行调整,以及将个别财务报表各项目的加总数据中重复的因素等予以抵销或调整等。

(四) 计算合并财务报表各项目的合并金额

在母公司和纳入合并范围的子公司个别财务报表项目加总金额的基础上,分别计算合并财务报表中各资产项目、负债项目、所有者权益项目、收入项目和费用项目等的合并金额。其计算方法如下:

1. 资产类项目,其合并金额根据该项目加总的金额,加上该项目调整分录与抵销分录有关的借方发生额,减去该项目调整分录与抵销分录有关的贷方发生额计算确定。

2. 负债类和所有者权益类项目,其合并金额根据该项目加总的金额,减去该项目调整分录与抵销分录有关的借方发生额,加上该项目调整分录与抵销分录有关的贷方发生额计算确定。

3. 有关收入、收益、利得类项目，其合并金额根据该项目加总的金额，减去该项目调整分录与抵销分录的借方发生额，加上该项目调整分录与抵销分录的贷方发生额计算确定。

4. 有关成本费用、损失类项目和有关利润分配的项目，其合并金额根据该项目加总的金额，加上该项目调整分录与抵销分录的借方发生额，减去该项目调整分录与抵销分录的贷方发生额计算确定。

5. "专项储备"和"一般风险准备"项目，由于既不属于实收资本（或股本）、资本公积，也与留存收益、未分配利润不同，在长期股权投资与子公司所有者权益相互抵销后，应当按归属于母公司所有者的份额予以恢复。

（五）填列合并财务报表

根据合并工作底稿中计算出的资产、负债、所有者权益、收入、成本费用类以及现金流量表中各项目的合并金额，填列生成正式的合并财务报表。合并所有者权益变动表也可以根据合并资产负债表和合并利润表进行编制。

第二节 合并资产负债表

合并资产负债表是反映企业集团在某一特定日期财务状况的财务报表，由合并资产、负债和所有者权益各项目组成。

一、对子公司的个别财务报表进行调整

在编制合并财务报表时，首先应对各子公司进行分类，分为同一控制下企业合并中取得的子公司和非同一控制下企业合并中取得的子公司两类。

（一）属于同一控制下企业合并中取得的子公司

对属于同一控制下企业合并中取得的子公司的个别财务报表，如果不存在与母公司会计政策和会计期间不一致的情况，则不需要对该子公司的个别财务报表进行调整，即不需要将该子公司的个别财务报表调整为公允价值反映的财务报表，只需要抵销内部交易对合并财务报表的影响即可。

（二）属于非同一控制下企业合并中取得的子公司

对属于非同一控制下企业合并中取得的子公司，除了存在与母公司会计政策和会计期间不一致的情况，需要对该子公司的个别财务报表进行调整外，还应当根据母公司为该子公司设置的备查簿的记录，以记录该子公司的各项可辨认资产、负债及或有负债等在购买日的公允价值为基础，通过编制调整分录，对该子公司的个别财务报表进行调整，以使该子公司的个别财务报表反映为在购买日公

允价值基础上确定的可辨认资产、负债及或有负债在本期资产负债表日的金额。有关对属于非同一控制下企业合并中取得的子公司的可辨认资产、负债及或有负债的金额的调整，请参见本教材第十二章"企业合并"的相关内容。

二、按权益法调整对子公司的长期股权投资

《企业会计准则第33号——合并财务报表》规定，合并财务报表应当以母公司和其子公司的财务报表为基础，根据其他有关资料，按照权益法调整对子公司的长期股权投资后，由母公司编制。在合并工作底稿中，按权益法调整对子公司的长期股权投资时，应按照《企业会计准则第2号——长期股权投资》中所规定的权益法进行调整。

【例13-10】如图13-1所示，假设P公司能够控制S公司，S公司为股份有限公司。2×16年12月31日，P公司个别资产负债表中对S公司的长期股权投资的金额为3 000万元，拥有S公司80%的股份。P公司在个别资产负债表中采用成本法核算该项长期股权投资。

2×16年1月1日，P公司用银行存款3 000万元购得S公司80%的股份（假定P公司与S公司的企业合并不属于同一控制下的企业合并）。P公司备查簿中记录的S公司在2×16年1月1日可辨认资产、负债及或有负债的公允价值的资料如表13-1所示。

表13-1　　　　　　　　　　P公司备查簿

2×16年1月1日　　　　　　　　　　　　　　单位：万元

项目	账面价值	公允价值	公允价值与账面价值的差额	合并报表调整	余额	备注
S公司						
流动资产	3 800	3 800				
非流动资产	1 900	2 000				
其中：固定资产——A办公楼	600	700	100	(13·1)5	695	该办公楼的剩余折旧年限为20年，采用年限平均法计提折旧
资产总计	5 700	5 800				
流动负债	1 300	1 300				
非流动负债	900	900				
负债总计	2 200	2 200				
股本	2 000	2 000				
资本公积	1 500	1 600	100			固定资产——A办公楼公允价值与账面价值的差额
其他综合收益	0	0				

续表

项目	账面价值	公允价值	公允价值与账面价值的差额	合并报表调整	余额	备注
盈余公积	0	0				
未分配利润	0	0				
股东权益总计	3 500	3 600				
负债和股东权益总计	5 700	5 800				

2×16年1月1日，S公司股东权益总额为3 500万元。其中，股本为2 000万元，资本公积为1 500万元，其他综合收益、盈余公积和未分配利润均为0。

2×16年，S公司实现净利润1 000万元，提取法定公积金100万元，向P公司分派现金股利480万元，向其他股东分派现金股利120万元，未分配利润为300万元。S公司因持有的以公允价值计量且其变动计入其他综合收益的金融资产的公允价值变动计入当期其他综合收益的金额为100万元。

2×16年12月31日，S公司股东权益总额为4 000万元。其中，股本为2 000万元，资本公积为1 500万元，其他综合收益为100万元，盈余公积为100万元，未分配利润为300万元。

P公司与S公司个别资产负债表分别如表13-2和表13-3所示。

表13-2　　　　　　　　　资产负债表（简表）　　　　　　　　会企01表
编制单位：P公司　　　　　　　2×16年12月31日　　　　　　　单位：万元

资　产	期末余额	年初余额	负债和所有者权益（或股东权益）	期末余额	年初余额
流动资产：			流动负债：		
货币资金	1 000	3 000	应付票据	1 000	1 000
应收票据	1 400	1 000	应付账款	3 000	2 000
其中：应收S公司票据	400		合同负债	200	300
应收账款	1 800	1 300	其中：预收S公司账款	100	
其中：应收S公司账款	475		应付职工薪酬	1 000	2 100
预付款项	770		应交税费	800	1 000
存货	1 000	3 800	流动负债合计	6 000	6 400
其中：向S公司购入存货	1 000		非流动负债：		
流动资产合计	5 970	9 100	长期借款	2 000	2 000
非流动资产：			应付债券	600	600
债权投资	200	200	非流动负债合计	2 600	2 600
其中：持有S公司债券	200	200	负债合计	8 600	9 000
长期股权投资	4 700	1 700	所有者权益（或股东权益）：		
其中：对S公司投资	3 000		实收资本（或股本）	4 000	4 000
固定资产	4 100	3 300	资本公积	800	800

续表

资产	期末余额	年初余额	负债和所有者权益（或股东权益）	期末余额	年初余额
其中：向S公司购入固定资产	200		盈余公积	1 000	732
无形资产	630	700	未分配利润	1 200	468
非流动资产合计	9 630	5 900	所有者权益合计	7 000	6 000
资产总计	15 600	15 000	负债和所有者权益总计	15 600	15 000

表13-3　　　　　　　　　　　　资产负债表（简表）　　　　　　　　　　　　会企01表
编制单位：S公司　　　　　　　　　2×16年12月31日　　　　　　　　　　　单位：万元

资产	期末余额	年初余额	负债和所有者权益（或股东权益）	期末余额	年初余额
流动资产：			流动负债：		
货币资金	500	300	应付票据	400	300
应付票据	300	100	其中：应付票据——P公司	400	
应收账款	760	600	应付账款	500	600
预付款项	400		其中：应付P公司账款	500	
其中：预付P公司账款	100		合同负债		50
存货	1 100	2 900	应付职工薪酬	100	350
流动资产合计	3 060	3 900	应交税费	60	200
非流动资产：			流动负债合计	1 060	1 500
其他权益工具投资	800	700	非流动负债：		
债权投资			长期借款	700	700
长期股权投资			应付债券	200	200
固定资产	2 100	1 300	其中：应付债券——P公司	200	200
其中：向P公司购入固定资产	108		非流动负债合计	900	900
无形资产			负债合计	1 960	2 400
非流动资产合计	2 900	2 000	股东权益：		
			股本	2 000	2 000
			资本公积	1 500	1 500
			其他综合收益	100	0
			盈余公积	100	0
			未分配利润	300	0
			股东权益合计	4 000	3 500
资产总计	5 960	5 900	负债和股东权益总计	5 960	5 900

假定S公司的会计政策和会计期间与P公司一致，不考虑P公司和S公司及合并资产、负债的所得税影响。

[分析]《企业会计准则第2号——长期股权投资》（2014年修订）规定，

投资企业在确认应享有被投资单位净损益的份额时,应当以取得投资时被投资单位各项可辨认资产等的公允价值为基础,对被投资单位的净利润进行调整后确认。在本例中,P公司在编制合并财务报表时,应当首先根据P公司的备查簿中记录的S公司可辨认资产、负债在购买日(2×16年1月1日)的公允价值的资料(见表13-1),调整S公司的净利润。按照P公司备查簿中的记录,在购买日,S公司可辨认资产、负债及或有负债的公允价值与账面价值存在差异仅有一项,即A办公楼,公允价值高于账面价值的差额为100万元(700-600),按年限平均法每年应补计提的折旧额为5万元(100万元÷20年)。假定A办公楼用于S公司的总部管理。在合并工作底稿(见表13-4)中应作的调整分录如下。

①对子公司个别报表调整。

2×16年12月31日:

借:固定资产——原价　　　　　　　　　　　　　　　　100
　　贷:资本公积——年初　　　　　　　　　　　　　　　　　100

据此,以S公司2×16年1月1日各项可辨认资产等的公允价值为基础,重新确定固定资产在购买日的公允价值700万元(600+100)。

借:管理费用　　　　　　　　　　　　　　　　　　　　5
　　贷:固定资产——累计折旧　　　　　　　　　　　　　　　5

(13·1)

据此,以S公司2×16年1月1日各项可辨认资产等的公允价值为基础,重新确定的S公司2×16年的净利润为995万元(1 000-5)。

在以后年度连续编制合并财务报表的情况下,本期合并财务报表中年初"所有者权益"各项目的金额应与上期合并财务报表中的期末"所有者权益"对应项目的金额一致,因此,上期编制合并财务报表时涉及"股本(或实收资本)""资本公积""盈余公积"项目的,在本期编制合并财务报表调整和抵销分录时均应用"股本——年初""资本公积——年初""盈余公积——年初"项目代替;对于上期编制调整和抵销分录时涉及利润表中的项目及所有者权益变动表"未分配利润"栏目的项目,在本期编制合并财务报表调整分录和抵销分录时均应用"未分配利润——年初"项目代替。

例如:2×17年12月31日,应编制如下调整分录:

借:固定资产——原价　　　　　　　　　　　　　　　　100
　　贷:资本公积——年初　　　　　　　　　　　　　　　　　100
借:未分配利润——年初　　　　　　　　　　　　　　　　5
　　贷:固定资产——累计折旧　　　　　　　　　　　　　　　5
借:管理费用　　　　　　　　　　　　　　　　　　　　5
　　贷:固定资产——累计折旧　　　　　　　　　　　　　　　5

②母公司长期股权投资由成本法调整为权益法。

在本例中,2×16年12月31日,P公司对S公司的长期股权投资的账面余额为3 000万元（假定未发生减值）。根据《企业会计准则第33号——合并财务报表》的规定，在合并工作底稿中将对S公司的长期股权投资由成本法调整为权益法。有关调整分录如下：

确认P公司在2×16年S公司实现净利润995万元中所享有的份额796万元（995×80%）：

借：长期股权投资——S公司　　　　　　　　　796
　　贷：投资收益——S公司　　　　　　　　　　　796

(13·2)

确认P公司收到S公司2×16年分派的现金股利，同时抵销原按成本法确认的投资收益480万元：

借：投资收益——S公司　　　　　　　　　　　480
　　贷：长期股权投资——S公司　　　　　　　　　480

(13·3)

需要注意，P公司分派现金股利由成本法调整到权益法的具体过程如下：

成本法：

借：应收股利——S公司　　　　　　　　　　　480
　　贷：投资收益——S公司　　　　　　　　　　　480

权益法：

借：应收股利——S公司　　　　　　　　　　　480
　　贷：长期股权投资——S公司　　　　　　　　　480

调整分录：

借：投资收益——S公司　　　　　　　　　　　480
　　贷：长期股权投资——S公司　　　　　　　　　480

确认所有者权益其他变动。确认P公司在2×16年S公司除净损益以外所有者权益的其他变动中所享有的份额80万元（其他综合收益的增加额100万元×80%）：

借：长期股权投资——S公司　　　　　　　　　80
　　贷：其他综合收益——可供出售金融资产公允价值变动——S公司——
　　　　本年　　　　　　　　　　　　　　　　　　80

(13·4)

在以后年度连续编制合并财务报表的情况下，应编制如下调整分录：

借：长期股权投资——S公司（796-480+80）　　396
　　贷：未分配利润——年初　　　　　　　　　　316
　　　　其他综合收益——可供出售金融资产公允价值变动——S公司——
　　　　年初　　　　　　　　　　　　　　　　　80

例如，假设2×17年S公司实现净利润1 200万元，无其他所有者权益变动，应编制如下调整分录：

借：长期股权投资——S公司（796-480）　　　316

贷：未分配利润——年初　　　　　　　　　　　　　　316
　借：长期股权投资——S公司　　　　　　　　　　　　　　80
　　　贷：其他综合收益——可供出售金融资产公允价值变动——S公司——
　　　　　年初　　　　　　　　　　　　　　　　　　　　　80
　借：长期股权投资——S公司　[(1 200 - 5)×80%]　　956
　　　贷：投资收益——S公司　　　　　　　　　　　　　　956

三、编制合并资产负债表时应进行抵销处理的项目

　　合并资产负债表是以母公司和子公司的个别资产负债表为基础编制的。个别资产负债表则是以单个企业为会计主体进行会计核算的结果，它从母公司本身或从子公司本身的角度对自身的财务状况进行反映。这样，对于内部交易，从发生内部交易的企业来看，发生交易的各方都在其个别资产负债表中进行了反映。例如，企业集团母公司与子公司之间发生的赊购赊销业务，对于赊销企业来说，确认营业收入、结转营业成本、计算营业利润，并在其个别资产负债表中反映为应收账款；而对于赊购企业来说，在内部购入的存货未实现对外销售的情况下，则在其个别资产负债表中反映为存货和应付账款。在这种情况下，资产、负债和所有者权益类各项目的加总金额中，必然包含有重复计算的因素。作为反映企业集团整体财务状况的合并资产负债表，必须将这些重复计算的因素予以扣除，对这些重复的因素进行抵销处理。这些需要扣除的重复因素，就是合并财务报表编制时需要进行抵销处理的项目。编制合并资产负债表时需要进行抵销处理的，主要有如下项目。

（一）长期股权投资与子公司所有者权益的抵销处理

　　母公司对子公司进行的长期股权投资，一方面反映为长期股权投资以外的其他资产的减少，另一方面反映为长期股权投资的增加，在母公司个别资产负债表中作为资产类项目中的长期股权投资列示。子公司接受这一投资时，一方面增加资产，另一方面作为实收资本（或股本，下同）处理，在其个别资产负债表中，一方面反映为实收资本的增加，另一方面反映为相对应的资产的增加。从企业集团整体来看，母公司对子公司进行的长期股权投资实际上相当于母公司将资本拨付下属核算单位，并不引起整个企业集团的资产、负债和所有者权益的增减变动。因此，编制合并财务报表时，应当在母公司与子公司财务报表数据简单相加的基础上，将母公司对子公司长期股权投资项目与子公司所有者权益项目予以抵销。

　　子公司所有者权益中不属于母公司的份额，即子公司所有者权益中抵销母公司所享有的份额后的余额，在合并财务报表中作为"少数股东权益"处理。在合并资产负债表中，"少数股东权益"项目应当在"所有者权益"项目下单独列示。

编制的抵销分录如下：

借：股本——年初　　　　　　　　　　　　（年初子公司股本）
　　　　——本年　　　　　　　　　　　　（本年增加的子公司股本）
　　资本公积——年初　　　　　　　　　　（年初子公司资本公积）
　　　　　　——本年　　　　　　　　　　（本年增加的子公司资本公积）
　　盈余公积——年初　　　　　　　　　　（年初子公司盈余公积）
　　　　　　——本年　　　　　　　　　　（本年增加的子公司盈余公积）
　　其他综合收益——年初　　　　　　　　（年初子公司其他综合收益）
　　　　　　　　——本年　　　　　　　　（本年增加子公司其他综合利益）
　　未分配利润——年末　　　　　　　　　（本年年末子公司未分配利润）
　　商誉　　　　　　　　　　　　　　　　（借方差额）
　　贷：长期股权投资　　（对子公司长期股权投资经调整后的金额）
　　　　少数股东权益　　（子公司所有者权益×少数股东投资持股比例）
　　　　未分配利润——年初（合并当期为营业外收入）　（贷方差额）

注：同一控制下的企业合并，没有借贷方差额。

【例13–11】沿用【例13–10】，2×16年12月31日P公司对S公司长期股权投资经调整后的金额为3 396万元（投资成本3 000万元＋权益法调整增加的长期股权投资396万元）与其在S公司经调整的股东权益总额中所享有的金额3 276万元〔（股东权益账面余额4 000万元＋A办公楼购买日公允价值高于账面价值的差额100万元－A办公楼购买日公允价值高于账面价值的差额按20年计提的折旧额5万元）×80%〕之间的差额，为商誉。至于S公司股东权益中20%的部分，即819万元〔（股东权益账面余额4 000万元＋A办公楼购买日公允价值高于账面价值的差额100万元－A办公楼购买日公允价值高于账面价值的差额按20年计提的折旧额5万元）×20%〕则属于少数股东权益，在抵销处理时应作为少数股东权益处理。其抵销分录如下：

借：股本　　　　　　　　　　　　　　　　　　　　　2 000
　　资本公积——年初（1 500＋100）　　　　　　　　1 600
　　其他综合收益——本年　　　　　　　　　　　　　　100
　　盈余公积——年初　　　　　　　　　　　　　　　　　0
　　　　　　——本年　　　　　　　　　　　　　　　　100
　　未分配利润——年末（300－5）　　　　　　　　　　295
　　商誉　　　　　　　　　　　　　　　　　　　　　　120
　　贷：长期股权投资　　　　　　　　　　　　　　　3 396
　　　　少数股东权益　　　　　　　　　　　　　　　　819

(13·5)

注：商誉120万元＝3 000万元－（S公司2×16年1月1日的所有者权益总额3 500万元＋S公司固定资产公允价值增加额100万元）×80%。

其合并工作底稿如表13–4所示。

第十三章 合并财务报表

表 13-4

合并工作底稿
2×16 年度

单位：万元

项目	P公司 报表金额	P公司 借方	P公司 贷方	S公司 报表金额	S公司 借方	S公司 贷方	合计金额	抵销分录 借方	抵销分录 贷方	少数股东权益	合并金额
（利润表项目）											
营业收入	8 700			6 300			15 000	(13·11)1 000 (13·13)300 (13·17)3 500			10 200
营业成本	4 450			4 570			9 020	(13·12)200	(13·11)1 000 (13·13)270 (13·17)3 500		4 450
税金及附加	300			125			425				425
销售费用	15			10			25				25
管理费用	100			12	(13·1)5		117		(13·14)10		108
财务费用	300			90			390		(13·18)20		370
资产减值损失	25						25		(13·7)25		0
投资收益	500	(13·3)480	(13·2)796				816	(13·18)20 (13·19)796			0
资产处置损益	10						10		(13·15)10		0
营业利润	4 000	480	796	1 493	5		5 804	5 817	4 835		4 822
利润总额	4 000	480	796	1 493	5		5 804	5 817	4 835		4 822
所得税费用	1 320			493			1 813				1 813
净利润	2 680	480	796	1 000	5		3 991	5 817	4 835		3 009
少数股东损益								(13·19)199		199	199

高级财务会计

续表

项目	P公司 报表金额	P公司 借方	P公司 贷方	S公司 报表金额	S公司 借方	S公司 贷方	合计金额	抵销分录 借方	抵销分录 贷方	少数股东权益	合并金额
归属于母公司所有者的净利润											2 810
所有者权益变动项目											
未分配利润——年初	468			0			468	(13·19)0			468
利润分配	1 948			700			2 648		(13·19)100 (13·19)600		1 948
未分配利润——年末	1 200	480	796	300	5		1 811	(13·5)295 6 311	(13·19)295 5 830		1 330
归属于少数股东的未分配利润——年初										0	0
少数股东损益										199	199
对少数股东的利润分配										120	120
归属于少数股东的未分配利润——年末										79	79
资本公积——年初	800			1 500			2 400	(13·5)1 600			800
资本公积——年末	800			1 500			2 400	(13·5)1 600			800
其他综合收益——其他权益工具投资公允价值变动净额					100		100	(13·5)100			0
其他综合收益——权益法下被投资单位其他所有者权益变动的影响		(13·4)80					80				80

续表

项目	P公司 报表金额	P公司 借方	P公司 贷方	S公司 报表金额	S公司 借方	S公司 贷方	合计金额	抵销分录 借方	抵销分录 贷方	少数股东权益	合并金额
盈余公积——年初	732			0			732	(13·19)0			732
提取盈余公积	268			100			368		(13·19)100		268
盈余公积——年末	1 000			100			1 100	0	100		1 000
(资产负债表项目)											
流动资产:											
货币资金	1 000			500			1 500				1 500
应收票据	1 400			300			1 700		(13·9)400		1 300
其中：应收S公司票据	400						400		(13·9)400		0
应收账款	1 800			760			2 560	(13·7)25	(13·6)500		2 085
其中：应收S公司账款	475						475	(13·7)25	(13·6)500		0
预付款项	770			400			1 170		(13·8)100		1 070
其中：预付P公司账款				100			100		(13·8)100		0
存货	1 000			1 100			2 100		(13·12)200		1 900
其中：向S公司购入存货	1 000						1 000		(13·12)200		800
流动资产合计	5 970			3 060			9 030	25	1 200		7 855
非流动资产：											
其他权益工具投资				800			800				800
债权投资	200						200		(13·10)200		0
其中：持有S公司债券	200						200		(13·10)200		0

续表

项目	P公司 报表金额	P公司 借方	P公司 贷方	报表金额	S公司 借方	S公司 贷方	合计金额	抵销分录 借方	抵销分录 贷方	少数股东权益	合并金额
长期股权投资	4 700	(13·2)796 (13·4)80					5 096		(13·5)3 396		1 700
其中：对S公司投资	3 000	(13·2)796 (13·4)80					3 396		(13·5)3 396		0
固定资产	4 100			2 100	100①	(13·1)5	6 295	(13·14)10 (13·15)10	(13·13)30 (13·16)1		6 284
其中：S公司——A办公楼					100②	(13·1)5	95				95
向S公司购入固定资产	200						200	(13·14)10	(13·13)30		180
向P公司购入固定资产				108			108	(13·15)10	(13·16)1		117
无形资产	630						630				630
商誉								(13·5)120			120
非流动资产合计	9 630	876		2 900	100	5	13 021	140	3 627		9 534
资产总计	15 600	876		5 960	100	5	22 051	165	4 827		17 389
流动负债：											
应付票据	1 000			400			1 400	(13·9)400			1 000
其中：应付票据——P公司				400			400	(13·9)400			0
应付账款	3 000			500			3 500	(13·6)500			3 000

① 此金额为合计金额。
② 此金额由表13-1P公司备查簿中记录的"公允价值与账面价值的差额"中100万元直接转入。

续表

项目	P公司 报表金额	P公司 借方	P公司 贷方	S公司 报表金额	S公司 借方	S公司 贷方	合计金额	抵销分录 借方	抵销分录 贷方	少数股东权益	合并金额
其中：应付P公司账款				500			500		(13·6)500		0
合同负债	200						200	(13·8)100			100
其中：预收S公司账款	100						100	(13·8)100			0
应付职工薪酬	1 000			100			1 100				1 100
应交税费	800			60			860				860
流动负债合计	6 000			1 060			7 060		1 000		6 060
非流动负债											
长期借款	2 000			700			2 700				2 700
应付债券	600			200			800	(13·10)200			600
其中：应付债券——P公司				200			200		(13·10)200		0
非流动负债合计	2 600			900			3 500		200		3 300
负债合计	8 600			1 960			10 560		1 200		9 360
(所有者权益或股东权益项目)											
实收资本（或股本）	4 000			2 000			6 000	(13·5)2 000			4 000
资本公积	800			1 500		100①	2 400	(13·5)1 600			800

① 此金额由表13-1P公司备查簿中记录的"公允价值与账面价值的差额"中100万元直接转入。

续表

项目	P公司			S公司			合计金额	抵销分录		少数股东权益	合并金额
	报表金额	借方	贷方	报表金额	借方	贷方		借方	贷方		
其他综合收益——可供出售金融资产公允价值变动				100			100	(13·5)100			0
其他综合收益——权益法下被投资单位其他所有者权益变动的影响			(13·4)80				80				80
其中：可供出售金融资产公允价值变动			(13·4)80	100			100	(13·5)100			0
盈余公积	1 000			100			1 100				1 000
未分配利润	1 200	(13·3)480	(13·2)796	300	(13·1)5		1 811	(13·5)295 (13·11)1 000 (13·13)300 (13·17)3 500 (13·12)200 (13·16)1 (13·18)20 (13·19)796 (13·19)199 (13·19)0 6 311	(13·11)1 000 (13·13)270 (13·17)3 500 (13·14)10 (13·18)20 (13·7)25 (13·15)10 (13·19)100 (13·19)600 (13·19)295 5 830		1 330
少数股东权益									5 830	(13·5)819	819
所有者权益合计	7 000	480	876	4 000	5	100	11 491	10 111	5 830	819	8 029
负债和所有者权益总计	15 600	480	876	5 960	5	100	22 051	11 311	5 830	819	17 389

续表

项目	P公司			S公司			合计金额	抵销分录		少数股东权益	合并金额
	报表金额	借方	贷方	报表金额	借方	贷方		借方	贷方		
(现金流量表项目)											
经营活动产生的现金流量:											
销售商品、提供劳务收到的现金	7 675			5 990			13 665		(13·21)3 600 (13·22)300		9 765
收到其他与经营活动有关的现金											
经营活动现金流入小计	7 675			5 990			13 665		3 900		9 765
购买商品、接受劳务支付的现金	1 420			3 270			4 690	(13·21)3 600			1 090
支付给职工以及为职工支付的现金	1 100			250			1 350				1 350
支付的各项税费	1 820			758			2 578				2 578
支付其他与经营活动有关的现金	45			22			67				67
经营活动现金流出小计	4 385			4 300			8 685	3 600			5 085
经营活动产生的现金流量净额	3 290			1 690			4 980	3 600	3 900		4 680
投资活动产生的现金流量:											
收回投资收到的现金											
取得投资收益收到的现金	500						500		(13·20)500		0

续表

项目	P公司 报表金额	P公司 借方	P公司 贷方	S公司 报表金额	S公司 借方	S公司 贷方	合计 金额	抵销分录 借方	抵销分录 贷方	少数股东 权益	合并 金额
处置固定资产、无形资产和其他长期资产收回的现金净额	120						120		(13·23)120		0
处置子公司及其他营业单位收到的现金净额											
收到其他与投资活动有关的现金	620						620			620	0
投资活动现金流入小计	930			800			1 730		(13·22)300 (13·23)120		1 310
购建固定资产、无形资产和其他长期资产支付的现金	3 000						3 000				3 000
投资支付的现金											
取得子公司及其他营业单位支付的现金净额											
支付其他与投资活动有关的现金											
投资活动现金流出小计	3 930			800			4 730	420			4 310
投资活动产生的现金流量净额	-3 310			-800			-4 110	200			-4 310
筹资活动产生的现金流量:											
吸收投资收到的现金											

续表

项目	P公司			S公司			合计	抵销分录		少数股东权益	合并金额
	报表金额	借方	贷方	报表金额	借方	贷方	金额	借方	贷方		
取得借款收到的现金											
收到其他与筹资活动有关的现金											
筹资活动现金流入小计											
偿还债务支付的现金											
分配股利、利润或偿付利息支付的现金	1 980			690			2 670	(13・20)500			2 170
其中：子公司支付给少数股东的股利、利润											
支付其他与筹资活动有关的现金											
筹资活动现金流出小计	1 980			690			2 670	500			2 170
筹资活动产生的现金流量净额	−1 980			−690			−2 670		500		−2 170
现金及现金等价物净增加额	−2 000			200			−1 800				−1 800
年初现金及现金等价物余额	3 000			300			3 300				3 300
年末现金及现金等价物余额	1 000			500			1 500				1 500

《企业会计准则第33号——合并财务报表》规定，子公司持有母公司的长期股权投资、子公司相互之间持有的长期股权投资也应当比照上述母公司对子公司的股权投资的抵销方法进行抵销处理。

(二) 内部债权与债务的抵销处理

母公司与子公司、子公司相互之间的债权和债务项目，是指母公司与子公司、子公司相互之间因销售商品、提供劳务以及发生结算业务等原因产生的应收账款与应付账款、应收票据与应付票据、预付账款与预收账款、其他应收款与其他应付款、持有至到期投资与应付债券等项目。发生在母公司与子公司、子公司相互之间的这些项目，企业集团内部企业的一方在其个别资产负债表中反映为资产，而另一方则在其个别资产负债表中反映为负债。但从企业集团整体角度来看，它只是内部资金运动，既不能增加企业集团的资产，也不能增加负债。为此，为了消除个别资产负债表直接加总中的重复计算因素，在编制合并财务报表时应当将内部债权债务项目予以抵销。抵销分录为：

借：债务类项目
　　贷：债权类项目

1. 应收账款与应付账款的抵销处理。

(1) 初次编制合并财务报表时应收账款与应付账款的抵销处理。在应收账款计提坏账准备的情况下，某一会计期间坏账准备的金额是以当期应收账款为基础计提的。在编制合并财务报表时，随着内部应收账款的抵销，与此相联系也须将内部应收账款计提的坏账准备予以抵销。内部应收账款抵销时，其抵销分录为：借记"应付账款"项目，贷记"应收账款"项目。内部应收账款计提的坏账准备抵销时，其抵销分录为：借记"坏账准备"项目，贷记"信用减值损失"项目。

【例13-12】P公司2×16年个别资产负债表（见表13-2）中应收账款475万元为2×16年向S公司销售商品发生的应收销货款的账面价值，P公司对该笔应收账款计提的坏账准备为25万元。S公司2×16年个别资产负债表（见表13-3）中应付账款500万元系2×16年向P公司购进商品存货发生的应付购货款。

在编制合并财务报表时，应将内部应收账款与应付账款相互抵销，同时还应将内部应收账款计提的坏账准备予以抵销，其抵销分录为：

借：应付账款　　　　　　　　　　　　　　　　　　　500
　　贷：应收账款　　　　　　　　　　　　　　　　　　　500

(13·6)

借：应收账款——坏账准备　　　　　　　　　　　　　25
　　贷：信用减值损失　　　　　　　　　　　　　　　　　25

(13·7)

其合并工作底稿如表13-4所示。

(2) 连续编制合并财务报表时内部应收账款坏账准备的抵销处理。从合并财务报表来说，内部应收账款计提的坏账准备的抵销是与抵销当期资产减值损失相对应的，上期抵销的坏账准备的金额，即上期资产减值损失抵减的金额，最终将影响到本期合并所有者权益变动表中的期初未分配利润金额的增加。由于利润表和所有者权益变动表是反映企业一定会计期间经济成果及其分配情况的财务报表，其上期期末未分配利润就是本期所有者权益变动表期初未分配利润（假定不存在会计政策变更和前期差错更正的情况）。本期编制合并财务报表是以本期母公司和子公司当期的个别财务报表为基础编制的，随着上期编制合并财务报表时内部应收账款计提的坏账准备的抵销，以此个别财务报表为基础加总得出的期初未分配利润与上一会计期间合并所有者权益变动表中的未分配利润金额之间则将产生差额。为此，编制合并财务报表时必须将上期因内部应收账款计提的坏账准备抵销而抵销的资产减值损失对本期期初未分配利润的影响予以抵销，调整本期期初未分配利润的金额。

在连续编制合并财务报表进行抵销处理时，首先，将内部应收账款与应付账款予以抵销，即按内部应收账款的金额，借记"应付账款"项目，贷记"应收账款"项目。其次，应将上期资产减值损失中抵销的内部应收账款计提的坏账准备对本期期初未分配利润的影响予以抵销，即按上期资产减值损失项目中抵销的内部应收账款计提的坏账准备的金额，借记"应收账款——坏账准备"项目，贷记"未分配利润——年初"项目。最后，对于本期个别财务报表中内部应收账款相对应的坏账准备增减变动的金额也应予以抵销，即按照本期个别资产负债表中期末内部应收账款相对应的坏账准备的增加额，借记"应收账款——坏账准备"项目，贷记"信用减值损失"项目，或按照本期个别资产负债表中期末内部应收账款相对应的坏账准备的减少额，借记"信用减值损失"项目，贷记"应收账款——坏账准备"项目。

其抵销程序如下。

首先，抵销坏账准备的期初数，抵销分录为：

借：应收账款——坏账准备
　　贷：未分配利润——年初

其次，将本期计提（或冲回）的坏账准备数额抵销，抵销分录与计提（或冲回）分录借贷方向相反。即：

借：应收账款——坏账准备
　　贷：信用减值损失

或

借：信用减值损失
　　贷：应收账款——坏账准备

具体做法是：先抵销期初数，然后抵销期初数与期末数的差额。

在第三期编制合并财务报表的情况下，必须将第二期内部应收账款期末余额相应的坏账准备予以抵销，以调整期初未分配利润的金额。然后，计算确定本期内部应收账款相对应的坏账准备增减变动的金额，并将其增减变动的金额予以抵销。其抵销分录与第二期编制的抵销分录相同。

若 P 公司 2×17 年 12 月 31 日个别资产负债表中的内部应收账款仍为 475 万元，坏账准备余额仍为 25 万元。则有：

借：应收账款——坏账准备　　　　　　　　　　　　　　25
　　贷：未分配利润——年初　　　　　　　　　　　　　　　25
借：应付账款　　　　　　　　　　　　　　　　　　　　500
　　贷：应收账款　　　　　　　　　　　　　　　　　　　　500

若 P 公司 2×17 年 12 月 31 日个别资产负债表中的内部应收账款为 570 万元，坏账准备余额为 30 万元。则有：

借：应收账款——坏账准备　　　　　　　　　　　　　　25
　　贷：未分配利润——年初　　　　　　　　　　　　　　　25
借：应付账款　　　　　　　　　　　　　　　　　　　　600
　　贷：应收账款　　　　　　　　　　　　　　　　　　　　600
借：应收账款——坏账准备　　　　　　　　　　　　　　　5
　　贷：信用减值损失　　　　　　　　　　　　　　　　　　　5

若 P 公司 2×17 年 12 月 31 日个别资产负债表中的内部应收账款为 380 万元，坏账准备余额为 20 万元。则有：

借：应收账款——坏账准备　　　　　　　　　　　　　　25
　　贷：未分配利润——年初　　　　　　　　　　　　　　　25
借：应付账款　　　　　　　　　　　　　　　　　　　　400
　　贷：应收账款　　　　　　　　　　　　　　　　　　　　400
借：信用减值损失　　　　　　　　　　　　　　　　　　　5
　　贷：应收账款——坏账准备　　　　　　　　　　　　　　　5

若 P 公司 2×17 年 12 月 31 日个别资产负债表中的内部应收账款为 0，坏账准备余额为 0。则有：

借：应收账款——坏账准备　　　　　　　　　　　　　　25
　　贷：未分配利润——年初　　　　　　　　　　　　　　　25
借：信用减值损失　　　　　　　　　　　　　　　　　　25
　　贷：应收账款——坏账准备　　　　　　　　　　　　　　25

2. 其他债权与债务项目的抵销处理。

【例 13-13】P 公司 2×16 年个别资产负债表（见表 13-2）中合同负债 100 万元为 S 公司预付账款；应收票据 400 万元为 S 公司 2×16 年向 P 公司购买商品 3 500 万元开具的票面金额为 400 万元的商业承兑汇票；S 公司应付债券 200 万元为 P 公司所持有。对此，在编制合并资产负债表时，应编制如下抵销分录。

①将内部合同负债与内部预付账款抵销时，应编制如下抵销分录：

借：合同负债　　　　　　　　　　　　　　　　　　　　100
　　贷：预付账款　　　　　　　　　　　　　　　　　　　　100

(13·8)

②将内部应收票据与内部应付票据抵销时,应编制如下抵销分录:

借:应付票据　　　　　　　　　　　400
　　贷:应收票据　　　　　　　　　　　400

(13·9)

③将债权投资中债券投资与应付债券抵销时,应编制如下抵销分录:

借:应付债券　　　　　　　　　　　200
　　贷:债权投资　　　　　　　　　　　200

(13·10)

其合并工作底稿如表13-4所示。

在某些情况下,债券投资企业持有的企业集团内部成员企业的债券并不是从发行债券的企业直接购进的,而是在证券市场上从第三方手中购进的。在这种情况下,债权投资中的债券投资与发行债券企业的应付债券抵销时,可能会出现差额,应分别进行处理:如果债券投资的余额大于应付债券的余额,其差额应作为投资损失计入合并利润表的"投资收益"项目;如果债券投资的余额小于应付债券的余额,其差额应作为利息收入计入合并利润表的"财务费用"项目。

(三)存货价值中包含的未实现内部销售损益的抵销处理

存货价值中包含的未实现内部销售损益是由于企业集团内部商品购销、劳务提供活动所引起的。在内部购销活动中,销售企业将集团内部销售作为收入确认并计算销售利润。而购买企业则是以支付购货的价款作为其成本入账。在本期内未实现对外销售而形成期末存货时,其存货价值中也相应地包括两部分为内容:一部分为真正的存货成本(即销售企业销售该商品的成本);另一部分为销售企业的销售毛利(即其销售收入减去销售成本的差额)。对于期末存货价值中包括的这部分销售毛利,从企业集团整体来看,并不是真正实现的利润。因为从整个企业集团来看,集团内部企业之间的商品购销活动实际上相当于企业内部物资调拨活动,既不会实现利润,也不会增加商品的价值。正是从这一意义上来说,将期末存货价值中包括的这部分销售企业作为利润确认的部分,称之为未实现内部销售损益。因此,在编制合并资产负债表时,应当将存货价值中包含的未实现内部销售损益予以抵销。编制抵销分录时,按照集团内部销售企业销售该商品的销售收入,借记"营业收入"项目,按照销售企业销售该商品的销售成本,贷记"营业成本"项目,按照当期期末存货价值中包含的未实现内部销售损益的金额,贷记"存货"项目。

1.当期内部购进商品并形成存货情况下的抵销处理。在企业集团内部购进并且在会计期末形成存货的情况下,如前所述,一方面将销售企业实现的内部销售收入及其相对应的销售成本予以抵销;另一方面将内部购进形成的存货价值中包含的未实现内部销售损益予以抵销。

【例13-14】S公司2×16年向P公司销售商品1 000万元,其销售成本为800万元,该商品的毛利率为20%。P公司购进的该商品2×16年全部未实现对外销售而形成期末存货。

在编制 2×16 年合并财务报表时，应进行如下抵销处理：

借：营业收入　　　　　　　　　　　　　　　　1 000
　　贷：营业成本　　　　　　　　　　　　　　　　　1 000

(13·11)

借：营业成本　　　　　　　　　　　　　　　　　200
　　贷：存货　　　　　　　　　　　　　　　　　　　　200

(13·12)

其合并工作底稿如表 13-4 所示。

2. 连续编制合并财务报表时内部购进商品的抵销处理。对于上期内部购进商品全部实现对外销售的情况下，由于不涉及内部存货价值中包含的未实现内部销售损益的抵销处理，在本期连续编制合并财务报表时不涉及对其进行处理的问题。但在上期内部购进并形成期末存货的情况下，在编制合并财务报表进行抵销处理时，存货价值中包含的未实现内部销售损益的抵销，直接影响上期合并财务报表中合并净利润金额的减少，最终影响合并所有者权益变动表中期末未分配利润的金额的减少。由于本期编制合并财务报表时是以母公司和子公司本期个别财务报表为基础，而母公司和子公司个别财务报表中未实现内部销售损益是作为其实现利润的部分包括在其期初未分配利润之中，以母子公司个别财务报表中期初未分配利润为基础计算得出的合并期初未分配利润的金额就可能与上期合并财务报表中的期末未分配利润的金额不一致。因此，上期编制合并财务报表时抵销的内部购进存货中包含的未实现内部销售损益也对本期的期初未分配利润产生影响，本期编制合并财务报表时必须在合并母子公司期初未分配利润的基础上，将上期抵销的未实现内部销售损益对本期期初未分配利润的影响予以抵销，调整本期期初未分配利润的金额。

在连续编制合并财务报表的情况下，首先必须将上期抵销的存货价值中包含的未实现内部销售损益对本期期初未分配利润的影响予以抵销，调整本期期初未分配利润的金额；其次对本期内部购进存货进行抵销处理。其具体抵销处理程序和方法如下：

（1）将上期抵销的存货价值中包含的未实现内部销售损益对本期期初未分配利润的影响进行抵销。即按照上期内部购进存货价值中包含的未实现内部销售损益的金额，借记"未分配利润——年初"项目，贷记"营业成本"项目。这一抵销分录，可以理解为上期内部购进的存货中包含的未实现内部销售损益在本期视同为实现利润，将上期未实现内部销售损益转为本期实现利润，冲减当期的合并销售成本（营业成本）。

（2）对于本期发生内部购销活动的，将内部销售收入、内部销售成本及内部购进存货中未实现内部销售损益予以抵销。即按照销售企业内部销售收入的金额，借记"营业收入"项目，贷记"营业成本"项目。

（3）将期末内部购进存货价值中包含的未实现内部销售损益予以抵销。对于期末内部购买形成的存货（包括上期结转形成的本期存货），应按照购买企业期末内部购入存货价值中包含的未实现内部销售损益的金额，借记"营业成本"项目，贷记"存货"项目。

将上述抵销分录分为：

①将期初存货中未实现内部销售利润抵销。

借：未分配利润——年初　　（期初存货中未实现内部销售利润）
　　贷：营业成本　　　　　　（期初存货中未实现内部销售利润）

②将本期内部商品销售收入抵销。

借：营业收入　　　　　　　（本期内部商品销售产生的收入）
　　贷：营业成本　　　　　　（本期内部商品销售产生的收入）

③将期末存货中未实现内部销售利润抵销。

借：营业成本　　　　　　　（期末存货中未实现内部销售利润）
　　贷：存货　　　　　　　　（期末存货中未实现内部销售利润）

（四）内部固定资产交易的抵销处理

内部固定资产交易是指企业集团内部发生交易的一方与固定资产有关的购销业务。对于企业集团内部固定资产交易，根据销售企业销售的是产品还是固定资产，可以将其划分为两种类型：第一种类型是企业集团内部企业将自身生产的产品销售给企业集团内部的其他企业作为固定资产使用；第二种类型是企业集团内部企业将自身的固定资产出售给企业集团内部的其他企业作为固定资产使用。此外，还有一种类型的内部固定资产交易，即企业集团内部企业将自身使用的固定资产出售给企业集团内部的其他企业作为普通商品销售。这种类型的固定资产交易，在企业集团内部发生得极少，一般情况下发生的金额也不大。

在第一种类型的内部固定资产交易的情况下，即企业集团内部的母公司或子公司将自身生产的产品销售给企业集团内部的其他企业作为固定资产使用，这种类型的内部固定资产交易发生得比较多，也比较普遍。以下重点介绍这种类型的内部固定资产交易的抵销处理。

与存货的情况不同，固定资产的使用寿命较长，往往要跨越几个会计年度。对于内部交易形成的固定资产，不仅在该内部固定资产交易发生的当期需要进行抵销处理，而且在以后使用该固定资产的期间也需要进行抵销处理。固定资产在使用过程中是通过折旧的方式将其价值转移到产品价值之中，由于固定资产按原价计提折旧，在固定资产原价中包含未实现内部销售损益的情况下，每期计提的折旧费中也必然包含着未实现内部销售损益的金额，由此也需要对该内部交易形成的固定资产每期计提的折旧费进行相应的抵销处理。同样，如果购买企业对该项固定资产计提了固定资产减值准备，由于固定资产减值准备是以原价为基础进行计算确定的，在固定资产原价中包含未实现内部销售损益的情况下，对该项固定资产计提的减值准备中也必然包含着未实现内部销售损益的金额，由此也需要对该内部交易形成的固定资产计提的减值准备进行相应的抵销处理。

1. 内部交易形成的固定资产在购入当期的抵销处理。在这种情况下，购买企业购进的固定资产，在其个别资产负债表中以支付的价款作为该固定资产的原价列示，因此，首先，必须将该固定资产原价中包含的未实现内部销售损益予以抵销；其次，购买企业对该固定资产计提了折旧，折旧费计入相关资产的成本或当期损益。由于购买企业是以该固定资产的取得成本作为原价计提折旧，取得成本中包含未实现内部销售损益，在相同的使用寿命下，各期计提的折旧费要大于不包含未实现内部销售损益时计提的折旧费，因此，还必须将当期多计提的折旧额从该固定资产当期计提的折旧费中予以抵销。其抵销处理程序如下：

（1）将与内部交易形成的固定资产相关的销售收入、销售成本以及原价中包含的未实现内部销售损益予以抵销。

（2）将内部交易形成的固定资产当期多计提的折旧费和累计折旧（或少计提的折旧费和累计折旧）予以抵销。从单个企业来说，对计提折旧进行会计处理时，一方面增加当期的费用或计入相关资产的成本；另一方面形成累计折旧。因此，对内部交易形成的固定资产当期多计提的折旧费抵销时，应按当期多计提的折旧额，借记"固定资产——累计折旧"项目，贷记"管理费用"等项目（为便于理解，本节有关内部交易形成的固定资产多计提的折旧费的抵销，均假定该固定资产为购买企业的管理用固定资产，通过"管理费用"项目进行抵销）。

【例13-15】S公司以300万元的价格将其生产的产品销售给P公司，其销售成本为270万元，因此，该内部固定资产交易实现的销售利润为30万元。P公司购买该产品作为管理用固定资产使用，按300万元入账。假设P公司对该固定资产按3年的使用寿命采用年限平均法计提折旧，预计净残值为0。该固定资产交易时间为2×16年1月1日，为简化抵销处理，假定P公司该内部交易形成的固定资产按12个月计提折旧。

本例有关抵销处理如下。

①与该固定资产相关的销售收入、销售成本以及原价中包含的未实现内部销售损益的抵销。

借：营业收入　　　　　　　　　　　　　　　　300
　　贷：营业成本　　　　　　　　　　　　　　　270
　　　　固定资产——原价　　　　　　　　　　　 30

(13·13)

②该固定资产当期多计提折旧额的抵销。该固定资产折旧年限为3年，原价为300万元，预计净残值为0，当年计提的折旧额为100万元，而按抵销其原价中包含的未实现内部销售损益后的原价计提的折旧额为90万元，当期多计提的折旧额为10万元。本例中应当按10万元分别抵销管理费用和累计折旧。

借：固定资产——累计折旧　　　　　　　　　　 10
　　贷：管理费用　　　　　　　　　　　　　　　 10

(13·14)

通过上述抵销分录，在合并工作底稿中固定资产累计折旧额减少10万元，管理费用减少10万元,在合并财务报表中该固定资产的累计折旧为90万元,该固定资产当期计提的折旧费为90万元。

其合并工作底稿如表13-4所示。

2. 连续编制合并财务报表时内部交易形成的固定资产的抵销处理。在以后会计期间,该内部交易形成的固定资产仍然以原价在购买企业的个别资产负债表中列示,因此,必须将原价中包含的未实现内部销售损益的金额予以抵销。相应地,销售企业以前会计期间由于该内部交易所实现的销售利润,形成销售当期的净利润的一部分并结转到以后会计期间。在其个别所有者权益变动表中列示,因此,必须将期初未分配利润中包含的该未实现内部销售损益予以抵销,以调整期初未分配利润的金额。将内部交易形成的固定资产原价中包含的未实现内部销售损益抵销,并调整期初未分配利润。即按照原价中包含的未实现内部销售损益的金额,借记"未分配利润——年初"项目,贷记"固定资产——原价"项目。

对于该固定资产在以前会计期间计提折旧而形成的期初累计折旧,由于将以前会计期间按包含未实现内部销售损益的原价为依据而多计提折旧的抵销,一方面必须按照以前会计期间累计多计提的折旧额抵销期初累计折旧;另一方面由于以前会计期间累计折旧抵销而影响到期初未分配利润,因此,还必须调整期初未分配利润的金额。将以前会计期间内部交易形成的固定资产多计提的累计折旧抵销,并调整期初未分配利润。即按以前会计期间抵销该内部交易形成的固定资产多计提的累计折旧额,借记"固定资产——累计折旧"项目,贷记"未分配利润——年初"项目。

该内部交易形成的固定资产在本期仍然计提了折旧,由于多计提折旧导致本期有关资产或费用项目增加并形成累计折旧。为此,一方面必须将本期多计提折旧而计入相关资产的成本或当期损益的金额予以抵销;另一方面将本期多计提折旧而形成的累计折旧额予以抵销。即按本期该内部交易形成的固定资产多计提的折旧额,借记"固定资产——累计折旧"项目,贷记"管理费用"等项目。

内部固定资产交易具体抵销程序如下。

(1) 将期初固定资产原价中未实现内部销售利润抵销。

借:未分配利润——年初

      (期初固定资产原价中未实现内部销售利润)

  贷:固定资产——原价

      (期初固定资产原价中未实现内部销售利润)

(2) 将期初累计多提折旧抵销。

借:固定资产——累计折旧   (期初累计多提折旧)

  贷:未分配利润——年初   (期初累计多提折旧)

(3) 将本期购入的固定资产原价中未实现内部销售利润抵销。

若一方销售的商品,另一方购入后作为固定资产:

借:营业收入   (本期内部固定资产交易产生的收入)

  贷:营业成本   (本期内部固定资产交易产生的销售成本)

　　　　　固定资产——原价
　　　　　　　（本期购入的固定资产原价中未实现内部销售利润）
　　若一方的固定资产，另一方购入后仍作为固定资产：
　　借：资产处置损益　　　（本期内部固定资产交易产生的处理收入）
　　　　贷：固定资产——原价
　　　　　　　（本期购入的固定资产原价中未实现内部销售利润）
（4）将本期多提折旧抵销：
　　借：固定资产——累计折旧　　　　　　　　（本期多提折旧）
　　　　贷：管理费用　　　　　　　　　　　　（本期多提折旧）

　　3. 内部交易形成的固定资产在清理期间的抵销处理。对于销售企业来说，因该内部交易实现的利润，作为期初未分配利润的一部分结转到以后的会计期间，直到购买企业对该内部交易形成的固定资产进行清理的会计期间为止。从购买企业来说，对内部交易形成的固定资产进行清理的期间，在其个别财务报表中表现为固定资产价值的减少；该固定资产清理收入减去该固定资产账面价值以及有关清理费用后的余额，则在其个别利润表中以资产处置损益项目列示。

　　在这种情况下，购买企业内部交易形成的固定资产实体已不复存在，包含未实现内部销售损益在内的该内部交易形成的固定资产的价值已全部转移到用其加工的产品价值或各期损益中，因此，不存在未实现内部销售损益的抵销问题。从整个企业集团来说，随着该内部交易形成的固定资产的使用寿命届满，其包含的未实现内部销售损益也转化为已实现利润。但是，销售企业因该内部交易所实现的利润作为期初未分配利润的一部分结转到购买企业对该内部交易形成的固定资产进行清理的会计期间为止。为此，必须调整期初未分配利润。在固定资产进行清理的会计期间，如果仍计提了折旧，本期计提的折旧费中仍然包含多计提的折旧额，因此，需要将多计提的折旧额予以抵销。

　　在第二种类型的内部固定资产交易的情况下，即企业集团内部企业将其自用的固定资产出售给集团内部的其他企业。对于销售企业来说，在其个别资产负债表中表现为固定资产的减少，同时，在其个别利润表中表现为固定资产处置损益。无论处置收入大于还是小于该固定资产账面价值，都表现为本期资产处置损益。对于购买企业来说，在其个别资产负债表中则表现为固定资产的增加，其固定资产原价中，既包含该固定资产在原销售企业中的账面价值，也包含销售企业因该固定资产出售所实现的损益。但从整个企业集团来看，这一交易属于集团内部固定资产调拨性质，它既不能产生收益，也不会发生损失，固定资产既不能增值也不会减值。因此，必须将销售企业因该内部交易所实现的固定资产处置损益予以抵销，同时将购买企业固定资产原价中包含的未实现内部销售损益的金额予以抵销。通过抵销后，使其在合并财务报表中该固定资产原价仍然以销售企业的原账面价值反映。

　　【例13-16】假设P公司将其账面价值130万元的某项固定资产以120万元的价格出售给S公司仍作为管理用固定资产使用。P公司因该内部固定资产交易发生处置损失10万元。假设S公司以120万元作为该项固定资产的成本入账,S公司对该固定资产按5年的使用寿命采用年限平均法计提折旧,预计净残值为0。该固定资产交易时间为2×16年6月29日,S公司该内部交易固定资产在2×16年按6个月计提折旧。

本例中有关抵销处理如下。

①该固定资产的处置损失与固定资产原价中包含的未实现内部销售损益的抵销。

借:固定资产——原价　　　　　　　　　　　　　　　10
　　贷:资产处置损益　　　　　　　　　　　　　　　　　　　10

(13·15)

②该固定资产当期少计提折旧额的抵销。该固定资产折旧年限为5年,原价为120万元,预计净残值为0,2×16年计提的折旧额为12万元,而按抵销其原价中包含的未实现内部销售损益后的原价计提的折旧额为13万元,当期少计提的折旧额为1万元。本例中应当按1万元分别抵销管理费用和累计折旧。即:

借:管理费用　　　　　　　　　　　　　　　　　　　1
　　贷:固定资产——累计折旧　　　　　　　　　　　　　　1

(13·16)

通过上述抵销分录,在合并工作底稿中,固定资产累计折旧额增加1万元,管理费用增加1万元,在合并财务报表中,该固定资产的累计折旧为13万元,该固定资产当期计提的折旧费为13万元。

其合并工作底稿如表13-4所示。

在连续编制合并财务报表时,其抵销分录为:

借:盈余公积——年初　　　　　　　　　　　　　　0.1
　　未分配利润——年初　　　　　　　　　　　　　0.9
　　贷:固定资产——累计折旧　　　　　　　　　　　　　1

四、报告期内增减子公司的处理

(一) 增加子公司

母公司因追加投资等原因控制了另一个企业即实现了企业合并。根据《企业会计准则第20号——企业合并》的规定,企业合并形成母子公司关系的,母公司应当编制合并日或购买日的合并资产负债表。有关合并日或购买日合并资产负债表的编制,请参见本教材第十二章"企业合并"的相关内容。但是,在企业合并发生当期的期末和以后会计期间,母公司应当根据《企业会计准则第33号——合并财务报表》的规定编制合并资产负债表。在编制合并资产负债表时,应当区分同一控制下的企业合并企业增加的子公司和非同一控制下的企业合并增加的子公司两种情况。

1. 因同一控制下企业合并增加的子公司，视同该子公司从设立起就被母公司控制，编制合并资产负债表时，应当调整合并资产负债表所有相关项目的期初数，相应地，合并资产负债表的留存收益项目应当反映母公司如果一直作为一个整体运行至合并日应实现的盈余公积和未分配利润的情况。

2. 因非同一控制下企业合并增加的子公司，应当从购买日开始编制合并财务报表，不调整合并资产负债表的期初数。

（二）处置子公司

在报告期内，如果母公司失去了决定被投资单位的财务和经营政策的能力，不再能够从其经营活动中获取利益，则母公司不再控制被投资单位，被投资单位从本期开始不再是母公司的子公司，不应继续将其纳入合并财务报表的合并范围，不调整合并资产负债表的期初数。

五、子公司发生超额亏损在合并资产负债表中的反映

子公司少数股东分担的当期亏损超过了少数股东在该子公司期初所有者权益中所享有的份额，其余额应当分别下列情况进行处理。

1. 公司章程或协议规定少数股东有义务承担，并且少数股东有能力予以弥补的，该项余额应当冲减少数股东权益。

2. 公司章程或协议未规定少数股东有义务承担的，该项余额应当冲减母公司的所有者权益。该子公司以后期间实现的利润，在弥补了由母公司所有者权益所承担的属于少数股东的损失之前，应当全部归属于母公司的所有者权益。

六、合并资产负债表的编制

为了便于理解和掌握合并资产负债表的编制方法，了解合并资产负债表编制的过程，现就本节中合并资产负债表的编制举例综合说明如下。

【例13-17】 沿用〖例13-10〗、〖例13-11〗、〖例13-12〗、〖例13-13〗、〖例13-14〗、〖例13-15〗和〖例13-16〗，P公司和S公司2×16年12月31日的个别资产负债表分别参见表13-2和表13-3。

根据上述资料，首先，P公司应当设计合并工作底稿（见表13-4），将P公司、S公司个别资产负债表的数据过入合并工作底稿，并计算资产负债表各项目的合计金额；其次，编制调整分录，按照P公司备查簿中所记录的S公司各项可辨认资产、负债及或有负债在购买日的公允价值的资料（见表13-1）调整S公司的财务报表，将S公司的财务报表调整成以购买日可辨认资产、负债及或有负债的公允价值为基础编制的财务报表，再按照权益法调整P公司对S公司的长期股权投资；最后，编制抵销分录，将P公司与S公司之间的内部交易对合并资产负债表的影响予以抵销，编制完成合并资产负债表，参见表13-5。

表 13－5　　　　　　　　　　　合并资产负债表　　　　　　　　　　会合 01 表

编制单位：P 公司　　　　　　　　2×21 年 12 月 31 日　　　　　　　　单位：万元

资　　产	期末余额	年初余额	负债和所有者权益（或股东权益）	期末余额	年初余额
流动资产：			流动负债：		
货币资金	1 500		短期借款		
结算备付金			拆入资金		
拆出资金			交易性金融负债		
交易性金融资产			衍生金融负债		
衍生金融资产			应付票据	1 000	
应收票据	1 300		应付账款	3 000	
应收账款	2 085		预收款项		
应收款项融资			合同负债		
预付款项	1 070		卖出回购金融资产款		
应收保费			吸收存款及同业存放		
应收分保账款			代理买卖证券款		
应收分保合同准备金			代理承销证券款		
其他应收款			应付职工薪酬	1 100	
买入返售金融资产			应交税费	860	
存货	1 900		其他应付款		
合同资产			应付手续费及佣金		
持有待售资产			应付分保账款		
一年内到期非流动资产			持有待售负债		
其他流动资产			一年内到期的非流动负债		
流动资产合计	7 855		其他流动负债		
非流动资产：			流动负债合计	6 060	
发放贷款及垫款			非流动负债：		
债权投资			保险合同准备金		
其他债权投资			长期借款	2 700	
长期应收款			应付债券	600	
长期股权投资	1 700		其中：优先股		
其他权益工具投资	800		永续债		

续表

资产	期末余额	年初余额	负债和所有者权益（或股东权益）	期末余额	年初余额
其他非流动金融资产			租赁负债		
投资性房地产			长期应付款		
固定资产	6 284		预计负债		
在建工程			递延收益		
生产性生物资产			递延所得税负债		
油气资产			其他非流动负债		
无形资产	630		非流动负债合计	3 300	
开发支出			负债合计	9 360	
商誉	120		所有者权益（或股东权益）：		
长期待摊费用			实收资本（或股本）	4 000	
递延所得税资产			其他权益工具		
			其中：优先股		
			永续债		
其他非流动资产			资本公积	800	
			减：库存股		
非流动资产合计	9 534		其他综合收益	80	
			专项储备		
			盈余公积	1 000	
			一般风险准备		
			未分配利润	1 330	
			归属于母公司所有者权益合计	7 210	
			少数股东权益	819	
			所有者权益合计	8 029	
资产总计	17 389		负债和所有者权益总计	17 389	

七、合并资产负债表的格式

合并资产负债表的格式综合考虑了企业集团中一般工商企业和金融企业（包括商业银行、保险公司和证券公司等）的财务状况列报的要求，与个别资产负债表的格式基本相同，主要增加了四个项目：一是在"无形资产"项目下增加了

"商誉"项目,用于反映非同一控制下企业合并中取得的商誉,即在控股合并下母公司对子公司的长期股权投资(合并成本)大于其在购买日子公司可辨认净资产公允价值份额的差额。二是在所有者权益项目下增加了"归属于母公司所有者权益合计"项目,用于反映企业集团的所有者权益中归属于母公司所有者权益的部分,包括"实收资本(或股本)""资本公积""库存股""盈余公积""未分配利润""外币报表折算差额"等项目的金额。三是在所有者权益项目下增加了"少数股东权益"项目,用于反映非全资子公司的所有者权益中不属于母公司的份额。四是在"未分配利润"项目之后、"少数股东权益"项目之前增加了"外币报表折算差额"项目,用于反映境外经营的资产负债表折算为人民币表示的资产负债表时所发生的折算差额中归属于母公司所有者权益的部分。合并资产负债表的一般格式如表13-5所示。

第三节 合并利润表

一、编制合并利润表时应进行抵销处理的项目

合并利润表应当以母公司和子公司的利润表为基础,在抵销母公司与子公司、子公司相互之间发生的内部交易对合并利润表的影响后,由母公司合并编制。利润表作为以单个企业为会计主体进行会计核算的结果,分别从母公司本身和子公司本身反映其在一定会计期间的经营成果。在以其个别利润表为基础计算的收入和费用等项目的加总金额中,也必然包含有重复计算的因素,因此,编制合并利润表时,也需要将这些重复的因素予以剔除。

编制合并利润表时需要进行抵销处理的主要有以下项目。

(一) 内部营业收入和内部营业成本的抵销处理

内部营业收入是指企业集团内部母公司与子公司、子公司相互之间发生的商品销售(或劳务提供,下同)活动所产生的营业收入。内部营业成本是指企业集团内部母公司与子公司、子公司相互之间发生的销售商品的营业成本。

在企业集团内部母公司与子公司、子公司相互之间发生内部购销交易的情况下,母公司和子公司都从自身的角度以自身独立的会计主体进行核算反映其损益情况。从销售企业来说,以其内部销售确认当期销售收入并结转相应的销售成本,计算当期内部销售商品损益。从购买企业来说,其购进的商品可能用于对外销售,也可能是作为固定资产、工程物资、在建工程、无形资产等资产使用。在购买企业将内部购进的商品用于对外销售时,可能出现以下三种情况:第一,内部购进的商品全部实现对外销售;第二,内部购进的商品全部未实现销售,形成期末存货;第三,内部购进的商品部分实现对外销售、部分形成期末存货。在购

买企业将内部购进的商品作为固定资产、工程物资、在建工程、无形资产等资产使用时,则形成其固定资产、工程物资、在建工程、无形资产等资产。

1. 内部相互销售商品,期末全部实现对外销售。在这种情况下,从销售企业来说,销售给企业集团内部其他企业的商品与销售给企业集团外部企业的情况下的会计处理相同,即在本期确认销售收入、结转销售成本、计算销售商品损益,并在其个别利润表中反映;对于购买企业来说,一方面要确认向企业集团外部企业的销售收入,另一方面要结转销售内部购进商品的成本,在其个别利润表中分别作为营业收入和营业成本反映,并确认销售损益。也就是说,对于同一购销业务,在销售企业和购买企业的个别利润表中都作了反映。但从整个企业集团来看,这一购销业务只是实现了一次对外销售,其销售收入只是购买企业向企业集团外部企业销售该产品的销售收入,其销售成本只是销售企业向购买企业销售该商品的成本。销售企业向购买企业销售该商品实现的收入属于内部销售收入,相应地,购买企业向企业集团外部企业销售该商品的销售成本则属于内部销售成本。因此,在编制合并利润表时,就必须将重复反映的内部营业收入与内部营业成本予以抵销。

【例13-18】假设P公司2×16年利润表的营业收入中有3 500万元系向S公司销售产品取得的销售收入,该产品销售成本为3 000万元。S公司在本期将该产品全部售出,其销售收入为5 000万元,销售成本为3 500万元,并分别在其利润表中列示。

编制合并利润表将内部销售收入和内部销售成本予以抵销时,应编制如下抵销分录:

借:营业收入 3 500
  贷:营业成本 3 500

(13·17)

其合并工作底稿如表13-4所示。

2. 母公司与子公司、子公司相互之间销售商品,期末未实现对外销售而形成存货的抵销处理。在内部购进的商品未实现对外销售的情况下,其抵销处理参见本章第二节有关"存货价值中包含的未实现内部销售损益的抵销处理"的内容。

3. 母公司与子公司、子公司相互之间销售商品,期末部分实现对外销售、部分形成期末存货的抵销处理。即内部购进的商品部分实现对外销售、部分形成期末存货的情况,可以将内部购买的商品分解为两部分来理解:一部分为当期购进并全部实现对外销售;另一部分为当期购进但未实现对外销售而形成期末存货。【例13-18】介绍的就是前一部分的抵销处理;【例13-14】介绍的则是后一部分的抵销处理。

将【例13-18】和【例13-14】的抵销处理合在一起,就是第三种情况下的抵销处理。其抵销处理如下:

借:营业收入(3 500+1 000) 4 500

贷：营业成本（3 500 + 1 000）		4 500
借：营业成本（0 + 200）	200	
贷：存货（0 + 200）		200

（二）购买企业内部购进商品作为固定资产、无形资产等资产使用时的抵销处理

企业集团内部母公司与子公司、子公司相互之间将自身的产品销售给其他企业作为固定资产（作为无形资产等的处理原则类似）使用的抵销处理，参见本章第二节有关"内部交易形成的固定资产在购入当期的抵销处理"的内容。

（三）内部应收款项计提的坏账准备等减值准备的抵销处理

编制合并资产负债表时，需要将内部应收账款与应付账款相互抵销，与此相适应，需要将内部应收账款计提的坏账准备予以抵销。相关抵销处理参见本章第二节有关"应收账款与应付账款的抵销处理"的内容。

（四）内部投资收益（利息收入）和利息费用的抵销处理

企业集团内部母公司与子公司、子公司相互之间可能存在相互提供信贷以及相互持有对方债券的内部交易。在持有母公司或子公司发行的企业债券（或公司债券，下同）的情况下，发行债券的企业计付的利息费用作为财务费用处理，并在其个别利润表"财务费用"项目中列示；而持有债券的企业，将购买的债券在其个别资产负债表"持有至到期投资"（本章为简化合并处理，假定购买债券的企业将该债券投资分类为持有至到期投资）项目中列示，当期获得的利息收入则作为投资收益处理，并在其个别利润表"投资收益"项目中列示。在编制合并财务报表时，应当在抵销内部发行的应付债券和持有至到期投资等内部债权债务的同时，将内部应付债券和持有至到期投资相关的利息费用与投资收益（利息收入）相互抵销，即将内部债券投资收益与内部发行债券的利息费用相互抵销。如果债券投资的余额大于应付债券的余额，其差额应借记"投资收益"项目；如果债券投资的余额小于应付债券的余额，其差额应贷记"财务费用"项目。

【例13 – 19】沿用〖例13 – 13〗，假设S公司2×16年确认的应向P公司支付的债券利息费用总额为20万元（假定该债券的票面利率与实际利率相差较小）。

在编制合并利润表时，应将内部债券投资收益与应付债券利息费用相互抵销，其抵销分录为：

借：投资收益	20	
贷：财务费用		20
		(13·18)

其合并工作底稿如表13 – 4所示。

(五) 相互之间持有对方长期股权投资的投资收益的抵销处理

内部投资收益是指母公司对子公司或子公司对母公司、子公司相互之间的长期股权投资的收益，即母公司对子公司的长期股权投资在合并工作底稿中按权益法调整的投资收益，实际上就是子公司当期营业收入减去营业成本和期间费用、所得税费用等后的余额与其持股比例相乘的结果。

在子公司为全资子公司的情况下，母公司对某一子公司在合并工作底稿中按权益法调整的投资收益，实际上就是该子公司当期实现的净利润。编制合并利润表时，实际上是将子公司的营业收入、营业成本和期间费用视为母公司本身的营业收入、营业成本和期间费用同等看待，与母公司相应的项目进行合并，因此，编制合并利润表时，必须将对子公司长期股权投资收益予以抵销。子公司的个别所有者权益变动表中本年利润分配各项目的金额，包括提取盈余公积、对所有者（或股东）的分配和期末未分配利润的金额都必须予以抵销。在子公司为全资子公司的情况下，子公司本期净利润就是母公司本期子公司长期股权投资按权益法调整的投资收益。假定子公司期初未分配利润为零，子公司本期净利润就是子公司本期可供分配的利润，是本期子公司利润分配的来源，而子公司本期利润分配〔包括提取盈余公积、对所有者（或股东）的分配等〕的金额与期末未分配利润的金额则是本期利润分配的结果。母公司对子公司的长期股权投资按权益法调整的投资收益正好与子公司的本年利润分配项目相抵销。在子公司为非全资子公司的情况下，母公司本期对子公司长期股权投资按权益法调整的投资收益与本期少数股东损益之和就是子公司本期净利润，同样假定子公司期初未分配利润为零，母公司本期对子公司长期股权投资按权益法调整的投资收益与本期少数股东损益之和正好与子公司本年利润分配项目相抵销。

至于子公司个别所有者权益变动表中本年利润分配项目中的"未分配利润——年初"项目，作为子公司以前会计期间净利润的一部分，在全资子公司的情况下已全额包括在母公司以前会计期间按权益法调整的投资收益之中，从而包括在母公司按权益法调整的本期期初未分配利润之中，因此，也应将其予以抵销。从子公司个别所有者权益变动表来看，其期初未分配利润加上本期净利润就是其本期利润分配的来源；而本期利润分配和期末未分配利润则是利润分配的结果。母公司本期对子公司长期股权投资按权益法调整的投资收益和子公司期初未分配利润正好与子公司本年利润分配项目相抵销。在子公司为非全资子公司的情况下，母公司本期对子公司长期股权投资按权益法调整的投资收益、本期少数股东损益和期初未分配利润与子公司本年利润分配项目也正好相抵销。

【例13-20】沿用〖例13-10〗，假设P公司和S公司2×16年度所有者权益变动表如表13-10所示，S公司为非全资子公司，P公司拥有其80%的股份。在合并工作底稿中，P公司按权益法调整的S公司本期投资收益为316万元（995万元×80% - 480万元），S公司本期少数股东损益为79万元（995万元×20% - 120万元）。S公司年初未分配利润为0元，S公司本期提取盈余公积100

万元、分派现金股利 600 万元、未分配利润 295 万元（300 万元 – 5 万元）。为此，进行抵销处理时，应编制如下抵销分录：

借：投资收益　　　　　　　　　　　　　　　796
　　少数股东损益　　　　　　　　　　　　　199
　　未分配利润——年初　　　　　　　　　　　0
　　贷：提取盈余公积　　　　　　　　　　　　100
　　　　对所有者（或股东）的分配　　　　　　600
　　　　未分配利润——年末　　　　　　　　　295

（13·19）

其合并工作底稿如表 13-4 所示。

二、报告期内增减子公司

（一）增加子公司

母公司因追加投资等原因控制了另一个企业即实现了企业合并。根据《企业会计准则第 20 号——企业合并》的规定，企业合并形成母子公司关系的，母公司应当编制合并日的合并利润表。有关合并日合并利润表的编制，请参见本教材第十二章"企业合并"的相关内容。但是，在企业合并发生当期的期末和以后会计期间，母公司应当根据《企业会计准则第 33 号——合并财务报表》的规定编制合并利润表，并分别以下两种情况处理。

1. 因同一控制下企业合并增加的子公司，应视同合并后形成的报告主体自最终控制方开始实施控制时一直是一体化存续下来的，经营成果应持续计算，因此，在编制合并利润表时，应当将该公司合并当期期初至报告期末的收入、费用、利润纳入合并利润表，而不是从合并日开始纳入合并利润表。由于这部分净利润是因《企业会计准则第 20 号——企业合并》规定的同一控制下企业合并的编表原则所致，而非母公司管理层通过生产经营活动实现的净利润，因此，应当在合并利润表中单列"其中：被合并方在合并前实现的净利润"项目进行反映。

2. 非同一控制下企业合并增加的子公司，在编制合并利润表时，应当将该子公司购买日至报告期末的收入、费用、利润纳入合并利润表。

（二）处置子公司

母公司在报告期内处置子公司，应当将该子公司期初至处置日的收入、费用、利润纳入合并利润表。

三、合并利润表的编制

为了便于理解和掌握合并利润表的编制方法，了解合并利润表编制的全过程,现就本节中合并利润表的编制举例综合说明如下。

【例 13-21】 沿用〖例 13-10〗、〖例 13-12〗、〖例 13-14〗、〖例 13-15〗、〖例 13-16〗、〖例 13-18〗、〖例 13-19〗和〖例 13-20〗,P 公司与 S 公司 2×16 年度个别利润表的资料如表 13-6 所示。

表 13-6　　　　　　　　　　利润表（简表）　　　　　　　　会企 02 表
2×16 年度　　　　　　　　　　　　　　　　　单位:万元

项　目	P 公司	S 公司
一、营业收入	8 700	6 300
减:营业成本	4 450	4 570
税金及附加	300	125
销售费用	15	10
管理费用	100	12
财务费用	300	90
其中:利息收入		
利息支出	300	90
加:其他收益		
投资收益(损失以"-"号填列)	500	
公允价值变动收益(损失以"-"号填列)		
信用减值损失	25	
资产处置损益(损失以"-"号填列)	10	
二、营业利润(亏损以"-"号填列)	4 000	1 493
加:营业外收入		
减:营业外支出		
三、利润总额(亏损总额以"-"号填列)	4 000	1 493
减:所得税费用	1 320	493
四、净利润(净亏损以"-"号填写)	2 680	1 000

根据上述资料,首先,P 公司应当设计合并工作底稿(见表 13-4),将 P 公司、S 公司个别利润表的数据过入合并工作底稿,并计算利润表各项目的合计金额;其次,编制调整分录,按照 P 公司备查簿中所记录的 S 公司可辨认资产、负债及或有负债在购买日的公允价值的资料(见表 13-1)调整 S 公司的财务报表,将 S 公司的财务报表调整成以购买日可辨认资产、负债及或有负债的公允价值为基础编制的财务报表,按照权益法调整 P 公司对 S 公司的长期股权投资;最后,编制抵销分录,将 P 公司与 S 公司之间的内部交易对合并利润表的影响予以抵销。

四、合并利润表的基本格式

合并利润表的格式综合考虑了企业集团中一般工商企业和金融企业（包括商业银行、保险公司和证券公司）的经营成果列报的要求。

按照《财政部关于修订印发合并财务报表格式（2019版）的通知》的规定，该企业集团2×21年合并利润表如表13-7所示。

表13-7　　　　　　　　　　　　　　合并利润表　　　　　　　　　　　　会合02表

编制单位：P公司　　　　　　　　　　　2×21年度　　　　　　　　　　　　单位：万元

项　目	本年金额	上年金额
一、营业总收入	10 200	
其中：营业收入	10 200	
利息收入		
已赚保费		
手续费及佣金收入		
二、营业总成本	5 378	
其中：营业成本	4 450	
利息支出		
手续费及佣金支出		
退保金		
赔付支出净额		
提取保险责任准备金净额		
保单红利支出		
分保费用		
税金及附加	425	
销售费用	25	
管理费用	108	
财务费用	370	
其中：利息费用		
利息收入		
加：其他收益		
投资收益（损失以"-"号填列）		

续表

项　目	本年金额	上年金额
其中：对联营企业和合营企业的投资收益		
以摊余成本计量的金融资产终止确认收益		
汇兑收益（损失以"-"号填列）		
净敞口套期收益（损失以"-"号填列）		
公允价值变动收益（损失以"-"号填列）		
信用减值损失（损失以"-"号填列）		
资产减值损失（损失以"-"号填列）		
资产处置收益（损失以"-"号填列）		
三、营业利润（亏损以"-"号填列）	4 822	
加：营业外收入		
减：营业外支出		
四、利润总额（亏损总额以"-"号填列）	4 822	
减：所得税费用	1 813	
五、净利润（净亏损以"-"号填列）	3 009	
（一）按经营持续性分类		
1. 持续经营净利润（净亏损以"-"号填列）		
2. 终止经营净利润（净亏损以"-"号填列）		
（二）按所有权归属分类		
1. 归属于母公司所有者的净利润	2 810	
2. 少数股东损益	199	
六、其他综合收益的税后净额		
（一）归属于母公司所有者的其他综合收益的税后净额		
1. 不能重分类进损益的其他综合收益		
（1）重新计量设定受益计划变动额		
（2）权益法下不能转损益的其他综合收益		
（3）其他权益工具投资公允价值变动		
（4）企业自身信用风险公允价值变动		
……		
2. 将重分类进损益的其他综合收益		
（1）权益法下可转损益的其他综合收益	80	

续表

项目	本年金额	上年金额
（2）其他债权投资公允价值变动	20	
（3）金融资产重分类计入其他综合收益的金额		
（4）其他债权投资信用减值准备		
（5）现金流量套期储备		
（6）外币财务报表折算差额		
……		
（二）归属于少数股东的其他综合收益的税后净额		
七、综合收益总额	3109	
（一）归属于母公司所有者的综合收益总额	2910	
（二）归属于少数股东的综合收益总额	199	
八、每股收益		
（一）基本每股收益		
（二）稀释每股收益		

五、子公司发生超额亏损在合并利润表中的反映

《企业会计准则第 33 号——合并财务报表》规定，子公司少数股东分担的当期亏损超过了少数股东在该子公司期初所有者权益中所享有的份额，其余额应当分别下列情况进行处理。

1. 公司章程或协议规定少数股东有义务承担并且少数股东有能力予以弥补的，该项余额应当冲减少数股东权益。

2. 公司章程或协议未规定少数股东有义务承担的，该项余额应当冲减母公司的所有者权益。该子公司以后期间实现的利润，在弥补了由母公司所有者权益所承担的属于少数股东的损失之前，应当全部归属于母公司的所有者权益。

第四节 合并现金流量表

合并现金流量表是综合反映母公司及其所有子公司组成的企业集团在一定会计期间现金及现金等价物流入和流出的报表。现金流量表作为一张主要报表已经在世界上一些主要国家的会计实务中采用，合并现金流量表的编制也成为各国会计实务的重要内容。

现金流量表要求按照收付实现制反映企业经济业务所引起的现金流入和流出，其有关经营活动产生的现金流量的编制方法有直接法和间接法两种。《企业会计准则第 31 号——现金流量表》明确规定，企业应当采用直接法列示经营活动产生的现金流量。在采用直接法的情况下，以合并利润表有关项目的数据为基础，调整得出本期的现金流入和现金流出，分别经营活动产生的现金流量、投资活动产生的现金流量、筹资活动产生的现金流量三大类，反映企业集团在一定会计期间的现金流量情况。

需要说明的是，某些现金流量在进行抵销处理后，需站在企业集团的角度重新对其进行分类。比如，母公司持有子公司向其购买商品所开具的商业承兑汇票向商业银行申请贴现，母公司所取得现金在其个别现金流量表中反映为经营活动产生的现金流入，在将该内部商品购销活动所产生的债权与债务抵销后，母公司向商业银行申请贴现取得的现金在合并现金流量表中应重新归类为筹资活动产生的现金流量列示。

合并现金流量表的编制原理、编制方法和编制程序与合并资产负债表、合并利润表的编制原理、编制方法和编制程序相同。即：首先，编制合并工作底稿，将母公司和所有子公司的个别现金流量表各项目的数据全部过入同一合并工作底稿；其次，根据当期母公司与子公司以及子公司相互之间发生的影响其现金流量增减变动的内部交易，编制相应的抵销分录，通过抵销分录将个别现金流量表中重复反映的现金流入量和现金流出量予以抵销；最后，在此基础上计算合并现金流量表各项目的合并金额，并填制合并现金流量表。

合并现金流量表补充资料，既可以以母公司和所有子公司的个别现金流量表为基础，在抵销母公司与子公司、子公司相互之间发生的内部交易对合并现金流量表的影响后进行编制，也可以直接根据合并资产负债表和合并利润表进行编制。

一、编制合并现金流量表时应进行抵销处理的项目

现金流量表作为以单个企业为会计主体进行会计核算的结果，分别从母公司本身和子公司本身反映其一定会计期间现金流入和现金流出。在以其个别现金流量表为基础计算的现金流入和现金流出项目的加总金额中，也必然包含有重复计算的因素，因此，编制合并现金流量表时，也需要将这些重复的因素予以剔除。编制合并现金流量表时需要进行抵销处理的项目主要有以下方面。

（一）企业集团内部当期以现金投资或收购股权增加的投资所产生的现金流量的抵销处理

母公司直接以现金对子公司进行的长期股权投资或以现金从子公司的其他所有者（即企业集团内的其他子公司）处收购股权，表现为母公司现金流出，在母公司个别现金流量表作为投资活动产生的现金流出列示。子公司接受这一投资（或处置投资）时，表现为现金流入，在其个别现金流量表中反映为筹资活动产

生的现金流入（或投资活动产生的现金流入）。从企业集团整体来看，母公司以现金对子公司进行的长期股权投资实际上相当于母公司将资本拨付下属核算单位，并不引起整个企业集团的现金流量的增减变动，因此，编制合并现金流量表时，应当在母公司与子公司现金流量表数据简单相加的基础上，将母公司当期以现金对子公司长期股权投资所产生的现金流量予以抵销。

（二）企业集团内部当期取得投资收益收到的现金与分配股利、利润或偿付利息支付的现金的抵销处理

母公司对子公司进行的长期股权投资和债权投资，在持有期间收到子公司分派的现金股利（利润）或债券利息，表现为现金流入，在母公司个别现金流量表中作为取得投资收益收到的现金列示。子公司向母公司分派现金股利（利润）或支付债券利息，表现为现金流出，在其个别现金流量表中反映为分配股利、利润或偿付利息支付的现金。从整个企业集团来看，这种投资收益的现金收支并不引起整个企业集团的现金流量的增减变动，因此，编制合并现金流量表时，应当在母公司与子公司现金流量表数据简单相加的基础上，将母公司当期取得投资收益收到的现金与子公司分配股利、利润或偿付利息支付的现金予以抵销。

【例 13-22】沿用〖例 13-10〗和〖例 13-19〗，P 公司应编制如下抵销分录：

  借：分配股利、利润或偿付利息支付的现金   500
    贷：取得投资收益收到的现金   500

(13·20)

其合并工作底稿如表 13-4 所示。

（三）企业集团内部以现金结算债权和债务所产生的现金流量的抵销处理

母公司与子公司、子公司相互之间当期以现金结算应收账款或应付账款等债权和债务，表现为现金流入或现金流出，在母公司个别现金流量表中作为收到其他与经营活动有关的现金或支付其他与经营活动有关的现金列示，在子公司个别现金流量表中作为支付其他与经营活动有关的现金或收到其他与经营活动有关的现金列示。从整个企业集团来看，这种现金结算债权和债务，并不引起整个企业集团的现金流量的增减变动，因此，编制合并现金流量表时，应当在母公司与子公司现金流量表数据简单相加的基础上，将母公司当期以现金结算债权和债务所产生的现金流量予以抵销。

（四）企业集团内部当期销售商品所产生的现金流量的抵销处理

母公司向子公司当期销售商品（或子公司向母公司销售商品或子公司相互之间销售商品，下同）所收到的现金，表现为现金流入，在母公司个别现金流量表中作为销售商品、提供劳务收到的现金列示。子公司向母公司支付购货款，表现

为现金流出，在其个别现金流量表中反映为购买商品、接受劳务支付的现金。从整个企业集团来看，这种内部商品购销现金收支，并不会引起整个企业集团的现金流量的增减变动，因此，编制合并现金流量表时，应当在母公司与子公司现金流量表数据简单相加的基础上，将母公司与子公司、子公司相互之间当期销售商品所产生的现金流量予以抵销。

【例13-23】沿用〖例13-13〗、〖例13-14〗和〖例13-18〗，假设P公司2×16年向S公司销售商品的价款3 500万元中实际收到S公司支付的银行存款2 600万元，同时S公司还向P公司开具了票面金额为400万元的商业承兑汇票。S公司2×16年向P公司销售商品1 000万元的价款全部收到。应编制如下抵销分录：

借：购买商品、接受劳务支付的现金　　　　　　　　　　　3 600
　　贷：销售商品、提供劳务收到的现金　　　　　　　　　　　3 600
(13·21)

其合并工作底稿如表13-4所示。

【例13-24】沿用〖例13-15〗，假设S公司2×16年1月1日向P公司销售商品300万元的价款全部收回。应编制如下抵销分录：

借：购建固定资产、无形资产和其他长期资产支付的现金　　　300
　　贷：销售商品、提供劳务收到的现金　　　　　　　　　　　300
(13·22)

其合并工作底稿如表13-4所示。

（五）企业集团内部处置固定资产等收回的现金净额与购建固定资产等支付的现金的抵销处理

母公司向子公司处置固定资产等长期资产，表现为现金流入，在母公司个别现金流量表中作为处置固定资产、无形资产和其他长期资产收回的现金净额列示。子公司表现为现金流出，在其个别现金流量表中反映为"购建固定资产、无形资产和其他长期资产支付的现金"。从整个企业集团来看，这种固定资产处置与购置的现金收支，并不会引起整个企业集团的现金流量的增减变动，因此，编制合并现金流量表时，应当在母公司与子公司现金流量表数据简单相加的基础上，将母公司与子公司、子公司相互之间处置固定资产、无形资产和其他长期资产收回的现金净额与购建固定资产、无形资产和其他长期资产支付的现金相互抵销。

【例13-25】沿用〖例13-16〗，假设P公司向S公司出售固定资产的价款120万元全部收到。应编制如下抵销分录：

借：购建固定资产、无形资产和其他长期资产收到的现金　　　120
　　贷：处置固定资产、无形资产和其他长期资产支付的现金　　120
(13·23)

其合并工作底稿如表13-4所示。

二、报告期内增减子公司

(一) 增加子公司

母公司因追加投资等原因控制了另一个企业即实现了企业合并。根据《企业会计准则第20号——企业合并》的规定,企业合并形成母子公司关系的,母公司应当编制合并日的合并现金流量表。有关合并日合并现金流量表的编制,请参见本教材第十二章"企业合并"的相关内容。但是,在企业合并发生当期的期末和以后会计期间,母公司应当根据合并报表准则的规定编制合并现金流量表。《企业会计准则第33号——合并财务报表》规定,在编制合并现金流量表时,应当区分同一控制下的企业合并增加的子公司和非同一控制下的企业合并增加的子公司两种情况。

1. 因同一控制下企业合并增加的子公司,在编制合并现金流量表时,应当将该子公司合并当期期初至报告期末的现金流量纳入合并现金流量表。

2. 因非同一控制下企业合并增加的子公司,在编制合并现金流量表时,应当将该子公司购买日至报告期末的现金流量纳入合并现金流量表。

(二) 处置子公司

母公司在报告期内处置子公司,应将该子公司期初至处置日的现金流量纳入合并现金流量表。

三、合并现金流量表中有关少数股东权益项目的反映

合并现金流量表的编制与个别现金流量表相比,一个特殊的问题就是,在子公司为非全资子公司的情况下,涉及子公司与其少数股东之间的现金流入和现金流出的处理问题。

对于子公司与少数股东之间发生的现金流入和现金流出,从整个企业集团来看,也影响到其整体的现金流入和流出数量的增减变动,必须在合并现金流量表中予以反映。子公司与少数股东之间发生的影响现金流入和现金流出的经济业务包括:少数股东对子公司增加权益性投资、少数股东依法从子公司中抽回权益性投资、子公司向其少数股东支付现金股利或利润等。为了便于企业集团合并财务报表使用者了解和掌握企业集团现金流量的情况,有必要将与子公司及少数股东之间的现金流入和现金流出的情况单独予以反映。

对于子公司的少数股东增加在子公司中的权益性投资,在合并现金流量表中应当在"筹资活动产生的现金流量"之下的"吸收投资收到的现金"项目下"其中:子公司吸收少数股东投资收到的现金"项目反映。

对于子公司向少数股东支付现金股利或利润,在合并现金流量表中应当在

"筹资活动产生的现金流量"之下的"分配股利、利润或偿付利息支付的现金"项目下"其中:子公司支付给少数股东的股利、利润"项目反映。

对于子公司的少数股东依法抽回在子公司中的权益性投资,在合并现金流量表中应当在"筹资活动产生的现金流量"之下的"支付其他与筹资活动有关的现金"项目反映。

四、合并现金流量表的编制

为了便于理解和掌握合并现金流量表的编制方法,了解合并现金流量表编制的全过程,现就本节中合并现金流量表的编制举例综合说明如下。

【例13-26】沿用〖例13-22〗、〖例13-23〗、〖例13-24〗和〖例13-25〗,P公司与S公司2×16年度个别现金流量表的资料如表13-8所示。

表13-8 　　　　　　　　　　现金流量表　　　　　　　　　　会企03表
2×16年度　　　　　　　　　　　　　　单位:万元

项目	P公司	S公司
一、经营活动产生的现金流量		
销售商品、提供劳务收到的现金	7 675	5 990
收到的税费返还		
收到其他与经营活动有关的现金		
经营活动现金流入小计	7 675	5 990
购买商品、接受劳务支付的现金	1 420	3 270
支付给职工以及为职工支付的现金	1 100	250
支付的各项税费	1 820	758
支付其他与经营活动有关的现金	45	22
经营活动现金流出小计	4 385	4 300
经营活动产生的现金流量净额	3 290	1 690
二、投资活动产生的现金流量		
收回投资收到的现金		
取得投资收益收到的现金	500	
处置固定资产、无形资产和其他长期资产收回的现金净额	120	
处置子公司及其他营业单位收到的现金净额		
收到其他与投资活动有关的现金		
投资活动现金流入小计	620	

续表

项　目	P公司	S公司
购建固定资产、无形资产和其他长期资产支付的现金	930	800
投资支付的现金		
取得子公司及其他营业单位支付的现金净额	3 000	
支付其他与投资活动有关的现金		
投资活动现金流出小计	3 930	800
投资活动产生的现金流量净额	-3 310	-800
三、筹资活动产生的现金流量		
吸收投资收到的现金		
取得借款收到的现金		
收到其他与筹资活动有关的现金		
筹资活动现金流入小计		
偿还债务支付的现金		
分配股利、利润或偿付利息支付的现金	1 980	690
支付其他与筹资活动有关的现金		
筹资活动现金流出小计	1 980	690
筹资活动产生的现金流量净额	-1 980	-690
四、汇率变动对现金的影响额		
五、现金及现金等价物净增加额	-2 000	200
加：年初现金及现金等价物余额	3 000	300
六、年末现金及现金等价物余额	1 000	500

根据上述资料，首先，P公司应当设计合并工作底稿（见表13-4），将P公司、S公司个别现金流量表的数据过入合并工作底稿，并计算现金流量表各项目的合计金额；其次，编制抵销分录，将P公司与S公司之间的内部交易对合并现金流量表的影响予以抵销。

五、合并现金流量表的格式

合并现金流量表的格式综合考虑了企业集团中一般工商企业和金融企业（包括商业银行、保险公司和证券公司）的现金流入和现金流出列报的要求，与个别现金流量表的格式基本相同，主要增加了反映金融企业行业特点和经营活动现金流量项目。合并现金流量表的一般格式如表13-9所示。

根据上述合并工作底稿（见表13-4）的合并金额，可编制该企业集团2×16

年度合并现金流量表，如表13-9所示。

表13-9　　　　　　　　　　　合并现金流量表　　　　　　　　　　　会合03表
编制单位：P公司　　　　　　　　　　　2×16年度　　　　　　　　　　　　单位：万元

项　　目	本年金额	上年金额
一、经营活动产生的现金流量		
销售商品、提供劳务收到的现金	9 765	
客户存款和同业存放款项净增加额		
向中央银行借款净增加额		
向其他金融机构拆入资金净增加额		
收到原保险合同保费取得的现金		
收到再保险业务现金净额		
保户储金及投资款净增加额		
处置交易性金融资产净增加额		
收取利息、手续费及佣金净增加额		
拆入资金净增加额		
回购业务资金净增加额		
收到的税费返还		
收到其他与经营活动有关的现金		
经营活动现金流入小计	9 765	
购买商品、接受劳务支付的现金	1 090	
客户贷款及垫款净增加额		
存入中央银行和同业款项净增加额		
支付原保险合同赔付款项的现金		
支付利息、手续费及佣金的现金		
支付保单红利的现金		
支付给职工以及为职工支付的现金	1 350	
支付的各项税费	2 578	
支付其他与经营活动有关的现金	67	
经营活动现金流出小计	5 085	
经营活动产生的现金流量净额	4 680	
二、投资活动产生的现金流量		
收回投资收到的现金		
取得投资收益收到的现金	0	
处置固定资产、无形资产和其他长期资产收回的现金净额	0	

续表

项　　目	本年金额	上年金额
处置子公司及其他营业单位收到的现金净额		
收到其他与投资活动有关的现金		
投资活动现金流入小计	0	
购建固定资产、无形资产和其他长期资产支付的现金	1 310	
投资支付的现金		
质押贷款净增加额		
取得子公司及其他营业单位支付的现金净额	3 000	
支付其他与投资活动有关的现金		
投资活动现金流出小计	4 310	
投资活动产生的现金流量净额	-4 310	
三、筹资活动产生的现金流量		
吸收投资收到的现金		
其中：子公司吸收少数股东投资收到的现金		
取得借款收到的现金		
发行债券收到的现金		
收到其他与筹资活动有关的现金		
筹资活动现金流入小计		
偿还债务支付的现金		
分配股利、利润或偿付利息支付的现金	2 170	
其中：子公司支付给少数股东的股利、利润	120	
支付其他与筹资活动有关的现金		
筹资活动现金流出小计	2 170	
筹资活动产生的现金流量净额	-2 170	
四、汇率变动对现金的影响额		
五、现金及现金等价物净增加额	-1 800	
加：年初现金及现金等价物余额	3 300	
六、年末现金及现金等价物余额	1 500	

第五节　合并所有者权益变动表

合并所有者权益变动表是反映构成企业集团所有者权益的各组成部分当期的增减变动情况的财务报表。《企业会计准则第33号——合并财务报表》规定，合并所有者权益变动表应当以母公司和子公司的所有者权益变动表为基础，在抵销母公司与子公司、子公司相互之间发生的内部交易对合并所有者权益变动表的影响后,由母公司合并编制。合并所有者权益变动表也可以根据合并资产负债表和合并利润表进行编制。

所有者权益变动表作为以单个企业为会计主体进行会计核算的结果,分别从母公司本身和子公司本身反映其在一定会计期间所有者权益构成及其变动情况。在以其个别所有者权益变动表为基础计算的各所有者权益构成项目的加总金额中,也必然包含重复计算的因素,因此,编制合并所有者权益变动表时,也需要将这些重复的因素予以剔除。

编制合并所有者权益变动表时需要进行抵销处理的项目主要有:(1) 母公司对子公司的长期股权投资与母公司在子公司所有者权益中所享有的份额相互抵销,其抵销处理参见本章第二节有关"长期股权投资与子公司所有者权益的抵销处理"的内容。(2) 母公司对子公司、子公司相互之间持有对方长期股权投资的投资收益应当抵销等,其抵销处理参见本章第三节有关"相互之间持有对方长期股权投资的投资收益的抵销处理"的内容。需要说明的是,从合并财务报表前后一致的理念、原则出发,母公司及其全部子公司之间的投资收益和利润分配与其他内部交易一样,应当相互抵销。同时,应当关注合并所有者权益变动表中"未分配利润"的年末余额,将其中子公司当年提取的盈余公积归属于母公司的金额进行单项附注披露。

一、合并所有者权益变动表的编制

为了便于理解和掌握合并所有者权益变动表的编制方法,了解合并所有者权益变动表编制的全过程,现就本节中合并所有者权益变动表的编制举例综合说明如下。

【例 13-27】沿用〖例 13-10〗和〖例 13-20〗,P 公司与 S 公司 2×16 年度个别所有者权益变动表如表 13-10 所示。

根据上述资料,首先,P 公司应当设计合并工作底稿(见表 13-4),将 P 公司、S 公司个别所有者权益变动表的数据过入合并工作底稿,并计算所有者权益变动表各项目的合计金额;其次,编制抵销分录,将 P 公司与 S 公司之间的内部交易对所有者权益变动表的影响予以抵销。

二、合并所有者权益变动表的格式

合并所有者权益变动表的格式与个别所有者权益变动表的格式基本相同。所不同的只是在子公司存在少数股东的情况下,合并所有者权益变动表增加"少数股东权益"栏目,用于反映少数股东权益变动的情况。合并所有者权益变动表的一般格式如表 13-11 所示。

根据上述合并工作底稿(见表 13-4)的合并金额,可编制 P 公司 2×16 年合并所有者权益变动表,如表 13-11 所示。

表13-10

所有者权益变动表
2×16年度

会企04表
单位：万元

项目	P公司							S公司						
	实收资本（或股本）	资本公积	其他综合收益	盈余公积	未分配利润	所有者权益合计		实收资本（或股本）	资本公积	其他综合收益	盈余公积	未分配利润	所有者权益合计	
一、上年年末余额	4 000	800		732	468	6 000		2 000	1 500		0	0	3 500	
加：会计政策变更														
前期差错更正														
二、本年年初余额	4 000	800		732	468	6 000		2 000	1 500		0	0	3 500	
三、本年增减变动数（减少以"-"号填列）					2 680	2 680				100		1 000	1 100	
（一）综合收益总额														
（二）所有者投入和减少资本														
1. 所有者投入资本														
2. 股份支付计入所有者权益的金额														
3. 其他														
（三）利润分配				268	-1 948	-1 680					100	-700	-600	
1. 提取盈余公积				268	-268	0					100	-100	0	
2. 对所有者（或股东）的分配					-1 680	-1 680						-600	-600	
四、本年年末余额	4 000	800		1 000	1 200	7 000		2 000	1 500	100	100	300	4 000	

表 13-11

合并所有者权益变动表

编制单位：P公司　　　　　　　2×16 年度　　　　　　　会合 04 表
　　　　　　　　　　　　　　　　　　　　　　　　　　　　单位：万元

项　目	本年金额									上年金额								
	归属于母公司所有者权益							少数股东权益	所有者权益合计	归属于母公司所有者权益							少数股东权益	所有者权益合计
	实收资本（或股本）	资本公积	其他综合收益	盈余公积	一般风险准备	未分配利润	其他			实收资本（或股本）	资本公积	其他综合收益	盈余公积	一般风险准备	未分配利润	其他		
一、上年年末余额	4 000	800	0	732		468			6 000									
加：会计政策变更																		
前期差错更正																		
其他																		
二、本年年初余额	4 000	800	0	732		468		720*	6 720									
三、本年增减变动金额（减少以"－"号填列）			80	268		862		99	1 309									
（一）综合收益总额			80			2 810		219	3 109									
（二）所有者投入和减少资本																		
1. 所有者投入资本																		
2. 其他权益工具投资者投入资本																		
3. 股份支付计入所有者权益的金额																		
4. 设定收益计划变动额结转留存收益																		
5. 其他综合收益结转留存收益																		
6. 其他																		
上述（一）和（二）小计			80			2 810		219	3 109									

续表

项 目	本年金额									上年金额								
	归属于母公司所有者权益							少数股东权益	所有者权益合计	归属于母公司所有者权益							少数股东权益	所有者权益合计
	实收资本（或股本）	资本公积	其他综合收益	盈余公积	一般风险准备	未分配利润	其他			实收资本（或股本）	资本公积	其他综合收益	盈余公积	一般风险准备	未分配利润	其他		
（三）利润分配				268		-1 948		-120	-1 800									
1. 提取盈余公积				268		-268			0									
2. 提取一般风险准备																		
3. 对所有者（或股东）的分配						-168		-120	-1 800									
4. 其他																		
（四）所有者权益内部结转																		
1. 资本公积转增资本（或股本）																		
2. 盈余公积转增资本（或股本）																		
3. 盈余公积弥补亏损																		
4. 其他																		
四、本年末余额	4 000	800	80	1 000		1 330		819	8 029									

注：*720万元为2×16年1月1日P公司购买S公司80%的股份时，按其可辨认净资产的公允价值计算确定的少数股东权益，其金额＝（S公司的所有者权益总额3 500万元＋S公司固定资产公允价值增加额100万元）×20%。

第六节 合并财务报表附注

一、合并财务报表附注概述

附注是合并财务报表不可或缺的组成部分,是对在合并资产负债表、合并利润表、合并现金流量表和合并所有者权益变动表等报表中列示项目的文字描述或明细资料,以及对未能在这些报表中列示项目的说明等。

财务报表中的数字是经过分类与汇总后的结果,是对企业发生的经济业务的高度简化和浓缩的数字,如果没有形成这些数字所使用的会计政策,没有理解这些数字所必需的披露,财务报表就不可能充分发挥效用。因此,附注与资产负债表、利润表、现金流量表、所有者权益变动表等报表具有同等的重要性,是财务报表的重要组成部分。报表使用者了解企业的财务状况、经营成果和现金流量,应当全面阅读附注。

附注披露应满足以下基本要求:

1. 附注披露的信息应是定量、定性信息的结合,从而能从量和质两个角度对企业经济事项完整地进行反映,满足信息使用者的决策需求。
2. 附注应当按照一定的结构进行系统合理的排列和分类,有顺序地披露信息。
3. 附注相关信息应当与合并资产负债表、合并利润表、合并现金流量表和合并所有者权益变动表等报表中列示的项目相互参照,以便从整体上更好地理解财务报表。

二、附注披露的内容

企业(母公司)应当按照规定披露合并财务报表附注信息,主要包括下列内容。

(一)企业集团的基本情况

1. 企业注册地、组织形式和总部地址。
2. 企业的业务性质和主要经营活动,如企业所处的行业、所提供的主要产品或服务、客户的性质、销售策略、监管环境的性质等。
3. 母公司以及集团最终母公司的名称。
4. 财务报告的批准报出者和财务报告批准报出日。

(二)财务报表的编制基础

(三)遵循企业会计准则的声明

企业应当声明编制的财务报表符合企业会计准则的要求,真实、完整地反映了企业的财务状况、经营成果和现金流量等有关信息，以此明确企业编制财务报表所依据的制度基础。

如果企业编制的财务报表只是部分地遵循了企业会计准则，附注中不得做出这种表述。

（四）重要会计政策和会计估计

根据《企业会计准则第 30 号——财务报表列报》的规定，企业应当披露采用的重要会计政策和会计估计，不重要的会计政策和会计估计可以不披露。

1. 重要会计政策的说明。需要特别指出的是，说明会计政策时还需要披露下列两项内容：

（1）财务报表项目的计量基础。会计计量属性包括历史成本、重置成本、可变现净值、现值和公允价值，这直接显著影响报表使用者的分析，这项披露要求便于使用者了解企业合并财务报表中的项目是按何种计量基础予以计量的，如存货是按成本还是可变现净值计量等。

（2）会计政策的确定依据，主要是指企业在运用会计政策的过程中所作的对报表中确认的项目金额最具影响的判断。例如，企业如何判断持有的金融资产是持有至到期投资而不是交易性投资等，这些判断对在报表中确认的项目金额具有重要影响。

2. 重要会计估计的说明。《企业会计准则第 30 号——财务报表列报》强调了对会计估计不确定因素的披露要求，企业应当披露会计估计中所采用的关键假设和不确定因素的确定依据，这些关键假设和不确定因素在下一会计期间内很可能导致对资产、负债账面价值进行重大调整。

（五）会计政策和会计估计变更以及差错更正的说明

企业应当按照《企业会计准则第 28 号——会计政策、会计估计变更和差错更正》及其应用指南的规定，披露会计政策和会计估计变更以及差错更正的有关情况。

（六）报表重要项目的说明

企业应当以文字和数字描述相结合，尽可能以列表形式披露报表重要项目的构成或当期增减变动情况，并且报表重要项目的明细金额合计应当与报表项目金额相衔接。在披露顺序上，一般应当按照合并资产负债表、合并利润表、合并现金流量表、合并所有者权益变动表的顺序及其项目列示的顺序，分别交易性金融资产、应收款项、存货、可供出售金融资产、持有至到期投资、长期股权投资、投资性房地产、固定资产、无形资产、交易性金融负债、职工薪酬、应交税费、短期借款和长期借款、应付债券、长期应付款、营业收入、公允价值变动收益、投资收益、减值损失、营业外收入、营业外支出、所得税、政府补助、非货币性资产交换、股份支付、债务重组、借款费用、外币折算、企业合并等项目按照相关会计准则的规定进行披露。

（七）或有事项

企业应当披露下列信息：

1. 预计负债。

（1）预计负债的种类、形成原因以及经济利益流出不确定性的说明。

（2）各类预计负债的期初、期末余额和本期变动情况。

（3）与预计负债有关的预期补偿金额和本期已确认的预期补偿金额。

2. 或有负债（不包括极小可能导致经济利益流出企业的或有负债）。

（1）或有负债的种类及其形成原因，提供担保等形成的或有负债。

（2）经济利益流出不确定性的说明。

（3）或有负债预计产生的财务影响，无法估计的，应当说明原因。包括未决诉讼、未决仲裁、对外提供担保以及获得补偿的可能性。

3. 企业通常不应当披露或有资产。但或有资产很可能会给企业带来经济利益的，应当披露其形成的原因、预计产生的财务影响等。

4. 在涉及未决诉讼、未决仲裁的情况下，按相关规定披露全部或部分信息。预期对企业造成重大不利影响的，企业无须披露这些信息，但应当披露该未决诉讼、未决仲裁的性质，以及没有披露这些信息的事实和原因。

（八）资产负债表日后事项企业应当披露的信息

1. 每项重要的资产负债表日后非调整事项的性质、内容，及其对财务状况和经营成果的影响。无法做出估计的，应当说明原因。

2. 资产负债表日后，企业利润分配方案中拟分配的以及经审议批准宣告发放的股利或利润。

（九）关联方关系及其交易

（十）风险管理

（十一）母公司和子公司信息

1. 子公司的有关信息，如表 13-12 所示。

表 13-12

子公司名称	注册地	业务性质	注册资本	本企业合计持股比例	本企业合计享有的表决权比例
1.					
2.					
……					

2. 母公司拥有被投资单位表决权不足半数但能对被投资单位形成控制的原因。

3. 母公司直接或通过其他子公司间接拥有被投资单位半数以上的表决权但未能对其形成控制的原因。

4. 子公司所采用的会计政策与母公司不一致的，母公司编制合并财务报表的处理方法。

5. 子公司与母公司会计期间不一致的，母公司编制合并财务报表的处理方法。

6. 本期不再纳入合并范围的原子公司，说明原子公司的名称、注册地、业务性质、母公司的持股比例和表决权比例，本期不再成为子公司的原因。

原子公司在处置日和上一会计期间资产负债表日资产、负债和所有者权益的金额以及本期期初至处置日的收入、费用和利润的金额。

7. 子公司向母公司转移资金的能力受到严格限制的情况。

8. 作为子公司纳入合并范围的特殊目的主体的业务性质、业务活动等。

练 习 题

一、单项选择题

1. 下列各项中，在合并现金流量表中不反映的现金流量是（　　）。
   A. 子公司依法减资向少数股东支付的现金
   B. 子公司向其少数股东支付的现金股利
   C. 子公司向母公司支付的现金股利
   D. 子公司吸收少数股东投资收到的现金

2. 对 A 公司来说，下列说法中不属于控制的是（　　）。
   A. A 公司拥有 B 公司 50%的权益性资本，B 公司拥有 C 公司 90%的权益性资本。A 公司和 C 公司的关系
   B. A 公司拥有 D 公司 55%的权益性资本。A 公司和 D 公司的关系
   C. A 公司在 E 公司董事会会议上有半数以上投票权。A 公司和 E 公司的关系
   D. A 公司拥有 F 公司 51%的股份，拥有 G 公司 10%的股份，F 公司拥有 G 公司 50%的股份。A 公司和 G 公司的关系

3. 下列不属于控制的是（　　）。
   A. 甲公司拥有 A 公司 65%的表决权资本，甲公司和 A 公司
   B. 甲公司拥有 B 公司 70%的表决权资本，B 公司拥有 C 公司 49%的表决权资本。甲公司和 C 公司
   C. 甲公司拥有 D 公司 51%的表决权资本，D 公司拥有 E 公司 60%的表决权资本。甲公司和 E 公司
   D. 甲公司拥有 F 公司 45%的表决权资本，但甲公司和 F 公司签订合同约定甲公司对 F 公司有控制权。甲公司和 F 公司

4. 将企业集团内部交易形成的前期购入本期仍未出售的存货中包含的未实现内部销售利润抵销时，应当编制的抵销分录是（　　）。

A. 借记"未分配利润——年初"项目，贷记"存货"项目
B. 借记"营业收入"项目，贷记"存货"项目
C. 借记"未分配利润——年初"项目，贷记"未分配利润——年末"项目
D. 借记"营业成本"项目，贷记"存货"项目

5. 乙公司和丙公司均为纳入甲公司合并范围的子公司。2×17年6月1日，乙公司将其产品销售给丙公司作为管理用固定资产使用，售价50万元（不含增值税），销售成本26万元。丙公司购入后按4年的期限、采用直线法计提折旧，预计净残值为0。甲公司在编制2×18年度合并财务报表时，应调减"固定资产——累计折旧"项目的金额是（　　）万元。
A. 3　　　B. 3.5　　　C. 6　　　D. 9

6. 对于上一年度抵销的内部应收账款计提的坏账准备的金额，在本年度编制合并抵销分录时，应当首先编制抵销分录（　　）。
A. 借：应收账款——坏账准备
　　贷：信用减值损失
B. 借：信用减值损失
　　贷：应收账款——坏账准备
C. 借：未分配利润——年初
　　贷：信用减值损失
D. 借：应收账款——坏账准备
　　贷：未分配利润——年初

7. 甲公司（制造企业）投资的下列各公司中，不应当纳入其合并财务报表合并范围的是（　　）。
A. 主要从事金融业务的子公司　　B. 设在实行外汇管制国家的子公司
C. 发生重大亏损的子公司　　D. 与乙公司共同控制的合营公司

8. 下列关于合并报表的叙述中，错误的是（　　）。
A. 因同一控制下企业合并增加的子公司，在编制合并现金流量表时，应当将该子公司合并当期期初至报告期末的现金流量纳入合并现金流量表
B. 因非同一控制下企业合并增加的子公司，在编制合并利润表时，应当将该子公司购买日至报告期末的收入、费用、利润纳入合并利润表
C. 因非同一控制下企业合并增加的子公司，编制合并资产负债表时，应当调整合并资产负债表的期初数
D. 母公司在报告期内处置子公司，编制合并资产负债表时，不应当调整合并资产负债表的期初数

9. A公司拥有B公司80%的股份，A公司拥有C公司50%的股份，B公司拥有C公司25%的股份，则A公司直接和间接拥有C公司的股份为（　　）。
A. 50%　　　B. 75%　　　C. 25%　　　D. 55%

10. 如不考虑其他特殊因素，下列各情形中，C公司应纳入A公司合并范围的是（　　）。
A. A公司拥有B公司50%的权益性资本，B公司拥有C公司60%的权益性资本
B. A公司拥有C公司48%的权益性资本
C. A公司拥有B公司60%的权益性资本，B公司拥有C公司40%的权益性资本
D. A公司拥有B公司60%的权益性资本，B公司拥有C公司40%的权益性资本，同时A公司直接拥有C公司20%的权益性资本

二、多项选择题

1. 下列公司的股东均按所持股份行使表决权，AS 公司编制合并财务报表时应纳入合并范围的公司有（　　）。
   A. A 公司（AS 公司拥有其 70% 的表决权）
   B. B 公司（AS 公司拥有其 50.1% 的表决权）
   C. C 公司（AS 公司拥有其 30% 的表决权，A 公司拥有其 40% 的表决权）
   D. D 公司（AS 公司拥有其 20% 的表决权，B 公司拥有其 40% 的表决权）
   E. E 公司（AS 公司拥有其 40% 的表决权，D 公司拥有其 40% 的表决权）

2. 下列被投资单位中，应当纳入甲公司合并财务报表合并范围的有（　　）。
   A. 甲公司在报告年度购入其 57% 的股份的境外被投资单位
   B. 甲公司持有其 40% 的股份，且受托代管 B 公司持有其 30% 股份的被投资单位
   C. 甲公司持有其 43% 的股份，甲公司的子公司 A 公司持有其 8% 的股份的被投资单位
   D. 甲公司持有其 40% 的股份，甲公司的母公司持有其 11% 的股份的被投资单位
   E. 甲公司持有其 38% 的股份，且甲公司根据章程有权决定其财务和经营政策的被投资单位

3. 下列被投资单位中，投资企业应当将其纳入合并财务报表范围的有（　　）。
   A. 直接拥有其半数以上权益性资本的被投资单位
   B. 通过子公司间接拥有其半数以上权益性资本的被投资单位
   C. 直接拥有和通过子公司合计拥有其半数以上权益性资本的被投资单位
   D. 拥有其 35% 的权益性资本并有权控制其财务和经营政策的被投资单位
   E. 拥有其 50% 的权益性资本并与另一投资者签订协议代行其表决权的被投资单位

4. 在有投资关系的情况下，下列项目中，应纳入其合并会计报表合并范围的有（　　）。
   A. 母公司直接或通过子公司间接拥有被投资单位半数以上的表决权
   B. 在被投资单位的董事会或类似机构中占多数表决权
   C. 受所在国外汇管制及其他管制，资金调度受到限制的境外子公司
   D. 合营企业
   E. 联营企业

5. 关于母公司在报告期增减子公司在合并资产负债表中的反映，下列说法中错误的有（　　）。
   A. 因同一控制下企业合并增加的子公司，编制合并资产负债表时，不应当调整合并资产负债表的期初数
   B. 母公司在报告期内处置子公司，编制合并资产负债表时，应当调整合并资产负债表的期初数
   C. 因非同一控制下企业合并增加的子公司，应调整合并资产负债表的期初数
   D. 因同一控制下企业合并增加的子公司，编制合并资产负债表时，应当调整合并资产负债表的期初数
   E. 因非同一控制下企业合并增加的子公司，不应调整合并资产负债表的期初数

三、计算及账务处理题

1. A 股份有限公司为上市公司，按照净利润的 10% 计提盈余公积。相关资料如下：

（1）2×17 年 1 月 1 日，A 公司以银行存款 8 000 万元自 B 公司购入 C 公司 90% 的股份。B 公司系 A 公司的母公司的全资子公司。

C 公司 2×17 年 1 月 1 日股东权益总额为 10 000 万元，其中，股本为 2 000 万元，资本公

积为7 000万元，盈余公积为100万元，未分配利润为900万元。

C公司2×17年1月1日可辨认净资产的公允价值为12 000万元。

(2) C公司2×17年分配2×16年现金股利600万元，C公司2×17年实现净利润2 000万元，提取盈余公积200万元。当年购入的可供出售金融资产因公允价值上升确认资本公积100万元（已扣除所得税影响）。

要求：

(1) 编制2×17年1月1日A公司购入C公司90%的股份的会计分录。

(2) 编制2×17年1月1日合并日有关合并财务报表的抵销分录、调整分录。

(3) 编制A公司2×17年度合并财务报表时对C公司长期股权投资的调整分录及相关的抵销分录。

2. A公司有如下业务（不考虑所得税影响）：

(1) A公司于2×17年1月1日以2 500万元购入乙公司股权30%并对其有重大影响，取得投资日乙公司净资产公允价值为9 000万元，账面价值为7 000万元，差额为一项待摊销20年的土地使用权，其账面价值为2 000万元。2×17年乙公司实现净利润900万元。此外，2×17年11月，乙公司将其账面价值600万元的商品以900万元的价格出售给A公司，A公司将取得的商品作为管理用固定资产核算，预计使用寿命为10年，净残值为0。

(2) 2×16年1月1日，A公司以银行存款6 000万元取得甲公司80%的股份，投资时甲公司所有者权益账面价值为6 000万元，其中，股本为4 000万元，资本公积为1 600万元，盈余公积为100万元，未分配利润为300万元。甲公司一项应折旧20年的固定资产账面价值为600万元，公允价值为700万元。2×16年甲公司实现净利润1 000万元。

2×17年4月10日甲公司分配现金股利600万元，A公司得到480万元。2×17年度甲公司实现净利润1 200万元。

要求：

(1) 编制2×17年A公司对乙公司长期股权投资的会计处理。

(2) 编制2×17年A公司合并报表调整抵销分录。

3. 2×17年A公司投资于B公司，占B公司表决权资本的80%，A公司所得税税率为25%，税法规定计提的资产减值损失不得税前扣除。A、B公司均采用应收账款余额百分比法计提坏账准备，计提比例为1%，有关资料如下：

(1) 2×17年A公司应收账款中对B公司应收账款为2 000万元（含增值税）；

(2) 2×18年A公司应收账款中对B公司应收账款为5 000万元（含增值税）；

(3) 2×19年A公司应收账款中对B公司应收账款为3 000万元（含增值税）。

要求：编制A公司各年合并报表抵销分录。

主要参考文献

[1] 财政部会计司：《企业会计准则第 2 号——长期股权投资》，经济科学出版社 2014 年版。

[2] 财政部会计司：《企业会计准则第 9 号——职工薪酬》，中国财政经济出版社 2014 年版。

[3] 财政部会计司：《企业会计准则第 33 号——合并财务报表》，经济科学出版社 2014 年版。

[4] 财政部会计司编写组：《〈企业会计准则第 22 号——金融工具确认和计量〉应用指南（2018）》，中国财政经济出版社 2018 年版。

[5] 财政部会计司编写组：《〈企业会计准则第 14 号——收入〉应用指南（2018）》，中国财政经济出版社 2018 年版。

[6] 财政部会计司编写组：《〈企业会计准则第 21 号——租赁〉应用指南（2019）》，中国财政经济出版社 2019 年版。

[7] 财政部会计司编写组：《〈企业会计准则第 12 号——债务重组〉应用指南（2019）》，中国财政经济出版社 2019 年版。

[8] 财政部会计司编写组：《〈企业会计准则第 7 号——非货币性资产交换〉应用指南（2019）》，中国财政经济出版社 2019 年版。

[9] 财政部会计司：《企业会计准则讲解》，人民出版社 2010 年版。

[10] 中国注册会计师协会：《2021 年注册会计师全国统一考试辅导教材：会计》，中国财政经济出版社 2021 年版。

[11] 中国注册会计师协会：《2021 年注册会计师全国统一考试辅导教材：税法》，中国财政经济出版社 2021 年版。

[12] 苏强：《新准则下企业所得税年度纳税申报表填报案例解析》，经济科学出版社 2021 年版。

[13] 苏强：《营改增后增值税会计处理和税会差异调整操作实务》，经济科学出版社 2017 年版。

敬 告 读 者

为了帮助广大师生和其他学习者更好地使用、理解、巩固教材的内容，本教材配课件和习题答案，读者可关注微信公众号"会计与财税"获取相关信息。

如有任何疑问，请与我们联系。

QQ：16678727

邮箱：esp_bj@163.com

教师服务 QQ 群：606331294

读者交流 QQ 群：391238470

经济科学出版社
2021 年 7 月

会计与财税　　教师服务 QQ 群　　读者交流 QQ 群　　经科在线学堂